조규남 선생님의
100%
합격보장하는
자원풀이!!
*합격전략 상담 초대권증정

(사) 한국어문회 주관
한국한자능력검정회 시행

한자능력검정시험

조규남 엮음

핵심정리장 [자원풀이 포함]
· 쓰기장 · 예상문제

3급 II

태평양거널

조 규 남 (曺 圭 南)

성균관대학교 문과대학 한문학과 졸업
성균관대학교 대학원 졸업(한문교육전공)
민족문화추진회 국역연수부 졸업
대한민국 미술대전 서예부문 입선(미협)
소사벌서예대전 초대작가
도원서예 원장
성균관대학교 강사(「금석서예」지도)

100% 합격보장하는 자원풀이 **한자능력 검정시험 3급 II**

2021년 5월 10일 초판 5쇄 인쇄
2021년 5월 20일 제판 5쇄 발행

엮은이 : 조 규 남
펴낸이 : 박 종 수
펴낸곳 : 태평양저널.(서울특별시 영등포구 신길5동 339-119.)
전 화 : (02)834-1806
팩 스 : (02)834-1802
등 록 : 1991. 5. 3.(제03-00468)
ⓒ 조규남2007

정가 20,000원

이 책의 무단 복제, 복사, 전재는 저작권법에 저촉됩니다.
잘못 만들어진 책은 바꾸어 드립니다.

ISBN 89-90642-41-7 13710

감수문 (監修文)

우리나라는 한자문화권에 속해 있다.

우리는 수천 년 동안 한자(漢字)와 더불어 생활해왔기 때문에 한자는 알게 모르게 우리의 생활 깊숙이 들어와 있다. 한자가 비록 외국의 문자이긴 하지만 우리 민족은 한자를 맹목적으로 받아들인 것이 아니고 한자를 이용하여 우리의 문화를 풍부하게 하는 슬기를 발휘하였다. 지금 우리들에게 남겨진 찬란한 민족문화의 유산이 바로 그것이다. 그러므로 우리는 좋든 싫든 한자를 떠날 수 없게 되어 있다.

그동안 파행적인 어문정책으로 인하여 학생들의 한자학습에 커다란 어려움을 겪기도 하였으나, 근년에 한자학습의 필요성이 새롭게 인식되어 그 열기가 전국적으로 확산되고 있는 것은 늦은 감이 있으나마 지극히 다행스러운 일이다. 특히 초등학교 학생들의 학습 전반에 걸쳐 한자가 차지하는 비중은 거의 절대적이라 할 수 있다. 각 교과목에 나오는 학습용어(學習用語)들이 대부분 한자어로 되어 있어 한자를 익히면 내용의 절반 이상을 저절로 이해할 수 있기 때문이다. 더구나 표의문자(表意文字)인 한자의 특성상 한자학습은 학생들의 사고력을 증진시키고 조어력(造語力)을 향상시킨다. 또한 이 어지러운 시대에 한자학습은 학생들의 인성교육(人性敎育)에도 커다란 공헌을 하고 있다.

이러한 시대적 요구에 부응하여 조규남군이 이 책을 편찬한 것은 참으로 훌륭한 일이라 하겠다. 조규남군은 성균관대학교 한문학과에서 내가 직접 가르친 제자이다. 조군은 성균관대학교 한문학과를 졸업하고 교육대학원에서 한자교육 연구로 석사학위를 취득했으며, 재능교육에서 다년간 한자 학습지 편찬을 주관하다가 뜻한 바 있어 지금은 아담한 교실을 마련하여 학생들에게 한자와 서예를 지도하고 있다. 항상 단정한 몸가짐으로 선비의 품성을 갖춘 조규남군이, 한문학과에서 공부한 한문학 지식과 대학원에서 연구한 학습이론을 바탕으로 펴낸 이 책이 한자를 공부하려는 학생들에게 등대와 같은 길잡이가 되리라는 것을 믿어 의심치 않는다.

성균관대학교 한문학과 교수 문학박사 송 재 소

■ 미리 읽어보는 시험대비 기본지침자료

◆ (사)한국어문회 전국한자능력검정시험

◆ **응시자격**
모든 급수에 누구나 응시가능.

◆ **시험일정**
1년에 대략 3회 실시(인터넷 www.hangum.re.kr 및 주요 일간지 광고면 참조).

◆ **원서접수**
1. 방문접수 : 각 고사장 접수처.
2. 인터넷접수 : www.hangum.re.kr 이용.

◆ **합격자 발표**
시험일 한 달 뒤, 인터넷(www.hangum.re.kr)과 ARS(060-800-1100)로 발표함.

❖ (사)한국어문회 **전국한자능력검정시험 급수구분 및 문제유형에 따른 급수별 출제기준**

문제유형 \ 급수구분	8급	7급	6급Ⅱ	6급	5급	4급Ⅱ	4급	3급Ⅱ	3급	2급	1급
독음(讀音)	24	32	32	33	35	35	30	45	45	45	50
한자(漢字) 쓰기	0	0	10	20	20	20	20	30	30	30	40
훈음(訓音)	24	30	29	22	23	22	22	27	27	27	32
완성형(完成型)	0	2	2	3	4	5	5	10	10	10	15
반의어(反義語)	0	2	2	3	3	3	3	10	10	10	10
뜻풀이	0	2	2	2	3	3	3	5	5	5	10
동음이의어(同音異義語)	0	0	0	2	3	3	3	5	5	5	10
부수(部首)	0	0	0	0	0	3	3	5	5	5	10
동의어(同義語)	0	0	0	2	3	3	3	5	5	5	10
장단음(長短音)	0	0	0	0	0	0	5	5	5	5	10
약자(略字)·속자(俗字)	0	0	0	0	3	3	3	3	3	3	3
필순(筆順)	2	2	3	3	3	0	0	0	0	0	0
읽기 배정한자	50	150	300	300	500	750	1,000	1,500	1,817	2,355	3,500
쓰기 배정한자	-	-	50	150	300	400	500	750	1,000	1,817	2,005
출제문항(개)	50	70	80	90	100	100	100	150	150	150	200
합격문항(개)	35	49	56	63	70	70	70	105	105	105	160
시험시간(분)	50	50	50	50	50	50	50	60	60	60	90

★ 위 출제기준표는 기본지침자료이며, 출제자의 의도에 따라 차이가 있을 수 있습니다.

*상위급수 한자는 모두 하위급수 한자를 포함하며, 쓰기 배정한자는 바로 아래 급수의 읽기 배정한자이거나 그 범위 내에 있습니다.

차례

3 감수문

4 미리 읽어보는 시험대비 기본지침자료

6 이 책의 활용법

7 기초(基礎) 학습
- 육서 (六書)   8
- 한자의 필순 (筆順)   9
- 부수
  - 1. 부수자(部首字)의 이름과 위치   11
  - 2. 부수자의 변형   13
- 자전(字典)에서 한자찾기   14

15 한자(漢字) 학습
- 3급Ⅱ 배정한자표(配定漢字表)   16
- 신습한자표(新習漢字表)   27
- 신습한자 익히기   48
- 약자(略字)·속자(俗字) 익히기   299

307 한자어(漢字語) 학습
- 한자어 독음(讀音) 쓰기(장단음 포함)   308
- 한자어 쓰기   332
- 반의어(反義語)   430
- 동의어(同義語)   443
- 동음이의어(同音異義語)   447
- 한자성어(漢字成語)   452

463 활용(活用) 학습
- 3급Ⅱ 예상문제(10회분)   464

499 부록(附錄)
- 읽기장   500
- 부수자 일람표

이 책의 활용법

- 이 책은 **전국한자능력검정시험**을 위한 수험서입니다.
- 다년간 현장 학습지도(學習指導)로 경험이 많으신 여러 선생님들의 의견을 반영하여 제작하였습니다.

| 학 | 습 | 방 | 법 |

① 한자의 모양(형)·뜻(훈)·소리(음)를 잘 살펴본다.
   핵심정리를 통해 글자의 생성과정(字源 풀이)과 중요점을 확인한다.

② 본보기 한자(漢字)를 쓰는 순서대로 3~5회, 글자 위에 그대로 따라 써 본다.
   다음에 부수(部首)·획수(畫數)·총획(總畫)·훈음(訓音)의 변화 등을 익힌 후,
   빈칸을 채워나간다.

③ 신습한자 칸의 한자어 독음(讀音)을 미리 써 본다.
   모두 해당 급수 범위 내의 **출제 가능한 한자어만 선정**했으므로, 아는 한자어의 독음(讀音)을 써 보고 해답은 뒷면의 복습·쓰기장 에서 확인한다.

④ 한자어의 첫글자 다음에 **장음(長音=긴소리. :표시)이 온 경우는, 첫글자의 음(音)**을 여러 번 길게 소리내어 읽어본다.

⑤ 한자어(漢字語)는 **정확한 뜻풀이를 중심으로 익힌다.**
   한자는 의미(意味)를 위주로 하는 표의문자(表意文字)이므로, 그 특성을 충분히 살려 성어(成語)나 한문 문구(文句)를 이해하도록 한다.

⑥ **약자(略字)·반의어(反義語)·유의어(類義語)·동음이의어(同音異義語)** 등도 출제빈도가 높으므로 잘 익혀둔다.

⑦ **두음법칙(頭音法則)·속음(俗音)·사이시옷** 등, 정확한 한글 맞춤법을 알아 둔다.

⑧ **예상문제를 풀어가며 최종 정리**한다.

⑨ **읽기장은 공부할 때마다 훈음(訓音)을 가리고 입과 눈으로 익힌다.**

이 학습서가 한자학습(漢字學習)의 좋은 길잡이가 되어 공부에 자신감이 생기기를 진심으로 바라는 바입니다.

엮은이 　조 규 남 드림

기초(基礎)학습

- 육서(六書)
- 한자의 필순(筆順)
- 부수자(部首字)의 이름과 위치
- 부수자의 변형
- 자전(字典)에서 한자찾기

육서(六書)

육서(六書)는 상형문자/지사문자/회의문자/형성문자/전주문자/가차문자를 말하며, 각각 일정한 규칙에 의해 그 구성과 응용 방법에 따라 나누어진 것이다.

문자(文字)라는 말은 육서(六書) 중에서 문(文) 부분은 단독의 뜻을 가지고 있는 상형과 지사를 말하며, 자(字) 부분은 이미 만들어진 문(文)의 의미를 조합하여 기본 글자를 불려나갔으니 회의와 형성이 여기에 해당된다. 따라서 문(文)과 자(字)는 한자를 만드는 원리를 대표하는 말인 셈이다. 그 외에 전주와 가차는 이미 만들어진 문자(文字)를 활용하는 편에 속한다고 할 수 있다.

1. 상형문자(象形文字): 구체적임

구체적인 사물의 모양을 본떠서 만든 글자.
   예) 日(해 일), 月(달 월), 馬(말 마), 山(메 산) 등.

2. 지사문자(指事文字): 추상적임

추상적인 생각이나 뜻을 점이나 선, 또는 부호로 나타낸 글자.
   예) 一(한 일), 上(위 상), 下(아래 하), 本(근본 본), 末(끝 말) 등.

3. 회의문자(會意文字): 뜻부분(意) + 뜻부분(意)

이미 만들어진 둘 이상의 글자들을 결합하여 그것들로부터 연관되는 새로운 뜻을 가지도록 만들어진 글자.
   예) 男[사내 남 → 田:밭 전 + 力:힘 력] ⇒ 논밭(田)의 일터에서 힘써(力) 일하는 '사내'
       休[쉴 휴 → 亻:사람 인 + 木:나무 목] ⇒ 사람(亻)이 나무(木) 그늘 밑에서 '쉼'

4. 형성문자(形聲文字): 뜻을 포함한 부분(形) + 음부분(聲)

이미 만들어진 글자를 결합하여 새로운 뜻을 나타내되, 일부는 뜻(形)을 나타내고 일부는 음(聲)을 나타내는 글자.
   예) 頭[머리 두 ⇒ 頁:머리 혈 + 豆:콩 두], 空[빌 공 ⇒ 穴:구멍 혈 + 工:장인 공] 등.

5. 전주문자(轉注文字): 뜻부분 위주

이미 만들어진 글자를 가지고 그 뜻을 유추(類推)하여 다른 뜻으로 굴리고(轉) 끌어대어(注) 활용하는 글자.
   예) 樂(풍류 악/즐길 락/좋아할 요), 老(늙은이 로/익숙할 로) 등.

6. 가차문자(假借文字): 음부분 위주

이미 만들어진 글자를 본래의 뜻에 관계 없이 음만 빌려다가 쓰는 글자.
   예) 亞細亞(아세아 : Asia), 佛陀(불타 : Buddha), 丁丁(정정 : 도끼로 나무를 찍는 소리),
       可口可樂(코카콜라 : Coca cola) 등.

▨ 한자의 필순(筆順)

한자의 필순(筆順)은 절대적인 규칙이 있는 것은 아니지만, 오랜 세월동안 여러 사람의 체험을 통해서 붓글씨의 획(劃)을 쓰기위한 일반적인 순서가 갖추어졌다고 할 수 있다. 글자의 모양이 아름다우면서 빠르고 정확하게 쓸 수 있는 방법이 필요했던 것이다. 붓글씨의 획(劃)은 점(點)과 선(線)으로 이루어져있는데, 필순은 이 점과 선으로 구성된 획을 쓰는 순서를 말한다. 특히, 행서(行書)와 초서(草書)의 경우에는 쓰는 순서에 따라 그 한자의 모양새가 달라진다.

필순(筆順)의 기본원칙(基本原則)은 다음과 같다. 예외적인 경우도 잘 알아두어야 한다.

1. 위에서 아래로 긋는다.

　　三 ⇨ 一 二 三

2. 왼쪽에서 오른쪽으로 긋는다.

　　川 ⇨ ノ ノ 川

3. 가로획을 먼저 쓰고 세로획은 나중에 긋는다.

　　十 ⇨ 一 十　　　　　　　　　田 ⇨ 丨 冂 日 田 田
　　主 ⇨ 丶 二 三 丰 主　　　　　住 ⇨ ノ 亻 亻 亻 住 住 住
　　馬 ⇨ 丨 匚 匚 厈 厈 馬 馬 馬 馬 馬

4. 삐침(ノ)을 파임(\)보다 먼저 긋는다.

　　入 ⇨ ノ 入　　　　　　　　　及 ⇨ ノ 乃 乃 及

• **삐침(ノ)을 나중에 긋는 경우도 있다.**

　　力 ⇨ 丁 力　　　　　　　　　方 ⇨ 丶 一 亍 方

5. 좌우(左右)로 대칭일 때는 가운데 획을 먼저 긋는다.

　　小 ⇨ 亅 小 小　　　　　　　水 ⇨ 亅 オ 氺 水
　　山 ⇨ 丨 山 山　　　　　　　出 ⇨ 丨 屮 屮 出 出
　　雨 ⇨ 一 厂 冂 雨 雨 雨 雨
　　【예외】 火 ⇨ 丶 丶 ソ 火　　　來 ⇨ 一 丆 丆 朿 朿 來 來 來

6. 글자 전체를 꿰뚫는 획은 나중에 긋는다.

中 ⇨ 丨 ㅁ 口 中
車 ⇨ 一 ㄷ 厂 百 亘 車
事 ⇨ 一 ㄷ 三 亘 写 写 写 事
手 ⇨ ノ 二 三 手
子 ⇨ 了 了 子
女 ⇨ く 女 女
母 ⇨ 乚 ㄇ 四 母 母
【예외】 世 ⇨ 一 十 卄 丗 世

7. (오른쪽 위의) 점은 맨 나중에 찍는다.

太 ⇨ 一 ナ 大 太
寸 ⇨ 一 寸 寸
代 ⇨ ノ イ 仁 代 代
求 ⇨ 一 十 寸 才 求 求 求

8. 안을 둘러싸고 있는 한자는 바깥부분을 먼저 쓰고, 밑부분은 맨 나중에 긋는다.

四 ⇨ 丨 ㄇ 四 四 四
國 ⇨ 丨 ㄇ 冂 月 月 同 同 国 國 國 國
門 ⇨ 丨 ㅏ ㄍ ㄅ 門 門 門 門

9. 받침(辶, 廴)은 맨 나중에 긋는다.

建 ⇨ フ コ ヨ ⺻ 聿 聿 建 建
近 ⇨ ノ 厂 厂 斤 斤 沂 沂 近
【예외】 起 ⇨ 一 十 土 キ 走 走 走 走 起 起
題 ⇨ 丨 ㄇ 日 日 므 무 무 昰 是 是 題 題 題 題 題 題

부수(部首)

1. 부수자(部首字)의 위치에 따른 이름

이 름	위 치	해 당 한 자
제부수		手(손 수)　　日(해 일)　　月(달 월) 人(사람 인)　　馬(말 마) 등.
몸		멀경**몸** - 冊(책 책)　　再(두 재) 등. 큰입구**몸** - 國(나라 국)　因(인할 인) 등. 에운담**몸** - 問(물을 문)　街(거리 가) 등. 위튼입구**몸** - 出(날 출)　凶(흉할 흉) 등. 튼입구**몸** - 匠(장인 장)　匣(갑 갑) 등. 감출혜**몸** - 區(구역 구)　匹(짝 필) 등. 쌀포**몸** - 包(쌀 포)　勿(~하지말 물) 등.
머리		돼지머리**해** - 亡(망할 망)　交(사귈 교) 등. 민갓**머리** - 冠(갓 관)　冥(어두울 명) 등. 갓**머리** - 家(집 가)　　安(편안할 안) 등. 대죽**머리** - 第(차례 제)　笑(웃을 소) 등. 필발**머리** - 發(필 발)　登(오를 등) 등. 초두**머리** - 花(꽃 화)　草(풀 초) 등.
발		어진사람인**발** - 兄(형 형)　兒(아이 아) 등. 천천히걸을쇠**발** - 夏(여름 하) 등. 스물입**발** - 弄(희롱할 롱) 등. 연화**발** - 然(그럴 연) 등.

이 름	위 치	해 당 한 자
좌부**변**		이수변 – 冷(찰 랭) 涼(서늘할 량) 등. 두인변 – 德(덕 덕) 後(뒤 후) 등. 심방변 – 性(성품 성) 悟(깨달을 오) 등. 재방변 – 投(던질 투) 打(칠 타) 등. 장수장변 – 牀(평상 상) 등. 개사슴록변 – 犯(범할 범) 狗(개 구) 등. 구슬옥변 – 理(다스릴 리) 球(공 구) 등. 죽을사변 – 死(죽을 사) 殃(재앙 앙) 등. 삼수변 – 江(강 강) 海(바다 해) 등. 보일시변 – 神(귀신 신) 社(단체 사) 등. 육달월변 – 肝(간 간) 能(능할 능) 등. 좌부방**변** – 防(막을 방) 陵(언덕 릉) 등.
우부**방**		병부절방 – 印(도장 인) 卵(알 란) 등. 우부**방** – 郡(고을 군) 鄕(시골 향) 등.
엄		민엄호 – 原(근원 원) 厄(재앙 액) 등. 주검시엄 – 尾(꼬리 미) 尺(자 척) 등. 엄호 – 庭(뜰 정) 度(법도 도) 등. 기운기엄 – 氣(기운 기) 등. 병질엄 – 病(병들 병) 疾(병 질) 등. 늙을로엄 – 老(늙을 로) 者(놈 자) 등. 범호엄 – 虎(범 호) 號(부르짖을 호) 등.
책**받침**		민책받침 – 廷(조정 정) 建(세울 건) 등. 책**받침** – 近(가까울 근) 道(길 도) 등.

2. 부수자(部首字)의 변형

부수자	변형 부수자	해당 한자
人(사람 인)	亻(사람인변)	仁(어질 인) 등.
刀(칼 도)	刂(선칼도방)	利(이로울 리) 등.
川(내 천)	巛(개미허리)	巡(순행할 순) 등.
彐(돼지머리 계)	ㅋ 互(튼가로왈)	彗(비 혜) 豕(돼지 체) 등.
攴(칠 복)	攵(등글월문)	敎(가르칠 교) 등.
心(마음 심)	忄(심방변)	情(뜻 정) 등.
手(손 수)	扌(재방변)	指(손가락 지) 등.
水(물 수)	氵(물수변)	法(법 법) 등.
火(불 화)	灬(연화발)	熱(더울 열) 등.
玉(구슬 옥)	王(구슬옥변)	珍(보배 진) 등.
示(보일 시)	礻(보일시변)	礼(예도 례) 등.
絲(실 사)	糸(실사변)	結(맺을 결) 등.
老(늙을 로)	耂(늙을로엄)	考(상고할 고) 등.
肉(고기 육)	月(육달월변)	肥(살찔 비) 등.
艸(풀 초)	⺿ ⺾(초두머리)	茶(차 다) 등.
衣(옷 의)	衤(옷의변)	複(겹칠 복) 등.
辵(쉬엄쉬엄갈 착)	辶(책받침)	通(통할 통) 등.
邑(고을 읍)	阝(우부방)-오른쪽에 위치	都(도읍 도) 등.
阜(언덕 부)	阝(좌부방변)-왼쪽에 위치	限(한정 한) 등.

자전(字典)에서 한자찾기

'자전(字典)'을 따로 '옥편(玉篇)'이라고도 한다.
한자의 부수(部首) 214자에 따라 분류한 한자를 획수의 차례로 배열하여 글자마다 우리말로 훈(뜻)과 음을 써 놓은 책이다.
자전(字典)에서 한자를 찾는 방법은 크게 아래의 세 가지 방법이 있다.

1. 「부수 색인(部首索引)」 이용법

부수한자 214자를 1획부터 17획까지의 획수에 따라 분류해서 만들어 놓은 「부수 색인(部首索引)」을 이용한다.

> **<보기>** '地' 자를 찾는 경우
> ① '地'의 부수인 '土'가 3획이므로 「부수 색인」 3획에서 '土'를 찾는다.
> ② '土' 자 옆에 적힌 쪽수에 따라 '土(흙 토)' 부를 찾아 펼친다.
> ③ '地' 자에서 부수를 뺀 나머지 부분(也)의 획이 3획이므로, 다시 3획 난의 한자를 차례로 살펴 '地' 자를 찾는다.
> ④ '地(땅 지)' 자의 훈과 음을 확인한다.

2. 「총획 색인(總畫索引)」 이용법

「부수 색인(部首索引)」으로 한자를 찾지 못한 경우는 글자의 총획을 세어서 획수별로 구분하여 놓은 「총획 색인(總畫索引)」을 이용한다.

> **<보기>** '乾' 자를 찾는 경우
> ① '乾' 자의 총획(11획)을 센다.
> ② 총획 색인 11획 난에서 '乾' 자를 찾는다.
> ③ '乾' 자 옆에 적힌 쪽수를 펼쳐서 '乾' 자를 찾는다.
> ④ '乾(하늘 건)' 자의 훈과 음을 확인한다.

3. 「자음 색인(字音索引)」 이용법

한자음을 알고 있을 때는 가나다 순으로 배열된 「자음 색인(字音索引)」을 이용한다.

> **<보기>** '南' 자를 찾는 경우
> ① '南' 자의 음이 '남'이므로 「자음 색인(字音索引)」에서 '남' 난을 찾는다.
> ② '남' 난에 배열된 한자들 중에서 '南' 자를 찾는다.
> ③ '南' 자 아래에 적힌 쪽수를 찾아 펼친다.
> ④ '南(남녘 남)' 자의 훈과 음을 확인한다.

한자(漢字)학습

- 3級 II 배정한자표(配定漢字表)
- 신습한자표(新習漢字表)
- 신습한자 익히기
- 약자(略字)·속자(俗子) 익히기

3級 II 配定漢字(1,500字)

3급 II 배정한자 1,500字 = 4급 배정한자 1,000字 + 추가 500字
* 표시는 쓰기 배정한자 750字임.
:, (:) 표시는 장음(長音)을 나타냄.

*可	옳을	가:	綱	벼리	강	訣	이별할	결	*古	예	고:
*加	더할	가	鋼	강철	강	*結	맺을	결	*考	생각할	고(:)
佳	아름다울	가:	*講	욀	강:	*潔	깨끗할	결	*告	고할	고:
*家	집	가	介	낄	개:	兼	겸할	겸	*固	굳을	고(:)
*假	거짓	가:	*改	고칠	개	謙	겸손할	겸	*苦	쓸	고
架	시렁	가	*個	낱	개(:)	*京	서울	경	姑	시어미	고
*街	거리	가(:)	*開	열	개	徑	지름길	경	孤	외로울	고
暇	겨를	가	蓋	덮을	개:		길	경	*故	연고	고(:)
	틈	가:	概	대개	개:	耕	밭갈	경	*高	높을	고
*歌	노래	가	*客	손	객	頃	이랑	경	庫	곳집	고
*價	값	가	更	다시	갱		잠깐	경	鼓	북	고
*各	각각	각		고칠	경	*景	볕	경(:)	稿	원고	고:
*角	뿔	각	*去	갈	거:	硬	굳을	경		볏집	고:
刻	새길	각	巨	클	거:	*敬	공경	경:	*曲	굽을	곡
脚	다리	각	*車	수레	거/차	傾	기울	경	谷	골	곡
閣	집	각	居	살	거	*經	지날	경	哭	울	곡
覺	깨달을	각	拒	막을	거:		글	경	穀	곡식	곡
干	방패	간	距	상거할	거:	*境	지경	경	困	곤할	곤
刊	새길	간	據	근거	거:	*輕	가벼울	경	骨	뼈	골
肝	간	간(:)	*擧	들	거:	*慶	경사	경:	*工	장인	공
看	볼	간	*件	물건	건	*警	깨우칠	경:	*公	공평할	공
*間	사이	간(:)	*建	세울	건	鏡	거울	경:		공변될	공
幹	줄기	간	*健	굳셀	건:	*競	다툴	경:	孔	구멍	공:
懇	간절할	간:	乾	하늘	건	驚	놀랄	경	*功	공	공
簡	간략할	간		마를	간	系	이어맬	계:	*共	한가지	공:
	대쪽	간(:)	傑	뛰어날	걸		이을	계	*攻	칠	공:
甘	달	감	儉	검소할	검:	戒	경계할	계:	*空	빌	공
*減	덜	감:	劍	칼	검:	季	계절	계:	供	이바지할	공:
敢	감히	감:	*檢	검사할	검:	*界	지경	계:	恭	공손할	공
	구태여	감:	*格	격식	격	契	맺을	계	貢	바칠	공:
*感	느낄	감:	激	격할	격	*係	맬	계:	恐	두려울	공
*監	볼	감	隔	사이뜰	격	*計	셀	계:	*果	실과	과:
鑑	거울	감	擊	칠	격	啓	열	계:	*科	과목	과
*江	강	강	犬	개	견	桂	계수나무	계:	*過	지날	과:
降	내릴	강	*見	볼	견:	械	기계	계:	誇	자랑할	과:
	항복할	항		뵈올	현:	階	섬돌	계	寡	적을	과:
剛	굳셀	강	堅	굳을	견	溪	시내	계	*課	공부할	과
*康	편안	강	*決	결단할	결	繼	이을	계:		과정	과
*強	강할	강(:)	*缺	이지러질	결	鷄	닭	계	*官	벼슬	관

16

冠 갓 관	*國 나라 국	企 꾀할 기	*多 많을 다
貫 꿸 관(:)	君 임금 군	*技 재주 기	茶 차 다/차
寬 너그러울 관	*軍 군사 군	*汽 물끓는김 기	丹 붉을 단
管 대롱 관	*郡 고을 군:	奇 기특할 기	旦 아침 단
주관할 관	群 무리 군	其 그 기	但 다만 단:
慣 익숙할 관	屈 굽힐 굴	祈 빌 기	段 층계 단
館 집 관	弓 활 궁	紀 벼리 기	*單 홑 단
*關 관계할 관	*宮 집 궁	*氣 기운 기	흉노임금 선
*觀 볼 관	窮 다할 궁	*起 일어날 기	*短 짧을 단(:)
*光 빛 광	궁할 궁	*記 기록할 기	*團 둥글 단
*廣 넓을 광:	券 문서 권	*基 터 기	*端 끝 단
鑛 쇳돌 광:	卷 책 권	寄 부칠 기	*壇 단 단
狂 미칠 광	拳 주먹 권:	*期 기약할 기	*檀 박달나무 단
怪 괴이할 괴(:)	勸 권할 권:	*旗 기 기	*斷 끊을 단:
壞 무너질 괴:	*權 권세 권	畿 경기 기	*達 통달할 달
巧 공교할 교	鬼 귀신 귀:	*器 그릇 기	淡 맑을 담
*交 사귈 교	*貴 귀할 귀:	機 틀 기	*談 말씀 담
*校 학교 교:	歸 돌아갈 귀:	騎 말탈 기	*擔 멜 담
*敎 가르칠 교:	*規 법 규	緊 긴할 긴	*答 대답 답
較 비교 교	均 고를 균	*吉 길할 길	踏 밟을 답
견줄 교	菌 버섯 균	諾 허락할 낙	唐 당나라 당
*橋 다리 교	克 이길 극	暖 따뜻할 난:	당황할 당
*九 아홉 구	*極 극진할 극	*難 어려울 난(:)	*堂 집 당
*口 입 구(:)	다할 극	*男 사내 남	*當 마땅 당
久 오랠 구:	劇 심할 극	*南 남녘 남	糖 엿 당
丘 언덕 구	*近 가까울 근:	納 들일 납	사탕 탕
*句 글귀 구	*根 뿌리 근	娘 계집 낭	*黨 무리 당
*求 구할 구	筋 힘줄 근	*內 안 내:	*大 큰 대(:)
*究 연구할 구	勤 부지런할 근(:)	耐 견딜 내:	*代 대신 대:
궁구할 구	*今 이제 금	*女 계집 녀	*待 기다릴 대:
*具 갖출 구(:)	*金 쇠 금	*年 해 년	*帶 띠 대(:)
拘 잡을 구	성 김	*念 생각 념:	貸 빌릴 대:
*區 구분할 구	禽 새 금	寧 편안 녕	꿀 대:
지경 구	琴 거문고 금	奴 종 노	*隊 무리 대
球 공 구	*禁 금할 금	*努 힘쓸 노	臺 대 대
*救 구원할 구:	錦 비단 금	*怒 성낼 노:	*對 대할 대:
構 얽을 구	及 미칠 급	*農 농사 농	*德 큰 덕
*舊 예 구:	*急 급할 급	腦 골 뇌	刀 칼 도
*局 판 국	*級 등급 급	뇌수 뇌	*到 이를 도
菊 국화 국	*給 줄 급	*能 능할 능	*度 법도 도
	*己 몸 기	泥 진흙 니	헤아릴 탁
			逃 도망할 도
			*島 섬 도

倒 넘어질 도:	卵 알 란:	嶺 고개 령	*李 오얏 리:
徒 무리 도	亂 어지러울 란:	靈 신령 령	성 리:
渡 건널 도	蘭 난초 란	*例 법식 례:	吏 관리 리:
途 길 도:	欄 난간 란	*禮 예도 례:	벼슬아치 리:
桃 복숭아 도	覽 볼 람	*老 늙을 로:	*林 수풀 림
陶 질그릇 도	浪 물결 랑	*勞 일할 로	臨 임할 림
盜 도둑 도:	郞 사내 랑	*路 길 로:	*立 설 립
*道 길 도:	*朗 밝을 랑:	露 이슬 로	*馬 말 마:
말할 도:	廊 사랑채 랑	爐 화로 로	麻 삼 마(:)
*都 도읍 도	행랑 랑	祿 녹 록	磨 갈 마
*圖 그림 도	*來 올 래(:)	*綠 푸를 록	莫 없을 막
*導 인도할 도:	*冷 찰 랭:	*錄 기록할 록	幕 장막 막
*毒 독 독	略 간략할 략	*論 논할 론	漠 넓을 막
*督 감독할 독	약할 략	弄 희롱할 롱:	*萬 일만 만:
*獨 홀로 독	*良 어질 량	雷 우레 뢰	晩 늦을 만:
*讀 읽을 독	*兩 두 량:	賴 의뢰할 뢰	*滿 찰 만(:)
구절 두	涼 서늘할 량	*料 헤아릴 료(:)	*末 끝 말
突 갑자기 돌	梁 들보 량	龍 용 룡	*亡 망할 망
*冬 겨울 동(:)	돌다리 량	累 여러 루:	妄 망령될 망:
*同 한가지 동	*量 헤아릴 량	자주 루:	*望 바랄 망:
*東 동녘 동	糧 양식 량	漏 샐 루:	*每 매양 매(:)
*洞 골 동:	*旅 나그네 려	樓 다락 루	妹 누이 매
밝을 통:	慮 생각할 려	柳 버들 류:	*買 살 매:
凍 얼 동:	勵 힘쓸 려:	*留 머무를 류	梅 매화 매
*動 움직일 동:	*麗 고울 려	*流 흐를 류	媒 중매 매
*童 아이 동	*力 힘 력	*類 무리 류:	*賣 팔 매(:)
*銅 구리 동	歷 지날 력	*六 여섯 륙	*脈 줄기 맥
*斗 말 두	曆 책력 력	*陸 뭍 륙	麥 보리 맥
*豆 콩 두	連 이을 련	倫 인륜 륜	盲 소경 맹
*頭 머리 두	蓮 연꽃 련	輪 바퀴 륜	눈멀 맹
*得 얻을 득	*練 익힐 련:	*律 법칙 률	孟 맏 맹:
*登 오를 등	聯 연이을 련	栗 밤 률	猛 사나울 맹:
*等 무리 등:	鍊 쇠불릴 련:	率 비율 률	盟 맹세 맹
*燈 등 등	단련할 련:	거느릴 솔	免 면할 면:
*羅 벌릴 라	戀 그리워할 련:	隆 높을 륭	*面 낯 면:
벌 라	그릴 련:	陵 언덕 릉	眠 잘 면
*落 떨어질 락	*列 벌 렬	*里 마을 리:	勉 힘쓸 면:
絡 이을 락	벌일 렬	*理 다스릴 리:	綿 솜 면
얽을 락	烈 매울 렬	*利 이할 리:	滅 멸할 멸
*樂 즐길 락	裂 찢어질 렬	離 떠날 리	꺼질 멸
노래 악	*令 하여금 령(:)	裏 속 리:	*名 이름 명
좋아할 요	*領 거느릴 령	履 밟을 리:	*命 목숨 명:

*明 밝을 명	迫 핍박할 박	*邊 가 변	*部 떼 부
鳴 울 명	*博 넓을 박	辯 말씀 변:	*副 버금 부:
銘 새길 명	薄 엷을 박	*變 변할 변:	*富 부자 부:
*毛 터럭 모	*反 돌아올 반:	*別 다를 별	腐 썩을 부
*母 어미 모:	돌이킬 반:	나눌 별	賦 부세 부:
慕 그릴 모:	*半 반 반:	丙 남녘 병	簿 문서 부:
模 본뜰 모	*班 나눌 반	*兵 병사 병	*北 북녘 북
貌 모양 모	般 가지 반	*病 병 병	달아날 배
謀 꾀 모	일반 반	*步 걸음 보:	*分 나눌 분(:)
*木 나무 목	盤 소반 반	*保 지킬 보(:)	奔 달릴 분
*目 눈 목	拔 뽑을 발	普 넓을 보:	粉 가루 분
*牧 칠 목	飯 밥 반	補 기울 보:	紛 어지러울 분
睦 화목할 목	*發 필 발	*報 갚을 보:	憤 분할 분:
沒 빠질 몰	쏠 발	알릴 보:	奮 떨칠 분:
夢 꿈 몽	髮 터럭 발	*寶 보배 보:	*不 아닐 불/부
蒙 어두울 몽	*方 모 방	譜 족보 보:	*佛 부처 불
妙 묘할 묘:	妨 방해할 방	覆 엎어질 복	拂 떨칠 불
墓 무덤 묘:	*防 막을 방	덮을 부	*比 견줄 비:
茂 무성할 무:	*房 방 방	伏 엎드릴 복	妃 왕비 비
*武 호반 무:	*放 놓을 방(:)	*服 옷 복	批 비평할 비:
*務 힘쓸 무:	芳 꽃다울 방	*復 회복할 복	*非 아닐 비
*無 없을 무	*訪 찾을 방:	다시 부:	肥 살찔 비
貿 무역할 무:	*拜 절 배:	腹 배 복	卑 낮을 비:
舞 춤출 무:	*背 등 배:	*福 복 복	*飛 날 비
墨 먹 묵	*倍 곱 배:	複 겹칠 복	祕 숨길 비:
默 잠잠할 묵	*配 나눌 배:	*本 근본 본	*悲 슬플 비:
*文 글월 문	짝 배:	*奉 받들 봉:	*費 쓸 비:
*門 문 문	培 북돋을 배:	封 봉할 봉	*備 갖출 비:
*問 물을 문:	排 밀칠 배	峯 봉우리 봉	婢 계집종 비:
*聞 들을 문(:)	輩 무리 배:	逢 만날 봉(:)	*鼻 코 비:
紋 무늬 문	*白 흰 백	鳳 새 봉:	碑 비석 비
勿 말 물	*百 일백 백	*夫 지아비 부	*貧 가난할 빈
*物 물건 물	伯 맏 백	*父 아비 부	*氷 얼음 빙
未 아닐 미(:)	*番 차례 번	付 부칠 부:	*士 선비 사:
*米 쌀 미	繁 번성할 번	否 아닐 부:	*四 넉 사:
尾 꼬리 미:	*伐 칠 벌	扶 도울 부	*史 사기 사:
*味 맛 미:	*罰 벌할 벌	*府 마을 부(:)	司 맡을 사
*美 아름다울 미(:)	凡 무릇 범(:)	관청 부(:)	*仕 섬길 사(:)
微 작을 미	犯 범할 범:	附 붙을 부(:)	*寺 절 사
*民 백성 민	範 법 범:	負 질 부:	*死 죽을 사:
*密 빽빽할 밀	*法 법 법	浮 뜰 부	沙 모래 사
*朴 성 박	碧 푸를 벽	符 부호 부(:)	邪 간사할 사
拍 칠 박	*壁 벽 벽	*婦 며느리 부	私 사사 사

19

*舍	집	사	*賞	상줄	상	*星	별	성	*收	거둘	수
*事	일	사:	霜	서리	상	*城	재	성	秀	빼어날	수
*使	하여금	사:	償	갚을	상	*盛	성할	성:	*受	받을	수(:)
	부릴	사:	雙	두	쌍	*聖	성인	성:	*首	머리	수
*社	모일	사		쌍	쌍	*誠	정성	성	帥	장수	수
祀	제사	사	塞	막힐	색	*聲	소리	성	*修	닦을	수
*査	조사할	사		변방	새	*世	인간	세:	殊	다를	수
*思	생각	사(:)	*色	빛	색	*洗	씻을	세:	*授	줄	수
*師	스승	사	索	찾을	색	*細	가늘	세:	愁	근심	수
射	쏠	사(:)		노(새끼줄)	삭	*稅	세금	세:	需	쓰일	수
蛇	긴뱀	사	*生	날	생	*歲	해	세:	壽	목숨	수
斜	비낄	사	*西	서녘	서	*勢	형세	세:	隨	따를	수
絲	실	사	*序	차례	서:	*小	작을	소:	*數	셈	수:
詞	말	사	*書	글	서	*少	적을	소:	*樹	나무	수
	글	사	恕	용서할	서:	*所	바	소:	輸	보낼	수
*寫	베낄	사	徐	천천할	서(:)	*素	본디	소(:)	獸	짐승	수
*謝	사례할	사:	署	마을	서:		흴	소(:)	叔	아재비	숙
辭	말씀	사		관청	서:	疏	소통할	소	*宿	잘	숙
削	깎을	삭	緖	실마리	서:	*笑	웃음	소:		별자리	수:
*山	메	산	*夕	저녁	석	*消	사라질	소	淑	맑을	숙
*産	낳을	산:	*石	돌	석	*掃	쓸	소(:)	肅	엄숙할	숙
散	흩을	산:	*席	자리	석	訴	호소할	소	熟	익을	숙
*算	셈	산:	惜	아낄	석	燒	사를	소(:)	旬	열흘	순
*殺	죽일	살	釋	풀	석	蘇	되살아날	소	巡	돌	순
	감할	쇄:	*仙	신선	선	*束	묶을	속		순행할	순
*三	석	삼	*先	먼저	선	*俗	풍속	속	*純	순수할	순
森	수풀	삼	宣	베풀	선	*速	빠를	속	*順	순할	순:
*上	윗	상:	旋	돌	선	屬	붙일	속	瞬	눈깜짝일	순
*床	상	상	*船	배	선		부탁할	촉	*述	펼	술
尙	오히려	상(:)	*善	착할	선:	*續	이을	속	術	재주	술
*狀	형상	상	*選	가릴	선:	*孫	손자	손(:)	崇	높을	숭
	문서	장:	*線	줄	선	損	덜	손:	拾	주울	습
*相	서로	상	禪	선	선	松	소나무	송		열	십
桑	뽕나무	상	*鮮	고울	선	*送	보낼	송:	*習	익힐	습
*商	장사	상	舌	혀	설	訟	송사할	송:	濕	젖을	습
*常	떳떳할	상	*雪	눈	설	頌	칭송할	송:	襲	엄습할	습
喪	잃을	상(:)	*設	베풀	설		기릴	송:	*承	이을	승
象	코끼리	상	*說	말씀	설	刷	인쇄할	쇄:	昇	오를	승
*想	생각	상:		달랠	세	鎖	쇠사슬	쇄:	乘	탈	승
傷	다칠	상	*成	이룰	성	衰	쇠할	쇠	*勝	이길	승
詳	자세할	상	*性	성품	성:	*水	물	수	僧	중	승
裳	치마	상	*姓	성	성:	*手	손	수(:)	*市	저자	시:
像	모양	상	*省	살필	성	垂	드리울	수	*示	보일	시:
				덜	생	*守	지킬	수	侍	모실	시:

*始 비로소 시:	*案 책상 안:	亦 또 역	*誤 그르칠 오:
*是 이 시:	*眼 눈 안:	役 부릴 역	*玉 구슬 옥
*施 베풀 시:	顔 낯 안:	易 바꿀 역	*屋 집 옥
*時 때 시	巖 바위 암	쉬울 이:	獄 옥 옥
*視 볼 시:	*暗 어두울 암:	*逆 거스릴 역	*溫 따뜻할 온
*詩 시 시	*壓 누를 압	疫 전염병 역	瓦 기와 와:
*試 시험 시(:)	억누를 압	域 지경 역	*完 완전할 완
氏 각시 씨	央 가운데 앙	譯 번역할 역	緩 느릴 완:
성씨 씨	仰 우러를 앙:	驛 역 역	*王 임금 왕
*式 법 식	哀 슬플 애	延 늘일 연	*往 갈 왕:
*食 밥 식	*愛 사랑 애:	沿 물따라갈 연(:)	*外 바깥 외:
먹을 식	*液 진 액	따를 연(:)	*要 요긴할 요(:)
*息 쉴 식	額 이마 액	宴 잔치 연:	*謠 노래 요
*植 심을 식	*夜 밤 야:	軟 연할 연:	*曜 빛날 요:
飾 꾸밀 식	*野 들 야:	*研 갈 연	辱 욕될 욕
*識 알 식	若 같을 약	*然 그럴 연	*浴 목욕할 욕
기록할 지	반야 야:	*煙 연기 연	欲 하고자할 욕
*申 납(猿) 신	*約 맺을 약	鉛 납 연	慾 욕심 욕
*臣 신하 신	*弱 약할 약	*演 펼 연:	*用 쓸 용:
*身 몸 신	*藥 약 약	燃 탈 연	*勇 날랠 용:
*信 믿을 신:	*羊 양 양	緣 인연 연	*容 얼굴 용
*神 귀신 신	*洋 큰바다 양	燕 제비 연(:)	*友 벗 우:
愼 삼갈 신:	揚 날릴 양	悅 기쁠 열	*牛 소 우
*新 새 신	*陽 볕 양	*熱 더울 열	*右 오른 우:
*失 잃을 실	*養 기를 양:	炎 불꽃 염	宇 집 우
*室 집 실	樣 모양 양	染 물들 염	*雨 비 우:
*實 열매 실	壤 흙덩이 양:	鹽 소금 염	偶 짝 우:
*心 마음 심	讓 사양할 양:	*葉 잎 엽	遇 만날 우:
甚 심할 심:	*魚 고기 어	*永 길 영	愚 어리석을 우
*深 깊을 심	물고기 어	迎 맞을 영	郵 우편 우
審 살필 심	御 거느릴 어:	*英 꽃부리 영	憂 근심 우
*十 열 십	*漁 고기잡을 어	映 비칠 영(:)	優 넉넉할 우
牙 어금니 아	*語 말씀 어	*榮 영화 영	*雲 구름 운
芽 싹 아	抑 누를 억	影 그림자 영:	*運 옮길 운:
我 나 아:	*億 억(數字) 억	營 경영할 영	韻 운 운:
亞 버금 아(:)	憶 생각할 억	豫 미리 예:	*雄 수컷 웅
*兒 아이 아	*言 말씀 언	*藝 재주 예:	*元 으뜸 원
阿 언덕 아	嚴 엄할 엄	譽 기릴 예:	怨 원망할 원:
雅 맑을 아(:)	*業 업 업	명예 예	*原 언덕 원
*惡 악할 악	*如 같을 여	*午 낮 오:	*員 인원 원
미워할 오	與 더불 여:	*五 다섯 오:	*院 집 원
*安 편안 안	줄 여:	烏 까마귀 오	援 도울 원:
岸 언덕 안:	*餘 남을 여	悟 깨달을 오:	*圓 둥글 원

*園 동산 원	隱 숨을 은	*子 아들 자	*災 재앙 재
源 근원 원	乙 새 을	*字 글자 자	*材 재목 재
*遠 멀 원:	*音 소리 음	*自 스스로 자	栽 심을 재:
*願 원할 원:	淫 음란할 음	姉 손위누이 자	*財 재물 재
*月 달 월	*陰 그늘 음	刺 찌를 자:	裁 옷마를 재
越 넘을 월	*飮 마실 음:	찌를 척	載 실을 재(:)
危 위태할 위	*邑 고을 읍	*者 놈 자	*爭 다툴 쟁
*位 자리 위	*應 응할 응:	姿 모양 자:	*低 낮을 저:
委 맡길 위	*衣 옷 의	紫 자주빛 자(:)	底 밑 저:
胃 밥통 위	依 의지할 의	慈 사랑 자	抵 막을 저:
威 위엄 위	*意 뜻 의:	資 재물 자	著 나타날 저:
*偉 클 위	*義 옳을 의:	*作 지을 작	*貯 쌓을 저:
*爲 할 위	疑 의심할 의	*昨 어제 작	*赤 붉을 적
圍 에워쌀 위	儀 거동 의	殘 남을 잔	*的 과녁 적
僞 거짓 위	*醫 의원 의	暫 잠깐 잠(:)	寂 고요할 적
慰 위로할 위	*議 의논할 의	潛 잠길 잠	笛 피리 적
謂 이를 위	*二 두 이:	雜 섞일 잡	跡 발자취 적
*衛 지킬 위	已 이미 이:	丈 어른 장:	賊 도둑 적
*由 말미암을 유	*以 써 이:	壯 장할 장:	摘 딸 적
幼 어릴 유	*耳 귀 이:	*長 긴 장(:)	適 맞을 적
*有 있을 유:	異 다를 이:	莊 씩씩할 장	*敵 대적할 적
乳 젖 유	*移 옮길 이	*章 글 장	積 쌓을 적
*油 기름 유	*益 더할 익	帳 장막 장	績 길쌈 적
柔 부드러울 유	翼 날개 익	張 베풀 장	蹟 자취 적
幽 그윽할 유	*人 사람 인	*將 장수 장(:)	籍 문서 적
悠 멀 유	仁 어질 인	掌 손바닥 장	*田 밭 전
猶 오히려 유	*引 끌 인	葬 장사지낼 장	*全 온전 전
裕 넉넉할 유:	*因 인할 인	*場 마당 장	*典 법 전:
遊 놀 유	*印 도장 인	粧 단장할 장	*前 앞 전
維 벼리 유	忍 참을 인	裝 꾸밀 장	*展 펼 전:
誘 꾈 유	*認 알 인	腸 창자 장	專 오로지 전
遺 남길 유	*一 한 일	獎 장려할 장	*電 번개 전:
儒 선비 유	*日 날 일	*障 막을 장	*傳 전할 전
*肉 고기 육	逸 편안할 일	藏 감출 장	錢 돈 전
*育 기를 육	壬 북방 임:	臟 오장 장	殿 전각 전
潤 불을 윤:	*任 맡길 임(:)	*才 재주 재	*戰 싸움 전:
*恩 은혜 은	賃 품삯 임:	*在 있을 재:	轉 구를 전:
*銀 은 은	*入 들 입	*再 두 재:	*切 끊을 절
			온통 체

折 꺾을 절	齊 가지런할 제	*罪 허물 죄:	*至 이를 지
*絶 끊을 절	*製 지을 제:	*主 임금 주	枝 가지 지
*節 마디 절	*際 즈음 제:	주인 주	池 못 지
占 점령할 점(:)	가 제:	朱 붉을 주	*地 따 지
점칠 점(:)	諸 모두 제	鑄 쇠불릴 주	*志 뜻 지
*店 가게 점	*濟 건널 제:	*州 고을 주	*知 알 지
漸 점점 점:	*題 제목 제	*走 달릴 주	持 가질 지
點 점 점(:)	早 이를 조:	*住 살 주:	*指 가리킬 지
*接 이을 접	兆 억조 조	周 두루 주	*紙 종이 지
丁 장정 정	*助 도울 조:	宙 집 주:	智 지혜 지
고무래 정	*造 지을 조:	*注 부을 주:	슬기 지
井 우물 정(:)	*祖 할아비 조	洲 물가 주	誌 기록할 지
*正 바를 정(:)	租 조세 조	奏 아뢸 주	*直 곧을 직
廷 조정 정	*鳥 새 조	柱 기둥 주	*職 직분 직
*定 정할 정:	條 가지 조	酒 술 주	織 짤 직
征 칠 정	組 짤 조	株 그루 주	辰 별 진
亭 정자 정	*朝 아침 조	珠 구슬 주	때 신
貞 곧을 정	照 비칠 조:	*晝 낮 주	珍 보배 진
*政 정사 정	潮 조수 조	*週 주일 주	*眞 참 진
*庭 뜰 정	*調 고를 조	*竹 대 죽	秩 차례 질
頂 정수리 정	*操 잡을 조(:)	*準 준할 준:	*質 바탕 질
*停 머무를 정	*足 발 족	*中 가운데 중	執 잡을 집
*情 뜻 정	*族 겨레 족	仲 버금 중(:)	*集 모을 집
淨 깨끗할 정	存 있을 존	*重 무거울 중:	徵 부를 징
*程 길 정	*尊 높을 존	*衆 무리 중:	*次 버금 차
*精 정할 정	*卒 마칠 졸	卽 곧 즉	此 이 차
整 가지런할 정:	*宗 마루 종	症 증세 증(:)	差 다를 차
靜 고요할 정	從 좇을 종(:)	曾 일찍 증	借 빌 차:
*弟 아우 제:	*終 마칠 종	蒸 찔 증	빌릴 차:
*制 절제할 제:	*種 씨 종(:)	*增 더할 증	*着 붙을 착
帝 임금 제:	縱 세로 종	憎 미울 증	錯 어긋날 착
*除 덜 제	鍾 쇠북 종	證 증거 증	贊 도울 찬:
*第 차례 제:	*左 왼 좌:	之 갈 지	讚 기릴 찬:
*祭 제사 제:	坐 앉을 좌:	*止 그칠 지	*察 살필 찰
*提 끌 제	座 자리 좌:	*支 지탱할 지	*參 참여할 참
			석 삼

昌 창성할 창(:)	體 몸 체	側 곁 측	殆 거의 태
倉 곳집 창(:)	肖 닮을 초	*測 헤아릴 측	泰 클 태
*窓 창 창	같을 초	層 층 층	*態 모습 태:
*唱 부를 창:	*初 처음 초	*治 다스릴 치	*宅 집 택/댁
*創 비롯할 창:	招 부를 초	値 값 치	澤 못 택
蒼 푸를 창	*草 풀 초	恥 부끄러울 치	擇 가릴 택
菜 나물 채:	超 뛰어넘을 초	*致 이를 치:	*土 흙 토
採 캘 채:	礎 주춧돌 초	*置 둘 치:	吐 토할 토(:)
彩 채색 채:	促 재촉할 촉	稚 어릴 치	兔 토끼 토
債 빚 채:	觸 닿을 촉	*齒 이 치	討 칠 토(:)
冊 책 책	*寸 마디 촌:	*則 법칙 칙	*通 통할 통
*責 꾸짖을 책	*村 마을 촌:	곧 즉	痛 아플 통
策 꾀 책	*銃 총 총	*親 친할 친	*統 거느릴 통
妻 아내 처	*總 다 총	*七 일곱 칠	*退 물러날 퇴:
*處 곳 처:	*最 가장 최:	漆 옻 칠	投 던질 투
尺 자 척	催 재촉할 최:	沈 잠길 침	透 사무칠 투
拓 넓힐 척	*秋 가을 추	성 심:	鬪 싸움 투
戚 친척 척	追 쫓을 추	*侵 침노할 침	*特 특별할 특
*千 일천 천	推 밀 추	浸 잠길 침:	*波 물결 파
*川 내 천	畜 짐승 축	針 바늘 침(:)	派 갈래 파
*天 하늘 천	*祝 빌 축	寢 잘 침:	*破 깨뜨릴 파:
泉 샘 천	*蓄 모을 축	稱 일컬을 칭	判 판단할 판
淺 얕을 천:	*築 쌓을 축	*快 쾌할 쾌	*板 널 판
踐 밟을 천:	縮 줄일 축	*他 다를 타	版 판목 판
賤 천할 천:	*春 봄 춘	*打 칠 타:	*八 여덟 팔
遷 옮길 천:	*出 날 출	*卓 높을 탁	*敗 패할 패:
哲 밝을 철	*充 채울 충	*炭 숯 탄:	片 조각 편(:)
徹 통할 철	*忠 충성 충	彈 탄알 탄:	偏 치우칠 편
*鐵 쇠 철	衝 찌를 충	歎 탄식할 탄:	*便 편할 편(:)
*靑 푸를 청	*蟲 벌레 충	脫 벗을 탈	똥오줌 변(:)
*淸 맑을 청	吹 불 취:	奪 빼앗을 탈	篇 책 편
*請 청할 청	*取 가질 취:	探 찾을 탐	編 엮을 편
聽 들을 청	就 나아갈 취:	塔 탑 탑	*平 평평할 평
廳 관청 청	醉 취할 취:	湯 끓을 탕:	評 평할 평
滯 막힐 체	趣 뜻 취:	*太 클 태	肺 허파 폐:

閉 닫을 폐:	賀 하례할 하:	獻 드릴 헌:	洪 넓을 홍
廢 폐할 폐:	*學 배울 학	險 험할 험:	紅 붉을 홍
버릴 폐:	鶴 학 학	*驗 시험할 험:	*火 불 화(:)
弊 폐단 폐:	汗 땀 한(:)	革 가죽 혁	*化 될 화(:)
해질 폐:	恨 한 한:	玄 검을 현	*花 꽃 화
*布 베 포(:)	*限 한할 한:	*現 나타날 현:	*和 화할 화
보시 보:	*寒 찰 한	*賢 어질 현	華 빛날 화
*包 쌀 포(:)	閑 한가할 한	懸 달 현:	*貨 재물 화:
胞 세포 포(:)	*漢 한수 한	顯 나타날 현:	*畫 그림 화
浦 개 포	한나라 한	穴 굴 혈	그을 획
捕 잡을 포:	*韓 한국 한(:)	*血 피 혈	*話 말씀 화
*砲 대포 포:	나라 한(:)	*協 화할 협	禍 재앙 화:
*暴 사나울 폭	割 벨 할	脅 위협할 협	*確 굳을 확
모질 포	含 머금을 함	*兄 형 형	患 근심 환:
爆 불터질 폭	陷 빠질 함:	刑 형벌 형	換 바꿀 환:
*表 겉 표	*合 합할 합	*形 모양 형	還 돌아올 환
*票 표 표	抗 겨룰 항:	衡 저울대 형	環 고리 환
標 표할 표	恒 항상 항	*惠 은혜 혜:	歡 기쁠 환
*品 물건 품:	*航 배 항:	慧 슬기로울 혜:	*活 살 활
*風 바람 풍	*港 항구 항:	*戶 집 호:	況 상황 황:
楓 단풍 풍	項 항목 항:	*好 좋을 호:	皇 임금 황
*豊 풍년 풍	*害 해할 해:	虎 범 호(:)	荒 거칠 황
皮 가죽 피	*海 바다 해:	*呼 부를 호	*黃 누를 황
彼 저 피:	*解 풀 해:	胡 되 호	灰 재 회
疲 피곤할 피	核 씨 핵	浩 넓을 호:	*回 돌아올 회
被 입을 피:	*行 다닐 행	*湖 호수 호	悔 뉘우칠 회:
避 피할 피:	항렬 항(:)	*號 이름 호	*會 모일 회:
*必 반드시 필	*幸 다행 행	豪 호걸 호	懷 품을 회
畢 마칠 필	*向 향할 향:	*護 도울 호:	劃 그을 획
*筆 붓 필	*香 향기 향	或 혹 혹	獲 얻을 획
*下 아래 하:	*鄕 시골 향	惑 미혹할 혹	橫 가로 횡
何 어찌 하	響 울릴 향:	混 섞을 혼:	*孝 효도 효:
*河 물 하	*許 허락 허	婚 혼인할 혼	*效 본받을 효:
*夏 여름 하:	*虛 빌 허	魂 넋 혼	厚 두터울 후:
荷 멜 하(:)	憲 법 헌:	忽 갑자기 홀	*後 뒤 후:

候 기후 후:
*訓 가르칠 훈:
 揮 휘두를 휘
*休 쉴 휴
*凶 흉할 흉
 胸 가슴 흉
*黑 검을 흑
*吸 마실 흡
*興 일 흥(:)
*希 바랄 희
 喜 기쁠 희
 稀 드물 희
 戲 놀이 희

3급 II 신습한자 ①

*신습한자 : 500자, 총 학습자 : 1,500자(4급 1,000자 포함). 쓰기배정한자 : 750자(4급 II).

형(形)	훈(訓) 음(音)	형(形)	훈(訓) 음(音)	형(形)	훈(訓) 음(音)	형(形)	훈(訓) 음(音)
佳	아름다울 가	兼	겸할 겸	寡	적을 과	克	이길 극
架	시렁 가	謙	겸손할 겸	誇	자랑할 과	禽	새 금
脚	다리 각	徑	지름길 경 길 경	冠	갓 관	琴	거문고 금
閣	집 각	耕	밭갈 경	寬	너그러울 관	錦	비단 금
刊	새길 간	頃	이랑 경 잠깐 경	慣	익숙할 관	及	미칠 급
幹	줄기 간	硬	굳을 경	貫	꿸 관	企	꾀할 기
懇	간절할 간	契	맺을 계	館	집 관	其	그 기
肝	간 간	桂	계수나무 계	狂	미칠 광	畿	경기 기
鑑	거울 감	啓	열 계	壞	무너질 괴	祈	빌 기
剛	굳셀 강	溪	시내 계	怪	괴이할 괴	騎	말탈 기
綱	벼리 강	械	기계 계	巧	공교할 교	緊	긴할 긴
鋼	강철 강	姑	시어미 고	較	비교 교 견줄 교	諾	허락할 낙
介	낄 개	稿	원고 고 볏짚 고	久	오랠 구	娘	계집 낭
蓋	덮을 개	鼓	북 고	丘	언덕 구	耐	견딜 내
概	대개 개	哭	울 곡	拘	잡을 구	寧	편안 녕
距	상거할 거	谷	골 곡	菊	국화 국	奴	종 노
乾	하늘 건 마를 간	供	이바지할 공	弓	활 궁	腦	골 뇌 뇌수 뇌
劍	칼 검	恐	두려울 공	拳	주먹 권	泥	진흙 니
隔	사이뜰 격	恭	공손할 공	鬼	귀신 귀	茶	차 다 차 차
訣	이별할 결	貢	바칠 공	菌	버섯 균	丹	붉을 단

3급 II 신습한자 ②

형(形)	훈(訓)	음(音)	형(形)	훈(訓)	음(音)	형(形)	훈(訓)	음(音)	형(形)	훈(訓)	음(音)
但	다만	단	浪	물결	랑	累	여러 자주	루 루	麥	보리	맥
旦	아침	단	郞	사내	랑	樓	다락	루	孟	맏	맹
淡	맑을	담	涼	서늘할	량	倫	인륜	륜	猛	사나울	맹
踏	밟을	답	梁	들보 돌다리	량 량	栗	밤	률	盲	소경 눈멀	맹 맹
唐	당나라 당황할	당 당	勵	힘쓸	려	率	비율 거느릴	률 솔	盟	맹세	맹
糖	엿 사탕	당 탕	曆	책력	력	隆	높을	륭	免	면할	면
貸	빌릴 꿀	대 대	蓮	연꽃	련	陵	언덕	릉	眠	잘	면
臺	대	대	戀	그리워할 그릴	련 련	吏	관리	리	綿	솜	면
刀	칼	도	聯	연이을	련	履	밟을	리	滅	멸할 꺼질	멸 멸
倒	넘어질	도	鍊	쇠불릴 단련할	련 련	裏	속	리	銘	새길	명
途	길	도	裂	찢어질	렬	臨	임할	림	慕	그릴	모
桃	복숭아	도	嶺	고개	령	麻	삼	마	謀	꾀	모
陶	질그릇	도	靈	신령	령	磨	갈	마	貌	모양	모
渡	건널	도	爐	화로	로	幕	장막	막	睦	화목할	목
突	갑자기	돌	露	이슬	로	漠	넓을	막	沒	빠질	몰
凍	얼	동	祿	녹(봉록)	록	莫	없을	막	夢	꿈	몽
絡	이을 얽을	락 락	弄	희롱할	롱	晩	늦을	만	蒙	어두울	몽
欄	난간	란	雷	우레	뢰	妄	망령될	망	茂	무성할	무
蘭	난초	란	賴	의뢰할	뢰	梅	매화	매	貿	무역할	무
廊	사랑채	랑	漏	샐	루	媒	중매	매	墨	먹	묵

3급 II 신습한자 ③

형(形)	훈(訓)	음(音)	형(形)	훈(訓)	음(音)	형(形)	훈(訓)	음(音)	형(形)	훈(訓)	음(音)
黙	잠잠할	묵	補	기울	보	卑	낮을	비	霜	서리	상
紋	무늬	문	譜	족보	보	妃	왕비	비	索	찾을 노(새끼줄)	색 삭
勿	말	물	腹	배	복	婢	계집종	비	塞	막힐 변방	색 새
尾	꼬리	미	封	봉할	봉	肥	살찔	비	徐	천천할	서
微	작을	미	峯	봉우리	봉	司	맡을	사	恕	용서할	서
薄	엷을	박	逢	만날	봉	沙	모래	사	緖	실마리	서
迫	핍박할	박	鳳	새	봉	祀	제사	사	署	마을 관청	서 서
般	가지 일반	반 반	付	부칠	부	邪	간사할	사	惜	아낄	석
飯	밥	반	浮	뜰	부	蛇	긴뱀	사	釋	풀	석
盤	소반	반	腐	썩을	부	斜	비낄	사	旋	돌	선
拔	뽑을	발	賦	부세	부	詞	말	사	禪	선	선
芳	꽃다울	방	扶	도울	부	削	깎을	삭	疏	소통할 상소할	소 소
培	북돋울	배	符	부호	부	森	수풀	삼	燒	사를	소
排	밀칠	배	簿	문서	부	桑	뽕나무	상	蘇	되살아날	소
輩	무리	배	附	붙을	부	像	모양	상	訴	호소할	소
伯	맏	백	覆	덮을 엎어질	부 복	償	갚을	상	訟	송사할	송
繁	번성할	번	奔	달릴	분	喪	잃을	상	刷	인쇄할	쇄
凡	무릇	범	奮	떨칠	분	尙	오히려	상	鎖	쇠사슬	쇄
碧	푸를	벽	紛	어지러울	분	裳	치마	상	衰	쇠할	쇠
丙	남녘	병	拂	떨칠	불	詳	자세할	상	垂	드리울	수

3급 II 신습한자 ④

형(形)	훈(訓) 음(音)	형(形)	훈(訓) 음(音)	형(形)	훈(訓) 음(音)	형(形)	훈(訓) 음(音)
帥	장수 수	侍	모실 시	揚	날릴 양	悟	깨달을 오
壽	목숨 수	飾	꾸밀 식	讓	사양할 양	烏	까마귀 오
愁	근심 수	愼	삼갈 신	御	거느릴 어	瓦	기와 와
獸	짐승 수	審	살필 심	憶	생각할 억	緩	느릴 완
殊	다를 수	甚	심할 심	抑	누를 억	獄	옥 옥
輸	보낼 수	雙	두 쌍 / 쌍 쌍	亦	또 역	欲	하고자할 욕
隨	따를 수	亞	버금 아	役	부릴 역	慾	욕심 욕
需	쓰일(쓸) 수	牙	어금니 아	疫	전염병 역	辱	욕될 욕
淑	맑을 숙	芽	싹 아	譯	번역할 역	偶	짝 우
熟	익을 숙	我	나 아	驛	역 역	宇	집 우
巡	돌 순 / 순행할 순	雅	맑을 아	宴	잔치 연	羽	깃 우
旬	열흘 순	阿	언덕 아	沿	물따라갈 연 / 따를 연	愚	어리석을 우
瞬	눈깜짝일 순	岸	언덕 안	軟	연할 연	憂	근심 우
述	펼 술	顔	낯 안	燕	제비 연	韻	운 운
拾	주울 습 / 열 십	巖	바위 암	悅	기쁠 열	越	넘을 월
濕	젖을 습	仰	우러를 앙	炎	불꽃 염	僞	거짓 위
襲	엄습할 습	央	가운데 앙	染	물들 염	胃	밥통 위
僧	중 승	哀	슬플 애	鹽	소금 염	謂	이를 위
乘	탈 승	若	같을 약 / 반야 야	影	그림자 영	幼	어릴 유
昇	오를 승	壤	흙덩이 양	譽	기릴 예 / 명예 예	幽	그윽할 유

3급 II 신습한자 ⑤

형(形)	훈(訓)	음(音)	형(形)	훈(訓)	음(音)	형(形)	훈(訓)	음(音)	형(形)	훈(訓)	음(音)
柔	부드러울	유	丈	어른	장	亭	정자	정	仲	버금	중
悠	멀	유	掌	손바닥	장	征	칠	정	卽	곧	즉
猶	오히려	유	粧	단장할	장	廷	조정	정	曾	일찍	증
裕	넉넉할	유	莊	씩씩할	장	淨	깨끗할	정	憎	미울	증
維	벼리	유	葬	장사지낼	장	貞	곧을	정	症	증세	증
誘	꾈	유	藏	감출	장	頂	정수리	정	蒸	찔	증
潤	불을	윤	臟	오장	장	諸	모두	제	之	갈	지
乙	새	을	栽	심을	재	齊	가지런할	제	枝	가지	지
淫	음란할	음	裁	옷마를	재	兆	억조	조	池	못	지
已	이미	이	載	실을	재	租	조세	조	振	떨칠	진
翼	날개	익	抵	막을	저	照	비칠	조	辰	별 때	진 신
忍	참을	인	著	나타날	저	縱	세로	종	陳	베풀 묵을	진 진
逸	편안할	일	寂	고요할	적	坐	앉을	좌	震	우레	진
壬	북방	임	摘	딸	적	宙	집	주	鎭	진압할	진
賃	품삯	임	笛	피리	적	洲	물가	주	秩	차례	질
刺	찌를 찌를	자 척	跡	발자취	적	奏	아뢸	주	疾	병	질
紫	자주빛	자	蹟	자취	적	柱	기둥	주	執	잡을	집
慈	사랑	자	殿	전각	전	株	그루	주	徵	부를	징
暫	잠깐	잠	漸	점점	점	珠	구슬	주	此	이	차
潛	잠길	잠	井	우물	정	鑄	쇠불릴	주	借	빌 빌릴	차 차

3급 II 신습한자 ❻

형(形)	훈(訓) 음(音)	형(形)	훈(訓) 음(音)	형(形)	훈(訓) 음(音)	형(形)	훈(訓) 음(音)
錯	어긋날 착	礎	주춧돌 초	湯	끓을 탕	畢	마칠 필
贊	도울 찬	肖	닮을 초 / 같을 초	泰	클 태	何	어찌 하
倉	곳집 창	超	뛰어넘을 초	殆	거의 태	荷	멜 하
昌	창성할 창	促	재촉할 촉	澤	못 택	賀	하례할 하
蒼	푸를 창	觸	닿을 촉	吐	토할 토	鶴	학 학
彩	채색 채	催	재촉할 최	兔	토끼 토	汗	땀 한
菜	나물 채	追	쫓을 추 / 따를 추	透	사무칠 투	割	벨 할
債	빚 채	畜	짐승 축	版	판목 판	含	머금을 함
策	꾀 책	衝	찌를 충	片	조각 편	陷	빠질 함
妻	아내 처	吹	불 취	偏	치우칠 편	恒	항상 항
拓	넓힐 척	醉	취할 취	編	엮을 편	項	항목 항
戚	친척 척	側	곁 측	廢	폐할 폐 / 버릴 폐	響	울릴 향
尺	자 척	値	값 치	弊	폐단 폐 / 해질 폐	獻	드릴 헌
淺	얕을 천	恥	부끄러울 치	肺	허파 폐	懸	달 현
賤	천할 천	稚	어릴 치	浦	개 포	玄	검을 현
踐	밟을 천	漆	옻 칠	捕	잡을 포	穴	굴 혈
遷	옮길 천	沈	잠길 침 / 성 심	楓	단풍 풍	脅	위협할 협
哲	밝을 철	浸	잠길 침	彼	저 피	衡	저울대 형
徹	통할 철	奪	빼앗을 탈	皮	가죽 피	慧	슬기로울 혜
滯	막힐 체	塔	탑 탑	被	입을 피	浩	넓을 호

3급Ⅱ 신습한자 ⑦

형(形)	훈(訓)	음(音)	형(形)	훈(訓)	음(音)	형(形)	훈(訓)	음(音)	형(形)	훈(訓)	음(音)
胡	되	호	忽	갑자기	홀	皇	임금	황	獲	얻을	획
虎	범	호	洪	넓을	홍	荒	거칠	황	橫	가로	횡
豪	호걸	호	禍	재앙	화	悔	뉘우칠	회	胸	가슴	흉
惑	미혹할	혹	換	바꿀	환	懷	품을	회	戲	놀이	희
魂	넋	혼	還	돌아올	환	劃	그을	획	稀	드물	희

3급 II 신습한자 ①

형(形)	훈(訓) 음(音)	형(形)	훈(訓) 음(音)	형(形)	훈(訓) 음(音)	형(形)	훈(訓) 음(音)
佳		兼		寡		克	
架		謙		誇		禽	
脚		徑		冠		琴	
閣		耕		寬		錦	
刊		頃		慣		及	
幹		硬		貫		企	
懇		契		館		其	
肝		桂		狂		畿	
鑑		啓		壞		祈	
剛		溪		怪		騎	
綱		械		巧		緊	
鋼		姑		較		諾	
介		稿		久		娘	
蓋		鼓		丘		耐	
概		哭		拘		寧	
距		谷		菊		奴	
乾		供		弓		腦	
劍		恐		拳		泥	
隔		恭		鬼		茶	
訣		貢		菌		丹	

3급 II 신습한자 ②

형(形)	훈(訓) 음(音)	형(形)	훈(訓) 음(音)	형(形)	훈(訓) 음(音)	형(形)	훈(訓) 음(音)
但		浪		累		麥	
旦		郎		樓		孟	
淡		涼		倫		猛	
踏		梁		栗		盲	
唐		勵		率		盟	
糖		曆		隆		免	
貸		蓮		陵		眠	
臺		戀		吏		綿	
刀		聯		履		滅	
倒		鍊		裏		銘	
途		裂		臨		慕	
桃		嶺		麻		謀	
陶		靈		磨		貌	
渡		爐		幕		睦	
突		露		漠		沒	
凍		祿		莫		夢	
絡		弄		晚		蒙	
欄		雷		妄		茂	
蘭		賴		梅		貿	
廊		漏		媒		墨	

35

3급 II 신습한자 ③

형(形)	훈(訓) 음(音)	형(形)	훈(訓) 음(音)	형(形)	훈(訓) 음(音)	형(形)	훈(訓) 음(音)
默		補		卑		霜	
紋		譜		妃		索	
勿		腹		婢		塞	
尾		封		肥		徐	
微		峯		司		恕	
薄		逢		沙		緖	
迫		鳳		祀		署	
般		付		邪		惜	
飯		浮		蛇		釋	
盤		腐		斜		旋	
拔		賦		詞		禪	
芳		扶		削		疏	
培		符		森		燒	
排		簿		桑		蘇	
輩		附		像		訴	
伯		覆		償		訟	
繁		奔		喪		刷	
凡		奮		尙		鎖	
碧		紛		裳		衰	
丙		拂		詳		垂	

3급 II 신습한자 ④

형(形)	훈(訓) 음(音)	형(形)	훈(訓) 음(音)	형(形)	훈(訓) 음(音)	형(形)	훈(訓) 음(音)
帥		侍		揚		悟	
壽		飾		讓		烏	
愁		愼		御		瓦	
獸		審		憶		緩	
殊		甚		抑		獄	
輸		雙		亦		欲	
隨		亞		役		慾	
需		牙		疫		辱	
淑		芽		譯		偶	
熟		我		驛		宇	
巡		雅		宴		羽	
旬		阿		沿		愚	
瞬		岸		軟		憂	
述		顔		燕		韻	
拾		巖		悅		越	
濕		仰		炎		僞	
襲		央		染		胃	
僧		哀		鹽		謂	
乘		若		影		幼	
昇		壤		響		幽	

3급 II 신습한자 ⑤

형(形)	훈(訓) 음(音)	형(形)	훈(訓) 음(音)	형(形)	훈(訓) 음(音)	형(形)	훈(訓) 음(音)
柔		丈		亭		仲	
悠		掌		征		卽	
猶		粧		廷		曾	
裕		莊		淨		憎	
維		葬		貞		症	
誘		藏		頂		蒸	
潤		臟		諸		之	
乙		栽		齊		枝	
淫		裁		兆		池	
己		載		租		振	
翼		抵		照		辰	
忍		著		縱		陳	
逸		寂		坐		震	
壬		摘		宙		鎭	
賃		笛		洲		秩	
刺		跡		奏		疾	
紫		蹟		柱		執	
慈		殿		株		徵	
暫		漸		珠		此	
潛		井		鑄		借	

3급 II 신습한자 ⑥

형(形)	훈(訓) 음(音)	형(形)	훈(訓) 음(音)	형(形)	훈(訓) 음(音)	형(形)	훈(訓) 음(音)
錯		礎		湯		畢	
贊		肖		泰		何	
倉		超		殆		荷	
昌		促		澤		賀	
蒼		觸		吐		鶴	
彩		催		兎		汗	
菜		追		透		割	
債		畜		版		含	
策		衝		片		陷	
妻		吹		偏		恒	
拓		醉		編		項	
戚		側		廢		響	
尺		値		弊		獻	
淺		恥		肺		懸	
賤		稚		浦		玄	
踐		漆		捕		穴	
遷		沈		楓		脅	
哲		浸		彼		衡	
徹		奪		皮		慧	
滯		塔		被		浩	

3급Ⅱ 신습한자 ⑦

형(形)	훈(訓) 음(音)	형(形)	훈(訓) 음(音)	형(形)	훈(訓) 음(音)	형(形)	훈(訓) 음(音)
胡		忽		皇		獲	
虎		洪		荒		橫	
豪		禍		悔		胸	
惑		換		懷		戲	
魂		還		劃		稀	

3급 II 신습한자 ①

형(形)	훈(訓) 음(音)	형(形)	훈(訓) 음(音)	형(形)	훈(訓) 음(音)	형(形)	훈(訓) 음(音)
	아름다울 가		겸할 겸		적을 과		이길 극
	시렁 가		겸손할 겸		자랑할 과		새 금
	다리 각		지름길 경 길 경		갓 관		거문고 금
	집 각		밭갈 경		너그러울 관		비단 금
	샛길 간		이랑 경 잠깐 경		익숙할 관		미칠 급
	줄기 간		굳을 경		펠 관		꾀할 기
	간절할 간		맺을 계		집 관		그 기
	간 간		계수나무 계		미칠 광		경기 기
	거울 감		열 계		무너질 괴		빌 기
	굳셀 강		시내 계		괴이할 괴		말탈 기
	벼리 강		기계 계		공교할 교		긴할 긴
	강철 강		시어미 고		비교 교 견줄 교		허락할 낙
	낄 개		원고 고 볏짚 고		오랠 구		계집 낭
	덮을 개		북 고		언덕 구		견딜 내
	대개 개		울 곡		잡을 구		편안 녕
	상거할 거		골 곡		국화 국		종 노
	하늘 건 마를 간		이바지할 공		활 궁		골 뇌 뇌수 뇌
	칼 검		두려울 공		주먹 권		진흙 니
	사이뜰 격		공손할 공		귀신 귀		차 다 차 차
	이별할 결		바칠 공		버섯 균		붉을 단

3급 II 신습한자 ②

형(形)	훈(訓) 음(音)	형(形)	훈(訓) 음(音)	형(形)	훈(訓) 음(音)	형(形)	훈(訓) 음(音)
	다만 단		물결 랑		여러 루 자주 루		보리 맥
	아침 단		사내 랑		다락 루		맏 맹
	맑을 담		서늘할 량		인륜 륜		사나울 맹
	밟을 답		들보 량 돌다리 량		밤 률		소경 맹 눈멀 맹
	당나라 당 당황할 당		힘쓸 려		비율 률 거느릴 솔		맹세 맹
	엿 당 사탕 탕		책력 력		높을 륭		면할 면
	빌릴 대 꿸 대		연꽃 련		언덕 릉		잘 면
	대 대		그리워할 련 그릴 련		관리 리		솜 면
	칼 도		연이을 련		밟을 리		멸할 멸 꺼질 멸
	넘어질 도		쇠불릴 련 단련할 련		속 리		새길 명
	길 도		찢어질 렬		임할 림		그릴 모
	복숭아 도		고개 령		삼 마		꾀 모
	질그릇 도		신령 령		갈 마		모양 모
	건널 도		화로 로		장막 막		화목할 목
	갑자기 돌		이슬 로		넓을 막		빠질 몰
	얼 동		녹(봉록) 록		없을 막		꿈 몽
	이을 락 얽을 락		희롱할 롱		늦을 만		어두울 몽
	난간 란		우레 뢰		망령될 망		무성할 무
	난초 란		의뢰할 뢰		매화 매		무역할 무
	사랑채 랑		샐 루		중매 매		먹 묵

3급 II 신습한자 ③

형(形)	훈(訓) 음(音)	형(形)	훈(訓) 음(音)	형(形)	훈(訓) 음(音)	형(形)	훈(訓) 음(音)
	잠잠할 묵		기울 보		낮을 비		서리 상
	무늬 문		족보 보		왕비 비		찾을 색 노(새끼줄) 삭
	말 물		배 복		계집종 비		막힐 색 변방 새
	꼬리 미		봉할 봉		살찔 비		천천할 서
	작을 미		봉우리 봉		맡을 사		용서할 서
	엷을 박		만날 봉		모래 사		실마리 서
	핍박할 박		새 봉		제사 사		마을 서 관청 서
	가지 반 일반 반		부칠 부		간사할 사		아낄 석
	밥 반		뜰 부		긴뱀 사		풀 석
	소반 반		썩을 부		비낄 사		돌 선
	뽑을 발		부세 부		말 사		선 선
	꽃다울 방		도울 부		깎을 삭		소통할 소 상소할 소
	북돋울 배		부호 부		수풀 삼		사를 소
	밀칠 배		문서 부		뽕나무 상		되살아날 소
	무리 배		붙을 부		모양 상		호소할 소
	맏 백		덮을 부 엎어질 복		갚을 상		송사할 송
	번성할 번		달릴 분		잃을 상		인쇄할 쇄
	무릇 범		떨칠 분		오히려 상		쇠사슬 쇄
	푸를 벽		어지러울 분		치마 상		쇠할 쇠
	남녘 병		떨칠 불		자세할 상		드리울 수

3급Ⅱ 신습한자 ④

형(形)	훈(訓) 음(音)	형(形)	훈(訓) 음(音)	형(形)	훈(訓) 음(音)	형(形)	훈(訓) 음(音)
	장수 수		모실 시		날릴 양		깨달을 오
	목숨 수		꾸밀 식		사양할 양		까마귀 오
	근심 수		삼갈 신		거느릴 어		기와 와
	짐승 수		살필 심		생각할 억		느릴 완
	다를 수		심할 심		누를 억		옥 옥
	보낼 수		두 쌍 쌍 쌍		또 역		하고자할 욕
	따를 수		버금 아		부릴 역		욕심 욕
	쓰일(쓸) 수		어금니 아		전염병 역		욕될 욕
	맑을 숙		싹 아		번역할 역		짝 우
	익을 숙		나 아		역 역		집 우
	돌 순 순행할 순		맑을 아		잔치 연		깃 우
	열흘 순		언덕 아		물따라갈 연 따를 연		어리석을 우
	눈깜짝일 순		언덕 안		연할 연		근심 우
	펼 술		낯 안		제비 연		운 운
	주울 습 열 십		바위 암		기쁠 열		넘을 월
	젖을 습		우러를 앙		불꽃 염		거짓 위
	엄습할 습		가운데 앙		물들 염		밥통 위
	중 승		슬플 애		소금 염		이를 위
	탈 승		같을 약 반야 야		그림자 영		어릴 유
	오를 승		흙덩이 양		기릴 예 명예 예		그윽할 유

3급 II 신습한자 ⑤

형(形)	훈(訓) 음(音)	형(形)	훈(訓) 음(音)	형(形)	훈(訓) 음(音)	형(形)	훈(訓) 음(音)
	부드러울 유		어른 장		정자 정		버금 중
	멀 유		손바닥 장		칠 정		곧 즉
	오히려 유		단장할 장		조정 정		일찍 증
	넉넉할 유		씩씩할 장		깨끗할 정		미울 증
	벼리 유		장사지낼 장		곧을 정		증세 증
	꾈 유		감출 장		정수리 정		찔 증
	불을 윤		오장 장		모두 제		갈 지
	새 을		심을 재		가지런할 제		가지 지
	음란할 음		옷마를 재		억조 조		못 지
	이미 이		실을 재		조세 조		떨칠 진
	날개 익		막을 저		비칠 조		별 진 때 신
	참을 인		나타날 저		세로 종		베풀 진 묵을 진
	편안할 일		고요할 적		앉을 좌		우레 진
	북방 임		딸 적		집 주		진압할 진
	품삯 임		피리 적		물가 주		차례 질
	찌를 자 찌를 척		발자취 적		아뢸 주		병 질
	자주빛 자		자취 적		기둥 주		잡을 집
	사랑 자		전각 전		그루 주		부를 징
	잠깐 잠		점점 점		구슬 주		이 차
	잠길 잠		우물 정		쇠불릴 주		빌 차 빌릴 차

3급 II 신습한자 ❻

형(形)	훈(訓) 음(音)	형(形)	훈(訓) 음(音)	형(形)	훈(訓) 음(音)	형(形)	훈(訓) 음(音)
	어긋날 **착**		주춧돌 **초**		끓을 **탕**		마칠 **필**
	도울 **찬**		닮을 **초** 같을 **초**		클 **태**		어찌 **하**
	곳집 **창**		뛰어넘을 **초**		거의 **태**		멜 **하**
	창성할 **창**		재촉할 **촉**		못 **택**		하례할 **하**
	푸를 **창**		닿을 **촉**		토할 **토**		학 **학**
	채색 **채**		재촉할 **최**		토끼 **토**		땀 **한**
	나물 **채**		쫓을 **추** 따를 **추**		사무칠 **투**		벨 **할**
	빚 **채**		짐승 **축**		판목 **판**		머금을 **함**
	꾀 **책**		찌를 **충**		조각 **편**		빠질 **함**
	아내 **처**		불 **취**		치우칠 **편**		항상 **항**
	넓힐 **척**		취할 **취**		엮을 **편**		항목 **항**
	친척 **척**		곁 **측**		폐할 **폐** 버릴 **폐**		울릴 **향**
	자 **척**		값 **치**		폐단 **폐** 해질 **폐**		드릴 **헌**
	얕을 **천**		부끄러울 **치**		허파 **폐**		달 **현**
	천할 **천**		어릴 **치**		개 **포**		검을 **현**
	밟을 **천**		옻 **칠**		잡을 **포**		굴 **혈**
	옮길 **천**		잠길 **침** 성 **심**		단풍 **풍**		위협할 **협**
	밝을 **철**		잠길 **침**		저 **피**		저울대 **형**
	통할 **철**		빼앗을 **탈**		가죽 **피**		슬기로울 **혜**
	막힐 **체**		탑 **탑**		입을 **피**		넓을 **호**

3급 II 신습한자 ⑦

형(形)	훈(訓)	음(音)	형(形)	훈(訓)	음(音)	형(形)	훈(訓)	음(音)	형(形)	훈(訓)	음(音)
	되	호		갑자기	홀		임금	황		얻을	획
	범	호		넓을	홍		거칠	황		가로	횡
	호걸	호		재앙	화		뉘우칠	회		가슴	흉
	미혹할	혹		바꿀	환		품을	회		놀이	희
	넋	혼		돌아올	환		그을	획		드물	희

◦ 핵심정리장 1   ▼ 자세히 읽어 보세요.

모양(형 形)	뜻(훈 訓) 소리(음 音)	핵 심 정 리
佳:	아름다울 가	제후임을 뜻하는 신표인 홀을 들고 있는 사람이 눈에 확뜨여 '**아름답다**' 는 뜻의 자입니다. • 긴소리로 읽음.
架	시렁 가	나무를 덧걸쳐 만든 '**시렁**' 을 나타낸 자입니다.
脚	다리 각	무릎에서 뒤로 굽혀지는 부분이 '**다리**' 라는 뜻의 자입니다.
閣	집 각	각자의 사람들이 찾아드는 큰문이 달린 '**집**' 이라는 뜻의 자입니다.
刊	새길 간	책 등을 찍으려고 방패처럼 편편한 널빤지에 글자를 '**새긴다**' 는 뜻의 자입니다.
幹	줄기 간	햇볕이 가려지지 않을 정도로 방패를 세우듯 담을 쌓을 때 나무 기둥을 박아 담의 '**줄기**' 를 삼는다는 뜻의 자입니다.
懇:	간절할 간	정성을 들이는 마음이라 아주 '**간절하다**' 는 뜻의 자입니다. • 긴소리로 읽음.
肝(:)	간 간	몸 안의 독성을 해독하여 방패처럼 막는 역할을 하는 '**간**' 이라는 뜻의 자입니다. • 긴소리 또는 짧은소리로도 읽음.
鑑	거울 감	놋쇠 대야에 물을 담아 얼굴을 비춰 '**거울**' 로 삼았다는 뜻의 자입니다.
剛	굳셀 강	산등성이라도 자를 만큼 '**굳세다**' 는 뜻의 자입니다. • 剛(강) ⇔ 柔(유)

48

∘ 핵심정리장 2   ▶ 자세히 읽어 보세요.

모양(형 形)	뜻(훈 訓) 소리(음 音)	핵 심 정 리
綱	벼리　　　강	굵은 실로 그물 주위를 꿰어 산등성이처럼 크고 성긴 '**벼리**' 라는 뜻의 자입니다.
鋼	강철　　　강	산등성이처럼 굳센 쇠인 '**강철**' 을 뜻하는 자입니다.
介:	낄　　　개	어떤 일을 판가름하기 위해 사람이 양쪽 사이에 '**낀다**' 는 뜻의 자입니다. •긴소리로 읽음.
蓋:	덮을　　　개	그릇에 다가가 뚜껑을 닫고 풀로 '**덮는다**' 는 뜻의 자입니다. •긴소리로 읽음.
槪:	대개　　　개	말에 곡식을 채우고 위를 평평하게 밀어내니 양이 '**대개**' 같다는 뜻의 자입니다. •긴소리로 읽음.
距:	상거할　　거	크게 내디딘 걸음 폭끼리는 '**상거함**' 이 있다는 뜻의 자입니다. ※ 상거(相距)는 서로 떨어진 두 거리를 말함. •긴소리로 읽음.
乾	하늘　　　건 마를　　　건/간	수분이 햇볕을 받아 '**하늘**' 을 향해 증발한다는 뜻의 자입니다. •일자다음자임. 건·간.
劍:	칼　　　검	여럿이 모인 곳에 나아갈 때 호신용으로 찬 '**칼**' 이라는 뜻의 자입니다. •긴소리로 읽음.
隔	사이뜰　　격	언덕에 둘러싸여 오지병처럼 생긴 지형이라 사람들 왕래가 멀어져 '**사이뜨다**' 는 뜻의 자입니다.
訣	이별할　　결 비방　　　결	약속했던 말에 틈이 생겨 '**이별하다**' 라는 뜻의 자입니다.

○ 핵심정리장 3　　　　　　　　　　　　　　　⬇ 자세히 읽어 보세요.

모양(형形)	뜻(훈訓) 소리(음音)	핵 심 정 리
兼	겸할　겸	볏단을 겹쳐 잡아 아울러 '**겸한다**'는 뜻의 자입니다. •부수는 八(여덟 팔)임.
謙	겸손할　겸	겸하여 사양하는 말까지 하니 '**겸손하다**'는 뜻의 자입니다.
徑	지름길　경 길　　경	강물을 건널 때 물줄기를 곧바로 질러가는 '**지름길**'을 나타낸 자입니다.
耕	밭갈　경	소에 쟁기를 지워 밭이랑을 지으며 '**밭갈다**'는 뜻의 자입니다.
頃	이랑　경 잠깐　경	머리를 구부렸다 바로 세우면 그 사이가 '**이랑**'이 진 것 같다는 뜻의 자입니다. •부수는 頁(머리 혈)임.
硬	굳을　경	화산이 터질 때 녹아 흐른 돌이 다시 '**굳었다**'는 뜻의 자입니다.
契	맺을　계 나라이름　거	대쪽에 증거의 표시를 하고 반으로 쪼개어 한쪽씩 갖고 큰 약속을 '**맺는다**'는 뜻의 자입니다. •일자다음자임. 계·거.　※계약(契約), 거란(契丹)
桂:	계수나무　계	벼슬아치가 조정에 나아갈 때에 휴대하는 홀과도 같이 보약으로 꼭 쓰이는 '**계수나무**'를 나타낸 자입니다. •긴소리로 읽음.
啓:	열　계	말로 타이르거나 채찍질하여 마음의 문을 '**열**' 도록 한다는 뜻의 자입니다. •긴소리로 읽음.
溪	시내　계	배가 큰 오리 등이 노니는 '**시내**'라는 뜻의 자입니다.

3급 Ⅱ-1

佳 아름다울 가
亻 人 부수 6획, 총 8획. ( )부수 ( )획, 총 ( )획.

佳:人　　佳:作　　百年佳約　　仲秋佳節

架 시렁 가
木 부수 5획, 총 9획. ( )부수 ( )획, 총 ( )획.

架空　　架橋　　架設　　書架　　十字架

脚 다리 각
月 肉 부수 7획, 총 11획. ( )부수 ( )획, 총 ( )획.

脚光　　脚本　　健:脚　　馬:脚　　失脚

閣 집 각
門 부수 6획, 총 14획. ( )부수 ( )획, 총 ( )획.

閣議　　改:閣　　內:閣　　閣下　　奎章閣

刊 새길 간
刂 刀 부수 3획, 총 5획. ( )부수 ( )획, 총 ( )획.

刊行　　近:刊　　發刊　　新刊n　　創:刊

3급Ⅱ-1-복습·쓰기장

♣ 아래의 빈칸을 채우시오.

【금일학습】

佳							
아름다울 가							
架							
시렁 가							
脚							
다리 각							
閣							
집 각							
刊							
새길 간							

가인 가작 백년가약 중추가절
가공 가교 가설 서가 십자가
각광 각본 건각 마각 실각
각의 개각 내각 각하 규장각
간행 근간 발간 신간 창간

3급Ⅱ-2

幹 줄기 간	干 부수 10획, 총 13획. ( )부수 ( )획, 총 ( )획.				
	幹部	幹線	根幹	語:幹	主幹

懇 간절할 간	心 부수 13획, 총 17획. ( )부수 ( )획, 총 ( )획.				
	懇:曲	懇:求	懇:切	懇:請	懇:談會

肝 간 간	月 肉 부수 3획, 총 7획. ( )부수 ( )획, 총 ( )획.				
	肝:臟	肝:膽相照		九曲肝腸	

鑑 거울 감	金 부수 14획, 총 22획. ( )부수 ( )획, 총 ( )획.				
	鑑別	鑑賞	鑑識	鑑定	明心寶鑑

剛 굳셀 강	刂 刀 부수 8획, 총 10획. ( )부수 ( )획, 총 ( )획.				
	剛健	剛斷	剛直	金剛山	外:柔內剛

3급Ⅱ-2-복습·쓰기장

♣ 아래의 빈칸을 채우시오.   【지난학습】

아름다울 **가**	시렁 **가**	다리 **각**	집 **각**	새길 **간**

【금일학습】

幹 줄기 간					
懇 간절할 간					
肝 간 간					
鑑 거울 감					
剛 굳셀 강					

간부 간선 근간 어간 주간
간곡 간구 간절 간청 간담회
간장 간담상조 구곡간장
감별 감상 감식 감정 명심보감
강건 강단 강직 금강산 외유내강

3급 Ⅱ-3

월　　　일 【시간】　　　~

綱	糸 부수 8획, 총 14획.		( )부수 ( )획, 총 ( )획.	
벼리 강	綱領	紀綱	大:綱　　要綱	三綱五倫

鋼	金 부수 8획, 총 16획.		( )부수 ( )획, 총 ( )획.	
강철 강	鋼材	鋼鐵	鋼板　　製:鋼	鐵鋼

介	人 부수 2획, 총 4획.		( )부수 ( )획, 총 ( )획.	
낄 개	介:意	介:入	仲介人	媒介體

蓋	⺿ 艸 부수 10획, 총 14획.		( )부수 ( )획, 총 ( )획.	
덮을 개	蓋:然性	蓋:馬高原	口:蓋音化	

槪	木 부수 11획, 총 15획.		( )부수 ( )획, 총 ( )획.	
대개 개	槪:念	槪:論	槪:要　　氣:槪	節:槪

3급Ⅱ-3-복습·쓰기장

♣ 아래의 빈칸을 채우시오.   【지난학습】

줄기 간		간절할 간		간	간		거울 감		굳셀 강

【금일학습】

綱						
벼리 강						
鋼						
강철 강						
介						
낄 개						
蓋						
덮을 개						
槪						
대개 개						

강령 기강 대강 요강 삼강오륜
강재 강철 강판 제강 철강
개의 개입 중개인 매개체
개연성 개마고원 구개음화
개념 개론 개요 기개 절개

월   일 【시 간】   ~

3급 II-4

距 상거할 거	足 부수 5획, 총 12획. ( )부수 ( )획, 총 ( )획.				
	相距 距:離感 遠:距離 射程距離				

乾 하늘 건 마를 간	乙 부수 10획, 총 11획. ( )부수 ( )획, 총 ( )획.				
	乾杯 乾燥 乾草 乾魚物				

劍 칼 검	刂 刀 부수 13획, 총 15획. ( )부수 ( )획, 총 ( )획.				
	劍:道 帶:劍 寶:劍 刻舟求劍				

隔 사이뜰 격	阝 阜 부수 10획, 총13획. ( )부수 ( )획, 총 ( )획.				
	隔離 隔差 間隔 遠隔 懸隔				

訣 이별할 결 비방 결	言 부수 4획, 총 11획. ( )부수 ( )획, 총 ( )획.				
	訣別 口訣 秘訣 永訣				

3급Ⅱ-4-복습·쓰기장

♣ 아래의 빈칸을 채우시오.　　　　　　　　　　　　　　　【지난학습】

벼리 **강**	강철 **강**	낄 **개**	덮을 **개**	대개 **개**

【금일학습】

距 상거할 거					
乾 하늘 건					
劍 칼 검					
隔 사이뜰 격					
訣 이별할 결					

상거　거리감　원거리　사정거리
건배　건조　건초　건어물
검도　대검　보검　각주구검
격리　격차　간격　원격　현격
결별　구결　비결　영결

3급Ⅱ-5

兼 겸할 겸	八 부수 8획, 총 10획. ( )부수 ( )획, 총 ( )획.				
	兼備	兼任	兼職	兼人之勇	

謙 겸손할 겸	言 부수 10획, 총 17획. ( )부수 ( )획, 총 ( )획.				
	謙辭	謙虛	謙讓之德		

徑 지름길 경 길 경	彳 부수 7획, 총 10획. ( )부수 ( )획, 총 ( )획.				
	口:徑	半:徑	直徑		

耕 밭갈 경	耒 부수 4획, 총 10획. ( )부수 ( )획, 총 ( )획.				
	耕作	農耕地	晝耕夜讀	耕地整理	

頃 이랑 경 잠깐 경	頁 부수 2획, 총 11획. ( )부수 ( )획, 총 ( )획.				
	頃刻	食頃	萬頃蒼波		

3급Ⅱ-5-복습·쓰기장

♣ 아래의 빈칸을 채우시오.　　　　　　　　　　【지난학습】

상거할 **거**		하늘 **건**		칼 **검**		사이뜰 **격**		이별할 **결**	

【금일학습】

兼 겸할 **겸**					
謙 겸손할 **겸**					
徑 지름길 **경**					
耕 밭갈 **경**					
頃 이랑 **경**					

겸비　겸임　겸직　겸인지용
겸사　겸허　겸양지덕
구경　반경　직경
경작　농경지　주경야독　경지정리
경각　식경　만경창파

월   일 【시 간】   ~

3급Ⅱ-6

硬 굳을 경	石 부수 7획, 총 12획.　(　)부수 (　)획, 총 (　)획.
	硬度　　硬質　　硬化　　硬直　　强硬

契 맺을 계 나라이름 거	大 부수 6획, 총 9획.　(　)부수 (　)획, 총 (　)획.
	契機　　契約　　契員　　默契　　契丹

桂 계수나무 계	木 부수 6획, 총 10획.　(　)부수 (　)획, 총 (　)획.
	桂:冠　　桂:皮　　月桂冠

啓 열 계	口 부수 8획, 총 11획.　(　)부수 (　)획, 총 (　)획.
	啓:導　　啓:蒙　　啓:發　　啓:示　　狀:啓

溪 시내 계	氵水 부수 10획, 총 13획.　(　)부수 (　)획, 총 (　)획.
	溪谷　　淸溪川　　碧溪水　　退溪先生

3급Ⅱ-6-복습·쓰기장

♣ 아래의 빈칸을 채우시오.   【지난학습】

겸할 **겸**		겸손할 **겸**		지름길 **경**		밭갈 **경**		이랑 **경**

【금일학습】

硬 굳을 경								
契 맺을 계								
桂 계수나무 계								
啓 열 계								
溪 시내 계								

경도 경질 경화 경직 강경
계기 계약 계원 묵계 거란
계관 계피 월계관
계도 계몽 계발 계시 장계
계곡 청계천 벽계수 퇴계선생

핵심정리장 4

⬇ 자세히 읽어 보세요.

모양(형形)	뜻(훈訓) 소리(음音)	핵 심 정 리
械	기계 계	죄인을 징계하기 위해 나무로 짠 형틀인 '기계'라는 뜻의 자입니다.
姑	시어미 고 고모 고	오래 전에 집안에 시집온 남편의 어머니가 '시어미'라는 뜻의 자입니다. • 姑(고) ⇔ 婦(부)
稿:	원고 고 볏짚 고	벼이삭이 높이 패어 나오듯 생각을 정리하여 옮겨 쓰는 '원고'라는 뜻의 자입니다. • 긴소리로 읽음.
鼓	북 고	모양은 원통과 비슷하고 양 끝에 가죽을 씌워 나무로 테돌림을 하여 두드려 소리내는 악기가 '북'이라는 뜻의 자입니다.
哭	울 곡	개가 낑낑거리며 소리내어 '운다'는 뜻의 자입니다. • 부수는 口(입 구)임.
谷	골 곡	솟아나온 샘물이 냇물을 이뤄 지나가는 두 산 사이의 우묵한 곳이 '골'이라는 뜻의 자입니다.
供:	이바지 공 진상할 공	웃사람에게 두 손 모아 물건을 받쳐 '이바지'를 드린다는 뜻의 자입니다. • 긴소리로 읽음.
恐:	두려울 공	무섬증이 들어 두 손을 가슴에 안은 것은 마음이 '두렵기' 때문이라는 뜻의 자입니다. • 긴소리로 읽음.
恭	공손할 공	두 손 모아 공경하는 마음을 나타내는 태도가 '공손하다'는 뜻의 자입니다. • 恭(공) ≒ 敬(경) • 共(한가지 공), 恭(공손할 공)
貢:	바칠 공	공들여 만든 재물을 위에 '바친다'는 뜻의 자입니다. • 貢(공) ≒ 獻(헌) • 긴소리로 읽음.

◦ 핵심정리장 5   ⬇ 자세히 읽어 보세요.

모양(형 形)	뜻(훈 訓) 소리(음 音)	핵 심 정 리
寡:	적을 과 과부 과	집안의 재물을 사람들과 나누어 가지니 '**적어**' 졌다는 뜻의 자입니다. • 衆(중) ⇔ 寡(과) • 긴소리로 읽음.
誇:	자랑할 과	사실보다 더 과장해서 말하며 '**자랑한다**' 는 뜻의 자입니다. • 긴소리로 읽음.
冠	갓 관	법도에 맞추어 사람의 머리에 쓰는 '**갓**' 을 나타낸 자입니다.
寬	너그러울 관	지은 집의 공간이 넓고 커서 양의 긴 뿔같이 큰 관을 쓰고 다녀도 거추장스럽지 않게 '**너그럽게**' 받아들인다는 뜻의 자입니다.
慣	익숙할 관	마음에 꿴 듯이 훤해 일에 '**익숙하다**' 는 뜻의 자입니다.
貫(:)	꿸 관	옛날에 돈에 구멍을 내어 꿰미에 '**꿰**' 었다는 뜻의 자입니다. • 貫(관) ≒ 徹(철), 貫(관) ≒ 通(통) • 긴소리 또는 짧은소리로도 읽음.
館	집 관	관리가 먹고 잘 수 있는 '**집**' 을 나타낸 자입니다.
狂	미칠 광	자기 마음대로 하는 왕처럼 개가 날뛰니 '**미쳤다**' 는 뜻의 자입니다.
壞:	무너질 괴	토굴 입구가 흙으로 쌓여 앞을 가린 것은 '**무너졌**' 기 때문이라는 뜻의 자입니다. • 긴소리로 읽음.
怪(:)	괴이할 괴	힘써 해도 마음먹은 대로 되지 않으니 '**괴이하다**' 는 뜻의 자입니다. • 긴소리 또는 짧은소리로도 읽음.

3급Ⅱ-7

械 기계 **계**	木 부수 7획, 총 11획.　　( )부수 ( )획, 총 ( )획.
	機械

姑 시어미 고 고모 **고**	女 부수 5획, 총 8획.　　( )부수 ( )획, 총 ( )획.
	姑婦　　　姑從　　　姑母夫　　　姑息之計

稿 원고 고 볏짚 **고**	禾 부수 10획, 총 15획.　　( )부수 ( )획, 총 ( )획.
	寄稿　　　原稿　　　遺稿　　　脫稿　　　投稿

鼓 북 **고**	鼓 부수 0획, 총 13획.　　( )부수 ( )획, 총 ( )획.
	鼓動　　　鼓舞　　　鼓吹　　　勝戰鼓　　　申聞鼓

哭 울 **곡**	口 부수 7획, 총 10획.　　( )부수 ( )획, 총 ( )획.
	哭聲　　　痛:哭　　　大:聲痛哭

3급Ⅱ-7-복습·쓰기장

♣ 아래의 빈칸을 채우시오.　　　　　　　　　　　　　【지난학습】

굳을 **경**	맺을 **계**	계수나무 **계**	열 **계**	시내 **계**

【금일학습】

械 기계 계						
姑 시어미 고						
稿 원고 고						
鼓 북 고						
哭 울 곡						

기계
고부　고종　고모부　고식지계
기고　원고　유고　탈고　투고
고동　고무　고취　승전고　신문고
곡성　통곡　대성통곡

3급Ⅱ-8

谷 골 곡	谷 부수 0획, 총 7획. ( )부수 ( )획, 총 ( )획.
	深山幽谷　　　　谷無虎先生兎

供 이바지할 공 진상할 공	亻 人 부수 6획, 총 8획. ( )부수 ( )획, 총 ( )획.
	供:給　　佛供　　提供　　供:養米　　供:託金

恐 두려울 공	心 부수 6획, 총 10획. ( )부수 ( )획, 총 ( )획.
	恐:龍　　可恐　　恐:水病　　恐:妻家

恭 공손할 공	忄 心 부수 6획, 총 10획. ( )부수 ( )획, 총 ( )획.
	恭敬　　恭待　　恭順

貢 바칠 공	貝 부수 3획, 총 10획. ( )부수 ( )획, 총 ( )획.
	貢:納　　貢:物　　貢:獻　　朝貢

3급Ⅱ-8-복습·쓰기장

♣ 아래의 빈칸을 채우시오.　　　　　　　　　　　【지난학습】

기계 **계**		시어미 **고**		원고 **고**		북 **고**		울 **곡**	

【금일학습】

谷 골 곡							
供 이바지할 공							
恐 두려울 공							
恭 공손할 공							
貢 바칠 공							

심산유곡　곡무호선생토
공급　불공　제공　공양미　공탁금
공룡　가공　공수병　공처가
공경　공대　공순
공납　공물　공헌　조공

3급Ⅱ-9

寡 적을 과 과부 과	宀 부수 11획, 총 14획. ( )부수 ( )획, 총 ( )획.
	寡:默　　寡:少　　獨寡占　　衆:寡不敵

誇 자랑할 과	言 부수 6획, 총 13획. ( )부수 ( )획, 총 ( )획.
	誇:示　　誇:張　　誇:大妄想

冠 갓 관	冖 부수 7획, 총 9획. ( )부수 ( )획, 총 ( )획.
	冠禮　　金冠　　弱冠　　衣冠　　冠婚喪祭

寬 너그러울 관	宀 부수 12획, 총 15획. ( )부수 ( )획, 총 ( )획.
	寬大　　寬容

慣 익숙할 관	忄心 부수 11획, 총 14획. ( )부수 ( )획, 총 ( )획.
	慣例　　慣習　　慣用　　慣行　　習慣

3급Ⅱ-9-복습·쓰기장

♣ 아래의 빈칸을 채우시오.　【지난학습】

골	곡	이바지할	공	두려울	공	공손할	공	바칠	공

【금일학습】

寡 적을 과									
誇 자랑할 과									
冠 갓 관									
寬 너그러울 관									
慣 익숙할 관									

과묵　과소　독과점　중과부적
과시　과장　과대망상
관례　금관　약관　의관　관혼상제
관대　관용
관례　관습　관용　관행　습관

3급Ⅱ-10

貫 꿸 관	貝 부수 4획, 총 11획.　　(　　)부수 (　　)획, 총 (　　)획.
	貫通　　本貫　　始:終一貫　　　初志一貫

館 집 관	食 부수 8획, 총 17획.　　(　　)부수 (　　)획, 총 (　　)획.
	開館　　旅館　　會:館　　圖書館　　博物館

狂 미칠 광	犭犬 부수 4획, 총 7획.　　(　　)부수 (　　)획, 총 (　　)획.
	狂亂　　狂奔　　狂暴　　狂風　　發狂　　熱狂

壞 무너질 괴	土 부수 16획, 총 19획.　　(　　)부수 (　　)획, 총 (　　)획.
	壞:滅　　破:壞

怪 괴이할 괴	忄心 부수 5획, 총 8획.　　(　　)부수 (　　)획, 총 (　　)획.
	怪:奇　　怪:談　　怪:力　　怪:物　　怪:變

3급Ⅱ-10-복습·쓰기장

♣ 아래의 빈칸을 채우시오.   【지난학습】

적을 과		자랑할 과		갓 관		너그러울 관		익숙할 관	

【금일학습】

貫 꿸 관								
館 집 관								
狂 미칠 광								
壞 무너질 괴								
怪 괴이할 괴								

관통 본관 시종일관 초지일관
개관 여관 회관 도서관 박물관
광란 광분 광포 광풍 발광 열광
괴멸 파괴
괴기 괴담 괴력 괴물 괴변

○ 핵심정리장 6　　　　　　　　　　　　　　⬇ 자세히 읽어 보세요.

모양(형 形)	뜻(훈 訓) 소리(음 音)	핵 심 정 리
巧	공교할　교	재치있게 만드니 매우 '공교하다' 는 뜻의 자입니다.
較	비교　교 견줄　교	수레에 짐을 실을 때 앞뒤에 쏠리는 무게를 '비교' 한다는 뜻의 자입니다. • 校(학교 교), 較(비교 교)
久:	오랠　구	사람을 뒤에서 잡아당기니 걸음이 더디어 '오래' 걸린다는 뜻의 자입니다. • 九(아홉 구), 乃(이에 내), 及(미칠 급), 久(오랠 구) • 긴소리로 읽음.
丘	언덕　구	마을 주위를 둘러싼 '언덕' 을 나타낸 자입니다. • 부수는 一(한 일)임.
拘	잡을　구	손을 구부려 '잡는다' 는 뜻의 자입니다.
菊	국화　국	손가락을 모아 움켜쥔 듯이 꽃잎파리들이 뭉쳐 핀 '국화' 를 나타낸 자입니다.
弓	활　궁	보관하기 위해 시위(활줄)를 풀어놓은 '활' 의 모양을 본뜬 자입니다. • 己(몸 기), 已(이미 이), 弓(활 궁)
拳:	주먹　권	손가락을 구부려 쥔 '주먹' 을 나타낸 자입니다. • 券(문서 권), 卷(책 권), 拳(주먹 권)　• 긴소리로 읽음.
鬼:	귀신　귀	사람의 형상으로 머리가 특별히 크고 나쁜 음기가 뭉친 것이 사람에게 붙어 사사로이 해를 끼치는 '귀신' 을 나타낸 자입니다. • 鬼(귀) ≒ 神(신)　　• 긴소리로 읽음.
菌	버섯　균	고불고불한 팡이실로 생성하는 식물인 '버섯' 이라는 뜻의 자입니다.

핵심정리장 7

⬇ 자세히 읽어 보세요.

모양(형 形)	뜻(훈 訓) 소리(음 音)	핵 심 정 리
克	이길 극 능할 극	사람이 어깨에 무거운 짐을 오랫동안 메고 있으면서 육체적으로 정신적으로 '이겨' 낸다는 뜻의 자입니다. • 부수는 儿(어진사람인발)임.
禽	새 금	공중에 그물을 설치해 씌워 잡는 '새' 를 나타낸 자입니다. • 禽(금) ⇔ 獸(수)
琴	거문고 금	나무틀에 옥으로 만든 기러기발을 고정시키고 줄을 매 음을 연주하는 '거문고' 를 나타낸 자입니다.
錦:	비단 금 아름다울 금	흰천에 금빛의 수를 놓은 '비단' 이라는 뜻의 자입니다. • 긴소리로 읽음.
及	미칠 급 및 급	앞선 사람을 뒤따라 잡을 수 있도록 '미친다' 는 뜻의 자입니다. • 乃(이에 내), 反(돌이킬 반), 及(미칠 급)
企	꾀할 기 바랄 기	사람이 발뒤꿈치를 들어 멀리 바라보듯이 앞일을 내다보며 미리 '꾀한다' 는 뜻의 자입니다. • 부수는 人(사람 인)
其	그 기	알맞게 만들어진 상위는 키를 항상 두는 '그' 곳이라는 뜻의 자입니다. • 基(터 기), 其(그 기)
畿	경기 기 지경 기	서울을 중심으로 가까이 있는 논밭 등의 땅이 '경기' 라고 한다는 뜻의 자입니다. • 幾(몇 기), 畿(경기 기)
祈	빌 기	제단 앞에서 두 손을 도끼날처럼 모아 들고 복을 '빈다' 는 뜻의 자입니다.
騎	말탈 기	말이 잘 달리도록 밤송이처럼 생긴 기이한 박차를 가지고 '말탄다' 는 뜻의 자입니다.

3급Ⅱ-11

巧 공교할 교	工 부수 2획, 총 5획. ( )부수 ( )획, 총 ( )획.
	巧妙　　　技巧　　　精巧　　　巧言令色

較 비교 교 견줄 교	車 부수 6획, 총 13획. ( )부수 ( )획, 총 ( )획.
	較差　　　比:較　　　日較差

久 오랠 구	ノ 부수 2획, 총 3획. ( )부수 ( )획, 총 ( )획.
	持久力　　　永:久不變　　　日久月深

丘 언덕 구	一 부수 4획, 총 5획. ( )부수 ( )획, 총 ( )획.
	丘陵　　　丘陵地

拘 잡을 구	扌手 부수 5획, 총 8획. ( )부수 ( )획, 총 ( )획.
	拘禁　　　拘留　　　拘束　　　拘引　　　拘置所

3급Ⅱ-11-복습·쓰기장

♣ 아래의 빈칸을 채우시오.   【지난학습】

꿸 관	집 관	미칠 광	무너질 괴	괴이할 괴

【금일학습】

巧 공교할 교					
較 비교 교					
久 오랠 구					
丘 언덕 구					
拘 잡을 구					

교묘 기교 정교 교언영색
교차 비교 일교차
지구력 영구불변 일구월심
구릉 구릉지
구금 구류 구속 구인 구치소

3급Ⅱ-12

菊 국화 국	⧺ 艸 부수 8획, 총 12획. ( )부수 ( )획, 총 ( )획.
	菊花　　菊版　　水菊　　黃菊　　梅蘭菊竹

弓 활 궁	弓 부수 0획, 총 3획. ( )부수 ( )획, 총 ( )획.
	弓術　　名弓　　國弓　　洋弓

拳 주먹 권	手 부수 6획, 총 10획. ( )부수 ( )획, 총 ( )획.
	拳:銃　　拳:鬪　　鐵拳　　赤手空拳

鬼 귀신 귀	鬼 부수 0획, 총 10획. ( )부수 ( )획, 총 ( )획.
	鬼:神　　鬼:才　　吸血鬼　　神出鬼沒

菌 버섯 균	⧺ 艸 부수 8획, 총 12획. ( )부수 ( )획, 총 ( )획.
	滅菌　　無菌　　病:菌　　殺菌　　細:菌

3급Ⅱ-12-복습·쓰기장

♣ 아래의 빈칸을 채우시오.   【지난학습】

공교할 校	비교 較	오랠 久	언덕 丘	잡을 拘

【금일학습】

菊 국화 국						
弓 활 궁						
拳 주먹 권						
鬼 귀신 귀						
菌 버섯 균						

국화 국판 수국 황국 매란국죽
궁술 명궁 국궁 양궁
권총 권투 철권 적수공권
귀신 귀재 흡혈귀 신출귀몰
멸균 무균 병균 살균 세균

3급Ⅱ-13

克 이길 극 / 능할 극	儿 부수 5획, 총 7획. ( )부수 ( )획, 총 ( )획.				
	克明	克己復禮		國難克服	
禽 새 금	内 부수 8획, 총 13획. ( )부수 ( )획, 총 ( )획.				
	禽獸	家禽	猛:禽類		
琴 거문고 금	王(玉) 부수 8획, 총 12획. ( )부수 ( )획, 총 ( )획.				
	心琴	彈:琴	玄琴		
錦 비단 금 / 아름다울 금	金 부수 8획, 총 16획. ( )부수 ( )획, 총 ( )획.				
	錦:江	錦:上添花	錦:衣夜行	錦:衣還鄕	
及 미칠 급 / 및 급	又 부수 2획, 총 4획. ( )부수 ( )획, 총 ( )획.				
	及第	普:及	言及	波及	及其也

3급Ⅱ-13-복습·쓰기장

♣ **아래의 빈칸을 채우시오.**　　　　　　　　　　　　　　【지난학습】

국화	국	활	궁	주먹	권	귀신	귀	버섯	균

【금일학습】

克 이길 극							
禽 새 금							
琴 거문고 금							
錦 비단 금							
及 미칠 급							

극명　극기복례　국난극복
금수　가금　맹금류
심금　탄금　현금
금강　금상첨화　금의야행　금의환향
급제　보급　언급　파급　급기야

3급Ⅱ-14

企 꾀할 기 / 바랄 기	人 부수 4획, 총 6획. ( )부수 ( )획, 총 ( )획.
	企待 企圖 企劃 企業

其 그 기	八 부수 6획, 총 8획. ( )부수 ( )획, 총 ( )획.
	其他 其實 各其 不知其數

畿 경기 기 / 지경 기	田 부수 10획, 총 15획. ( )부수 ( )획, 총 ( )획.
	畿湖學派 京畿道

祈 빌 기	示 부수 4획, 총 9획. ( )부수 ( )획, 총 ( )획.
	祈願 祈雨祭 祈福信仰

騎 말탈 기	馬 부수 8획, 총 18획. ( )부수 ( )획, 총 ( )획.
	騎手 騎士 騎馬 騎兵 單騎

♣ 아래의 빈칸을 채우시오.　　　　　　　　　　【지난학습】

이길 **극**		새 **금**		거문고 **금**		비단 **금**		미칠 **급**	

【금일학습】

企 꾀할 기					
其 그 기					
畿 경기 기					
祈 빌 기					
騎 말탈 기					

기대 기도 기획 기업
기타 기실 각기 부지기수
기호학파 경기도
기원 기우제 기복신앙
기수 기사 기마 기병 단기

○ 핵심정리장 8 　　　　　　　　　　　　　⬇ 자세히 읽어 보세요.

모양(형 形)	뜻(훈 訓) 소리(음 音)	핵 심 정 리
緊	긴할　　긴	밧줄로 사람을 얽어매니 사태가 매우 '**긴하다**' 는 뜻의 자입니다.
諾	허락할　**낙(락)** 대답할　**낙(락)**	부탁의 말을 똑같이 들어주기로 '**허락한다**' 는 뜻의 자입니다. • '**낙**' 은 본음(本音)이고, '**락**' 은 속음(俗音)임. ※ 승낙(承諾), 허락(許諾)
娘	계집　　**낭**	어질고 어여쁜 마음을 가진 아가씨를 통틀어 옛날에는 '**계집**' 이라고 했다는 뜻의 자입니다.
耐:	견딜　　내	법도에 따라 죄값을 치르느라 자존심인 윗수염을 깎이어도 '**견딘다**' 는 뜻의 자입니다. • 긴소리로 읽음.
寧	편안　**녕(영/령)** 차라리　**녕(영/령)**	집에 먹을 것이 그릇에 가득 차있어 기력이 왕성하고 마음까지 '**편안**' 하다는 뜻의 자입니다. • 두음법칙에 따라 첫글자의 음이 바뀜. 녕 → 영 • '**녕**' 은 본음(本音)이고, '**령**' 은 속음(俗音)임. ※ 안녕(安寧), 회령(會寧)
奴	종　　　노	전쟁 등으로 사로잡혀 고된 일을 하는 여자 '**종**' 을 나타낸 자입니다.
腦	골　　　뇌 뇌수　　뇌	머릿속에 들어있는 살인 '**골**' 을 나타낸 자입니다.
泥	진흙　　**니(이)**	정지되어 괸 물 때문에 생긴 더러운 '**진흙**'을 나타낸 자입니다. • 두음법칙에 따라 첫글자의 음이 바뀜. 니 → 이
茶	차　　　다 차　　　차	사람이 나무나 풀의 여린 새잎을 따서 말린 후 달여먹는 '**차**' 를 나타내는 뜻의 자입니다. • 일자다음자임. **다 · 차**.　※다례/차례(茶禮)
丹	붉을　　단	광석을 캐는 굴입구의 나무틀이 단사가 칠해져서 빛깔이 '**붉다**' 는 뜻의 자입니다. • 月(달 월), 丹(붉은 단)

83

◦ 핵심정리장 9　　　　　　　　　　　　⬇ 자세히 읽어 보세요.

모양(형形)	뜻(훈訓) 소리(음音)		핵 심 정 리
但:	다만	단	아침에 이부자리에서 일어난 사람이 '**다만**' 깨어있다는 뜻의 자입니다. • 긴소리로 읽음.
旦	아침	단	해가 지평선 위로 떠오르는 때가 '**아침**' 이라는 뜻의 자입니다. • 旦(단) ⇔ 夕(석)　　• 부수는 日(해 일)임.
淡	맑을	담	불에 끓인 물이 불순물이 제거되어 담담하고 '**맑다**' 라는 뜻의 자입니다.
踏	밟을	답	계속되는 말소리에 발을 맞추어 '**밟는다**' 는 뜻의 자입니다.
唐	당나라 당황할	당 당	굳세다고 자랑하는 나라임을 자처하던 '**당나라**' 를 나타낸 자입니다. • 부수는 口(입 구)임.
糖	엿 사탕	당 탕	쌀로 쑨 죽에 단물을 넣으니 갑자기 단맛나는 '**엿**'으로 바뀌었다는 뜻의 자입니다. • 일자다음자임. 당·탕.　　※ 糖分(당분), 雪糖(설탕)
臺	대 정자	대 대	멀리 바라볼 수 있도록 높이 쌓아 놓고 머무르는 곳인 누 '**대**' 를 나타낸 자입니다. • 부수는 至(이를 지)임.
貸:	빌릴 꿸	대 대	값을 대신 치르고 물건을 '**빌린다**'는 뜻의 자입니다. • 貸(대) ⇔ 借(차)　　• 긴소리로 읽음.
刀	칼	도	자루가 달리고 등과 외날이 있는 '**칼**' 의 모양을 나타낸 자입니다. • 刀(칼 도), 力(힘 력), 九(아홉 구)
倒:	넘어질	도	사람이 땅에 곤두박질하며 이르니 '**넘어졌다**'는 뜻의 자입니다. • 긴소리로 읽음.

3급Ⅱ-15

| 緊 긴할 긴 | 糸 부수 8획, 총 14획. ( )부수 ( )획, 총 ( )획. |
| | 緊密　　緊要　　緊張　　緊縮　　緊急 |

| 諾 허락할 낙(락) 대답할 낙 | 言 부수 9획, 총 16획. ( )부수 ( )획, 총 ( )획. |
| | 承諾　　應:諾　　內:諾　　受諾　　許諾 |

| 娘 계집 낭 아가씨 낭 | 女 부수 7획, 총 10획. ( )부수 ( )획, 총 ( )획. |
| | 娘子 |

| 耐 견딜 내 | 而 부수 3획, 총 9획. ( )부수 ( )획, 총 ( )획. |
| | 耐:火　　忍耐　　耐:久性　　耐:熱材 |

| 寧 편안 녕(영) 차라리 녕(영) (령) | 宀 부수 11획, 총 14획. ( )부수 ( )획, 총 ( )획. |
| | 康寧　　安寧　　會寧 |

3급Ⅱ-15-복습·쓰기장

♣ **아래의 빈칸을 채우시오.**   【지난학습】

꾀할 기	그 기	경기 기	빌 기	말탈 기

【금일학습】

緊 긴할 긴					
諾 허락할 낙					
娘 계집 낭					
耐 견딜 내					
寧 편안 녕					

긴밀 긴요 긴장 긴축 긴급
승낙 응낙 내락 수락 허락
낭자
내화 인내 내구성 내열재
강녕 안녕 회령

86

3급Ⅱ-16

奴 종 노	女 부수 2획, 총 5획. ( )부수 ( )획, 총 ( )획.			
	奴婢　　賣:國奴　　守錢奴			

腦 골 뇌수 뇌 (뇌)	月 肉 부수 9획, 총 13획. ( )부수 ( )획, 총 ( )획.			
	腦死　　頭腦　　洗:腦　　首腦　　腦卒中			

泥 진흙 니 (이)	氵水 부수 5획, 총 8획. ( )부수 ( )획, 총 ( )획.			
	泥田			

茶 차 다차 차 차	⺾ 艸 부수 6획, 총 10획. ( )부수 ( )획, 총 ( )획.			
	茶道　　茶禮　　綠茶　　紅茶　　茶飯事			

丹 붉을 단	丶 부수 3획, 총 4획. ( )부수 ( )획, 총 ( )획.			
	牧丹　　五色丹靑　　一片丹心　　七寶丹粧			

3급Ⅱ-16-복습·쓰기장

♣ 아래의 빈칸을 채우시오.   【지난학습】

긴할 긴		허락할 낙		계집 낭		견딜 내		편안 녕	

【금일학습】

奴 종 노								
腦 골 뇌								
泥 진흙 니								
茶 차 다								
丹 붉을 단								

노비   매국노   수전노
뇌사   두뇌   세뇌   수뇌   뇌졸중
이전
다도   차례/다례   녹차   홍차   다반사
목단   오색단청   일편단심   칠보단장

3급Ⅱ-17

但 다만 단	亻 人 부수 5획, 총 7획. ( )부수 ( )획, 총 ( )획.			
	但:書　　但:只　　非:但			

旦 아침 단	日 부수 1획, 총 5획. ( )부수 ( )획, 총 ( )획.			
	元旦　　一旦			

淡 맑을 담	氵 水 부수 8획, 총 11획. ( )부수 ( )획, 총 ( )획.			
	淡:淡　　淡:白　　冷:淡　　淡:水魚			

踏 밟을 답	足 부수 8획, 총 15획. ( )부수 ( )획, 총 ( )획.			
	踏步　　踏查　　踏襲　　前人未踏			

唐 당나라 당 당황할 당	口 부수 7획, 총 10획. ( )부수 ( )획, 총 ( )획.			
	唐突　　唐詩　　唐四柱			

3급Ⅱ-17-복습·쓰기장

♣ 아래의 빈칸을 채우시오. 　　　　　　　　　【지난학습】

종 노	골 뇌	진흙 니	차 다	붉을 단	

【금일학습】

但 다만 단						
旦 아침 단						
淡 맑을 담						
踏 밟을 답						
唐 당나라 당						

단서　단지　비단
원단　일단
담담　담백　냉담　담수어
답보　답사　답습　전인미답
당돌　당시　당사주

월   일   【시 간】   ~

3급Ⅱ-18

糖 엿 당 사탕 탕	米 부수 12획, 총 16획. ( )부수 ( )획, 총 ( )획.				
	糖分	糖度	果:糖	乳糖	雪糖
臺 대 대 정자 대	至 부수 8획, 총 14획. ( )부수 ( )획, 총 ( )획.				
	臺本	燈臺	舞:臺	寢:臺	展:望臺
貸 빌릴 대 뀔(꾸이다) 대	貝 부수 5획, 총 12획. ( )부수 ( )획, 총 ( )획.				
	貸:金	貸:付	貸:與	貸:借	貸:出
刀 칼 도	刀 부수 0획, 총 2획. ( )부수 ( )획, 총 ( )획.				
	刀劍	果:刀	短刀	寶:刀	單刀直入
倒 넘어질 도	亻人 부수 8획, 총 10획. ( )부수 ( )획, 총 ( )획.				
	倒:産	倒:置	壓倒	卒倒	打:倒

3급Ⅱ-18-복습·쓰기장

♣ **아래의 빈칸을 채우시오.**　　　　　　　　　　　　　　【지난학습】

다만 **단**		아침 **단**		맑을 **담**		밟을 **답**		당나라 **당**	

【금일학습】

糖 엿 당						
臺 대 대						
貸 빌릴 대						
刀 칼 도						
倒 넘어질 도						

당분　당도　과당　유당　설탕
대본　등대　무대　침대　전망대
대금　대부　대여　대차　대출
도검　과도　단도　보도　단도직입
도산　도치　압도　졸도　타도

◦ 핵심정리장 10   ⬇ 자세히 읽어 보세요.

모양(형 形)	뜻(훈 訓) 소리(음 音)	핵 심 정 리
渡	건널 도	물이 깊어 한발한발 헤아리며 '**건넌다**'는 뜻의 자입니다.
陶	질그릇 도	언덕 밑에 흙으로 에워싼 가마에서 흙으로 빚고 불로 구워 만든 장군 등의 '**질그릇**'을 나타낸 자입니다.
桃	복숭아 도	점을 치고 난 뒤 나쁜 기운을 쫓는 나무로 쓰인 '**복숭아**'를 나타낸 자입니다.
途:	길 도	사람이 다니는 여러 갈래의 '**길**'이라는 뜻의 자입니다. •道(길 도), 途(길 도), 路(길 로) •긴소리로 읽음.
突	갑자기 돌	개가 구멍에서 '**갑자기**' 뛰쳐나온다는 뜻의 자입니다. •穴(구멍 혈)임.
絡:	얽을 락 이을 락	각각 따로 있는 실 끝을 이어서 '**얽어**' 맨다는 뜻의 자입니다. •連(연) ≒ 絡(락)
絡	얽을 락 이을 락	각각 따로 있는 실 끝을 이어서 '**얽어**' 맨다는 뜻의 자입니다. •連(연) ≒ 絡(락)
欄	난간 란(난)	나무로 문의 안팎을 갈라 건물의 가장자리를 둘러쳐 설치한 '**난간**'이라는 뜻의 자입니다. •두음법칙에 따라 첫글자의 음이 바뀜. 란 → 난
蘭	난초 란(난)	잎이 길게 뻗어 난간 살처럼 엇걸리며 자라나는 '**난초**'를 나타낸 자입니다. •두음법칙에 따라 첫글자의 음이 바뀜. 란 → 난
廊	사랑채 랑(낭) 행랑 랑(낭)	사내들이 거처하는 별채를 '**사랑채**'라 한다는 뜻의 자입니다. •두음법칙에 따라 첫글자의 음이 바뀜. 랑 → 낭

◦ 핵심정리장 11   ▼ 자세히 읽어 보세요.

모양(형 形)	뜻(훈 訓) 소리(음 音)	핵 심 정 리
浪:	물결 랑(낭) 함부로 랑(낭)	바다나 강이나 호수의 물이 바람 때문에 아름답게 일렁이는 '물결'을 나타낸 자입니다. •두음법칙에 따라 첫글자의 음이 바뀜. 랑 → 낭 •긴소리로 읽음.
郎	사내 랑(낭) 남편 랑(낭)	마을에서 훌륭하게 성장한 '사내'라는 뜻의 자입니다. •부수는 阝(우부방) = 邑(고을 읍)임. •두음법칙에 따라 첫글자의 음이 바뀜. 랑 → 낭
涼	서늘할 량	물가의 높은 언덕은 '서늘하다'는 뜻의 자입니다.
梁	들보 량(양) 돌다리 량(양)	나무를 잘라내 물위에 놓은 다리처럼 칸과 칸을 건너지른 '들보'를 나타낸 자입니다. •두음법칙에 따라 첫글자의 음이 바뀜. 량 → 양
勵:	힘쓸 려	노력하도록 권하여 '힘쓰'게 한다는 뜻의 자입니다. •勉(면) ≒ 勵(려) •부수는 力(힘 력)임. •긴소리로 읽음.
曆	책력 력(역)	계절과 날수를 헤아려 만든 달력인 '책력'을 나타낸 자입니다. •부수는 日(날 일)임. •두음법칙에 따라 첫글자의 음이 바뀜. 력 → 역
蓮	연꽃 련(연)	열매 송이는 찻바퀴 같고 뿌리는 수레가 연이어가듯이 뻗어 나가는 물풀의 하나인 '연꽃'을 나타낸 자입니다. •두음법칙에 따라 첫글자의 음이 바뀜. 련 → 연
戀:	그리워할 련(연) 그릴 련(연)	말이 잇달아 그치지 아니하듯이 마음이 거듭 향하여 '그리워한다'는 뜻의 자입니다. •두음법칙에 따라 첫글자의 음이 바뀜. 련 → 연 •긴소리로 읽음.
聯	연이을 련(연)	베를 짤 때 씨실이 북의 귀에서 계속 풀려 '연이어' 나온다는 뜻의 자입니다. •두음법칙에 따라 첫글자의 음이 바뀜. 련 → 연
鍊	쇠불릴 련(연) 단련할 련(연)	쇠의 성질을 가려 따져 '쇠불린다'는 뜻의 자입니다. •두음법칙에 따라 첫글자의 음이 바뀜. 련 → 연

3급Ⅱ-19

渡 건널 도	氵水 부수 9획, 총 12획. ( )부수 ( )획, 총 ( )획.
	渡江　　渡來　　賣:渡　　不渡　　引渡

陶 질그릇 도	阝阜 부수 8획, 총 11획. ( )부수 ( )획, 총 ( )획.
	陶工　　陶器　　陶醉　　陶藝　　陶山書院

桃 복숭아 도	木 부수 6획, 총 10획. ( )부수 ( )획, 총 ( )획.
	桃花　　胡桃　　桃園結義　　武:陵桃源

途 길 도	辶辵 부수 7획, 총 11획. ( )부수 ( )획, 총 ( )획.
	別途　　開途國　　途:中下車　　多用途室

突 갑자기 돌	穴 부수 4획, 총 9획. ( )부수 ( )획, 총 ( )획.
	突擊　　突發　　突變　　激突　　衝突

3급Ⅱ-19-복습·쓰기장

♣ **아래의 빈칸을 채우시오.**　　　　　　　　　　　　　【지난학습】

엿 당	대 대		빌릴 대		칼 도		넘어질 도	

【금일학습】

渡 건널 도						
陶 질그릇 도						
桃 복숭아 도						
途 길 도						
突 갑자기 돌						

도강 도래 매도 부도 인도
도공 도기 도취 도예 도산서원
도화 호도 도원결의 무릉도원
별도 개도국 도중하차 다용도실
돌격 돌발 돌변 격돌 충돌

3급Ⅱ-20

凍 얼 동	冫 부수 8획, 총 10획. ( )부수 ( )획, 총 ( )획.
	凍:結　凍:死　凍:傷　凍:破　冷:凍

絡 얽을 락 이을 락	糸 부수 6획, 총 12획. ( )부수 ( )획, 총 ( )획.
	脈絡　連絡

欄 난간 란(난)	木 부수 17획, 총 21획. ( )부수 ( )획, 총 ( )획.
	空欄　欄干　備:考欄

蘭 난초 란(난)	⺿ 艸 부수 17획, 총 21획. ( )부수 ( )획, 총 ( )획.
	蘭草　蘭香　佛蘭西　金蘭之契

廊 사랑채 랑 행랑 랑(낭)	广 부수 10획, 총 13획. ( )부수 ( )획, 총 ( )획.
	廊下　行廊　畫:廊　回廊　舍廊房

3급Ⅱ-20-복습·쓰기장

♣ 아래의 빈칸을 채우시오.　　　　　　　　　　　【지난학습】

건널 도	질그릇 도	복숭아 도	길 도	갑자기 돌

【금일학습】

凍 얼 동							
絡 얽을 락							
欄 난간 란							
蘭 난초 란							
廊 사랑채 랑							

동결　동사　동상　동파　냉동
맥락　연락
공란　난간　비고란
난초　난향　불란서　금란지계
낭하　행랑　화랑　회랑　사랑방

3급Ⅱ-21

浪 물결 함부로 랑랑(낭)	氵 水 부수 7획, 총 10획.　(　)부수 (　)획, 총 (　)획.
	浪:費　　浪:說　　激浪　　放:浪　　風浪

郞 사내 남편 랑랑(낭)	阝 邑 부수 7획, 총 10획.　(　)부수 (　)획, 총 (　)획.
	郞君　　新郞　　花郞徒

涼 서늘할 량	氵 水 부수 8획, 총 11획.　(　)부수 (　)획, 총 (　)획.
	納涼　　淸涼飮料

梁 들보 돌다리 랑랑(양)	木 부수 7획, 총 11획.　(　)부수 (　)획, 총 (　)획.
	橋梁　　上:梁　　梁上君子

勵 힘쓸 려	力 부수 15획, 총 17획.　(　)부수 (　)획, 총 (　)획.
	激:勵　　督勵　　獎:勵　　勉:勵

3급 Ⅱ-21-복습·쓰기장

♣ **아래의 빈칸을 채우시오.**　　　　　　　　　　　　　　　　　　【지난학습】

얼	동	얽을	락	난간	란	난초	란	사랑채	랑

【금일학습】

浪							
물결 랑							
郞							
사내 랑							
涼							
서늘할 량							
梁							
들보 량							
勵							
힘쓸 려							

낭비 낭설 격랑 방랑 풍랑
낭군 신랑 화랑도
납량 청량음료
교량 상량 양상군자
격려 독려 장려 면려

100

3급Ⅱ-22

曆 책력 력 (역)	日 부수 12획, 총 16획. ( )부수 ( )획, 총 ( )획.
	西曆 陰曆 陽曆 冊曆 曆法

蓮 연꽃 련 (연)	⺿ 艸 부수 11획, 총 15획. ( )부수 ( )획, 총 ( )획.
	蓮花 蓮根 木蓮

戀 그리워할 련 그릴 련(연)	心 부수 19획, 총 23획. ( )부수 ( )획, 총 ( )획.
	戀:歌 戀:慕 戀:愛 失戀 悲:戀

聯 연이을 련 (연)	耳 부수 11획, 총 17획. ( )부수 ( )획, 총 ( )획.
	聯盟 聯想 聯合 關聯 聯立

鍊 쇠불릴 련 단련할 련(연)	金 부수 9획, 총 17획. ( )부수 ( )획, 총 ( )획.
	敎鍊 精鍊 訓:鍊 修鍊 鍊金術

3급Ⅱ-22-복습·쓰기장

♣ 아래의 빈칸을 채우시오.　　　　　　　　　　　　　　【지난학습】

물결 **랑**		사내 **랑**		서늘할 **량**		들보 **량**		힘쓸 **려**	

【금일학습】

曆								
책력 력								
蓮								
연꽃 련								
戀								
그리워할 련								
聯								
연이을 련								
鍊								
쇠불릴 련								

서력　음력　양력　책력　역법
연화　연근　목련
연가　연모　연애　실연　비련
연맹　연상　연합　관련　연립
교련　정련　훈련　수련　연금술

핵심정리장 12 ▼ 자세히 읽어 보세요.

모양(형形)	뜻(훈訓) 소리(음音)	핵 심 정 리
裂	찢어질 렬(열)	옷을 지으려고 천을 벌려놓고 기준에 맞게 '찢는다'는 뜻의 자입니다. • 두음법칙에 따라 첫글자의 음이 바뀜. 렬 → 열
嶺	고개 령(영)	산등성이를 거느린 듯이 우뚝 솟은 산의 '고개' 라는 뜻의 자입니다. • 두음법칙에 따라 첫글자의 음이 바뀜. 령 → 영
靈	신령 령(영)	신이 내린 무당이 주문을 외며 신과 정신적으로 통하니 '신령' 스럽다는 뜻의 자입니다. • 두음법칙에 따라 첫글자의 음이 바뀜. 령 → 영
爐	화로 로(노)	큰 그릇에 불을 담아 사용한 '화로' 를 나타낸 자입니다. • 두음법칙에 따라 첫글자의 음이 바뀜. 로 → 노
露	이슬 로(노)	길가 풀잎에 흔히 맺히는 빗방울 같이 엉긴 '이슬' 을 나타낸 자입니다. • 두음법칙에 따라 첫글자의 음이 바뀜. 로 → 노
祿	녹(봉록) 록(녹)	나무를 깎아 만든 위패를 모시고 제사지내 복을 받듯이 나랏일을 하고 '녹'을 받는다는 뜻의 자입니다. • 두음법칙에 따라 첫글자의 음이 바뀜. 록 → 녹
弄:	희롱할 롱(농)	구슬을 두 손에 받쳐들고 '희롱한다' 는 뜻의 자입니다. • 긴소리로 읽음. • 두음법칙에 따라 첫글자의 음이 바뀜. 롱 → 농
雷	우레 뢰(뇌)	경계진 밭처럼 비가 쏟아지기 전에 번갯불이 쫙퍼지고 뒤따른 소리가 '우뢰'라는 뜻의 자입니다. • 두음법칙에 따라 첫글자의 음이 바뀜. 뢰 → 뇌
賴	의뢰할 뢰	물건을 사서 팔 때 가격의 차이를 두어 이익 얻기를 '의뢰한다' 는 뜻의 자입니다. • 부수는 貝(조개 패)임.
漏:	샐 루(누)	지붕이 허스름해 집이 빗물에 '샌다'는 뜻의 자입니다. • 긴소리로 읽음. • 두음법칙에 따라 첫글자의 음이 바뀜. 루 → 누

◦ 핵심정리장 13 ⬇ 자세히 읽어 보세요.

모양(형 形)	뜻(훈 訓) 소리(음 音)	핵 심 정 리
累:	여러 루(누) 자주 루(누)	밭이랑이 실같이 '**여러**'번 겹쳐있는 듯이 보인다는 뜻의 자입니다. •긴소리로 읽음. •두음법칙에 따라 첫글자의 음이 바뀜. 루 → 누
樓	다락 루(누)	나무를 거듭 포개어 층을 높인 '**다락**' 을 나타낸 자입니다. •두음법칙에 따라 첫글자의 음이 바뀜. 루 → 누
倫	인륜 륜(윤)	인간이 한데 뭉쳐 살아갈 때 지켜야 할 질서가 '**인륜**' 이 라는 뜻의 자입니다. •두음법칙에 따라 첫글자의 음이 바뀜. 륜 → 윤
栗	밤 률(율)	나무 열매인 송이에 가시가 돋고 익으면 벌어지는 '**밤**' 을 나타낸 자입니다. •두음법칙에 따라 첫글자의 음이 바뀜. 률 → 율
率	비율 률(율) 거느릴 솔	가물가물하게 엮은 그물코가 여러 개지만 일정한 '**비율**' 로 만든다는 뜻의 자입니다. •부수는 玄(검을 현)임. •일자다음자임. 률·솔. •두음법칙에 따라 첫글자의 음이 바뀜. 률 → 율
隆	높을 륭(융)	낮은 지대에 산 같은 것이 불쑥 솟아나 '**높다**' 는 뜻의 자입니다. •隆(륭) ≒ 盛(성), 隆(륭) ≒ 昌(창) •두음법칙에 따라 첫글자의 음이 바뀜. 륭 → 융
陵	언덕 릉(능)	흙더미가 쌓여 형성된 크고 높은 '**언덕**' 이라는 뜻의 자입니다. •陸(뭍 륙), 陵(언덕 릉) •두음법칙에 따라 첫글자의 음이 바뀜. 릉 → 능
吏:	관리 리(이) 벼슬아치 리(이)	한결같은 마음으로 공정하게 정사를 하고 문서를 기록하는 사람인 '**관리**' 를 나타낸 자입니다. •史(역사 사), 吏(관리 리) •긴소리로 읽음. •두음법칙에 따라 첫글자의 음이 바뀜. 리 → 이
履:	밟을 리(이)	사람이 갔던 길을 다시 '**밟고**' 돌아 다닌다는 뜻의 자입니다. •긴소리로 읽음. •두음법칙에 따라 첫글자의 음이 바뀜. 리 → 이
裏:	속 리(이)	옷의 이음매는 '**속**' 에 있다는 뜻의 자입니다. •表(표) ↔ 裏(리) •부수는 衣(옷 의)임. •긴소리로 읽음. •두음법칙에 따라 첫글자의 음이 바뀜. 리 → 이

3급Ⅱ-23

裂 찢어질 렬(열)	衣 부수 6획, 총 12획.　　( )부수 ( )획, 총 ( )획.
	裂傷　　決裂　　分裂　　破裂　　滅裂

嶺 고개 령(영)	山 부수 14획, 총 17획.　　( )부수 ( )획, 총 ( )획.
	嶺東　　嶺南　　分水嶺　　大:關嶺

靈 신령 령(영)	雨 부수 16획, 총 24획.　　( )부수 ( )획, 총 ( )획.
	靈感　　靈物　　靈前　　靈魂　　神靈

爐 화로 로(노)	火 부수 16획, 총 20획.　　( )부수 ( )획, 총 ( )획.
	香爐　　火:爐　　爐邊談話

露 이슬 로(노)	雨 부수 12획, 총 20획.　　( )부수 ( )획, 총 ( )획.
	露宿　　露天　　露出　　發露　　暴露

3급Ⅱ-23-복습·쓰기장

♣ 아래의 빈칸을 채우시오.

【지난학습】

책력 **력**	연꽃 **련**	그리워할 **련**	연이을 **련**	쇠불릴 **련**

【금일학습】

裂 찢어질 렬				
嶺 고개 령				
靈 신령 령				
爐 화로 로				
露 이슬 로				

열상 결렬 분열 파열 멸렬
영동 영남 분수령 대관령
영감 영물 영전 영혼 신령
향로 화로 노변담화
노숙 노천 노출 발로 폭로

3급Ⅱ-24

祿 녹(봉록) 록 (녹)	示 부수 8획, 총 13획. ( )부수 ( )획, 총 ( )획.
	祿邑　　　官祿　　　國祿　　　福祿

弄 희롱할 롱 (농)	廾 부수 4획, 총 7획. ( )부수 ( )획, 총 ( )획.
	弄:談　　　才弄　　　戲弄

雷 우레 뢰 (뇌)	雨 부수 5획, 총 13획. ( )부수 ( )획, 총 ( )획.
	雷管　　落雷　　避:雷針　　附:和雷同

賴 의뢰할 뢰	貝 부수 9획, 총 16획. ( )부수 ( )획, 총 ( )획.
	信:賴　　　依賴　　　無賴漢

漏 샐 루 (누)	氵 水 부수 11획, 총 14획. ( )부수 ( )획, 총 ( )획.
	漏:落　　漏:水　　漏:電　　漏:出　　脫漏

3급Ⅱ-24-복습·쓰기장

♣ 아래의 빈칸을 채우시오.　　　【지난학습】

찢어질 **렬**	고개 **령**	신령 **령**	화로 **로**	이슬 **로**

【금일학습】

祿 녹 록					
弄 희롱할 롱					
雷 우레 뢰					
賴 의뢰할 뢰					
漏 샐 루					

녹읍　관록　국록　복록
농담　재롱　희롱
뇌관　낙뢰　피뢰침　부화뇌동
신뢰　의뢰　무뢰한
누락　누수　누전　누출　탈루

3급Ⅱ-25

累 여러 자주 루루(누)	糸 부수 5획, 총 11획. ( )부수 ( )획, 총 ( )획.			
	累:計　　累:代　　累:積　　累:進　　累:卵之勢			

樓 다락 루(누)	木 부수 11획, 총 15획. ( )부수 ( )획, 총 ( )획.			
	樓上　　樓臺　　望:樓　　樓閣　　城樓			

倫 인륜 륜(윤)	亻 人 부수 8획, 총 10획. ( )부수 ( )획, 총 ( )획.			
	倫理　　不倫　　五:倫　　天倫　　人倫　　絶倫			

栗 밤 률(율)	木 부수 6획, 총 10획. ( )부수 ( )획, 총 ( )획.			
	栗谷　　生栗			

率 비율 률(율) 거느릴 솔	玄 부수 6획, 총 11획. ( )부수 ( )획, 총 ( )획.			
	率直　　輕率　　統率　　能率　　比:率			

3급Ⅱ-25-복습·쓰기장

♣ 아래의 빈칸을 채우시오.

【지난학습】

녹 **록**	희롱할 **롱**	우레 **뢰**	의뢰할 **뢰**	샐 **루**

【금일학습】

累					
여러 루					
樓					
다락 루					
倫					
인륜 륜					
栗					
밤 률					
率					
비율 률					

누계 누대 누적 누진 누란지세
누상 누대 망루 누각 성루
윤리 불륜 오륜 천륜 인륜 절륜
율곡 생률
솔직 경솔 통솔 능률 비율

월   일 【시 간】   ~

3급Ⅱ-26

隆 높을 륭(융)	阝阜 부수 9획, 총 12획. ( )부수 ( )획, 총 ( )획.				
	隆起		隆盛		隆崇

陵 언덕 릉(능)	阝阜 부수 8획, 총 11획. ( )부수 ( )획, 총 ( )획.				
	陵園	王陵		陵辱	陵墓

吏 관리 벼슬아치 리(이)	口 부수 3획, 총 6획. ( )부수 ( )획, 총 ( )획.				
	吏:讀	吏:房		官吏	淸白吏

履 밟을 리(이)	尸 부수 12획, 총 15획. ( )부수 ( )획, 총 ( )획.				
	履:修	履:行		履:歷書	不履行

裏 속 리(이)	衣 부수 7획, 총 13획. ( )부수 ( )획, 총 ( )획.				
	裏:面	裏:書		腦裏	表裏不同

3급 II -26- 복습·쓰기장

♣ **아래의 빈칸을 채우시오.**　　　　　　　　　　　　　【지난학습】

여러	루	다락	루	인륜	륜	밤	률	비율	률

【금일학습】

隆 높을 륭								
陵 언덕 릉								
吏 관리 리								
履 밟을 리								
裏 속 리								

융기　융성　융숭
능원　왕릉　능욕　능묘
이두　이방　관리　청백리
이수　이행　이력서　불이행
이면　이서　뇌리　표리부동

◦ 핵심정리장 14　　　　　　　　　　　　⬇ 자세히 읽어 보세요.

모양(형 形)	뜻(훈 訓) 소리(음 音)	핵 심 정 리
臨	임할　　림(임)	물건을 보기 위해 몸을 굽혀 가까이 '**임한다**' 는 뜻의 자입니다. • 두음법칙에 따라 첫글자의 음이 바뀜. 림 → 임
麻(:)	삼　　　마	모시풀을 이미 집에서 길쌈한 것이 '**삼**'이라는 뜻의 자입니다. • 긴소리 또는 짧은소리로도 읽음.
磨	갈　　　마	길쌈 작업을 한 삼처럼 돌을 매끈하게 '**간다**'는 뜻의 자입니다. • 부수는 石(돌 석)임.
幕	장막　　막	천으로 위를 덮어 볕을 가리는 '**장막**'을 나타낸 자입니다. • 부수는 巾(수건 건)임.
漠	넓을　　막	물이 없는 사막은 허허 벌판처럼 '**넓다**'는 뜻의 자입니다.
莫	없을　　막	해가 서쪽 지평선 풀 속에 가려져 '**없어**' 진다는 뜻의 자입니다.
晩:	늦을　　만	해가 서산으로 져 밝음을 면하게 되니 '**늦은**' 저물녘이라는 뜻의 자입니다. • 早(조) ⇔ 晩(만)　　• 긴소리로 읽음.
妄:	망령될　망	여자인 것도 잊은 채 정신없이 구니 '**망령되다**' 는 뜻의 자입니다. • 긴소리로 읽음.
梅	매화　　매	늘 탐낼 만큼 아름다운 꽃과 맑은 향기를 풍기는 나무인 '**매화**'를 나타낸 자입니다.
媒	중매　　매	아가씨를 탐내어 아무개에게 시집가도록 인연을 맺도록 '**중매**'한다는 뜻의 자입니다.

○ 핵심정리장 15　　　　　　　　　　　⬇ 자세히 읽어 보세요.

모양(형 形)	뜻(훈 訓) 소리(음 音)	핵 심 정 리
麥	보리　　맥	올해 늦가을에 씨를 뿌리고 내년 초여름에 거둬들이는 까끄라기가 달린 '보리'를 나타낸 자입니다.
孟:	맏　　맹 성　　맹	조상의 피를 이어갈 아이가 '맏'이라는 뜻의 자입니다. • 긴소리로 읽음.
猛:	사나울　맹 날랠　　맹	어버이의 유전자를 그대로 이어받은 개과 동물의 새끼들도 '사납다'는 뜻의 자입니다. • 긴소리로 읽음.
盲	소경　　맹 눈멀　　맹	눈이 어두워 없는 것같은 사람이 '소경'이라는 뜻의 자입니다.
盟	맹세　　맹	희생으로 쓰이는 동물의 피를 그릇에 부어 마시며 천지신명께 분명하게 '맹세' 한다는 뜻의 자입니다.
免:	면할　　면	덫에 걸린 토끼가 꼬리를 자르고 죽음을 '면한다'는 뜻의 자입니다. • 任(임) ⇔ 免(면) • 兔(토끼 토), 免(면할 면) • 긴소리로 읽음.
眠	잘　　　면	거의 모든 사람들은 눈을 감고 '잔다'는 뜻의 자입니다.
綿	솜　　　면	명주같은 실을 뽑을 수 있는 섬유 원료로 목화에서 뽑은 '솜'이라는 뜻의 자입니다.
滅	멸할　　멸 꺼질　　멸	물에 끼얹진 불씨가 꺼져 '멸한다'는 뜻의 자입니다.
銘	새길　　명	이름을 오래도록 전하기 위해 쇠나 돌로 만든 종이나 솥, 돌 등에 '새긴다'는 뜻의 자입니다.

3급Ⅱ-27

臨 임할 림(임)	臣 부수 11획, 총 17획. ( )부수 ( )획, 총 ( )획.			
	臨迫　　降臨　　臨時變通　　臨戰無退			

麻 삼 마	麻 부수 0획, 총 11획. ( )부수 ( )획, 총 ( )획.			
	麻衣　　菜:麻　　大:麻草　　快刀亂麻			

磨 갈 마	石 부수 11획, 총 16획. ( )부수 ( )획, 총 ( )획.			
	磨滅　　鍊:磨			

幕 장막 막	巾 부수 11획, 총 14획. ( )부수 ( )획, 총 ( )획.			
	幕舍　　字幕　　閉幕　　天幕　　黑幕			

漠 넓을 막	氵水 부수 11획, 총 14획. ( )부수 ( )획, 총 ( )획.			
	漠漠　　沙漠　　漠然			

3급Ⅱ-27-복습·쓰기장

♣ 아래의 빈칸을 채우시오.

【지난학습】

높을 **릉**	언덕 **릉**	관리 **리**	밟을 **리**	속 **리**

【금일학습】

臨 임할 림					
麻 삼 마					
磨 갈 마					
幕 장막 막					
漠 넓을 막					

임박 강림 임시변통 임전무퇴
마의 채마 대마초 쾌도난마
마멸 연마
막사 자막 폐막 천막 흑막
막막 사막 막연

3급Ⅱ-28

莫 없을 막	⧾⧾ 艸 부수 7획, 총 11획. (　　)부수 (　　)획, 총 (　　)획.			
	莫重	莫强	莫上莫下	莫逆之友

晚 늦을 만	日 부수 7획, 총 11획. (　　)부수 (　　)획, 총 (　　)획.			
	晚:年	晚:唐	晚:秋	大:器晚成

妄 망령될 망	女 부수 3획, 총 6획. (　　)부수 (　　)획, 총 (　　)획.				
	妄:覺	妄:發	妄:想	妄:言	虛妄

梅 매화 매	木 부수 7획, 총 11획. (　　)부수 (　　)획, 총 (　　)획.			
	梅實	梅花	寒梅	雪中梅

媒 중매 매	女 부수 9획, 총 12획. (　　)부수 (　　)획, 총 (　　)획.		
	媒體	觸媒	媒介體

3급Ⅱ-28-복습·쓰기장

♣ 아래의 빈칸을 채우시오.　　　　　　　　　　　　　【지난학습】

임할	림	삼	마	갈	마	장막	막	넓을	막

【금일학습】

莫 없을 막									
晚 늦을 만									
妄 망령될 망									
梅 매화 매									
媒 중매 매									

막중　막강　막상막하　막역지우
만년　만당　만추　대기만성
망각　망발　망상　망언　허망
매실　매화　한매　설중매
매체　촉매　매개체

3급 Ⅱ-29

월   일 【시간】   ~

麥 보리 맥	麥 부수 0획, 총 11획. ( )부수 ( )획, 총 ( )획.
	麥酒 小:麥
孟 맏 맹 성 맹	子 부수 5획, 총 8획. ( )부수 ( )획, 총 ( )획.
	孟:子 孟:春 孔:孟 虛無孟浪
猛 사나울 맹 날랠 맹	犭犬 부수 8획, 총 11획. ( )부수 ( )획, 총 ( )획.
	猛:犬 猛:烈 猛:獸 猛:威 勇:猛
盲 소경 맹 눈멀 맹	目 부수 3획, 총 8획. ( )부수 ( )획, 총 ( )획.
	盲點 盲從 文盲 盲信 盲目的
盟 맹세 맹	皿 부수 8획, 총 13획. ( )부수 ( )획, 총 ( )획.
	盟約 盟主 同盟 血盟 加盟店

3급Ⅱ-29-복습·쓰기장

♣ 아래의 빈칸을 채우시오.　　　　　　　　　　　　　　　【지난학습】

없을 막	늦을 만	망령될 망	매화 매	중매 매

【금일학습】

麥 보리 맥								
孟 맏 맹								
猛 사나울 맹								
盲 소경 맹								
盟 맹세 맹								

맥주　소맥
맹자　맹춘　공맹　허무맹랑
맹견　맹렬　맹수　맹위　용맹
맹점　맹종　문맹　맹신　맹목적
맹약　맹주　동맹　혈맹　가맹점

월   일 【시 간】   ~

3급Ⅱ-30

免 면할 면	儿 부수 5획, 총 7획.　(　)부수(　)획, 총(　)획.			
	免:稅	免:除	免:罪	免:職　　免:禍

眠 잘 면	目 부수 5획, 총 10획.　(　)부수(　)획, 총(　)획.			
	冬:眠	永:眠	休眠	不眠

綿 솜 면	糸 부수 8획, 총 14획.　(　)부수(　)획, 총(　)획.			
	綿絲	純綿	綿織物	周到綿密

滅 멸할 멸 / 꺼질 멸	氵水 부수 10획, 총 13획.　(　)부수(　)획, 총(　)획.			
	滅亡	滅族	破:滅	滅私奉公

銘 새길 명	金 부수 6획, 총 14획.　(　)부수(　)획, 총(　)획.			
	銘心	感:銘	碑銘	座:右銘

3급Ⅱ-30-복습·쓰기장

♣ **아래의 빈칸을 채우시오.** 【지난학습】

보리 **맥**	맏 **맹**	사나울 **맹**	소경 **맹**	맹세 **맹**

【금일학습】

免 면할 면						
眠 잘 면						
綿 솜 면						
滅 멸할 멸						
銘 새길 명						

면세 면제 면죄 면직 면화
동면 영면 휴면 불면
면사 순면 면직물 주도면밀
멸망 멸족 파멸 멸사봉공
명심 감명 비명 좌우명

◦ 핵심정리장 16　　　　　　　　　　　　▶ 자세히 읽어 보세요.

모양(형 形)	뜻(훈 訓) 소리(음 音)	핵 심 정 리
慕:	그릴　모	날이 저물 때 마음에 아쉬움과 '그리'움이 일어난다는 뜻의 자입니다. • 긴소리로 읽음.
謀	꾀　모	어떤 사람과 일을 의논하여 '꾀한다'는 뜻의 자입니다.
貌	모양　모	맹수의 머리통같이 만든 가면 '모양'이라는 뜻의 자입니다.
睦	화목할　목	정다워하는 눈시울이 언덕지니 '화목하다'는 뜻의 자입니다. • 和(화) ≒ 睦(목)
沒	빠질　몰	손에서 놓친 물건이 회전하며 물속으로 '빠진다'는 뜻의 자입니다. • 出(출) ⇔ 沒(몰), 生(생) ⇔ 沒(몰)
夢	꿈　몽	저녁에 눈을 감고 잘 때 환상으로 '꿈'을 꾼다는 뜻의 자입니다. • 부수는 夕(저녁 석)임.
蒙	어두울　몽	돼지의 머리를 덮어씌우니 어리석고 '어두운' 행동을 한다는 뜻의 자입니다.
茂:	무성할　무	초목이 울창하여 '무성하다'는 뜻의 자입니다. • 茂(무) ≒ 盛(성)　　• 긴소리로 읽음.
貿:	무역할　무	많은 물건들을 사고 팔며 서로 '무역한다'는 뜻의 자입니다. • 貿(무) ≒ 易(역)　　• 긴소리로 읽음.
墨	먹　묵	검은 그을음에 아교와 향을 넣고 진흙처럼 개어서 만든 '먹'이라는 뜻의 자입니다. • 부수는 土(흙 토)임.

◦ 핵심정리장 17   ⬇ 자세히 읽어 보세요.

모양(형 形)	뜻(훈 訓) 소리(음 音)	핵 심 정 리
黙	잠잠할 묵	캄캄한 밤인데 개마저 짖지 않으니 '**잠잠하다**' 는 뜻의 자입니다.
紋	무늬 문	실로 수를 놓아 아롱진 '**무늬**' 라는 뜻의 자입니다.
勿	말 물	깃발에 색이나 기호를 넣어 ~하지 '**말**' 기를 나타낸 자입니다.
尾	꼬리 미	몸의 뒤꽁무니에 털이 난 '**꼬리**'를 나타낸 자입니다. • 首(수) ⇔ 尾(미) • 末(말) ≒ 尾(미) • 부수는 尸(주검 시)임.
微	작을 미	움직이는 모습이 어렴풋이 보일 만큼 '**작다**' 는 뜻의 자입니다.
薄	엷을 박	물풀이 보일 정도로 물빛이 '**엷다**' 는 뜻의 자입니다. • 厚(후) ⇔ 薄(박) • 簿(문서 부), 薄(엷을 박)
迫	핍박할 박	어떤 일이 명백하게 바짝 닥쳐와 '**핍박한다**' 는 뜻의 자입니다.
般	가지 반 일반 반	노를 저어 배로 여러 사람들을 옮겨주어 이용하게 하니 '**일반**' 적이라는 뜻의 자입니다.
盤	소반 반	일반적으로 음식을 옮기는 담아 옮기는 넓적한 그릇인 '**소반**'을 나타낸 자입니다.
飯	밥 반	먹을 것을 입안에 넣고 혀로 이리저리 뒤집으며 '**밥**'을 먹는다 뜻의 자입니다.

3급Ⅱ-31

慕 그릴 모	小 心 부수 11획, 총 15획. (　　)부수 (　　)획, 총 (　　)획.
	慕:情　　思慕　　崇慕　　愛:慕　　追慕
謀 꾀 모	言 부수 9획, 총 16획. (　　)부수 (　　)획, 총 (　　)획.
	謀略　　謀反　　謀事　　圖謀　　陰謀
貌 모양 모	豸 부수 7획, 총 14획. (　　)부수 (　　)획, 총 (　　)획.
	貌樣　　面:貌　　外:貌　　容貌　　風貌
睦 화목할 목	目 부수 8획, 총 13획. (　　)부수 (　　)획, 총 (　　)획.
	親睦　　和睦
沒 빠질 몰	氵水 부수 4획, 총 7획. (　　)부수 (　　)획, 총 (　　)획.
	沒頭　　沒落　　沒殺　　出沒　　沒知覺

3급Ⅱ-31-복습·쓰기장

♣ 아래의 빈칸을 채우시오. 【지난학습】

면할 **면**		잘 **면**		솜 **면**		멸할 **멸**		새길 **명**	

【금일학습】

慕 그릴 모								
謀 꾀 모								
貌 모양 모								
睦 화목할 목								
沒 빠질 몰								

모정 사모 숭모 애모 추모
모략 모반 모사 도모 음모
모양 면모 외모 용모 풍모
친목 화목
몰두 몰락 몰살 출몰 몰지각

3급Ⅱ-32

월   일 【시간】   ~

夢 꿈 몽	夕 부수 11획, 총 14획. ( )부수 ( )획, 총 ( )획.			
	夢:想	解:夢	同床異夢	一場春夢

蒙 어두울 몽	++ 艸 부수 10획, 총 14획. ( )부수 ( )획, 총 ( )획.			
	蒙古	蒙恩	童蒙先習	訓蒙字會

茂 무성할 무	++ 艸 부수 5획, 총 9획. ( )부수 ( )획, 총 ( )획.			
	茂:林	茂:盛		

貿 무역할 무	貝 부수 5획, 총 12획. ( )부수 ( )획, 총 ( )획.			
	貿:易	密貿易		

墨 먹 묵	土 부수 12획, 총 15획. ( )부수 ( )획, 총 ( )획.			
	墨客	墨守	墨香	水墨畫

3급Ⅱ-32-복습·쓰기장

♣ 아래의 빈칸을 채우시오.　　　　　　　　　　　　【지난학습】

그릴 **모**		꾀 **모**		모양 **모**		화목할 **목**		빠질 **몰**	

【금일학습】

夢 꿈 몽								
蒙 어두울 몽								
茂 무성할 무								
貿 무역할 무								
墨 먹 묵								

몽상　해몽　동상이몽　일장춘몽
몽고　몽은　동몽선습　훈몽자회
무림　무성
무역　밀무역
묵객　묵수　묵향　수묵화

3급Ⅱ-33

黙 잠잠할 묵	黑 부수 4획, 총 16획. ( )부수 ( )획, 총 ( )획.
	默念 默禮 默想 默認 沈默

紋 무늬 문	糸 부수 4획, 총 10획. ( )부수 ( )획, 총 ( )획.
	紋章 指紋 波紋

勿 말 물	勹 부수 2획, 총 4획. ( )부수 ( )획, 총 ( )획.
	勿論 勿忘草 勿失好機

尾 꼬리 미	尸 부수 4획, 총 7획. ( )부수 ( )획, 총 ( )획.
	尾行 末尾 後:尾 魚頭肉尾

微 작을 미	彳 부수 10획, 총 13획. ( )부수 ( )획, 총 ( )획.
	微動 微量 微細 微笑 輕微 機微

3급 II-33-복습·쓰기장

♣ 아래의 빈칸을 채우시오.   【지난학습】

꿈 몽	어두울 몽	무성할 무	무역할 무	먹 묵

【금일학습】

黙 잠잠할 묵						
紋 무늬 문						
勿 말 물						
尾 꼬리 미						
微 작을 미						

묵념 묵례 묵상 묵인 침묵
문장 지문 파문
물론 물망초 물실호기
미행 말미 후미 어두육미
미동 미량 미세 미소 경미 기미

3급 II-34

薄 엷을 박	⺿ 艸 부수 13획, 총 17획. ( )부수 ( )획, 총 ( )획.				
	刻薄	輕薄	薄利多賣	佳人薄命	

迫 핍박할 박	辶 辵 부수 5획, 총 9획. ( )부수 ( )획, 총 ( )획.				
	迫頭	迫害	急迫	壓迫	切迫

般 가지 반 / 일반 반	舟 부수 4획, 총 10획. ( )부수 ( )획, 총 ( )획.				
	萬:般	全般	般若心經	彼此一般	

盤 소반 반	皿 부수 10획, 총 15획. ( )부수 ( )획, 총 ( )획.				
	盤石	基盤	小:盤	巖盤	音盤

飯 밥 반	食 부수 4획, 총 13획. ( )부수 ( )획, 총 ( )획.				
	飯店	飯酒	朝飯	飯床器	

3급Ⅱ-34-복습·쓰기장

♣ 아래의 빈칸을 채우시오.

【지난학습】

잠잠할 **묵**		무늬 **문**		말 **물**		꼬리 **미**		작을 **미**	

【금일학습】

薄 엷을 박									
迫 핍박할 박									
般 가지 반									
盤 소반 반									
飯 밥 반									

각박 경박 박리다매 가인박명
박두 박해 급박 압박 절박
만반 전반 반야심경 피차일반
반석 기반 소반 암반 음반
반점 반주 조반 반상기

○ 핵심정리장 18　　　　　　　　　　　🔽 자세히 읽어 보세요.

모양(형 形)	뜻(훈 訓) 소리(음 音)	핵 심 정 리
拔	뽑을　발	개가 달아날 때 발을 퉁기듯이 손을 획 '**뺀다**'는 뜻의 자입니다.
芳	꽃다울　방	꽃이나 풀의 향기가 사방으로 퍼지니 '**꽃답다**'는 뜻의 자입니다.
培:	북돋울　배	초목 밑동의 흙을 파고 갈라서 긁어 올려 '**북돋는다**'는 뜻의 자입니다. •긴소리로 읽음.
排	밀칠　배	새가 날개를 펼쳐 적을 대항하는 것과도 같이 손을 벌려 '**밀친다**'는 뜻의 자입니다.
輩:	무리　배	많은 수레의 행렬이 새의 두 날개처럼 펼쳐져 줄지어선 '**무리**' 라는 뜻의 자입니다. •긴소리로 읽음.
伯	맏　백	여러 일을 사뢰어야 할 사람인 '**맏**' 이 라는 뜻의 자입니다.
繁	번성할　번	무성한 풀처럼 늘어지게 말갈기를 땋아 많이 장식하니 '**번성하다**' 는 뜻의 자입니다.
凡(:)	무릇　범	흩어진 물건들을 틀에 넣으니 하나로 뭉뚱그려져 '**무릇**' 이란 뜻을 나타낸 자입니다. •긴소리 또는 짧은소리로도 읽음.
碧	푸를　벽	흰색의 옥돌인데 '**푸르**' 게 빛난다는 뜻의 자입니다.
丙	남녘　병 셋째천간　병	젯상에 켜놓은 불빛이 밝다는 뜻으로, 불을 나타낸 방위는 '**남녁**' 이라는 뜻의 자입니다. •內(안 내), 丙(남녘 병)

◦ 핵심정리장 19　　　　　　　　　　　⬇ 자세히 읽어 보세요.

모양(형形)	뜻(훈訓) 소리(음音)		핵 심 정 리
補:	기울 도울	보 보	터진 옷이 더 크게 찢어지지 않도록 '**기운다**' 는 뜻의 자입니다. •부수는 衤(옷의변) = 衣(옷 의)임.　•긴소리로 읽음.
譜:	족보	보	널리 흩어진 말이나 글을 연대별로 모아 기록한 문서인 '**족보**'를 나타낸 자입니다. •긴소리로 읽음.
腹	배 마음	복 복	대장소장 등이 구불구불 서려 있는 '**배**' 를 나타낸 자입니다. •腹(복) ⇔ 背(배) •復(회복할 복), 複(겹칠 복), 腹(배 복)
覆	엎어질 덮을 다시	복 부 복	물건을 덮고 또 다시 '**엎어**'뜨려 덮는다는 뜻의 자입니다. •일자다음자임. 부·복.
封	봉할	봉	제후에게 영토를 주어 법도에 따라 다스리도록 '**봉한다**'는 뜻의 자입니다.
峯	봉우리	봉	산마루가 엇걸려 마주 선 '**봉우리**' 라는 뜻의 자입니다.
逢(:)	만날	봉	길을 가다가 맞닥뜨려 '**만난다**' 는 뜻의 자입니다. •긴소리 또는 짧은소리로도 읽음.
鳳:	새	봉	무릇 조류(鳥類) 중에서 가장 신령스럽게 여기는 봉황'**새**'를 나타낸 자입니다. •부수는 鳥(새 조)임.　•긴소리로 읽음.
付:	부칠	부	손에 쥔 물건을 남에게 주어 '**부친다**' 는 뜻의 자입니다. •긴소리로 읽음.
浮	뜰	부	새가 알을 품은 모양처럼 물에 몸이 반쯤 '**떠**' 있음을 나타낸 자입니다. •浮(부) ⇔ 沈(침)

3급Ⅱ-35

拔 뽑을 **발**	扌 手 부수 5획, 총 8획. ( )부수 ( )획, 총 ( )획.
	拔群　　奇拔　　選:拔　　海:拔　　拔本塞源

芳 꽃다울 **방**	⺾ 艸 부수 4획, 총 8획. ( )부수 ( )획, 총 ( )획.
	芳年　　芳名錄　　流芳百世　　綠陰芳草

培 북돋울 **배**	土 부수 8획, 총 11획. ( )부수 ( )획, 총 ( )획.
	培:養　　水耕栽培

排 밀칠 **배**	扌 手 부수 8획, 총 11획. ( )부수 ( )획, 총 ( )획.
	排球　　排除　　排氣　　排出　　排他的

輩 무리 **배**	車 부수 8획, 총 15획. ( )부수 ( )획, 총 ( )획.
	輩:出　　年輩　　後輩　　不良輩　　暴力輩

3급Ⅱ-35-복습·쓰기장

♣ 아래의 빈칸을 채우시오.   【지난학습】

엷을 **박**	핍박할 **박**	가지 **반**	소반 **반**	밥 **반**	

【금일학습】

拔 뽑을 발					
芳 꽃다울 방					
培 북돋울 배					
排 밀칠 배					
輩 무리 배					

발군 기발 선발 해발 발본색원
방년 방명록 유방백세 녹음방초
배양 수경재배
배구 배제 배기 배출 배타적
배출 연배 후배 불량배 폭력배

3급Ⅱ-36

伯 맏 백	亻 人 부수 5획, 총 7획. ( )부수 ( )획, 총 ( )획.
	伯父 伯氏 道伯 畫:伯 伯仲之勢

繁 번성할 번	糸 부수 11획, 총 17획. ( )부수 ( )획, 총 ( )획.
	繁盛 繁榮 繁雜 繁華 農繁期

凡 무릇 범	几 부수 1획, 총 3획. ( )부수 ( )획, 총 ( )획.
	凡:例 凡:常 凡失 非:凡 平凡

碧 푸를 벽	石 부수 9획, 총 14획. ( )부수 ( )획, 총 ( )획.
	碧眼 碧空 碧昌牛

丙 남녘 병 셋째천간 병	一 부수 4획, 총 5획. ( )부수 ( )획, 총 ( )획.
	丙:科 丙:亂 丙:子胡亂

3급Ⅱ-36-복습·쓰기장

♣ 아래의 빈칸을 채우시오.　　　　　　　　　　　　　【지난학습】

뽑을 **발**	꽃다울 **방**	북돋을 **배**	밀칠 **배**	무리 **배**	

【금일학습】

伯 맏 백						
繁 번성할 번						
凡 무릇 범						
碧 푸를 벽						
丙 남녘 병						

백부　백씨　도백　화백　백중지세
번성　번영　번잡　번화　농번기
범례　범상　범실　비범　평범
벽안　벽공　벽창우
병과　병란　병자호란

3급Ⅱ-37

補 기울 보 도울 보	ネ 衣 부수 7획, 총 12획. ( )부수 ( )획, 총 ( )획.				
	補:修	補:藥	補:完	補:助	補:充

譜 족보 보	言 부수 12획, 총 19획. ( )부수 ( )획, 총 ( )획.				
	系:譜	年譜	樂譜	音譜	族譜

腹 배 복 마음 복	月 肉 부수 4획, 총 8획. ( )부수 ( )획, 총 ( )획.			
	腹案	空腹	心腹	面:從腹背

覆 엎어질 복 다시 복 덮을 부	襾 부수 12획, 총 18획. ( )부수 ( )획, 총 ( )획.			
	覆蓋	覆啓	覆面	反覆

封 봉할 봉	寸 부수 6획, 총 9획. ( )부수 ( )획, 총 ( )획.				
	封書	封合	開封	同封	密封

3급Ⅱ-37-복습·쓰기장

♣ 아래의 빈칸을 채우시오.

【지난학습】

맏 **백**	번성할 **번**	무릇 **범**	푸를 **벽**	남녘 **병**

【금일학습】

補 기울 보					
譜 족보 보					
腹 배 복					
覆 엎어질 복					
封 봉할 봉					

보수 보약 보완 보조 보충
계보 연보 악보 음보 족보
복안 공복 심복 면종복배
복개 복계 복면 반복
봉서 봉합 개봉 동봉 밀봉

峯 봉우리 봉	山 부수 7획, 총 10획. ( )부수 ( )획, 총 ( )획.	
	主峯　　連峰　　靈峰　　最:高峰	
逢 만날 봉	辶辵 부수 7획, 총 11획. ( )부수 ( )획, 총 ( )획.	
	逢變　　逢:着　　相逢	
鳳 새 봉	鳥 부수 3획, 총 14획. ( )부수 ( )획, 총 ( )획.	
	鳳:仙花　　龍尾鳳湯	
付 부칠 부	亻人 부수 3획, 총 5획. ( )부수 ( )획, 총 ( )획.	
	交付　　納付　　發付　　配付　　反:對給付	
浮 뜰 부	氵水 부수 7획, 총 10획. ( )부수 ( )획, 총 ( )획.	
	浮刻　　浮力　　浮上　　浮沈　　浮動票	

3급Ⅱ-38-복습·쓰기장

♣ 아래의 빈칸을 채우시오.　　【지난학습】

기울 **보**	족보 **보**	배 **복**	엎어질 **복**	봉할 **봉**

【금일학습】

峯									
봉우리 **봉**									
逢									
만날 **봉**									
鳳									
새 **봉**									
付									
부칠 **부**									
浮									
뜰 **부**									

주봉　연봉　영봉　최고봉
봉변　봉착　상봉
봉선화　용미봉탕
교부　납부　발부　배부　반대급부
부각　부력　부상　부침　부동표

◦ 핵심정리장 20　　　　　　　　　　　⬇ 자세히 읽어 보세요.

모양(형 形)	뜻(훈 訓) 소리(음 音)	핵 심 정 리
腐:	썩을　　　부	곳간에 고기를 오랫동안 두니 '썩는다'는 뜻의 자입니다. • 부수는 肉(고기 육)임.　　• 긴소리로 읽음.
賦:	부세　　　부	무력 등의 힘으로 강제로 거둬들이는 돈인 '부세'를 나타낸 자입니다. • 긴소리로 읽음.
扶	도울　　　부	지아비를 붙들어주며 '돕는다'는 뜻의 자입니다. • 扶(부) ≒ 助(조)
符(:)	부호　　　부 들어맞을　부	대쪽에 글을 새겨 쪼갠 뒤 한쪽을 주어 명령을 발동할 때 두 개를 합쳐 실행하는 '부호'로 삼았다는 뜻의 자입니다. • 긴소리 또는 짧은소리로도 읽음.
簿:	문서　　　부	넓죽한 대쪽에 수입과 지출 등의 관계를 기록한 '문서'를 나타낸 자입니다. • 薄(엷을 박), 簿(문서 부)　　• 긴소리로 읽음.
附:	붙을　　　부	큰 언덕 곁에 작은 언덕들이 주는 것을 받으려는 듯 줄지어 '붙어' 있다는 뜻의 자입니다. • 附(부) ≒ 屬(속)　　• 긴소리로 읽음.
奔	달릴　　　분	사람이 손을 무수히 허우적거리며 '달린다'는 뜻의 자입니다.
奮:	떨칠　　　분	밭에서 모이를 주워먹던 새가 크게 날개짓하며 '떨쳐' 날아 오른다 뜻의 자입니다. • 긴소리로 읽음.
紛	어지러울　분	실이 여러 갈래로 나누어 헝클어져 있으니 '어지럽다'는 뜻의 자입니다. • 粉(가루 분), 紛(어지러울 분)
拂	떨칠　　　불	손으로 먼지 같은 것을 제거하려고 털어서 '떨치어' 버린다는 뜻의 자입니다.

핵심정리장 21

모양(형形)	뜻(훈訓) 소리(음音)	핵 심 정 리
卑:	낮을 비 천할 비	술바가지의 자루는 술통에 비해 자주 쓰이니 지저분하여 '**낮은**' 대우를 받는다는 뜻의 자입니다. • 尊(존) ⇔ 卑(비) • 부수는 十(열 십)임.　　• 긴소리로 읽음.
妃	왕비 비	여자가 남자 몸과 어울려 짝이 되는데, 임금의 짝인 '**왕비**'를 나타낸 자입니다.
婢	계집종 비	신분이 낮은 천한 여자가 '**계집종**'이라는 뜻의 자입니다.
肥:	살찔 비	살이 마디마다 토실토실하게 '**살쪄**' 있다는 뜻의 자입니다. • 긴소리로 읽음.
司	맡을 사	신하가 임금으로부터 명령을 받아 일을 '**맡아**' 본다는 뜻의 자입니다. • 可(옳을 가), 司(맡을 사)
沙	모래 사	물에 흘러내릴 정도로 자잘하게 부서진 '**모래**'를 나타낸 자입니다.
祀	제사 사	삶을 마치고 신이 된 분께 '**제사**' 지낸다는 뜻의 자입니다.
邪	간사할 사 어조사 야	어금니처럼 튼튼한 지형인 제나라의 풍속이 못돼서 사람들이 '**간사하다**'는 뜻의 자입니다. • 일자다음자임. 사·야.
斜	비낄 사	곡식을 잴 때 되나 말에 차고 남은 곡식이 '**비끼**'어 내린다는 뜻의 자입니다.
蛇	긴뱀 사	뱀이 머리를 들고 구불구불 기어가며 꼬리를 늘인 '**긴뱀**'이라는 뜻의 자입니다.

3급 II-39

腐 썩을 부
肉 부수 8획, 총 14획. (　　)부수 (　　)획, 총 (　　)획.
腐:敗　　豆腐　　腐:葉土　　切齒腐心

賦 부세 부
貝 부수 8획, 총 15획. (　　)부수 (　　)획, 총 (　　)획.
賦:課　　賦:與　　賦:役　　天賦的

扶 도울 부
扌 手 부수 4획, 총 7획. (　　)부수 (　　)획, 총 (　　)획.
扶助　　相扶相助　　扶養家族

符 부호 부 / 들어맞을 부
竹 부수 5획, 총 11획. (　　)부수 (　　)획, 총 (　　)획.
符:合　　符:號　　符節　　名實相符

簿 문서 부
竹 부수 13획, 총 19획. (　　)부수 (　　)획, 총 (　　)획.
名簿　　帳簿　　家計簿　　學籍簿

♣ 아래의 빈칸을 채우시오.

【지난학습】

봉우리 **봉**		만날 **봉**		새 **봉**		부칠 **부**		뜰 **부**	

【금일학습】

腐									
썩을 **부**									
賦									
부세 **부**									
扶									
도울 **부**									
符									
부호 **부**									
簿									
문서 **부**									

부패 두부 부엽토 절치부심
부과 부여 부역 천부적
부조 상부상조 부양가족
부합 부호 부절 명실상부
명부 장부 가계부 학적부

3급Ⅱ-40

附 붙을 부	阝 阜 부수 5획, 총 8획. ( )부수 ( )획, 총 ( )획.				
	附:加	附:近	寄附	阿附	時限附

奔 달릴 분	大 부수 6획, 총 9획. ( )부수 ( )획, 총 ( )획.				
	奔走	東奔西走	自由奔放		

奮 떨칠 분	大 부수 13획, 총 16획. ( )부수 ( )획, 총 ( )획.				
	奮:起	奮:發	興:奮	孤軍奮鬪	

紛 어지러울 분	糸 부수 4획, 총 10획. ( )부수 ( )획, 총 ( )획.				
	紛亂	紛紛	紛失	紛爭	內紛

拂 떨칠 불	扌 手 부수 5획, 총 8획. ( )부수 ( )획, 총 ( )획.				
	拂入	拂下	完拂	支拂	還拂

3급Ⅱ-40-복습·쓰기장

♣ 아래의 빈칸을 채우시오.   【지난학습】

썩을 腐		부세 賦		도울 扶		부호 符		문서 簿	

【금일학습】

附 붙을 부									
奔 달릴 분									
奮 떨칠 분									
紛 어지러울 분									
拂 떨칠 불									

부가 부근 기부 아부 시한부
분주 동분서주 자유분방
분기 분발 흥분 고군분투
분란 분분 분실 분쟁 내분
불입 불하 완불 지불 환불

3급Ⅱ-41

卑 낮을 비 / 천할 비	十 부수 6획, 총 8획.	( )부수 ( )획, 총 ( )획.
	卑:屈　　卑:近　　男尊女卑　　登高自卑	

妃 왕비 비	女 부수 3획, 총 6획.	( )부수 ( )획, 총 ( )획.
	王妃　　貴妃　　大:妃　　太子妃	

婢 계집종 비	女 부수 8획, 총 11획.	( )부수 ( )획, 총 ( )획.
	侍:婢	

肥 살찔 비	月 肉 부수 4획, 총 8획.	( )부수 ( )획, 총 ( )획.
	肥:大　　肥:料　　肥:滿　　天高馬肥	

司 맡을 사	口 부수 2획, 총 5획.	( )부수 ( )획, 총 ( )획.
	司徒　　司法　　司會　　司令塔	

3급Ⅱ-41-복습·쓰기장

♣ 아래의 빈칸을 채우시오. 【지난학습】

붙을 부	달릴 분	떨칠 분	어지러울 분	떨칠 불

【금일학습】

卑 낮을 비					
妃 왕비 비					
婢 계집종 비					
肥 살찔 비					
司 맡을 사					

비굴 비근 남존여비 등고자비
왕비 귀비 대비 태자비
시비
비대 비료 비만 천고마비
사도 사법 사회 사령탑

150

3급Ⅱ-42

沙 모래 사	氵 水 부수 4획, 총 7획. ( )부수 ( )획, 총 ( )획.
	沙果　　沙器　　黃沙　　沙上樓閣

祀 제사 사	示 부수 3획, 총 8획. ( )부수 ( )획, 총 ( )획.
	告祀　　祭:祀

邪 간사할 사 / 어조사 야	阝邑 부수 4획, 총 7획. ( )부수 ( )획, 총 ( )획.
	邪惡　　邪心　　邪道　　奸邪　　思無邪

斜 비낄 사	斗 부수 7획, 총 11획. ( )부수 ( )획, 총 ( )획.
	斜面　　斜線　　斜視　　斜陽　　傾斜

蛇 긴뱀 사	虫 부수 5획, 총 11획. ( )부수 ( )획, 총 ( )획.
	蛇足　　毒蛇　　長蛇陣　　龍頭蛇尾

3급Ⅱ-42-복습·쓰기장

♣ 아래의 빈칸을 채우시오.　　　　　　　　　　　　【지난학습】

낮을 **비**	왕비 **비**	계집종 **비**	살찔 **비**	맡을 **사**

【금일학습】

沙					
모래 **사**					
祀					
제사 **사**					
邪					
간사할 **사**					
斜					
비낄 **사**					
蛇					
긴뱀 **사**					

사과　사기　황사　사상누각
고사　제사
사악　사심　사도　간사　사무사
사면　사선　사시　사양　경사
사족　독사　장사진　용두사미

◦ 핵심정리장 22　　　　　　　　　　　　⬇ 자세히 읽어 보세요.

모양(형形)	뜻(훈訓) 소리(음音)	핵 심 정 리
詞	말　　사 글　　사	입소리를 구분하여 역할에 따라 각자 맡은 '말'을 나타낸 자입니다.
削	깎을　　삭	칼로 조금씩 '깎는다'는 뜻의 자입니다. • 添(첨) ⇔ 削(삭)
森	수풀　　삼	나무들이 빽빽하게 자란 '수풀'이라는 뜻의 자입니다.
像	모양　　상 닮을　　상	사람이 그려놓은 코끼리의 '모양'이라는 뜻의 자입니다.
償	갚을　　상	공로가 있는 사람에게 상을 주어 애씀을 '갚는다'는 뜻의 자입니다.
桑	뽕나무　　상	누에를 치는데 필요한 나뭇잎을 내는 '뽕나무'를 뜻하는 자입니다.
喪(:)	잃을　　상 죽을　　상	슬퍼우는 것은 사람이 죽어 이 세상에서 '잃'었기 때문이라는 뜻의 자입니다. • 喪(상) ≒ 失(실)　• 긴소리 또는 짧은소리로도 읽음.
尙(:)	오히려　　상 숭상할　　상	창문을 열면 공기가 아랫쪽보다 위쪽으로 '오히려' 더 잘 빠져나가는 뜻의 자입니다. • 긴소리 또는 짧은소리로도 읽음.
裳	치마　　상	사람은 고상하여 부끄러운 부분을 가리는데 그 아랫 쪽의 옷이 '치마'라는 뜻의 자입니다. • 衣(의) ≒ 裳(상)
詳	자세할　　상 속일　　상	양의 울음처럼 자잘하게 말하니 '자세하다'는 뜻의 자입니다.

∘ 핵심정리장 23　　　　　　　　　　　　⬇ 자세히 읽어 보세요.

모양(형 形)	뜻(훈 訓) 소리(음 音)	핵 심 정 리
霜	서리　　　상	이슬이 서로 마주선 듯이 얼어붙은 '**서리**'를 나타낸 자입니다.
索	찾을　　　**색** 노(새끼줄)　　**삭**	두 손으로 새끼줄을 비벼 더듬어 '**찾**' 듯이 꼰다는 뜻의 자입니다. • 일자다음자임. 색·삭.　　※색출(索出), 철삭(鐵索)
塞	막힐　　　**색** 변방　　　**새**	찬기운이 스며드는 벽을 흙으로 '**막히**'게 한다는 뜻의 자입니다. • 일자다음자임. 색·새. ※拔本塞源(발본색원), 塞翁之馬(새옹지마)
徐(:)	천천할　　서	여유있게 쉬면서 '**천천히**' 길을 간다는 뜻의 자입니다. • 긴소리 또는 짧은소리로도 읽음.
恕:	용서할　　서	자기와 같이 다른 사람을 너그러이 받아들이는 마음씨로 '**용서한다**'는 뜻의 자입니다. • 긴소리로 읽음.
緖:	실마리　　서	실의 끝이자 처음인 그 곳을 '**실마리**'라고 한다는 뜻의 자입니다. • 端(단) ≒ 緒(서)　　　　• 긴소리로 읽음.
署:	마을　　　서 관청　　　서	그물코 같이 서로 관련있게 사람을 다스리는 관청이 있는 '**마을**'이라는 뜻의 자입니다. • 긴소리로 읽음.
惜	아낄　　　석	마음 속으로 오래오래 두어 '**아낀다**'는 뜻의 자입니다.
釋	풀　　　　석	사물을 분별하여 알아보기 쉽게 설명하여 '**풀**' 어준다는 뜻의 자입니다. • 解(해) ≒ 釋(석)
旋	돌　　　　선	장수가 지시하는 깃발에 따라 군사들이 발걸음을 옮겨 '**돈다**'는 뜻의 자입니다. • 施(베풀 시), 旋(돌 선)

詞 말 사 글 사	言 부수 5획, 총 12획. ( )부수 ( )획, 총 ( )획.			
	歌詞	動:詞	品:詞	代:名詞
削 깎을 삭	刂 刀 부수 7획, 총 9획. ( )부수 ( )획, 총 ( )획.			
	削減	削髮	削除	削奪官職
森 수풀 삼	木 부수 8획, 총 12획. ( )부수 ( )획, 총 ( )획.			
	森嚴	森林浴	森羅萬象	
像 모양 상 닮을 상	亻 人 부수 12획, 총 14획. ( )부수 ( )획, 총 ( )획.			
	群像	銅像	佛像	想像	假:像
償 갚을 상	亻 人 부수 15획, 총 17획. ( )부수 ( )획, 총 ( )획.			
	償還	報:償	有:償	

3급Ⅱ-43-복습·쓰기장

♣ **아래의 빈칸을 채우시오.**　　　　　　　　　　　　　　【지난학습】

모래 沙		제사 祀		간사할 邪		비낄 斜		긴뱀 蛇	

【금일학습】

詞 말 사									
削 깎을 삭									
森 수풀 삼									
像 모양 상									
償 갚을 상									

가사 동사 품사 대명사
삭감 삭발 삭제 삭탈관직
삼엄 삼림욕 삼라만상
군상 동상 불상 상상 가상
상환 보상 복상

3급Ⅱ-44

桑 뽕나무 상	木 부수 6획, 총 10획. ( )부수 ( )획, 총 ( )획.				
	扶桑　　　桑田碧海				

喪 잃을 상 죽을 상	口 부수 9획, 총 12획. ( )부수 ( )획, 총 ( )획.				
	喪失　　　喪事　　　喪:妻　　　問:喪　　　初喪				

尚 오히려 상 숭상할 상	小 부수 5획, 총 8획. ( )부수 ( )획, 총 ( )획.				
	尙:武　　　高尙　　　崇尙　　　時機尙早				

裳 치마 상	衤衣 부수 8획, 총 14획. ( )부수 ( )획, 총 ( )획.				
	衣裳　　　綠衣紅裳　　　同價紅裳				

詳 자세할 상 속일 양	言 부수 6획, 총 13획. ( )부수 ( )획, 총 ( )획.				
	詳細　　　詳述　　　未詳				

3급Ⅱ-44-복습·쓰기장

♣ 아래의 빈칸을 채우시오. 【지난학습】

말 **사**	깎을 **삭**	수풀 **삼**	모양 **상**	갚을 **상**

【금일학습】

桑 뽕나무 상						
喪 잃을 상						
尚 오히려 상						
裳 치마 상						
詳 자세할 상						

부상   상전벽해
상실   상사   상처   문상   초상
상무   고상   숭상   시기상조
의상   녹의홍상   동가홍상
상세   상술   미상

3급Ⅱ-45

霜 서리 상	雨 부수 9획, 총 17획.　(　)부수 (　)획, 총 (　)획.
	霜降　　星霜　　秋霜　　風霜　　雪上加霜
索 찾을 색 노(새끼줄) 삭	糸 부수 4획, 총 10획.　(　)부수 (　)획, 총 (　)획.
	索引　　索出　　檢索　　思索　　探索
塞 막힐 색 변방 새	土 부수 10획, 총 13획.　(　)부수 (　)획, 총 (　)획.
	要塞　　窮塞　　語:塞　　拔本塞源
徐 천천할 서	彳 부수 7획, 총 10획.　(　)부수 (　)획, 총 (　)획.
	徐:行　　徐氏　　徐羅伐
恕 용서할 서	心 부수 6획, 총 10획.　(　)부수 (　)획, 총 (　)획.
	容:恕　　忠恕

3급Ⅱ-45-복습·쓰기장

♣ 아래의 빈칸을 채우시오.   【지난학습】

뽕나무 상	잃을 상	오히려 상	치마 상	자세할 상

【금일학습】

霜 서리 상					
索 찾을 색					
塞 막힐 색					
徐 천천할 서					
恕 용서할 서					

상강 성상 추상 풍상 설상가상
색인 색출 검색 사색 탐색
요새 궁색 어색 발본색원
서행 서씨 서라벌
용서 충서

3급Ⅱ-46

緒 실마리 서
糸 부수 9획, 총 15획. ( )부수 ( )획, 총 ( )획.
緒:論　　端緒　　頭緒　　情緒

署 마을 서 / 관청 서
罒 网 부수 9획, 총 14획. ( )부수 ( )획, 총 ( )획.
署:名　　署:長　　部署　　官公署

惜 아낄 석
忄 心 부수 8획, 총 11획. ( )부수 ( )획, 총 ( )획.
惜別　　惜敗　　哀惜　　買:占賣惜

釋 풀 석
釆 부수 13획, 총 20획. ( )부수 ( )획, 총 ( )획.
釋放　　解:釋　　稀釋　　手不釋卷

旋 돌 선
方 부수 7획, 총 11획. ( )부수 ( )획, 총 ( )획.
旋律　　旋回　　周旋　　旋風機

3급 Ⅱ -46- 복습·쓰기장

♣ 아래의 빈칸을 채우시오.　　【지난학습】

서리 **상**		찾을 **색**		막힐 **색**		천천할 **서**		용서할 **서**	

【금일학습】

緒							
실마리 서							
署							
마을 서							
惜							
아낄 석							
釋							
풀 석							
旋							
돌 선							

서론　단서　두서　정서
서명　서장　부서　관공서
석별　석패　애석　매점매석
석방　해석　희석　수불석권
선율　선회　주선　선풍기

○ 핵심정리장 24　　　　　　　　　▼ 자세히 읽어 보세요.

모양(형 形)	뜻(훈 訓) 소리(음 音)		핵 심 정 리
禪	선(참선)	선	한 개씩의 연장을 들고 여럿이서 제사지낼 터를 잡고 고요히 '참선'을 한다는 뜻의 자입니다.
疏	소통할 상소할	소 소	냇가에서 모래집을 발로 무너뜨리면 물에 돌이 쓸려 떠내려 가는 것처럼 막힘이 뚫려 '소통하다' 라는 뜻의 자입니다.
燒(:)	사를	소	불꽃이 높이 솟아오르며 물체를 '사른다'는 뜻의 자입니다. •긴소리 또는 짧은소리로도 읽음.
蘇	되살아날	소	곡식과 물고기 외에도 약초를 먹고 기운을 차려 '되살아난다' 는 뜻의 자입니다.
訴	호소할	소	억울함을 물리치기 위해 관청에 말을 하여 '호소한다' 는 뜻의 자입니다.
訟:	송사할	송	다툼질을 공평정직하게 '송사한다'는 뜻의 자입니다. •긴소리로 읽음.
刷:	인쇄할	쇄	목판에 글을 새기고 이물질을 잘 닦아낸 뒤 '인쇄한다' 는 뜻의 자입니다. •긴소리로 읽음.
鎖:	쇠사슬	쇄	꿰어맨 자잘한 조개들이 맞부딪는 소리가 나듯이 쇠로 만든 '쇠사슬'을 나타낸 자입니다. •긴소리로 읽음.
衰	쇠할 상복	쇠 최	비에 젖은 도롱이나 상복을 입은 상주의 모습이 파리하여 '쇠하' 게 보인다는 뜻의 자입니다. •盛(성) ⇔ 衰(쇠)　　•일자다음자임. 쇠·최.
垂	드리울	수	꽃잎이나 나뭇잎이 길게 '드리운' 모양을 나타낸 자입니다. •부수는 土(흙 토)임.

◦ 핵심정리장 25　　　　　　　　　　　　　⬇ 자세히 읽어 보세요.

모양(형形)	뜻(훈訓) 소리(음音)	핵 심 정 리
帥	장수　　수 거느릴　솔	깃발을 높이 달고 많은 군사를 거느리는 '**장수**'를 나타내는 자입니다. •부수는 巾(수건 건)임.　　•師(군대 사), 帥(장수 수) •일자다음자임. 수·솔.
壽	목숨　　수	노인이 될 때까지 오래도록 '**목숨**'을 유지한다는 뜻의 자입니다. •壽(수) ≒ 命(명)
愁	근심　　수	초목이 가을에 시들 듯이 마음에 풀이죽어 '**근심**'이 됨을 나타낸 자이다. •憂(우) ≒ 愁(수)
獸	짐승　　수	집에서 기르는 동물인 개와 같은 길 '**짐승**'을 나타낸 자입니다. •禽(금) ⇔ 獸(수)
殊	다를　　수 뛰어날　수	붉은 피를 흘리며 죽은 사람이 산 사람과 '**다르다**'는 뜻의 자입니다.
輸	보낼　　수	수레나 거룻배에 짐을 실어 '**보낸다**'는 뜻의 자입니다.
隨	따를　　수	뒤떨어졌지만 쫓아가며 '**따른다**'는 뜻의 자입니다.
需	쓰일(쓸)　수	수염처럼 길게 주룩주룩 내리는 빗물은 여러 모로 '**쓰인다**'는 뜻의 자입니다. •需(수) ⇔ 給(급)
淑	맑을　　숙	콩나물을 기를 땐 물이 '**맑아야**' 한다는 뜻의 자입니다.
熟	익을　　숙	생물은 어느 것이나 불에 '**익혀**'진다는 뜻의 자입니다. •부수는 灬(연화발) = 火(불 화)임.

3급Ⅱ-47

禪 선 선	示 부수 12획, 총 17획. ( )부수 ( )획, 총 ( )획.
	禪房　　禪師　　禪宗　　坐禪　　參禪

疏 소통할 소 상소할 소	疋 부수 7획, 총 12획. ( )부수 ( )획, 총 ( )획.
	疏食　　疏外　　疏遠　　疏通　　上疏　　親疏

燒 사를 소	火 부수 12획, 총 16획. ( )부수 ( )획, 총 ( )획.
	燒死　　燒酒　　燒失　　全燒

蘇 되살아날 소	⺿ 艸 부수 16획, 총 20획. ( )부수 ( )획, 총 ( )획.
	蘇復　　蘇生

訴 호소할 소	言 부수 5획, 총 12획. ( )부수 ( )획, 총 ( )획.
	告:訴　　上:訴　　被:訴　　抗:訴　　呼訴

3급Ⅱ-47-복습·쓰기장

♣ **아래의 빈칸을 채우시오.** 【지난학습】

실마리 **서**	마을 **서**	아낄 **석**	풀 **석**	돌 **선**	

【금일학습】

禪					
선 선					
疏					
소통할 소					
燒					
사를 소					
蘇					
되살아날 소					
訴					
호소할 소					

선방 선사 선종 좌선 참선
소사 소외 소원 소통 상소 친소
소사 소주 소실 전소
소복 소생
고소 상소 피소 항소 호소

3급Ⅱ-48

訟 송사할 송	言 부수 4획, 총 11획. ( )부수 ( )획, 총 ( )획.
	訟:事　　訴訟　　爭訟

刷 인쇄할 쇄	刂刀 부수 6획, 총 8획. ( )부수 ( )획, 총 ( )획.
	刷:新　　印刷

鎖 쇠사슬 쇄	金 부수 10획, 총 18획. ( )부수 ( )획, 총 ( )획.
	鎖:國　　封鎖　　連鎖　　閉:鎖

衰 쇠할 쇠 상복 최	衤衣 부수 4획, 총 10획. ( )부수 ( )획, 총 ( )획.
	衰弱　　衰退　　老:衰　　興:亡盛衰

垂 드리울 수	土 부수 5획, 총 8획. ( )부수 ( )획, 총 ( )획.
	垂直　　山上垂訓　　率先垂範

3급Ⅱ-48-복습·쓰기장

♣ 아래의 빈칸을 채우시오.   【지난학습】

선 선	소통할 疏	사를 素	되살아날 蘇	호소할 訴	

【금일학습】

訟 송사할 송					
刷 인쇄할 쇄					
鎖 쇠사슬 쇄					
衰 쇠할 쇠					
垂 드리울 수					

송사 소송 쟁송
쇄신 인쇄
쇄국 봉쇄 연쇄 폐쇄
쇠약 쇠퇴 노쇠 흥망성쇠
수직 산상수훈 솔선수범

3급Ⅱ-49

帥 장수 수	巾 부수 6획, 총 9획. ( )부수 ( )획, 총 ( )획.	
	將:帥　　總:帥　　大:元帥　　統:帥權	
壽 목숨 수	士 부수 11획, 총 14획. ( )부수 ( )획, 총 ( )획.	
	壽宴　　壽命　　長壽　　天壽　　祝壽	
愁 근심 수	心 부수 9획, 총 13획. ( )부수 ( )획, 총 ( )획.	
	愁心　　哀愁　　鄕愁	
獸 짐승 수	犬 부수 15획, 총 19획. ( )부수 ( )획, 총 ( )획.	
	百獸　　野獸　　鳥獸　　人面獸心	
殊 다를 수 뛰어날 수	歹 부수 6획, 총 10획. ( )부수 ( )획, 총 ( )획.	
	殊常　　特殊	

3급Ⅱ-49-복습·쓰기장

♣ 아래의 빈칸을 채우시오.   【지난학습】

송사할 송	인쇄할 쇄	쇠사슬 쇄	쇠할 쇠	드리울 수

【금일학습】

帥 장수 수					
壽 목숨 수					
愁 근심 수					
獸 짐승 수					
殊 다를 수					

장수 총수 대원수 통수권
수연 수명 장수 천수 축수
수심 애수 향수
백수 야수 조수 인면수심
수상 특수

3급Ⅱ-50

輸 보낼 수	車 부수 9획, 총 16획. ( )부수 ( )획, 총 ( )획.
	輸送　　輸血　　輸出　　密輸　　運:輸

隨 따를 수	阝阜 부수 13획, 총 16획. ( )부수 ( )획, 총 ( )획.
	隨時　　隨筆　　隨行　　夫唱婦隨

需 쓰일(쓸) 수	雨 부수 6획, 총 14획. ( )부수 ( )획, 총 ( )획.
	需給　　需要　　特需　　婚需　　內:需

淑 맑을 숙	氵水 부수 8획, 총 11획. ( )부수 ( )획, 총 ( )획.
	淑女　　私淑　　貞淑

熟 익을 숙	灬火 부수 11획, 총 15획. ( )부수 ( )획, 총 ( )획.
	熟達　　熟讀　　熟語　　成熟　　熟考

3급Ⅱ-50-복습·쓰기장

♣ 아래의 빈칸을 채우시오.   【지난학습】

장수 수	목숨 수	근심 수	짐승 수	다를 수

【금일학습】

輸					
보낼 수					
隨					
따를 수					
需					
쓰일 수					
淑					
맑을 숙					
熟					
익을 숙					

수송 수혈 수출 밀수 운수
수시 수필 수행 부창부수
수급 수요 특수 혼수 내수
숙녀 사숙 정숙
숙달 숙독 숙어 성숙 숙고

○ 핵심정리장 26　　　　　　　　　　　　　　⬇ 자세히 읽어 보세요.

모양(형形)	뜻(훈訓) 소리(음音)	핵 심 정 리
巡	돌　　　　　순 순행할　　순	물이 굽이굽이 흘러가듯이 두루 '**돌**' 아다닌다는 뜻의 자입니다. •부수는 巛(개미허리/내 천)임.
旬	열흘　　　　순	날짜를 10일을 한 단위로 묶어, 한 단위를 '**열흘**'로 삼았다는 뜻의 자입니다. •부수는 日(해 일)임.
瞬	눈깜짝일　　순	무궁화꽃이 하룻만에 잠깐 피었다가 지듯이 눈꺼풀도 아주 짧게 '**눈깜짝인다**'는 뜻의 자입니다.
述	펼　　　　　술	생각한 바를 삽주뿌리가 뻗어 가듯이 차례대로 주장을 '**편다**'는 뜻의 자입니다.
拾	주울　　　　습 열　　　　　십	흩어진 것을 손으로 '**줍는다**'는 뜻의 자입니다. •十(열 십)의 갖은 자임(≒拾). •일자다음자임. 습·십.　　※수습(收拾), 십만(拾萬)
濕	젖을　　　　습	누에고치는 물에 잘 '**젖는다**'는 뜻의 자입니다. •乾(건) ⇔ 濕(습)
襲	엄습할　　　습	용이 구름에 싸여 승천하듯 모르는 기운이 휩싸여 '**엄습한다**'는 뜻의 자입니다.
僧	중　　　　　승	거듭해서 불도를 쌓은 사람이 '**중**'이라는 뜻의 자입니다.
乘	탈　　　　　승 곱할　　　　승	사람이 나무에 양발을 어긋 디디며 오르듯 수레 등을 '**탄다**'는 뜻의 자입니다. •부수는 丿(삐칠 별)임.
昇	오를　　　　승	곡식을 되로 잴 때 먼저 수북히 쌓아가듯이 해가 떠 '**오른다**'는 뜻의 자입니다. •昇(승) ⇔ 降(강)

173

○ 핵심정리장 27　　　　　　　　　　　　　　⬇ 자세히 읽어 보세요.

모양(형 形)	뜻(훈 訓) 소리(음 音)		핵 심 정 리
侍:	모실	시	관청에서 하급관리는 상관을 '**모신다**' 는 뜻의 자입니다. • 긴소리로 읽음.
飾	꾸밀	식	사람이 천에 수를 놓듯이 음식상을 수놓아 '**꾸민다**' 는 뜻의 자입니다.
愼:	삼갈	신	조심스러운 마음으로 언행을 진지하게 하여 '**삼간다**' 는 뜻의 자입니다. • 긴소리로 읽음.
審(:)	살필	심	덮여 가려진 발자국을 차례차례 '**살핀다**' 는 뜻의 자입니다. • 긴소리 또는 짧은소리로도 읽음.
甚:	심할	심	한쌍의 남녀가 달콤한 음식을 함께 먹으니 그 즐거움이 매우 '**심하다**' 는 뜻의 자입니다. • 부수는 甘(달 감)임.　　　　• 긴소리로 읽음.
雙	두 쌍	쌍 쌍	손위에 한짝의 새가 '**두**' 마리임을 나타낸 자입니다. • 부수는 隹(새 추)임.
亞(:)	버금	아	마주선 곱사등이의 체격은 건강한 사람의 다음인 '**버금**' 이라는 뜻의 자입니다. • 부수는 二(두 이)임.　• 긴소리 또는 짧은소리로도 읽음.
牙	어금니	아	턱 속에 있는 위와 아래가 서로 맞물린 '**어금니**'라는 뜻의 자입니다.
芽	싹	아	어금니처럼 불룩 돋아난 풀의 '**싹**'을 나타낸 자입니다.
我:	나	아	손에 창을 들고 '**나**' 를 방어한다는 뜻의 자입니다. • 부수는 戈(창 과)임. • 긴소리로 읽음.

월   일 【시 간】   ~

3급Ⅱ-51

巡 돌 순 순행할 순	巛 부수 4획, 총 7획.　(　　)부수 (　)획, 총 (　)획.
	巡訪　　巡視　　巡察　　巡禮者

旬 열흘 순	日 부수 2획, 총 6획.　(　　)부수 (　)획, 총 (　)획.
	上旬　　初旬　　中旬　　下旬　　六旬

瞬 눈깜짝일 순	目 부수 12획, 총 17획.　(　　)부수 (　)획, 총 (　)획.
	瞬間　　一瞬　　瞬息間

述 펼 술	辶 辵 부수 5획, 총 9획.　(　　)부수 (　)획, 총 (　)획.
	口:述　　記述　　論述　　著:述　　陳:述

拾 주울 습 열 십	扌 手 부수 6획, 총 9획.　(　　)부수 (　)획, 총 (　)획.
	拾得　　拾萬　　收拾

3급Ⅱ-51-복습·쓰기장

♣ **아래의 빈칸을 채우시오.**　　　　　　　　　　　　　　　　【지난학습】

보낼 수	따를 수	쓰일 수	맑을 숙	익을 숙

【금일학습】

巡 돌 순					
旬 열흘 순					
瞬 눈깜짝일 순					
述 펼 술					
拾 주을 습					

순방　순시　순찰　순례자
상순　초순　중순　하순　육순
순간　일순　순식간
구술　기술　논술　저술　진술
습득　십만　수습

3급Ⅱ-52

濕 젖을 습	氵 水 부수 14획, 총 17획. ( )부수 ( )획, 총 ( )획.
	濕氣　　濕度　　濕式　　濕地

襲 엄습할 습	衣 부수 16획, 총 22획. ( )부수 ( )획, 총 ( )획.
	襲擊　　急襲　　世:襲　　逆襲　　因襲

僧 중 승	亻 人 부수 12획, 총 14획. ( )부수 ( )획, 총 ( )획.
	僧舞　　僧服　　高僧　　女僧　　老:僧

乘 탈 승 곱할 승	丿 부수 9획, 총 10획. ( )부수 ( )획, 총 ( )획.
	乘降　　乘客　　乘馬　　便乘　　加減乘除

昇 오를 승	日 부수 4획, 총 8획. ( )부수 ( )획, 총 ( )획.
	昇格　　昇級　　昇段　　昇華　　昇降機

3급 Ⅱ-52-복습·쓰기장

♣ 아래의 빈칸을 채우시오.

【지난학습】

돌 순		열흘 순		눈깜짝일 순		펼 술		주울 습	

【금일학습】

濕 젖을 습						
襲 엄습할 습						
僧 중 승						
乘 탈 승						
昇 오를 승						

습기 습도 습식 습지
습격 급습 세습 역습 인습
승무 승복 고승 여승 노승
승강 승객 승마 편승 가감승제
승격 승급 승단 승화 승강기

侍 모실 시	亻 人 부수 6획, 총 8획. ( )부수 ( )획, 총 ( )획.			
	侍:女　　　侍:從　　　內:侍			

飾 꾸밀 식	食 부수 5획, 총 14획. ( )부수 ( )획, 총 ( )획.			
	假:飾　　服飾　　裝飾　　修飾　　虛禮虛飾			

愼 삼갈 신	忄 心 부수 10획, 총 13획. ( )부수 ( )획, 총 ( )획.			
	愼:獨　　愼:重			

審 살필 심	宀 부수 12획, 총 15획. ( )부수 ( )획, 총 ( )획.			
	審理　　審查　　審:議　　審:判　　豫:審			

甚 심할 심	甘 부수 4획, 총 9획. ( )부수 ( )획, 총 ( )획.			
	甚:難　　極甚　　甚:至於			

3급Ⅱ-53-복습·쓰기장

♣ 아래의 빈칸을 채우시오.　　　　【지난학습】

젖을 習	엄습할 襲	중 僧	탈 乘	오를 昇	

【금일학습】

侍 모실 시						
飾 꾸밀 식						
愼 삼갈 신						
審 살필 심						
甚 심할 심						

시녀　시종　내시
가식　복식　장식　수식　허례허식
신독　신중
심리　심사　심의　심판　예심
심난　극심　심지어

雙 두 쌍 쌍 쌍	隹 부수 10획, 총 18획. ( )부수 ( )획, 총 ( )획.				
	雙方	雙曲線	變:化無雙	首尾雙關	

亞 버금 아	二 부수 6획, 총 8획. ( )부수 ( )획, 총 ( )획.				
	亞:流	亞聖	亞細亞	亞:熱帶	

牙 어금니 아	牙 부수 0획, 총 4획. ( )부수 ( )획, 총 ( )획.				
	牙城	齒牙	象牙塔		

芽 싹 아	⺿ 艸 부수 4획, 총 8획. ( )부수 ( )획, 총 ( )획.				
	麥芽	發芽	草芽		

我 나 아	戈 부수 3획, 총 7획. ( )부수 ( )획, 총 ( )획.				
	我:國	我:執	物我一體	我:田引水	

3급Ⅱ-54-복습·쓰기장

♣ 아래의 빈칸을 채우시오. 【지난학습】

모실 시		꾸밀 식		삼갈 신		살필 심		심할 심

【금일학습】

雙 두 쌍								
亞 버금 아								
牙 어금니 아								
芽 싹 아								
我 나 아								

쌍방   쌍곡선   변화무쌍   수미쌍관
아류   아성   아세아   아열대
아성   치아   상아탑
맥아   발아   초아
아국   아집   물아일체   아전인수

◦ 핵심정리장 28　　　　　　　　　　　⬇ 자세히 읽어 보세요.

모양(형 形)	뜻(훈 訓) 소리(음 音)	핵 심 정 리
雅(:)	맑을　아	어금니를 부딪치는 듯한 소리를 내는 갈가마귀의 울음소리가 '맑다'는 뜻을 나타낸 자입니다. •부수는 隹(새 추)임.　•긴소리 또는 짧은소리로도 읽음.
阿	언덕　아	몸을 굽혔다가 펴며 옳다고 하는 것처럼 구부려보이는 '언덕'을 나타낸 자입니다.
岸:	언덕　안	벼랑이 파이고 세워 놓은 방패처럼 깎아지른 '언덕'을 나타낸 자입니다. •긴소리로 읽음.
顔:	낯　안	머리의 앞부분인 착한 선비의 '낯'이라는 뜻의 자입니다. •긴소리로 읽음.
巖	바위　암	산 위에 굳센 모습으로 버티고 있는 '바위'를 나타낸 자입니다. ※ 巖의 약자(略字)는 岩임.
仰:	우러를　앙	꿇어앉은 사람이 고개를 들고 높은 사람을 '우러러' 본다는 뜻의 자입니다. •긴소리로 읽음.
央	가운데　앙	사람이 경계선 안의 '가운데' 서있는 모습을 나타낸 자입니다. •中(중) ≒ 央(앙)
哀	슬플　애	입을 옷깃으로 가리고 '슬피' 운다는 뜻의 자입니다. •哀(애) ⇔ 歡(환) •喜怒哀樂(희노애락)
若(:)	같을　약 반야　야	손으로 골라내는 어린잎의 야채가 비슷비슷하여 거의 '같다'는 뜻의 자입니다. •苦(쓸 고), 若(같을 약).　•일자다음자임. 약·야. •긴소리 또는 짧은소리로도 읽음.
壤:	흙덩이　양	곡식을 가꾸는데 도움이 되는 고운 '흙덩이'라는 뜻의 자입니다. •긴소리로 읽음.

◦ 핵심정리장 29　　　　　　　　　　　　⬇ 자세히 읽어 보세요.

모양(형 形)	뜻(훈 訓) 소리(음 音)		핵 심 정 리
揚	날릴	양	손으로 올리는 깃발이 밝게 퍼지는 햇살처럼 드 '**날린**' 다는 뜻의 자입니다. • 抑(억) ⇔ 揚(양)　　　• 陽(볕 양), 揚(날릴 양)
讓:	사양할	양	도와 줌을 말로써 '**사양한다**' 는 뜻의 자입니다. • 긴소리로 읽음.
御:	거느릴	어	사람이나 물건을 부리며 '**거느린다**' 는 뜻의 자입니다. • 긴소리로 읽음.
憶	생각할	억	마음 속에 간직한 뜻을 '**생각한다**' 는 뜻의 자입니다.
抑	누를	억	손으로 힘을 내려 '**누른다**' 는 뜻의 자입니다.
亦	또	역	팔 밑의 겨드랑이는 오른쪽에도 왼쪽에도 '**또**' 한 있다는 뜻의 자입니다. • 赤(붉을 적), 亦(또 역)
役	부릴	역	장정을 뽑아 무기를 주고 국경으로 보내 군인으로 '**부린다**' 는 뜻의 자입니다.
疫	전염병	역	창을 들고 적이 쳐들어오듯이 병을 확산시키는 '**전염병**'을 나타낸 자입니다.
譯	번역할	역	한나라의 말을 엿보아 같은 뜻의 다른 나라 말로 '**번역한다**' 는 뜻의 자입니다.
驛	역	역	말을 보살펴서 갈아 탈 수 있도록 한 '**역**' 참을 나타낸 자입니다.

雅 맑을 아	隹 부수 4획, 총 12획.　(　)부수 (　)획, 총 (　)획.	
	雅:量　　雅:趣　　雅號　　端雅　　優雅	
阿 언덕 아	阝阜 부수 5획, 총 8획.　(　)부수 (　)획, 총 (　)획.	
	阿片　　阿房宮　　曲學阿世	
岸 언덕 안	山 부수 5획, 총 8획.　(　)부수 (　)획, 총 (　)획.	
	西岸　　江岸　　彼:岸　　海:岸線	
顔 낯 안	頁 부수 9획, 총 18획.　(　)부수 (　)획, 총 (　)획.	
	顔:色　　顔:面　　童:顔　　破:顔大笑	
巖 바위 암	山 부수 20획, 총 23획.　(　)부수 (　)획, 총 (　)획.	
	巖壁　　巖石　　巖刻畫　　奇巖怪石	

3급Ⅱ-55-복습·쓰기장

♣ 아래의 빈칸을 채우시오.　　　　　【지난학습】

두 쌍	버금 아	어금니 아	싹 아	나 아

【금일학습】

雅 맑을 아					
阿 언덕 아					
岸 언덕 안					
顔 낯 안					
巖 바위 암					

아량 아취 아호 단아 우아
아편 아방궁 곡학아세
서안 강안 피안 해안선
안색 안면 동안 파안대소
암벽 암석 암각화 기암괴석

월   일 【시 간】   ~

3급Ⅱ-56

仰 우러를 앙	亻 人 부수 4획, 총 6획. ( )부수 ( )획, 총 ( )획.
	崇仰 信:仰 推仰 仰:天大笑

央 가운데 앙	大 부수 2획, 총 5획. ( )부수 ( )획, 총 ( )획.
	中央

哀 슬플 애	口 부수 6획, 총 9획. ( )부수 ( )획, 총 ( )획.
	哀願 哀歡 悲:哀 喜怒哀樂

若 같을 약 반야 야	⺿ 艸 부수 5획, 총 9획. ( )부수 ( )획, 총 ( )획.
	若干 萬:若 明若觀火 泰然自若

壤 흙덩이 양	土 부수 17획, 총 20획. ( )부수 ( )획, 총 ( )획.
	土壤 擊:壤歌 鼓腹擊壤 天壤之差

3급Ⅱ-56-복습·쓰기장

♣ **아래의 빈칸을 채우시오.**　　　　　　　　　　　　　　【지난학습】

맑을 **아**	언덕 **아**	언덕 **안**	낯 **안**	바위 **암**

【금일학습】

仰 우러를 앙						
央 가운데 앙						
哀 슬플 애						
若 같을 약						
壤 흙덩이 양						

숭앙　신앙　추앙　앙천대소
중앙
애원　애환　비애　희로애락
약간　만약　명약관화　태연자약
토양　격양가　고복격양　천양지차

3급Ⅱ-57

揚 날릴 양	扌 手 부수 9획, 총 12획. ( )부수 ( )획, 총 ( )획.
	抑揚 止揚 揚水機 立身揚名

讓 사양할 양	言 부수 17획, 총 24획. ( )부수 ( )획, 총 ( )획.
	讓:步 讓:位 辭讓

御 거느릴 어	彳 부수 8획, 총 11획. ( )부수 ( )획, 총 ( )획.
	御:命 御:使 御:醫 御:前 制:御

憶 생각할 억	忄 心 부수 13획, 총 16획. ( )부수 ( )획, 총 ( )획.
	記憶 追憶

抑 누를 억	扌 手 부수 4획, 총 7획. ( )부수 ( )획, 총 ( )획.
	抑留 抑壓 抑制 抑止

3급Ⅱ-57-복습·쓰기장

♣ 아래의 빈칸을 채우시오.　　【지난학습】

우러를 **앙**	가운데 **앙**	슬플 **애**	같을 **약**	흙덩이 **양**

【금일학습】

揚					
날릴 **양**					
讓					
사양할 **양**					
御					
거느릴 **어**					
憶					
생각할 **억**					
抑					
누를 **억**					

억양　지양　양수기　입신양명
양보　양위　사양
어명　어사　어의　어전　제어
기억　추억
억류　억압　억제　억지

3급Ⅱ-58

亦 또 역	亠 부수 4획, 총 6획.　　(　　)부수 (　　)획, 총 (　　)획.
	亦是

役 부릴 역	彳 부수 4획, 총 7획.　　(　　)부수 (　　)획, 총 (　　)획.
	役軍　　役事　　役割　　兵役　　服役

疫 전염병 역	疒 부수 4획, 총 9획.　　(　　)부수 (　　)획, 총 (　　)획.
	檢:疫　　免:疫　　防疫　　紅疫

譯 번역할 역	言 부수 13획, 총 20획.　(　　)부수 (　　)획, 총 (　　)획.
	譯者　　國譯　　誤:譯　　完譯　　直譯

驛 역 역	馬 부수 13획, 총 23획.　(　　)부수 (　　)획, 총 (　　)획.
	驛舍　　驛長　　驛前　　終着驛

3급Ⅱ-58-복습·쓰기장

♣ 아래의 빈칸을 채우시오.　　　　　　　　　　【지난학습】

날릴 **양**	사양할 **양**	거느릴 **어**	생각할 **억**	누를 **억**

【금일학습】

亦					
또 역					
役					
부릴 역					
疫					
전염병 역					
譯					
번역할 역					
驛					
역 역					

역시
역군 역사 역할 병역 복역
검역 면역 방역 홍역
역자 국역 오역 완역 직역
역사 역장 역전 종착역

○ 핵심정리장 30　　　　　　　　　　　　　　▼ 자세히 읽어 보세요.

모양(형形)	뜻(훈訓) 소리(음音)	핵 심 정 리
宴:	잔치　　　연	집안이 편안하니 '잔치'를 베푼다는 뜻의 자입니다. •긴소리로 읽음.
沿(:)	물따라갈　연 따를　　　연	물이 언덕사이의 늪을 '물따라간다'는 뜻의 자입니다. •沿(연) ⇔ 革(혁) •긴소리 또는 짧은소리로도 읽음.
軟:	연할　　　연	수레바퀴에 부들을 감고 달리니 하품이 나올 정도로 타는 느낌이 '연하다'는 뜻의 자입니다. •긴소리로 읽음.
燕(:)	제비　　　연	양날개와 꽁지를 처마밑의 바람벽에 붙이고 새끼에게 먹이를 먹이는 '제비'를 뜻하는 자입니다. •부수는 灬(연화발) = 火(불 화)임. •긴소리 또는 짧은소리로도 읽음.
悅	기쁠　　　열	웃음소리가 입김으로 번져나가는 사람의 마음이 '기쁘다'는 뜻의 자입니다.
炎	불꽃　　　염	불길 위에 층진 불길이 '불꽃'이라는 뜻의 자입니다.
染:	물들　　　염	꼭두서니나 치자나무 등의 즙에 천을 여러번 담가 '물들'인 다 뜻의 자입니다. •긴소리로 읽음.
鹽	소금　　　염	짠땅인 염밭에 바닷물을 끌여들여 햇빛과 배수로 잘 보살펴 결정시킨 '소금'을 나타낸 자입니다.
影:	그림자　　영	햇살에 의해 아롱진 '그림자'라는 뜻의 자입니다. •긴소리로 읽음.
譽:	기릴　　　예 명예　　　예	여러 사람들이 떠받들어 추어주는 말로 '기린다'는 뜻의 자입니다. •擧(들 거), 譽(기릴 예)　　•부수는 言(말씀 언)임. •긴소리로 읽음.

◦ 핵심정리장 31   ▼ 자세히 읽어 보세요.

모양(형形)	뜻(훈訓) 소리(음音)	핵 심 정 리
悟:	깨달을　오	생각하는 바를 나만의 말로 웅얼거리는 사이에 '**깨닫는다**'는 뜻의 자입니다. • 覺(각) ≒ 悟(오)　　　• 긴소리로 읽음.
烏	까마귀　오	몸이 불에 그을린 듯한데다 눈까지 검은 새인 '**까마귀**'를 나타낸 자입니다. • 鳥(새 조), 烏(까마귀 오)
瓦:	기와　와	지붕 위에 얹는 '**기와**'의 모양을 본뜬 자입니다. • 긴소리로 읽음.
緩:	느릴　완	실이 느슨하게 당겨진 것처럼 속도가 '**느리다**'라는 뜻의 자입니다. • 緩(완) ⇔ 急(급)　　• 긴소리로 읽음.
獄	옥　옥	개와 개가 서로 싸우듯이 두 사람이 다투는 것을 재판하여 벌주는 감 '**옥**'을 나타낸 자입니다. • 부수는 犬(개 견)임.
欲	하고자할　욕	골짜기처럼 입을 쩍 벌려 양껏 먹으려는 듯 마음대로 '**하고자한다**'는 뜻의 자입니다. • 부수는 欠(하품 흠)임.
慾	욕심　욕	지나치게 마음대로 하고자하는 마음이 '**욕심**'이라는 뜻의 자입니다.
辱	욕될　욕	농사짓는 철을 놓친 자를 법도에 따라 벌주어 '**욕되**'게 한다는 뜻의 자입니다. • 榮(영) ⇔ 辱(욕)
偶:	짝　우	원숭이가 사람의 모습을 닮았듯이 죽은 사람과 비슷하게 허수아비를 만들어 '**짝**' 지어 묻는다는 뜻의 자입니다. • 긴소리로 읽음.
宇:	집　우	말할 때의 입김처럼 유동하는 대기로 이루어진 하늘을 지붕에 비긴 '**집**'이라는 뜻의 자입니다. • 宇(우) ≒ 宙(주)　　• 긴소리로 읽음.

宴 잔치 연	宀 부수 7획, 총 10획. ( )부수 ( )획, 총 ( )획.				
	宴:會	酒宴	送:別宴	回甲宴	

沿 물따라갈 연 따를 연	氵 水 부수 5획, 총 8획. ( )부수 ( )획, 총 ( )획.				
	沿道	沿邊	沿岸	沿海	沿:革

軟 연할 연	車 부수 4획, 총 11획. ( )부수 ( )획, 총 ( )획.				
	軟:性	軟:弱	柔軟性	軟:體動物	

燕 제비 연	灬 火 부수 12획, 총 16획. ( )부수 ( )획, 총 ( )획.				
	燕:尾服				

悅 기쁠 열	忄 心 부수 7획, 총 10획. ( )부수 ( )획, 총 ( )획.				
	悅樂	喜悅			

♣ 아래의 빈칸을 채우시오.

【지난학습】

	또 역		부릴 역		전염병 역		번역할 역		역 역

【금일학습】

宴 잔치 연								
沿 물따라갈 연								
軟 연할 연								
燕 제비 연								
悅 기쁠 열								

연회 주연 송별연 회갑연
연도 연변 연안 연해 연혁
연성 연약 유연성 연체동물
연미복
열락 희열

월   일 【시 간】   ~

3급Ⅱ-60

炎 불꽃 염 (렴)	火 부수 4획, 총 8획. (　　)부수 (　　)획, 총 (　　)획.
	炎症　　肝:炎　　腦炎　　肺:炎　　暴炎

染 물들 염	木 부수 5획, 총 9획. (　　)부수 (　　)획, 총 (　　)획.
	染:料　　感:染　　染:色體　　傳染病

鹽 소금 염	鹵 부수 13획, 총 24획. (　　)부수 (　　)획, 총 (　　)획.
	鹽分　　鹽素　　鹽田　　食鹽水

影 그림자 영	彡 부수 12획, 총 15획. (　　)부수 (　　)획, 총 (　　)획.
	影:像　　影:印　　影:響　　近:影　　投影

譽 기릴 예 명예 예	言 부수 14획, 총 21획. (　　)부수 (　　)획, 총 (　　)획.
	榮譽　　名譽

3급 II-60-복습·쓰기장

♣ 아래의 빈칸을 채우시오. 【지난학습】

잔치 **연**		물따라갈 **연**		연할 **연**		제비 **연**		기쁠 **열**	

【금일학습】

炎 불꽃 염							
染 물들 염							
鹽 소금 염							
影 그림자 영							
譽 기릴 예							

염증 간염 뇌염 폐렴 폭염
염료 감염 염색체 전염병
염분 염소 염전 식염수
영상 영인 영향 근영 투영
영예 명예

3급Ⅱ-61

悟 깨달을 오	忄 心 부수 7획, 총 10획. ( )부수 ( )획, 총 ( )획.				
	覺:悟　　　大:悟				

烏 까마귀 오	灬 火 부수 6획, 총 10획. ( )부수 ( )획, 총 ( )획.				
	烏竹　　　三足烏　　　烏合之卒				

瓦 기와 와	瓦 부수 0획, 총 5획. ( )부수 ( )획, 총 ( )획.				
	瓦:家　　瓦:屋　　瓦:當　　瓦:解　　靑瓦臺				

緩 느릴 완	糸 부수 9획, 총 15획. ( )부수 ( )획, 총 ( )획.				
	緩:急　　　緩衝　　　緩:行　　　緩:和				

獄 옥 옥	犬 부수 10획, 총 14획. ( )부수 ( )획, 총 ( )획.				
	獄死　　監獄　　　地獄　　　投獄　　　下獄				

3급Ⅱ-61-복습·쓰기장

♣ **아래의 빈칸을 채우시오.**　【지난학습】

불꽃 **염**		물들 **염**		소금 **염**		그림자 **영**		기릴 **예**

【금일학습】

悟 깨달을 오								
烏 까마귀 오								
瓦 기와 와								
緩 느릴 완								
獄 옥 옥								

각오　대오
오죽　삼족오　오합지졸
와가　와옥　와당　와해　청와대
완급　완충　완행　완화
옥사　감옥　지옥　투옥　하옥

3급Ⅱ-62

| 欲 하고자할 욕 | 欠 부수 7획, 총 11획. ( )부수 ( )획, 총 ( )획. |
| | 欲求　　欲望　　欲情　　欲速不達 |

| 慾 욕심 욕 | 心 부수 11획, 총 15획. ( )부수 ( )획, 총 ( )획. |
| | 慾心　過慾　禁慾　食慾　野慾 |

| 辱 욕될 욕 | 辰 부수 3획, 총 10획. ( )부수 ( )획, 총 ( )획. |
| | 辱說　困:辱　屈辱　雪辱　榮辱 |

| 偶 짝 우 | 亻人 부수 9획, 총 11획. ( )부수 ( )획, 총 ( )획. |
| | 偶:發　偶:像　偶:然　配:偶者 |

| 宇 집 우 | 宀 부수 3획, 총 6획. ( )부수 ( )획, 총 ( )획. |
| | 宇:宙 |

3급Ⅱ-62-복습·쓰기장

♣ **아래의 빈칸을 채우시오.**　　　　　　　　　　　　　　　　【지난학습】

깨달을 오	까마귀 오	기와 와	느릴 완	옥	옥

【금일학습】

欲					
하고자할 욕					
慾					
욕심 욕					
辱					
욕될 욕					
偶					
짝 우					
宇					
집 우					

욕구　욕망　욕정　욕속부달
욕심　과욕　금욕　식욕　야욕
욕설　곤욕　굴욕　설욕　영욕
우발　우상　우연　배우자
우주

◦ 핵심정리장 32   ⬇ 자세히 읽어 보세요.

모양(형 形)	뜻(훈 訓) 소리(음 音)	핵 심 정 리
羽:	깃　　　우 날개　　우	새의 긴 '깃' 또는 두 '날개'를 본뜬 자입니다. •긴소리로 읽음.
愚	어리석을　우	생각하는 마음이 짐승인 원숭이 정도라 언행이 '어리석다'는 뜻의 자입니다. •賢(현) ⇔ 愚(우)
憂	근심할　우	머릿속에 짓누르는 마음이 가득차 발걸음까지 무겁도록 '근심한다'는 뜻의 자입니다. •憂(우) ≒ 愁(수)
韻:	운　　　운	사람이 글을 읽는 소리의 높낮이를 가리켜 '운'이라 한다는 뜻의 자입니다. •긴소리로 읽음.
越	넘을　　월	도끼를 휘두르며 경계 너머로 달려 뛰어 '넘는다'는 뜻의 자입니다.
僞	거짓　　위	원숭이가 사람의 흉내를 내지만 참뜻은 없는 '거짓'이라는 뜻의 자입니다. •眞(진) ⇔ 僞(위)
胃	밥통　　위	몸의 내부에서 음식물을 담는 구실을 하는 '위'를 나타낸 자입니다.
謂	이를　　위	위가 음식물을 삭이듯이 말도 생각하여 '이른다'는 뜻의 자입니다.
幼	어릴　　유	다 크지 않아 힘이 약하고 아직 '어리다'는 뜻의 자입니다. •長(장) ⇔ 幼(유)
幽	그윽할　유	작고 가냘픈 것이 산속에 숨어있는 것같아 '그윽하다'는 뜻의 자입니다.

203

핵심정리장 33

⬇ 자세히 읽어 보세요.

모양(형 形)	뜻(훈 訓) 소리(음 音)	핵 심 정 리
柔	부드러울 유	창끝처럼 뾰족한 나무눈이 연약하고 '**부드럽다**'는 뜻의 자입니다.
悠	멀 유	마음씀을 여유 있게 '**멀**' 리 둔다는 뜻의 자입니다.
猶	오히려 유	짐승처럼 미개생활을 하는 무리의 괴수가 결정을 못하고 '**오히려**' 망설인다는 뜻의 자입니다.
裕:	넉넉할 유	옷이 커서 골짜기같이 주름짐이 '**넉넉하다**'는 자입니다. • 긴소리로 읽음.
維	벼리 유	줄로 새의 깃처럼 엮어 지붕을 만들어 전체를 덮은 '**벼리**'라는 뜻의 자입니다.
誘	꾈 유	말을 빼어나게 잘 해서 상대를 '**꾄다**'는 뜻의 자입니다.
潤:	불을 윤	빗물이 갇혀 못물이 '**불어**' 나기만 한다는 뜻의 자입니다. • 긴소리로 읽음.
乙	새 을	'**새**'의 굽은 앞가슴을 본뜬 자입니다.
淫	음란할 음	남녀가 가까이하여 물놀이를 하는 행동이 '**음란하다**'는 뜻의 자입니다.
已:	이미 이	보습 모양을 나타낸 자로 밭갈이가 '**이미**' 끝났다는 뜻의 자입니다. • 己(몸 기), 已(이미 이)　　• 긴소리로 읽음.

3급Ⅱ-63

羽 깃 우	羽 부수 0획, 총 6획. ( )부수 ( )획, 총 ( )획.			
	羽:毛	羽:書	羽:調	羽:化登仙
愚 어리석을 우	心 부수 9획, 총 13획. ( )부수 ( )획, 총 ( )획.			
	愚弄	愚直	愚公移山	愚問賢答
憂 근심할 우	心 부수 11획, 총 15획. ( )부수 ( )획, 총 ( )획.			
	憂慮	憂愁	內:憂外患	識字憂患
韻 운 운	音 부수 10획, 총 19획. ( )부수 ( )획, 총 ( )획.			
	韻:律	韻:文	韻:致	餘韻 音韻
越 넘을 월	走 부수 5획, 총 12획. ( )부수 ( )획, 총 ( )획.			
	越冬	越等	優越	卓越

3급Ⅱ-63-복습·쓰기장

♣ 아래의 빈칸을 채우시오.

【지난학습】

하고자할 욕	욕심 욕	욕될 욕	짝 우	집 우

【금일학습】

羽 깃 우					
愚 어리석을 우					
憂 근심할 우					
韻 운 운					
越 넘을 월					

우모 우서 우조 우화등선
우롱 우직 우공이산 우문현답
우려 우수 내우외환 식자우환
운율 운문 운치 여운 음운
월동 월등 우월 탁월

206

3급Ⅱ-64

僞 거짓 위	亻人 부수 12획, 총 14획. ( )부수 ( )획, 총 ( )획.				
	僞善	僞造	僞證	眞僞	虛僞
胃 밥통 위	月肉 부수 5획, 총 9획. ( )부수 ( )획, 총 ( )획.				
	胃壁	胃炎	胃腸		
謂 이를 위	言 부수 9획, 총 16획. ( )부수 ( )획, 총 ( )획.				
	所:謂				
幼 어릴 유	幺 부수 2획, 총 5획. ( )부수 ( )획, 총 ( )획.				
	幼年	幼兒	幼蟲	長:幼有序	
幽 그윽할 유	幺 부수 6획, 총 9획. ( )부수 ( )획, 총 ( )획.				
	幽靈	幽明	幽閉	深山幽谷	

3급Ⅱ-64-복습·쓰기장

♣ 아래의 빈칸을 채우시오. 　　　　　　　　　　【지난학습】

깃 우	어리석을 우	근심할 우	운 운	넘을 월	

【금일학습】

僞 거짓 위								
胃 밥통 위								
謂 이를 위								
幼 어릴 유								
幽 그윽할 유								

위선 위조 위증 진위 허위
위벽 위염 위장
소위
유년 유아 유충 장유유서
유령 유명 유폐 심산유곡

3급Ⅱ-65

柔 부드러울 유	木 부수 5획, 총 9획.　　　(　　)부수 (　　)획, 총 (　　)획.
	柔道　　　柔順　　　柔弱　　　優柔不斷

悠 멀 유	心 부수 7획, 총 11획.　　　(　　)부수 (　　)획, 총 (　　)획.
	悠久　　　悠悠自適

猶 오히려 유	犭 犬 부수 9획, 총 12획.　　　(　　)부수 (　　)획, 총 (　　)획.
	猶豫

裕 넉넉할 유	衤 衣 부수 7획, 총 12획.　　　(　　)부수 (　　)획, 총 (　　)획.
	裕:福　　　餘裕

維 벼리 유	糸 부수 8획, 총 14획.　　　(　　)부수 (　　)획, 총 (　　)획.
	維新　　　維持　　　維歲次　　　進:退維谷

3급Ⅱ-65-복습·쓰기장

♣ **아래의 빈칸을 채우시오.**　　　　　　　　　　　　　　　【지난학습】

| 거짓 偽 | 밥통 胃 | 이를 謂 | 어릴 幼 | 그윽할 幽 |

【금일학습】

柔 부드러울 유							
悠 멀 유							
猶 오히려 유							
裕 넉넉할 유							
維 벼리 유							

유도 유순 유약 우유부단
유구 유유자적
유예
유복 여유
유신 유지 복세차 진퇴유곡

3급Ⅱ-66

誘 꾈 유	言 부수 7획, 총 14획. ( )부수 ( )획, 총 ( )획.
	誘發　　誘引　　誘惑　　誘導　　勸:誘
潤 불을 윤	氵水 부수 12획, 총 15획. ( )부수 ( )획, 총 ( )획.
	潤:氣　　潤:色　　潤:澤　　利:潤
乙 새 을	乙 부수 0획, 총 1획. ( )부수 ( )획, 총 ( )획.
	甲男乙女　　　乙巳條約
淫 음란할 음	氵水 부수 8획, 총 11획. ( )부수 ( )획, 총 ( )획.
	淫亂　　淫談
已 이미 이	己 부수 0획, 총 3획. ( )부수 ( )획, 총 ( )획.
	已:往　　不得已　　　已:往之事

211

3급Ⅱ-66-복습·쓰기장

♣ 아래의 빈칸을 채우시오.

【지난학습】

부드러울 유		멀 유		오히려 유		넉넉할 유		벼리 유	

【금일학습】

誘 꾈 유					
潤 불을 윤					
乙 새 을					
淫 음란할 음					
已 이미 이					

유발 유인 유혹 유도 권유
윤기 윤색 윤택 이윤
갑남을녀 을사조약
음란 음담
이왕 부득이 이왕지사

◦ 핵심정리장 34   ⬇ 자세히 읽어 보세요.

모양(형 形)	뜻(훈 訓) 소리(음 音)	핵 심 정 리
翼	날개　익	몸 양쪽에 방향을 달리한 두 '**날개**'를 나타낸 자입니다.
忍	참을　인	칼날이 심장을 찌르는 듯한 고통을 '**참는다**'는 뜻의 자입니다.
逸	편안할　일	토끼가 도망가서 자기 굴에 숨으니 '**편안하다**'는 뜻의 자입니다.
壬:	북방　임	사람이 땅에 곧바로 서있으면 그림자가 '**북방**'을 향한다는 뜻의 자입니다. • 긴소리로 읽음.
賃:	품삯　임	맡은 일을 한 대가로 받는 '**품삯**'이라는 뜻의 자입니다. • 긴소리로 읽음.
刺:	찌를　자 찌를　척	가시나 칼로 '**찌른다**'는 뜻의 자입니다. • 긴소리로 읽음.　• 일자다음자임. 자·척.
紫:	자주빛　자	사람이 구부리고 머물러서서 실에 '**자주빛**'을 들인다는 뜻의 자입니다. • 긴소리로 읽음.
慈	사랑　자	자식의 몸을 불리려고 맛있는 것을 먹이려는 어머니의 마음씀도 '**사랑**'이라는 뜻의 자입니다. • 仁(인) ≒ 慈(자),　慈(자) ≒ 愛(애)
暫(:)	잠깐　잠	싹둑 베는 듯한 극히 짧은 시간인 '**잠깐**'이라는 뜻의 자입니다. • 긴소리 또는 짧은소리로도 읽음.
潛	잠길　잠	물에서 자맥질 할 때 입김을 내뿜고 다시 '**잠긴다**'는 뜻의 자입니다.

○ 핵심정리장 35　　　　　　　　　　　　⬇ 자세히 읽어 보세요.

모양(형 形)	뜻(훈 訓) 소리(음 音)		핵 심 정 리
丈ː	어른	장	손으로 잰 키가 열자나 되는 다 큰 '**어른**' 이라는 뜻의 자입니다. • 大(큰 대), 丈(어른 장).　　• 부수는 一(한 일)임. • 긴소리로 읽음.
掌ː	손바닥	장	편 손등을 뒤집어 위로 향하면 '**손바닥**' 이 보인다는 뜻의 자입니다. • 긴소리로 읽음.
粧	단장할	장	농막에서 쌀을 빻을 때 가루를 뒤집어쓴 모습이 분을 발라 '**단장한**' 것같다는 뜻의 자입니다.
莊	씩씩할	장	풀이 왕성하게 우거진 모습이 '**씩씩해**' 뵌다는 뜻의 자입니다.
葬ː	장사지낼	장	죽은 사람을 들어내어 땅속에 묻고 풀을 덮어 '**장사지낸다**' 는 뜻의 자입니다. • 긴소리로 읽음.
藏ː	감출	장	풀로 곡식 따위를 간직하려고 덮어 '**감춘다**' 는 뜻의 자입니다. • 긴소리로 읽음.
臟ː	오장	장	몸 속에 감추어져 있는 내장을 통틀어 '**오장**' 이라 한다는 뜻의 자입니다. • 긴소리로 읽음.
栽ː	심을	재	토담을 만들 때 생나무를 잘라 '**심었다**' 는 뜻의 자입니다. • 부수는 木(나무 목)임. • 긴소리로 읽음.
裁	옷마를	재	옷감을 본에 맞추어 자르는 일이 '**옷마름**' 질이라고 한다는 뜻의 자입니다. • 부수는 衣(옷 의)임.
載(ː)	실을	재	나무를 잘라 만든 수레에 짐을 '**실어**' 나른다는 뜻의 자입니다. • 부수는 車(수레 거/차)임.　• 긴소리 또는 짧은소리로도 읽음.

3급Ⅱ-67

翼 날개 익	羽 부수 11획, 총 17획. ( )부수 ( )획, 총 ( )획.
	左:翼　　右:翼　　鶴翼陣

忍 참을 인	心 부수 3획, 총 7획. ( )부수 ( )획, 총 ( )획.
	忍苦　　忍耐　　忍辱　　殘忍

逸 편안할 일	辶(辵) 부수 8획, 총 12획. ( )부수 ( )획, 총 ( )획.
	逸脫　　逸品　　逸話　　安逸

壬 북방 임	士 부수 1획, 총 4획. ( )부수 ( )획, 총 ( )획.
	壬:方

賃 품삯 임	貝 부수 6획, 총 13획. ( )부수 ( )획, 총 ( )획.
	賃:金　　賃:貸　　賃:借　　無賃　　運:賃

3급Ⅱ-67-복습·쓰기장

♣ **아래의 빈칸을 채우시오.**　　　　　　　　　　　　　　　　【지난학습】

꾈	유	불을	윤	새	을	음란할	음	이미	이

【금일학습】

翼 날개 익									
忍 참을 인									
逸 편안할 일									
壬 북방 임									
賃 품삯 임									

좌익 우익 학익진
인고 인내 인욕 잔인
일탈 일품 일화 안일
임방
임금 임대 임차 무임 운임

月   일 【시간】   ~

3급Ⅱ-68

刺 찌를 자/척 수라 라	刂 刀 부수 6획, 총 8획. ( )부수 ( )획, 총 ( )획.				
	刺:客	刺:傷	亂:刺	水剌	

紫 자주빛 자	糸 부수 5획, 총 11획. ( )부수 ( )획, 총 ( )획.				
	紫:色	紫:朱	紫外線	山紫水明	

慈 사랑 자	心 부수 10획, 총 14획. ( )부수 ( )획, 총 ( )획.				
	慈堂	慈悲	慈善	慈愛	仁慈

暫 잠깐 잠	日 부수 11획, 총 15획. ( )부수 ( )획, 총 ( )획.				
	暫間	暫:時	暫:定的		

潛 잠길 잠	氵 水 부수 12획, 총 15획. ( )부수 ( )획, 총 ( )획.				
	潛伏	潛水	潛入	潛在	潛行

3급Ⅱ-68-복습·쓰기장

♣ 아래의 빈칸을 채우시오.   【지난학습】

날개 익	참을 인	편안할 일	북방 임	품삯 임

【금일학습】

刺 찌를 자							
紫 자주빛 자							
慈 사랑 자							
暫 잠깐 잠							
潛 잠길 잠							

자객 자상 난자 수라
자색 자주 자외선 산자수명
자당 자비 자선 자애 인자
잠간 잠시 잠정적
잠복 잠수 잠입 잠재 잠행

3급Ⅱ-69

丈 어른 장	ー 부수 2획, 총 3획.　　(　　)부수 (　　)획, 총 (　　)획.
	丈:母　　丈:夫　　　春府丈　　　氣高萬丈

掌 손바닥 장	手 부수 8획, 총 12획.　　(　　)부수 (　　)획, 총 (　　)획.
	管掌　　合掌　　　如反掌　　　拍掌大笑

粧 단장할 장	米 부수 6획, 총 12획.　　(　　)부수 (　　)획, 총 (　　)획.
	治粧　　化粧　　　銀粧刀　　　七寶丹粧

莊 씩씩할 장	⺾ 艸 부수 7획, 총 11획.　　(　　)부수 (　　)획, 총 (　　)획.
	莊嚴　　莊重　　　別莊　　　山莊

葬 장사지낼 장	⺾ 艸 부수 9획, 총 13획.　　(　　)부수 (　　)획, 총 (　　)획.
	葬:禮　　葬:儀　　葬:事　　　國葬　　暗:葬

♣ 아래의 빈칸을 채우시오.

【지난학습】

찌를 **자**		자주빛 **자**		사랑 **자**		잠깐 **잠**		잠길 **잠**	

【금일학습】

丈 어른 장							
掌 손바닥 장							
粧 단장할 장							
莊 씩씩할 장							
葬 장사지낼 장							

장모 장부 춘부장 기고만장
관장 합장 여반장 박장대소
치장 화장 은장도 칠보단장
장엄 장중 별장 산장
장례 장의 장사 국장 암장

3급Ⅱ-70

藏 감출 장	⧾⧾ 艸 부수 14획, 총 18획. ( )부수 ( )획, 총 ( )획.
	藏:書　　秘:藏　　　所:藏　　收藏　　貯藏

臟 오장 장	月 肉 부수 18획, 총 22획. ( )부수 ( )획, 총 ( )획.
	臟:器　　內:臟　　　心臟　　　五:臟

栽 심을 재	木 부수 6획, 총 10획. ( )부수 ( )획, 총 ( )획.
	栽:培

裁 옷마를 재	衣 부수 6획, 총 12획. ( )부수 ( )획, 총 ( )획.
	裁可　　裁斷　　裁量　　裁定　　決裁

載 실을 재	車 부수 6획, 총 13획. ( )부수 ( )획, 총 ( )획.
	記載　　登載　　連載　　積載　　千載一遇

3급 Ⅱ-70-복습·쓰기장

♣ **아래의 빈칸을 채우시오.**　　　　　　　　　　　　　　　　　　　【지난학습】

어른 **장**		손바닥 **장**		단장할 **장**		씩씩할 **장**		장사지낼 **장**	

【금일학습】

藏 감출 장						
臟 오장 장						
栽 심을 재						
裁 옷마를 재						
載 실을 재						

장서　비장　소장　수장　저장
장기　내장　심장　오장
재배
재가　재단　재량　재정　결재
기재　등재　연재　적재　천재일우

◦ 핵심정리장 36　　　　　　　　　　　🔽 자세히 읽어 보세요.

모양(형形)	뜻(훈訓) 소리(음音)	핵 심 정 리
抵:	막을　　저	덤벼오는 사람을 손으로 밀쳐 기세를 아래로 눌러 '막는다'는 뜻의 자입니다. • 긴소리로 읽음.
著:	나타날　　저 붙을　　착	이것저것 집는 젓가락에 글을 새겨 넣어 뜻을 '나타냈다'는 뜻의 자입니다. • 일자다음자임. 저·착.　　※저서(著書), 착복(著服) • 긴소리로 읽음.
寂	고요할　　적	집안에 어린애가 없으니 '고요하다'는 뜻의 자입니다.
摘	딸　　적	손으로 나무뿌리를 캐내어 필요한 부분을 '딴다'는 뜻의 자입니다.
笛	피리　　적	대통에 뚫은 구멍으로 말미암아 소리가 나는 '피리'를 나타낸 자입니다.
跡	발자취　　적	발을 거듭 또 옮겨서 난 '발자취'를 나타낸 자입니다.
蹟	자취　　적	한 걸음 한 걸음 책임있게 일한 행적의 '자취'라는 뜻의 자입니다.
殿	전각　　전	모두가 엎드려 몸을 구부리는 대궐 '전각'을 나타낸 자입니다.
漸:	점점　　점	해안선을 깎는 조수가 '점점' 밀려든다는 뜻의 자입니다. • 긴소리로 읽음.
井(:)	우물　　정	사람 등이 빠지지 않도록 나무로 네모지게 짠 틀을 '우물'에 설치한 모양을 나타낸 자입니다. • 부수는 二(두 이)임.　• 긴소리 또는 짧은소리로도 읽음.

핵심정리장 37

⬇ 자세히 읽어 보세요.

모양(형形)	뜻(훈訓) 소리(음音)	핵 심 정 리
亭	정자 정	길가던 사람이 바람을 쐴 수 있도록 높이 지어놓은 '정자'를 나타낸 자입니다. •부수는 亠(돼지머리해/머리 두)임.
征	칠 정	정의를 지키려 군대를 인솔해가서 적을 '친다'는 뜻의 자입니다.
廷	조정 정 관청 정	궁성의 긴 뜰을 북쪽을 향해 가면 임금이 정사를 의논하던 '조정'이 있다는 뜻의 자입니다.
淨	깨끗할 정	물의 속까지 분별해 볼 수 있을 만큼 맑고 '깨끗하다'는 뜻의 자입니다. •淨(정) ≒ 潔(결), 淸(청) ≒ 淨(정)
貞	곧을 정	복채를 내고 점을 치르니 마음이 '곧다'는 뜻의 자입니다. •부수는 貝(조개 패)임.
頂	정수리 정	못을 박을 때 망치를 맞는 머리 부분이 '정수리'라는 뜻의 자입니다.
諸	모두 제(저)	말을 듣는 사람들 '모두'라는 뜻의 자입니다. •일자다음자임. 제·저.
齊	가지런할 제	보리의 이삭이 팬 모양이 '가지런하다'는 뜻의 자입니다.
兆	억조 조	불에 구운 거북등 껍질의 균열이 '억조'로 많다는 뜻의 자입니다. •北(북녘 북), 兆(억조 조)임.
租	조세 조	농사를 지어 수확한 곡식을 나라에 바치기 위해 쌓아놓은 '조세'라는 뜻의 자입니다.

3급Ⅱ-71

抵 막을 저	扌 手 부수 5획, 총 8획. ( )부수 ( )획, 총 ( )획.			
	抵:當	抵:觸	抵:抗	大:抵

著 나타날 저 붙을 착	⺿ 艸 부수 9획, 총 13획. ( )부수 ( )획, 총 ( )획.			
	著:名	著:書	著:者	共著 著作

寂 고요할 적	宀 부수 8획, 총 11획. ( )부수 ( )획, 총 ( )획.			
	寂寞	入寂	靜寂	閑寂

摘 딸 적	扌 手 부수 11획, 총 14획. ( )부수 ( )획, 총 ( )획.			
	摘發	摘示	摘出	指摘

笛 피리 적	竹 부수 5획, 총 11획. ( )부수 ( )획, 총 ( )획.			
	警:笛	汽笛	胡笛	鼓笛隊

3급Ⅱ-71-복습·쓰기장

♣ **아래의 빈칸을 채우시오.**　　　　　　　　　　　　　　　　【지난학습】

감출 **장**		오장 **장**		심을 **재**		옷마를 **재**		실을 **재**	

【금일학습】

抵						
막을 저						
著						
나타날 저						
寂						
고요할 적						
摘						
딸 적						
笛						
피리 적						

저당　저촉　저항　대저
저명　저서　저자　공저　저작
적막　입적　정적　한적
적발　적시　적출　지적
경적　기적　호적　고적대

3급Ⅱ-72

跡 발자취 적	足 부수 6획, 총 13획. ( )부수 ( )획, 총 ( )획.				
	遺跡	人跡	足跡	追跡	筆跡

蹟 자취 적	足 부수 11획, 총 18획. ( )부수 ( )획, 총 ( )획.				
	古:蹟	奇蹟	史:蹟		

殿 전각 전	殳 부수 9획, 총 13획. ( )부수 ( )획, 총 ( )획.				
	殿閣	殿堂	殿下	佛殿	

漸 점점 점	氵水 부수 11획, 총 14획. ( )부수 ( )획, 총 ( )획.				
	漸:漸	漸:次	漸:進的	漸:入佳境	

井 우물 정	二 부수 2획, 총 4획. ( )부수 ( )획, 총 ( )획.				
	油井	井邑詞	井華水	市:井間	

3급 Ⅱ-72-복습·쓰기장

♣ 아래의 빈칸을 채우시오. 【지난학습】

막을 **저**		나타날 **저**		고요할 **적**		딸 **적**		피리 **적**	

【금일학습】

跡						
발자취 적						
蹟						
자취 적						
殿						
전각 전						
漸						
점점 점						
井						
우물 정						

유적 인적 족적 추적 필적
고적 기적 사적
전각 전당 전하 불전
점점 점차 점진적 점입가경
유정 정읍사 정화수 시정간

3급 II-73

亭 정자 **정**	亠 부수 7획, 총 9획.		( )부수 ( )획, 총 ( )획.		
	亭子　　　八角亭				
征 칠 **정**	彳 부수 5획, 총 8획.		( )부수 ( )획, 총 ( )획.		
	征伐　　征服　　出征　　長征　　遠征隊				
廷 조정 **정** 관청 **정**	廴 부수 4획, 총 7획.		( )부수 ( )획, 총 ( )획.		
	法廷　　　朝廷　　　休廷				
淨 깨끗할 **정**	氵水 부수 8획, 총 11획.		( )부수 ( )획, 총 ( )획.		
	淨潔　　　淨化　　　西方淨土				
貞 곧을 **정**	貝 부수 2획, 총 9획.		( )부수 ( )획, 총 ( )획.		
	貞潔　　貞節　　貞操　　不貞　　忠貞				

3급Ⅱ-73-복습·쓰기장

♣ 아래의 빈칸을 채우시오.　【지난학습】

발자취 **적**		자취 **적**		전각 **전**		점점 **점**		우물 **정**	

【금일학습】

亭 정자 정								
征 칠 정								
廷 조정 정								
淨 깨끗할 정								
貞 곧을 정								

정자　팔각정
정벌　정복　출정　장정　원정대
법정　조정　휴정
정결　정화　서방정토
정결　정절　정조　부정　충정

월   일 【시 간】   ~

3급Ⅱ-74

頂	頁 부수 2획, 총 11획. ( )부수 ( )획, 총 ( )획.
정수리 정	頂上 頂點 登頂 山頂 絶頂

諸	言 부수 9획, 총 16획. ( )부수 ( )획, 총 ( )획.
모두 제 어조사 제제 (저)	諸君 諸般 諸子百家 日居月諸

齊	齊 부수 0획, 총 14획. ( )부수 ( )획, 총 ( )획.
가지런할 제	齊唱 一齊 修身齊家

兆	儿 부수 4획, 총 6획. ( )부수 ( )획, 총 ( )획.
억조 조	吉兆 亡:兆 前兆 凶兆

租	禾 부수 5획, 총 10획. ( )부수 ( )획, 총 ( )획.
조세 조	租稅 租借 準:租稅

3급 II-74-복습·쓰기장

♣ 아래의 빈칸을 채우시오.

【지난학습】

정자 정		칠 정		조정 정		깨끗할 정		곧을 정	

【금일학습】

頂 정수리 정					
諸 모두 제					
齊 가지런할 제					
兆 억조 조					
租 조세 조					

정상 정점 등정 산정 절정
제군 제반 제자백가 일거월저
제창 일제 수신제가
길조 망조 전조 흉조
조세 조차 준조세

◦ 핵심정리장 38   ⬇ 자세히 읽어 보세요.

모양(형 形)	뜻(훈 訓) 소리(음 音)		핵 심 정 리
照:	비칠	조	불빛이 밝게 '비친다'는 뜻의 자입니다. • 부수는 灬(연화발) = 火(불 화)임.
縱	세로	종	노끈이 위에서 아래로 뒤를 이어 늘어뜨린 상태가 '세로'라 는 뜻의 자입니다. • 縱(종) ⇔ 橫(횡)
坐:	앉을	좌	땅 위에 두 사람이 마주 '앉은' 모습을 나타낸 자입니다. • 긴소리로 읽음.　　　• 부수는 土(흙 토)임.
宙:	집	주	천체가 매달린 듯한 공간을 지붕에 비겨 '하늘'을 나타낸 자입니다. • 宇(우) ≒ 宙(주)　　　• 긴소리로 읽음.
洲	물가	주	강속에 있는 섬의 가장자리가 '물가'라는 뜻의 자입니다.
奏	아뢸	주	풀싹이 나올 때 하늘을 향하듯이 두 손을 받쳐 잡고 높은 이에게 나아가 '아뢴다'는 뜻의 자입니다.
柱	기둥	주	지붕을 떠 받치는데에 주가 되는 나무가 '기둥'이라는 뜻의 자입니다.
株	그루	주	속이 많이 붉은 나무 밑동인 '그루'를 나타낸 자입니다.
珠	구슬	주	붉은 빛깔 등을 띠는 둥근 모양의 '구슬'을 뜻하는 자입니다.
鑄	쇠불릴	주	쇠붙이 등을 이용하여 용기를 오래도록 쓸 수 있도록 만들려고 '쇠불린다'는 뜻의 자입니다.

○ 핵심정리장 39　　　　　　　　　　　　⬇ 자세히 읽어 보세요.

모양(형 形)	뜻(훈 訓) 소리(음 音)		핵 심 정 리
仲(:)	버금	중	형제들 가운데 둘째를 나타내며, 첫째의 다음을 '**버금**'이라고 한다는 뜻의 자입니다. • 긴소리 또는 짧은소리로도 읽음.
卽	곧	즉	구수한 냄새가 나는 밥상 앞에 무릎을 구부리고 앉자마자 '**곧**' 먹는다는 뜻의 자입니다.
曾	일찍	증	솥 위에 시루를 얹고 불을 지피니 끓으면서 김부터 '**일찍**' 나온다는 뜻의 자입니다. • 會(모일 회), 曾(일찍 증)
憎	미울	증	성난 마음이 거듭 쌓여 '**밉다**' 는 뜻의 자입니다. • 愛(애) ⇔ 憎(증)
症(:)	증세	증	어떤 병인지 바로 알아낸 '**증세**' 라는 뜻의 자입니다. • 긴소리 또는 짧은소리로도 읽음.
蒸	찔	증	삼 껍질을 벗기기 위해 삶아 '**찐다**' 는 뜻의 자입니다.
之	갈	지	풀싹이 땅위로 돌아 뻗어 나 '**간다**' 는 뜻의 자입니다. • 부수는 丿(삐칠 별)이고 총 4획임.
枝	가지	지	몸통에 지탱해 자라는 나무의 '**가지**'라는 뜻의 자입니다.
池	못	지	뱀의 기어가는 구불구불한 모양처럼 물가가 그렇게 생긴 '**못**' 이라는 뜻의 자입니다.
振:	떨칠	진	손길이 바쁜 농사철을 알리는 별빛이 사방에 '**떨친다**' 는 뜻의 자입니다. • 긴소리로 읽음.

3급Ⅱ-75

照 비칠 조	灬 火 부수 9획, 총 13획. ( )부수 ( )획, 총 ( )획.
	照:明　　照:準　　對:照　　落照　　參照

縱 세로 종	糸 부수 11획, 총 17획. ( )부수 ( )획, 총 ( )획.
	縱斷　　放:縱　　縱橫無盡

坐 앉을 좌	土 부수 4획, 총 7획. ( )부수 ( )획, 총 ( )획.
	坐:視　　對:坐　　坐:不安席　　坐:井觀天

宙 집 주	宀 부수 5획, 총 8획. ( )부수 ( )획, 총 ( )획.
	宇:宙船

洲 물가 주	氵 水 부수 6획, 총 9획. ( )부수 ( )획, 총 ( )획.
	美洲　　三角洲　　六大洲

3급Ⅱ-75-복습·쓰기장

♣ 아래의 빈칸을 채우시오. 【지난학습】

정수리 **정**	모두 **제**	가지런할 **제**	억조 **조**	조세 **조**

【금일학습】

照					
비칠 조					
縱					
세로 종					
坐					
앉을 좌					
宙					
집 주					
洲					
물가 주					

조명 조준 대조 낙조 참조
종단 방종 종횡무진
좌시 대좌 좌불안석 좌정관천
우주선
미주 삼각주 육대주

3급Ⅱ-76

奏 아뢸 주	大 부수 6획, 총 9획.　　　(　　)부수 (　　)획, 총 (　　)획.
	奏樂　　奏請　　演奏　　吹奏　　前奏曲

柱 기둥 주	木 부수 5획, 총 9획.　　　(　　)부수 (　　)획, 총 (　　)획.
	石柱　　　電:柱　　　四:柱八字

株 그루 주	木 부수 6획, 총 10획.　　(　　)부수 (　　)획, 총 (　　)획.
	株價　　株式

珠 구슬 주	王玉 부수 6획, 총 10획. (　　)부수 (　　)획, 총 (　　)획.
	珠算　　珠玉　　眞珠　　百八念珠

鑄 쇠불릴 주	金 부수 14획, 총 22획. (　　)부수 (　　)획, 총 (　　)획.
	鑄物　　鑄造　　鑄貨　　鑄錢　　鑄鐵

3급Ⅱ-76-복습·쓰기장

♣ **아래의 빈칸을 채우시오.**　　　　　　　　　　　　　【지난학습】

비칠 조	세로 종	앉을 좌	집 주	물가 주

【금일학습】

奏 아뢸 주							
柱 기둥 주							
株 그루 주							
珠 구슬 주							
鑄 쇠불릴 주							

주악　주청　연주　취주　전주곡
석주　전주　사주팔자
주가　주식
주산　주옥　진주　백팔염주
주물　주조　주화　주전　주철

3급Ⅱ-77

仲 버금 중	亻 人 부수 4획, 총 6획. ( )부수 ( )획, 총 ( )획.
	仲:裁　　仲:介　　仲:秋節　　　伯仲之勢

卽 곧 즉	卩 부수 7획, 총 9획. ( )부수 ( )획, 총 ( )획.
	卽刻　　卽決　　卽死　　卽席　　卽時

曾 일찍 증	日 부수 8획, 총 12획. ( )부수 ( )획, 총 ( )획.
	曾孫子　　曾祖父　　未:曾有

憎 미울 증	忄 心 부수 12획, 총 15획. ( )부수 ( )획, 총 ( )획.
	憎惡　　可:憎　　愛:憎

症 증세 증	疒 부수 5획, 총 10획. ( )부수 ( )획, 총 ( )획.
	症:狀　　症勢　　痛症　　不感症

3급Ⅱ-77-복습·쓰기장

♣ 아래의 빈칸을 채우시오.   【지난학습】

아뢸 主	기둥 柱	그루 株	구슬 珠	쇠불릴 鑄

【금일학습】

仲					
버금 중					
卽					
곧 즉					
曾					
일찍 증					
憎					
미울 증					
症					
증세 증					

중재 중개 중추절 백중지세
즉각 즉결 즉사 즉석 즉시
증손자 증조부 미증유
증오 가증 애증
증상 증세 통증 불감증

3급Ⅱ-78

蒸 찔 증	++ 艸 부수 10획, 총 14획. ( )부수 ( )획, 총 ( )획.			
	蒸氣　　蒸發			

之 갈 지	ノ 부수 3획, 총 4획. ( )부수 ( )획, 총 ( )획.			
	易地思之　　　人之常情　　　左:之右之			

枝 가지 지	木 부수 4획, 총 8획. ( )부수 ( )획, 총 ( )획.			
	枝葉　　金枝玉葉			

池 못 지	氵 水 부수 3획, 총 6획. ( )부수 ( )획, 총 ( )획.			
	電:池　　天池　　乾電池　　貯:水池			

振 떨칠 진	扌 手 부수 7획, 총 10획. ( )부수 ( )획, 총 ( )획.			
	振:動　　振:作　　振:興			

3급 II-78-복습·쓰기장

♣ 아래의 빈칸을 채우시오.

【지난학습】

버금 중	곧 즉	일찍 증	미울 증	증세 증

【금일학습】

蒸 찔 증						
之 갈 지						
枝 가지 지						
池 못 지						
振 떨칠 진						

증기 증발
역지사지 인지상정 좌지우지
지엽 금지옥엽
전지 천지 건전지 저수지
진동 진작 진흥

◦ 핵심정리장 40　　　　　　　　　　　　　🔻 자세히 읽어 보세요.

모양(형形)	뜻(훈訓) 소리(음音)	핵 심 정 리
辰	별　　　　진 때　　　　신	감싸져 있는 양기가 삼월에야 비로소 크게 발산되는 '때'라 는 뜻의 자로, 그 때를 알리는 '별'이 미리 나타난다는 뜻의 자입니다. • 일자다음자임. 진신.　　※일진(日辰), 생신(生辰)
陳(:)	베풀　　　진 묵을　　　진	구릉에 자라는 나무가 여기저기 펼쳐져 있어 마치 물건을 '베풀' 어 놓은 것같다는 뜻의 자입니다. • 긴소리 또는 짧은소리로도 읽음.
震:	우레　　　진	비가 올 때 유성처럼 빛을 내며 떨어지는 '우레'를 나타낸 자입니다. • 긴소리로 읽음.
鎭(:)	진압할　　진	마음을 참되게 가져 무거운 쇳덩이를 누르듯이 '진압한다'는 뜻의 자입니다. • 긴소리 또는 짧은소리로도 읽음.
秩	차례　　　질	수확한 볏단이 허실되지 않도록 차곡차곡 쌓아올린 '차례'라는 뜻의 자입니다. • 秋(가을 추), 秩(차례 질)
疾	병　　　　질 빠를　　　질	아픈 증세가 쏜 화살처럼 빠르게 퍼진 '병'을 나타낸 자입니다. • 疾(질) ≒ 病(병)
執	잡을　　　집	세상을 놀랠이만큼 큰 죄를 저지른 사람을 밧줄로 얽어매 붙 '잡는다'는 뜻의 자입니다.
徵	부를　　　징 음률이름　치	숨어 살아도 행실이 바르고 착하여 인품이 뛰어나면 나라에서 '부른다'는 뜻의 자입니다.
此	이　　　　차	사람이 구부리고 서서 머무르고 있는 '이' 곳이라는 뜻의 자입니다. • 彼(피) ⇔ 此(차)
借:	빌　　　　차 빌릴　　　차	오래 사귄 사람끼리 서로 힘을 '빌'며 산다는 뜻의 자입니다. • 貸(대) ⇔ 借(차)　　• 긴소리로 읽음.

핵심정리장 41

⬇ 자세히 읽어 보세요.

모양(형 形)	뜻(훈 訓) 소리(음 音)	핵 심 정 리
錯	어긋날 착	쇠붙이가 오래되니 녹이 슬어 서로 맞추려해도 '**어긋난다**'는 뜻의 자입니다.
贊:	도울 찬	돈을 가지고 나아가 '**돕는다**'는 뜻의 자입니다. • 贊(찬) ≒ 助(조) • 贊(찬) ⇔ 反(반) • 긴소리로 읽음.
倉(:)	곳집 창 당황할 창	식구들이 먹을 식량을 넣어두는 '**곳집**'이라는 뜻의 자입니다. • 倉(창) ≒ 庫(고) • 긴소리 또는 짧은소리로도 읽음.
昌(:)	창성할 창	착해서 공명정대하게 말하니 해같이 '**창성하다**' 뜻의 자입니다. • 긴소리 또는 짧은소리로도 읽음.
蒼	푸를 창	양곡이 창고에 가득 찰 정도로 곡식이 잘 자라 '**푸르다**'는 뜻의 자입니다.
彩:	채색 채	손으로 물감을 묻힌 목재에 붓질을 하여 '**채색한다**'는 뜻의 자입니다. • 부수는 彡(터럭 삼)임. • 긴소리로 읽음.
菜:	나물 채	먹을 수 있는 풀을 캐내어 '**나물**'로 쓴다는 뜻의 자입니다. • 긴소리로 읽음.
債:	빚 채	책임지고 남에게 갚아야 할 '**빚**'이라는 뜻의 자입니다. • 긴소리로 읽음.
策	꾀 책	댓가지 등으로 만든 채찍을 사용할 때는 요령있게 '**꾀**'를 쓴다는 뜻의 자입니다.
妻	아내 처	가정에서 비를 들고 소제를 하는 여자인 '**아내**'를 뜻하는 자입니다. • 夫(부) ⇔ 妻(처)

3급Ⅱ-79

辰 별 때 진 신	辰 부수 0획, 총 7획. ( )부수 ( )획, 총 ( )획.				
	辰韓	日辰	生辰	北辰	星辰

陳 베풀 진 묵을 진	阝阜 부수 8획, 총 11획. ( )부수 ( )획, 총 ( )획.				
	陳:列	陳:設	陳:情書	新陳代謝	

震 우레 진	雨 부수 7획, 총 15획. ( )부수 ( )획, 총 ( )획.				
	震:國	震:檀	震:度	耐:震	地震

鎭 진압할 진	金 부수 10획, 총 18획. ( )부수 ( )획, 총 ( )획.				
	鎭:壓	鎭:重	鎭:火	重:鎭	鎭:痛

秩 차례 질	禾 부수 5획, 총 10획. ( )부수 ( )획, 총 ( )획.				
	秩序				

3급Ⅱ-79-복습·쓰기장

♣ 아래의 빈칸을 채우시오. 【지난학습】

찔 증		갈 지		가지 지		못 지		떨칠 진	

【금일학습】

辰 별 진						
陳 베풀 진						
震 우레 진						
鎭 진압할 진						
秩 차례 질						

진한 일진 생신 북신 성신
진열 진설 진정서 신진대사
진국 진단 진도 내진 지진
진압 진중 진화 중진 진통
질서

疾 병 질 빠를 질	疒 부수 5획, 총 10획.　(　)부수 (　)획, 총 (　)획.	
	疾病　　疾視　　疾走　　疾風　　疾患	
執 잡을 집	土 부수 8획, 총 11획.　(　)부수 (　)획, 총 (　)획.	
	執權　　執念　　執刀　　執務　　執着	
徵 부를 징 음률이름 치	彳 부수 12획, 총 15획.　(　)부수 (　)획, 총 (　)획.	
	徵收　　徵表　　徵候　　象徵　　特徵	
此 이 차	止 부수 2획, 총 6획.　(　)부수 (　)획, 총 (　)획.	
	此際　　此後　　如此　　此日彼日	
借 빌 차 빌릴 차	亻 人 부수 8획, 총 10획.　(　)부수 (　)획, 총 (　)획.	
	借:入　　借:名　　借:用　　假:借	

3급Ⅱ-80

3급Ⅱ-80-복습·쓰기장

♣ 아래의 빈칸을 채우시오.

【지난학습】

별 **辰**		베풀 **陳**		우레 **震**		진압할 **鎭**		차례 **秩**	

【금일학습】

疾 병 질								
執 잡을 집								
徵 부를 징								
此 이 차								
借 빌 차								

질병 질시 질주 질풍 질환
집권 집념 집도 집무 집착
징수 징표 징후 상징 특징
차제 차후 여차 차일피일
차입 차명 차용 가차

3급Ⅱ-81

錯 어긋날 착	金 부수 8획, 총 16획. ( )부수 ( )획, 총 ( )획.
	錯覺　　錯亂　　錯視　　錯誤　　交錯

贊 도울 찬	貝 부수 12획, 총 19획. ( )부수 ( )획, 총 ( )획.
	贊:同　　贊:反　　贊:成　　贊:助

倉 곳집 창 당황할 창	人 부수 8획, 총 10획. ( )부수 ( )획, 총 ( )획.
	倉:庫　　穀倉　　彈:倉　　倉:卒間

昌 창성할 창	日 부수 4획, 총 8획. ( )부수 ( )획, 총 ( )획.
	昌:盛　　昌原　　昌寧　　昌:德宮

蒼 푸를 창	⺿ 艸 부수 10획, 총 14획. ( )부수 ( )획, 총 ( )획.
	蒼空　　蒼白　　古色蒼然　　億兆蒼生

♣ 아래의 빈칸을 채우시오. 【지난학습】

병 質	잡을 執	부를 徵	이 此	빌 借				

【금일학습】

錯 어긋날 착								
贊 도울 찬								
倉 곳집 창								
昌 창성할 창								
蒼 푸를 창								

착각 착란 착시 착오 교착
찬동 찬반 찬성 찬조
창고 곡창 탄창 창졸간
창성 창원 창녕 창덕궁
창공 창백 고색창연 억조창생

3급Ⅱ-82

彩 채색 채	彡 부수 8획, 총 11획.　　(　)부수 (　)획, 총 (　)획.
	彩:色　　彩:雲　　光彩　　文彩　　水彩畫

菜 나물 채	⧺ 艸 부수 8획, 총 12획.　　(　)부수 (　)획, 총 (　)획.
	菜:食　　山菜　　野:菜

債 빚 채	亻 人 부수 11획, 총 13획.　(　)부수 (　)획, 총 (　)획.
	債:券　　債:權　　債:務　　負:債　　私債

策 꾀 책	竹 부수 6획, 총 12획.　　(　)부수 (　)획, 총 (　)획.
	計策　　對:策　　妙:策　　方策　　秘:策

妻 아내 처	女 부수 5획, 총 8획.　　(　)부수 (　)획, 총 (　)획.
	妻家　　妻男　　妻弟　　夫妻　　惡妻

3급Ⅱ-82-복습·쓰기장

♣ 아래의 빈칸을 채우시오.

【지난학습】

어긋날 **착**	도울 **찬**	곳집 **창**	창성할 **창**	푸를 **창**

【금일학습】

彩 채색 채								
菜 나물 채								
債 빚 채								
策 꾀 책								
妻 아내 처								

채색 채운 광채 문채 수채화
채식 산채 야채
채권 채권 채무 부채 사채
계책 대책 묘책 방책 비책
처가 처남 처제 부처 악처

◦ 핵심정리장 42   ⬇ 자세히 읽어 보세요.

모양(형 形)	뜻(훈 訓) 소리(음 音)		핵 심 정 리
拓	넓힐 박을	척 탁	거친 땅에서 돌을 주워내고 농토를 '**넓힌다**' 는 뜻의 자입니다. •일자다음자임. **척·탁**.　※개**척**(開拓), **탁**본(拓本)
戚	친척	척	제전 때 작은 도끼를 들고 일가의 '**친척**' 들이 모인다는 뜻의 자입니다. •부수는 戈(창 과)임.
尺	자	척	손목에서 팔꿈치까지의 거리가 한 '**자**' 라는 뜻의 자입니다. •尺(척) ≒ 度(도) •부수는 尸(주검 시)임.
淺:	얕을	천	물 속에 지팡이 자국이 보일 정도로 '**얕다**' 는 뜻의 자입니다. •深(심) ⇔ 淺(천).　　　　•긴소리로 읽음. •賤(천할 천), 踐(밟을 천), 淺(얕을 천)
賤:	천할	천	상한 물품은 값이 싸져 '**천하게**' 대우 받는다는 뜻의 자입니다. •貴(귀) ⇔ 賤(천).　　　　•긴소리로 읽음. •淺(얕을 천), 踐(밟을 천), 賤(천할 천)
踐:	밟을	천	발로 땅을 디딜 때 대체로 흔적이 남도록 '**밟는다**' 는 뜻의 자입니다. •淺(얕을 천), 賤(천할 천), 踐(밟을 천)　•긴소리로 읽음.
遷:	옮길	천	높은 데로 올라가며 위치를 '**옮긴다**' 는 뜻의 자입니다. •긴소리로 읽음
哲	밝을	철	사리의 옳고 그름을 결단하여 말하니 '**밝다**' 는 뜻의 자입니다.
徹	통할	철	어려서 자축거릴 때부터 잘 기르기 위해 회초리를 들고 지도하면 사리에 빨리 '**통한다**' 는 뜻의 자입니다. •微(작을 미), 徵(부를 징), 徹(통할 철)
滯	막힐	체	흐르는 물이 띠처럼 가로질린 장애물에 '**막힌다**' 는 뜻의 자입니다.

253

∘ 핵심정리장 43　　　　　　　　　⬇ 자세히 읽어 보세요.

모양(형形)	뜻(훈訓) 소리(음音)	핵 심 정 리
礎	주춧돌　초	휘추리처럼 곧은 나무를 베어 기둥을 삼는데 괴는 돌이 '**주춧돌**' 이라는 뜻의 자입니다.
肖	닮을　초 같을　초	아이는 몸이 작지만 어버이를 '**닮는다**' 는 뜻의 자입니다.
超	뛰어넘을　초	웃사람의 부름에 명령을 지키려 한달음에 '**뛰어넘으려**' 한다는 뜻의 자입니다.
促	재촉할　촉	사람이 발을 동동 구르며 일을 '**재촉한다**' 는 뜻의 자입니다. • 催(최) ≒ 促(촉)
觸	닿을　촉	벌레가 뿔수염으로 더듬어 분간하려고 사물에 '**닿는다**' 뜻의 자입니다.
催:	재촉할　최 열　최	사람들이 높은 산을 오르는데 빨리 가자고 '**재촉한다**' 는 뜻의 자입니다. • 催(최) ≒ 促(촉)　　　　　• 긴소리로 읽음.
追	쫓을　추 따를　추	물건을 쌓아 올리듯 앞사람의 뒤를 한발짝 한발짝 따라가 '**쫓는다**' 는 뜻의 자입니다.
畜	짐승　축	키우면 전답이나 살림살이에 알게 모르게 도움을 주는 '**짐승**' 을 나타낸 자입니다.
衝	찌를　충	여러 갈래의 길이 겹쳐서 부딪치니 서로 '**찌른다**' 는 뜻의 자입니다. • 부수는 行(다닐 행)임.
吹:	불　취	입을 벌리고 입김을 '**불**' 어낸다는 뜻의 자입니다. • 긴소리로 읽음.

3급Ⅱ-83

拓 넓힐 척 박을 탁	扌 手 부수 5획, 총 8획. ( )부수 ( )획, 총 ( )획.
	開拓　　　拓本　　　干拓地
戚 친척 척	戈 부수 7획, 총 11획. ( )부수 ( )획, 총 ( )획.
	外:戚　　　親戚
尺 자 척	尸 부수 1획, 총 4획. ( )부수 ( )획, 총 ( )획.
	尺度　　　越尺　　　三尺童子
淺 얕을 천	氵 水 부수 8획, 총 11획. ( )부수 ( )획, 총 ( )획.
	淺:薄　　　淺:學　　　日淺　　　深:淺
賤 천할 천	貝 부수 8획, 총 15획. ( )부수 ( )획, 총 ( )획.
	賤:待　　賤:民　　賤:視　　貴:賤　　貧賤

3급Ⅱ-83-복습·쓰기장

♣ 아래의 빈칸을 채우시오.　　　　　　　　　　　　　【지난학습】

채색 **채**		나물 **채**		빛 **채**		꾀 **책**		아내 **처**	

【금일학습】

拓 넓힐 척						
戚 친척 척						
尺 자 척						
淺 얕을 천						
賤 천할 천						

개척　탁본　간척지
외척　친척
척도　월척　삼척동자
천박　천학　일천　심천
천대　천민　천시　귀천　빈천

월   일 【시 간】   ~

3급Ⅱ-84

践 밟을 천	足 부수 8획, 총 15획. ( )부수 ( )획, 총 ( )획.				
	實踐				

遷 옮길 천	辶 辵 부수 12획, 총 16획. ( )부수 ( )획, 총 ( )획.				
	遷:都	變:遷	改:過遷善	孟:母三遷	

哲 밝을 철	口 부수 7획, 총 10획. ( )부수 ( )획, 총 ( )획.				
	哲人	哲學	明哲保身		

徹 통할 철	彳 부수 12획, 총 15획. ( )부수 ( )획, 총 ( )획.				
	徹夜	徹底	貫徹	徹天之恨	

滯 막힐 체	氵 水 부수 11획, 총 14획. ( )부수 ( )획, 총 ( )획.				
	滯納	滯留	滯拂	滯症	停滯	沈滯

3급Ⅱ-84-복습·쓰기장

♣ **아래의 빈칸을 채우시오.**　　　　　　　　　　　　　　【지난학습】

넓힐 **척**		친척 **척**		자 **척**		얕을 **천**		천할 **천**	

【금일학습】

踐 밟을 **천**									
遷 옮길 **천**									
哲 밝을 **철**									
徹 통할 **철**									
滯 막힐 **체**									

실천
천도 변천 개과천선 맹모삼천
철인 철학 명철보신
철야 철저 관철 철천지한
체납 체류 체불 체증 정체 침체

3급Ⅱ-85

礎 주춧돌 초	石 부수 13획, 총 18획. ( )부수 ( )획, 총 ( )획.					
:::						
:::	礎石	基礎	定:礎			
肖 닮을 초 같을 초	月 肉 부수 3, 총 7획. ( )부수 ( )획, 총 ( )획.					
:::						
:::	肖像	不肖	肖像畫			
超 뛰어넘을 초	走 부수 5획, 총 12획. ( )부수 ( )획, 총 ( )획.					
:::						
:::	超過	超然	超越	超人	超脫	
促 재촉할 촉	亻 人 부수 7획, 총 9획. ( )부수 ( )획, 총 ( )획.					
:::						
:::	促求	促迫	促成	促進	督促	
觸 닿을 촉	角 부수 13획, 총 20획. ( )부수 ( )획, 총 ( )획.					
:::						
:::	觸覺	觸角	觸手	感:觸	接觸	

3급Ⅱ-85-복습·쓰기장

♣ 아래의 빈칸을 채우시오. 【지난학습】

밟을 **천**	옮길 **천**	밝을 **철**	통할 **철**	막힐 **체**

【금일학습】

礎 주춧돌 초						
肖 닮을 초						
超 뛰어넘을 초						
促 재촉할 촉						
觸 닿을 촉						

초석 기초 정초
초상 불초 초상화
초과 초연 초월 초인 초탈
촉구 촉박 촉성 촉진 독촉
촉각 촉각 촉수 감촉 접촉

3급Ⅱ-86

催 재촉할 열 최최	亻 人 부수 11획, 총 13획. ( )부수 ( )획, 총 ( )획.
	催:告　　催:眠　　開催　　主催

追 쫓을 따를 추추	辶 辵 부수 6획, 총 10획. ( )부수 ( )획, 총 ( )획.
	追加　　追擊　　追念　　追求　　追窮

畜 짐승 축	田 부수 5획, 총 10획. ( )부수 ( )획, 총 ( )획.
	畜舍　　家畜　　牧畜　　畜産業

衝 찌를 충	行 부수 9획, 총 15획. ( )부수 ( )획, 총 ( )획.
	衝擊　　折衝　　要衝　　左:衝右突

吹 불 취	口 부수 4획, 총 7획. ( )부수 ( )획, 총 ( )획.
	吹:入　　吹:打　　吹:笛

3급 Ⅱ-86-복습·쓰기장

♣ 아래의 빈칸을 채우시오.

【지난학습】

주춧돌 礎	닮을 肖	뛰어넘을 超	재촉할 促	닿을 觸

【금일학습】

催 재촉할 최						
追 쫓을 추						
畜 짐승 축						
衝 찌를 충						
吹 불 취						

최고 최면 개최 주최
추가 추격 추념 추구 추궁
축사 가축 목축 축산업
충격 절충 요충 좌충우돌
취입 취타 취적

◦ 핵심정리장 44   ⬇ 자세히 읽어 보세요.

모양(형 形)	뜻(훈 訓) 소리(음 音)	핵 심 정 리
醉:	취할　　　취	술의 양이 다 되도록 마셔서 '취한다' 는 뜻의 자입니다. • 긴소리로 읽음.
側	곁　　　측	사람은 항상 원칙을 '곁' 에 두고 산다는 뜻의 자입니다.
値	값　　　치	사람이 행실을 곧게 가져야 사람다운 '값' 이 있게 된다는 뜻의 자입니다.
恥	부끄러울　　치	양심에 찔리는 말을 듣고 '부끄럽다' 는 뜻의 자입니다. • 부수는 心(마음 심)임.
稚	어릴　　　치	짧은새의 꽁지만큼 겨우 자란 벼라 아직 '어리다' 란 뜻의 자입니다.
漆	옻　　　칠	나무에서 흘러내리는 진의 액체를 칠로 사용하는 '옻'을 나타낸 자입니다.
沈(:)	잠길　　　침 성　　　심	물속에 머뭇거리며 '잠긴다' 는 뜻의 자입니다. • 일자다음자임. 침 · 심. • 긴소리 또는 짧은소리로도 읽음.
浸:	잠길　　　침 성　　　심	물속에 머뭇거리며 '잠긴다' 는 뜻의 자입니다. • 일자다음자임. 침 · 심. • 긴소리 또는 짧은소리로도 읽음.
奪	빼앗을　　　탈	손에 있던 새가 날개짓하여 날아가려는 모습이 남의 물건을 재빨리 훔쳐 '빼앗는' 것같다는 뜻의 자입니다. • 부수는 大(큰 대)임.
塔	탑　　　탑	콩꼬투리를 세워놓은 것같이 흙이나 돌로 쌓아올린 '탑' 이라는 뜻의 자입니다.

핵심정리장 45

▼ 자세히 읽어 보세요.

모양(형 形)	뜻(훈 訓) 소리(음 音)	핵 심 정 리
湯:	끓일 탕	따가운 햇볕이 물을 '**끓인다**'는 뜻의 자입니다. • 긴소리로 읽음.
泰	클 태	너무 커서 두손으로 막아내기에는 물의 힘이 '**크다**'는 뜻의 자입니다. • 부수는 氺 = 水(물 수)임.
殆	거의 태	탯집에서 자라는 아기는 조심해주지 않으면 낙태의 위험이 '**거의**' 전부라는 뜻의 자입니다.
澤	못 택	물이 여기저기 희뜩희뜩 보이는 진펄이 있는 '**못**'을 나타낸 자입니다.
吐(:)	토할 토	싹이 땅에서 터 나오듯이 음식물이 입에서 '**토해**'져 나옴을 나타낸 자입니다. • 긴소리 또는 짧은소리로도 읽음.
兎	토끼 토	꼬리를 내밀고 귀를 쫑긋이 세우고 있는 '**토끼**'의 모양을 나타낸 자입니다. • 부수는 儿(어진사람인발)임.　• 免(면할 면), 兎(토끼 토)
透	사무칠 투	빼어남이 마음 속에까지 들어가 '**사무친다**'는 뜻의 자입니다.
版	판목 판	뒤쳤다 엎었다 하며 켜낸 널조각의 '**판목**'을 나타낸 자입니다.
片	조각 편	나무를 가운데로 쪼개어 생긴 '**조각**'을 나타낸 자입니다.
偏	치우칠 편	외곬수인 사람이 마음을 작게 먹으니 생각이 늘 한쪽으로 '**치우친다**'라는 뜻의 자입니다.

3급Ⅱ-87

醉 취할 취	酉 부수 8획, 총 15획.	( )부수 ( )획, 총 ( )획.			
	醉:客 醉:氣 滿醉 醉:生夢死				

側 곁 측	亻 人 부수 9획, 총 11획.	( )부수 ( )획, 총 ( )획.			
	側近 側面 兩:側 右:側				

値 값 치	亻 人 부수 8획, 총 10획.	( )부수 ( )획, 총 ( )획.			
	價:値 數:値				

恥 부끄러울 치	心 부수 6획, 총 10획.	( )부수 ( )획, 총 ( )획.			
	恥部 恥事 恥辱 厚:顏無恥				

稚 어릴 치	禾 부수 8획, 총 13획.	( )부수 ( )획, 총 ( )획.			
	稚魚 稚氣 幼稚園				

3급Ⅱ-87-복습·쓰기장

♣ **아래의 빈칸을 채우시오.**　　　　　　　　　　　【지난학습】

재촉할 최	쫓을 추	짐승 축	찌를 충	불 취	

【금일학습】

醉						
취할 취						
側						
곁 측						
値						
값 치						
恥						
부끄러울 치						
稚						
어릴 치						

취객　취기　만취　취생몽사
측근　측면　양측　우측
가치　수치
치부　치사　치욕　후안무치
치어　치기　유치원

3급Ⅱ-88

漆 옻 칠	氵 水 부수 11획, 총 14획. ( )부수 ( )획, 총 ( )획.				
	漆器　　漆板　　漆黑				

沈 잠길 침 성 심	氵 水 부수 4획, 총 7획. ( )부수 ( )획, 총 ( )획.				
	沈降　　沈沒　　沈潛　　沈着　　沈:氏				

浸 잠길 침	氵 水 부수 7획, 총 10획. ( )부수 ( )획, 총 ( )획.				
	浸:水　　浸:透				

奪 빼앗을 탈	大 부수 11획, 총 14획. ( )부수 ( )획, 총 ( )획.				
	奪取　　奪還　　強:奪　　收奪　　生殺與奪				

塔 탑 탑	土 부수 10획, 총 13획. ( )부수 ( )획, 총 ( )획.				
	佛塔　　金子塔　　多寶塔				

♣ 아래의 빈칸을 채우시오.　　　　　　　　　　　　　　　　　【지난학습】

취할 **취**	곁 **측**	값 **치**	부끄러울 **치**	어릴 **치**

【금일학습】

漆 옻 칠						
沈 잠길 침						
浸 잠길 침						
奪 빼앗을 탈						
塔 탑 탑						

칠기 칠판 칠흑
침강 침몰 침잠 침착 심씨
침수 침투
탈취 탈환 강탈 수탈 생살여탈
불탑 금자탑 다보탑

3급Ⅱ-89

湯 끓을 탕	氵 水 부수 9획, 총 12획. ( )부수 ( )획, 총 ( )획.				
	湯:藥	湯:材	冷湯	熱湯	溫湯
泰 클 태	水 水 부수 5획, 총 10획. ( )부수 ( )획, 총 ( )획.				
	泰斗	泰然	泰山北斗	國泰民安	
殆 거의 태	歹 부수 5획, 총 9획. ( )부수 ( )획, 총 ( )획.				
	殆半	危殆			
澤 못 택	氵 水 부수 13획, 총 16획. ( )부수 ( )획, 총 ( )획.				
	光澤	德澤	恩澤	平澤	惠:澤
吐 토할 토	口 부수 3획, 총 6획. ( )부수 ( )획, 총 ( )획.				
	吐露	吐:絲	吐:出	吐:血	實吐

3급Ⅱ-89-복습·쓰기장

♣ 아래의 빈칸을 채우시오.

【지난학습】

옷 **칠**	잠길 **침**	잠길 **침**	빼앗을 **탈**	탑 **탑**

【금일학습】

湯 끓을 탕						
泰 클 태						
殆 거의 태						
澤 못 택						
吐 토할 토						

탕약 탕재 냉탕 열탕 온탕
태두 태연 태산북두 국태민안
태반 위태
광택 덕택 은택 평택 혜택
토로 토사 토출 토혈 실토

3급Ⅱ-90

兔 토끼 **토**	儿 부수 6획, 총 8획. ( )부수 ( )획, 총 ( )획.			
	兔先生			
透 사무칠 **투**	辶辵 부수 7획, 총 11획. ( )부수 ( )획, 총 ( )획.			
	透明	透視	透徹	透過
版 판목 **판**	片 부수 4획, 총 8획. ( )부수 ( )획, 총 ( )획.			
	版木	原版	再:版 初版	出版
片 조각 **편**	片 부수 0획, 총 4획. ( )부수 ( )획, 총 ( )획.			
	片:紙	斷:片	破:片	一葉片舟
偏 치우칠 **편**	亻人 부수 9획, 총 11획. ( )부수 ( )획, 총 ( )획.			
	偏見	偏食	偏愛	偏重

3급Ⅱ-90-복습·쓰기장

♣ 아래의 빈칸을 채우시오.   【지난학습】

	끓을 **탕**	클 **태**	거의 **태**	못 **택**	토할 **토**

【금일학습】

兎					
토끼 **토**					
透					
사무칠 **투**					
版					
판목 **판**					
片					
조각 **편**					
偏					
치우칠 **편**					

토선생
투명 투시 투철 투과
판목 원판 재판 초판 출판
편지 단편 파편 일엽편주
편견 편식 편애 편중 편파

◦ 핵심정리장 46   ⬇ 자세히 읽어 보세요.

모양(형形)	뜻(훈訓) 소리(음音)	핵 심 정 리
編	엮을 편	글을 쓴 작은 조각들을 모아 노끈으로 책을 '**엮는다**'는 뜻의 자입니다.
廢:	폐단 폐 해질 폐	두 손으로 맞잡을 정도로 옷이 헤진 것처럼 원칙이 해이해져 생긴 '**폐단**'이라는 뜻의 자입니다. • 긴소리로 읽음.
弊:	허파 폐	앞치마처럼 심장의 앞을 가리고 있는 '**허파**'를 나타낸 자입니다. • 긴소리로 읽음.
肺:	개 (물가) 포	민물과 바닷물이 드나드는 큰 '**개**'를 뜻하는 자입니다.
浦	개 (물가) 포	민물과 바닷물이 드나드는 큰 '**개**'를 뜻하는 자입니다.
捕:	잡을 포	죄를 짓고 도망친 놈을 손으로 '**잡았다**'는 뜻의 자입니다. • 捕(포) ≒ 獲(획)　　• 긴소리로 읽음.
楓	단풍 풍	찬서리바람 맞은 것처럼 여러 가지로 물든 손바닥 모양의 나뭇잎이 '**단풍**'이라는 뜻의 자입니다.
彼:	저 피	벗겨낸 가죽처럼 떨어져 나간 것이 '**저**' 기에 있다는 뜻의 자입니다. • 彼(피) ⇔ 此(차),　彼(피) ⇔ 我(아)　• 긴소리로 읽음.
皮	가죽 피 가죽 비	손으로 짐승의 털 달린 '**가죽**'을 벗기는 모습을 나타낸 자입니다. • 일자다음자임(俗音으로도 쓰임). 피 · 비. • 毛(모) ⇔ 皮(피),　皮(피) ⇔ 骨(골)
被:	입을 피	살갗에 닿는 잠옷을 '**입는다**'는 뜻의 자입니다. • 被動(피동) ⇔ 能動(능동) • 긴소리로 읽음.

핵심정리장 47

⬇ 자세히 읽어 보세요.

모양(형形)	뜻(훈訓) 소리(음音)	핵 심 정 리
畢	마칠　필	밭곡식을 해치는 새를 잡기위해 키모양의 그물 설치를 '**마쳤다**'는 뜻의 자입니다. • 卒(마칠 졸), 終(마칠 종), 畢(마칠 필)
何	어찌　하	두 사람의 뜻이 옳으니 '**어찌**' 하랴는 뜻을 나타낸 자입니다.
荷(:)	멜　하	어떻게든 건초를 더 얹어 짐을 '**멘다**'는 뜻의 자입니다. • 긴소리 또는 짧은소리로도 읽음.
賀:	하례할　하	기쁜 일에 물건을 덧붙여 '**하례한다**'는 뜻의 자입니다. • 긴소리로 읽음.
鶴	학　학	우아하게 높이 나는 새인 '**학**'을 나타낸 자입니다.
汗(:)	땀　한	살갗을 범하여 흐르는 액체가 '**땀**'이라는 뜻의 자입니다. • 긴소리 또는 짧은소리로도 읽음.
割	벨　할	해치려고 칼질하여 '**벤다**'는 뜻의 자입니다.
含	머금을　함	금방 입 안에 무엇을 넣어 '**머금었다**'는 뜻의 자입니다. • 부수는 口(입 구)임.
陷:	빠질　함	언덕에 파놓은 구덩이에 '**빠진**' 모습을 나타낸 자입니다. • 긴소리로 읽음.
恒	항상　항	마음이 끊임없이 뻗친다하여 '**항상**'을 나타낸 자입니다. • 恒(항) ≒ 常(상)

월   일 【시 간】   ~

3급Ⅱ-91

編 엮을 편	糸 부수 9획, 총 15획. ( )부수 ( )획, 총 ( )획.
	編曲 編隊 編成 編制 改:編

廢 폐할 폐 / 버릴 폐	广 부수 12획, 총 15획. ( )부수 ( )획, 총 ( )획.
	廢:止 廢:車 廢:品 存廢

弊 폐단 폐 / 해질 폐	廾 부수 12획, 총 15획. ( )부수 ( )획, 총 ( )획.
	弊:端 弊:習 弊:害 語:弊 疲:弊

肺 허파 폐	月 肉 부수 5획, 총 9획. ( )부수 ( )획, 총 ( )획.
	肺:炎 肺:活量

浦 개(물가) 포	氵 水 부수 7획, 총 10획. ( )부수 ( )획, 총 ( )획.
	浦口 南浦

3급Ⅱ-91-복습·쓰기장

♣ 아래의 빈칸을 채우시오. 【지난학습】

토끼 **토**		사무칠 **투**		판목 **판**		조각 **편**		치우칠 **편**	

【금일학습】

編						
엮을 **편**						
廢						
폐할 **폐**						
弊						
폐단 **폐**						
肺						
허파 **폐**						
浦						
개 **포**						

편곡 편대 편성 편제 개편
폐지 폐기 폐차 폐품 존폐
폐단 폐습 폐해 어폐 피폐
폐렴 폐활량
포구 남포

捕 잡을 포	扌 手 부수 7획, 총 10획. ( )부수 ( )획, 총 ( )획.	
	捕:手　　捕:卒　　捕:獲　　生捕　　捕:盜廳	
楓 단풍 풍	木 부수 9획, 총 13획. ( )부수 ( )획, 총 ( )획.	
	楓林　　丹楓　　霜楓	
彼 저 피	彳 부수 5획, 총 8획. ( )부수 ( )획, 총 ( )획.	
	彼:此　　彼:我間　　知彼知己	
皮 가죽 피 (비)	皮 부수 0획, 총 5획. ( )부수 ( )획, 총 ( )획.	
	皮革　　毛皮　　脫皮　　草根木皮	
被 입을 피	衤 衣 부수 5획, 총 10획. ( )부수 ( )획, 총 ( )획.	
	被:擊　　被:告　　被:服　　被:殺　　被:害	

3급 Ⅱ-92-복습·쓰기장

♣ 아래의 빈칸을 채우시오.　　　　　　　　　　　　　　【지난학습】

엮을 **편**		폐할 **폐**		폐단 **폐**		허파 **폐**	개	**포**

【금일학습】

捕					
잡을 포					
楓					
단풍 풍					
彼					
저 피					
皮					
가죽 피					
被					
입을 피					

포수　포졸　포획　생포　포도청
풍림　단풍　상풍
피차　피아간　지피지기
피혁　모피　탈피　초근목피
피격　피고　피복　피살　피해

월   일 【시간】   ~

3급Ⅱ-93

| 畢
마칠 필 | 田 부수 6획, 총 11획. ( )부수 ( )획, 총 ( )획. |
| | 畢竟   畢生   未:畢   兵役畢 |

| 何
어찌 하 | 亻 人 부수 5획, 총 7획. ( )부수 ( )획, 총 ( )획. |
| | 何等   何必   何如歌   抑何心情 |

| 荷
멜 하 | ⺿ 艸 부수 7획, 총 11획. ( )부수 ( )획, 총 ( )획. |
| | 荷:物   荷:役   荷:重   負:荷 |

| 賀
하례할 하 | 貝 부수 5획, 총 12획. ( )부수 ( )획, 총 ( )획. |
| | 賀:客   賀:禮   祝賀   致:賀   年賀狀 |

| 鶴
학 학 | 鳥 부수 10획, 총 21획. ( )부수 ( )획, 총 ( )획. |
| | 鶴舞   白鶴   鶴首苦待   群鷄一鶴 |

279

3급Ⅱ-93-복습·쓰기장

♣ 아래의 빈칸을 채우시오.　　　　　　　　　　　　　【지난학습】

잡을 **포**		단풍 **풍**		저 **피**		가죽 **피**		입을 **피**	

【금일학습】

畢							
마칠 **필**							
何							
어찌 **하**							
荷							
멜 **하**							
賀							
하례할 **하**							
鶴							
학 **학**							

필경　필생　미필　병역필
하등　하필　하여가　억하심정
하물　하역　하중　부하
하객　하례　축하　치하　연하장
학무　백학　학수고대　군계일학

3급Ⅱ-94

汗 땀 한	氵 水 부수 3획, 총 6획. ( )부수 ( )획, 총 ( )획.				
	汗:蒸幕　　　不汗黨				

割 벨 할	刂 刀 부수 10획, 총 12획. ( )부수 ( )획, 총 ( )획.				
	割據　　割當　　割引　　割增　　役割				

含 머금을 함	口 부수 4획, 총 7획. ( )부수 ( )획, 총 ( )획.				
	含量　　含蓄　　包含　　含憤蓄怨				

陷 빠질 함	阝 阜 부수 8획, 총 11획. ( )부수 ( )획, 총 ( )획.				
	陷:落　　陷:沒　　缺陷　　謀陷				

恒 항상 항	忄 心 부수 6획, 총 9획. ( )부수 ( )획, 총 ( )획.				
	恒常　　恒星　　恒時　　恒久的				

3급Ⅱ-94-복습·쓰기장

♣ **아래의 빈칸을 채우시오.** 【지난학습】

마칠 **필**		어찌 **하**		멜 **하**		하례할 **하**		학 **학**	

【금일학습】

汗 땀 한							
割 벨 할							
含 머금을 함							
陷 빠질 함							
恒 항상 항							

한증막 불한당
할거 할당 할인 할증 역할
함량 함축 포함 함분축원
함락 함몰 결함 모함
항상 항성 항시 항구적

282

◦ 핵심정리장 48 　　　　　　　　　　▼ 자세히 읽어 보세요.

모양(형 形)	뜻(훈 訓) 소리(음 音)	핵 심 정 리
項:	항목　　항	머리와 양 어깨 사이에 이어진 목덜미처럼 서로 관련이 있는 것을 모은 '항목'이라는 뜻의 자입니다. • 긴소리로 읽음.
響:	울릴　　향	메아리가 잘 들리는 시골의 산 '울림'이라는 뜻의 자입니다. • 긴소리로 읽음.
獻:	드릴　　헌	옛날 종묘 제사에 개를 잡아 솥에 삶아 올려 '드렸다'는 뜻의 자입니다. • 긴소리로 읽음.
懸:	달　　　현	모든 일은 마음에 매여 '달'렸다는 뜻의 자입니다. • 긴소리로 읽음.
玄	검을　　현	하늘빛은 '검으면서' 붉다는 뜻의 자입니다.
穴	굴　　　혈	옛날 사람들이 땅 등을 파헤쳐 집으로 삼았던 '굴'의 모양을 나타낸 자입니다.
脅	위협할　협	힘을 쓰는 옆구리를 부풀려 상대를 '위협한다'는 뜻의 자입니다.
衡	저울대　형 가로　　형	소를 끌고 갈 때 떠받지 못하도록 가로로 맨 큰 나무가 평형을 이룬 '저울대' 같다는 뜻의 자입니다.
慧:	슬기로울　혜	비로 쓴 듯이 티끌 하나 없는 마음에서 '슬기로움'이 생긴다는 뜻의 자입니다. • 긴소리로 읽음.
浩:	넓을　　호	하늘을 향해 말하듯이 바다가 깊고 크고 '넓다'는 뜻의 자입니다. • 긴소리로 읽음.

핵심정리장 49

자세히 읽어 보세요.

모양(형 形)	뜻(훈 訓) 소리(음 音)	핵 심 정 리
胡	되(오랑캐) 호	변방에 살면서 오래도록 중앙의 민족을 괴롭혀 주름지게 만든 오랑캐인 '되'를 나타낸 자입니다.
虎(:)	범(호랑이) 호	어슬렁거리며 걷는 '범'의 모양을 본뜬 자입니다. • 긴소리 또는 짧은소리로도 읽음.
豪	호걸 호	갈기를 높이 세운 성난 멧돼지처럼 굳세게 사람노릇 하는 '호걸'을 나타낸 자입니다. • 부수는 豕(돼지 시)임.
惑	미혹할 혹	혹시나 하는 의심난 마음이 생겨 '미혹해' 한다는 뜻의 자입니다.
魂	넋 혼	구름처럼 떠다니는 귀신의 '넋'이라는 뜻의 자입니다.
忽	갑자기 홀	마음속의 생각이 휘날리는 깃발처럼 흔들린 사이에 '갑자기' 떠올랐다는 뜻의 자입니다.
洪	넓을 홍	물이 한 군데로 많이 모이니 물이 '넓게' 번진다는 뜻의 자입니다.
禍:	재앙 화	신의 노여움을 사서 입이 비뚤어진 '재앙'을 받았다는 뜻의 자입니다. • 禍(화) ⇔ 福(복) • 긴소리로 읽음.
換:	바꿀 환	손으로 큰 물건을 '바꿔' 잡는다는 뜻의 자입니다. • 긴소리로 읽음.
還	돌아올 환	눈알이 휘둥그레 돌아갔다가 다시 '돌아온다'는 뜻의 자입니다.

3급Ⅱ-95

項 항목 **항**	頁 부수 3획, 총 12획.　　(　　)부수 (　　)획, 총 (　　)획.
	項:目　　各項　　事:項　　條項

響 울릴 **향**	音 부수 13획, 총 22획.　　(　　)부수 (　　)획, 총 (　　)획.
	反:響　　音響　　交響樂　　惡影響

獻 드릴 **헌**	犬 부수 16획, 총 20획.　　(　　)부수 (　　)획, 총 (　　)획.
	獻:金　　獻:納　　獻:身　　獻:血　　奉:獻

懸 달 **현**	心 부수 16획, 총 20획.　　(　　)부수 (　　)획, 총 (　　)획.
	懸:案　　懸:板　　懸:賞金　　懸河之辯

玄 검을 **현**	玄 부수 0획, 총 5획.　　(　　)부수 (　　)획, 총 (　　)획.
	玄米　　玄孫　　玄武岩　　天地玄黃

3급Ⅱ-95-복습·쓰기장

♣ **아래의 빈칸을 채우시오.**　　　　　　　　　　　　　【지난학습】

땀	한	벨	할	머금을	함	빠질	함	항상	항

【금일학습】

項						
항목 항						
響						
울릴 향						
獻						
드릴 헌						
懸						
달 현						
玄						
검을 현						

항목　각항　사항　조항
반향　음향　교향악　악영향
헌금　헌납　헌신　헌혈　봉헌
현안　현판　현상금　현하지변
현미　현손　현무암　천지현황

3급Ⅱ-96

穴 굴 혈	穴 부수 0획, 총 5획. ( )부수 ( )획, 총 ( )획.
	穴居　　經穴　　墓:穴　　虎:穴

脅 위협할 협	月 肉 부수 6획, 총 10획. ( )부수 ( )획, 총 ( )획.
	威脅　　脅迫

衡 저울대 형 가로 횡	行 부수 10획, 총 16획. ( )부수 ( )획, 총 ( )획.
	衡平　　均衡　　連衡　　度量衡

慧 슬기로울 혜	心 부수 11획, 총 15획. ( )부수 ( )획, 총 ( )획.
	慧:眼　　智慧

浩 넓을 호	氵 水 부수 7획, 총 10획. ( )부수 ( )획, 총 ( )획.
	浩:氣　　浩:然之氣

3급 Ⅱ -96- 복습·쓰기장

♣ 아래의 빈칸을 채우시오.　　　　　　　　　　　　　　　　　【지난학습】

항목 **항**		울릴 **향**		드릴 **헌**		달 **현**		검을 **현**

【금일학습】

穴								
굴 **혈**								
脅								
위협할 **협**								
衡								
저울대 **형**								
慧								
슬기로울 **혜**								
浩								
넓을 **호**								

혈거 경혈 묘혈 호혈
위협 협박
형평 균형 연횡 도량형
혜안 지혜
호기 호연지기

288

3급Ⅱ-97

胡 되(오랑캐) 호	月 肉 부수 5획, 총 9획. ( )부수 ( )획, 총 ( )획.
	胡角　　　胡桃　　　胡亂

虎 범(호랑이) 호	虍 부수 2획, 총 8획. ( )부수 ( )획, 총 ( )획.
	虎:患　　猛虎　　　虎死留皮　　　三人成虎

豪 호걸 호	豕 부수 7획, 총 14획. ( )부수 ( )획, 총 ( )획.
	豪傑　　豪族　　　豪快　　　強豪　　　豪言壯談

惑 미혹할 혹	心 부수 8획, 총 12획. ( )부수 ( )획, 총 ( )획.
	惑星　　當惑　　　疑惑

魂 넋 혼	鬼 부수 4획, 총 14획. ( )부수 ( )획, 총 ( )획.
	魂靈　　怨:魂　　　鎭:魂　　　忠魂

3급 II-97-복습·쓰기장

♣ **아래의 빈칸을 채우시오.**　　　　　　　　　　　　　　　　【지난학습】

굴 **혈**		위협할 **협**		저울대 **형**		슬기로울 **혜**		넓을 **호**	

【금일학습】

胡									
되 호									
虎									
범 호									
豪									
호걸 호									
惑									
미혹할 혹									
魂									
넋 혼									

호각　호도　호란
호환　맹호　호사유피　삼인성호
호걸　호족　호쾌　강호　호언장담
혹성　당혹　의혹
혼령　원혼　진혼　충혼

3급Ⅱ-98

忽 갑자기 홀	心 부수 4획, 총 8획. ( )부수 ( )획, 총 ( )획.				
	忽待　　　忽然				
洪 넓을 홍	氵水 부수 6획, 총 9획. ( )부수 ( )획, 총 ( )획.				
	洪水　　　　洪範十四條				
禍 재앙 화	示 부수 9획, 총 14획. ( )부수 ( )획, 총 ( )획.				
	禍:根　　戰:禍　　災禍　　轉禍爲福				
換 바꿀 환	扌手 부수 9획, 총 12획. ( )부수 ( )획, 총 ( )획.				
	換:氣　　換:率　　換算　　交換　　變:換				
還 돌아올 환	辶辵 부수 13획, 총 17획. ( )부수 ( )획, 총 ( )획.				
	還甲　　還國　　還給　　還生　　歸:還				

3급Ⅱ-98-복습·쓰기장

♣ **아래의 빈칸을 채우시오.** 【지난학습】

되 호	범 호	호걸 호	미혹할 혹	넋 혼	

【금일학습】

忽 갑자기 홀								
洪 넓을 홍								
禍 재앙 화								
換 바꿀 환								
還 돌아올 환								

홀대 홀연
홍수 홍범십사조
화근 전화 재화 전화위복
환기 환율 환산 교환 변환
환갑 환국 환급 환생 귀환

◦ 핵심정리장 50   ▼ 자세히 읽어 보세요.

모양(형 形)	뜻(훈 訓) 소리(음 音)	핵 심 정 리
皇	임금 황	왕보다 더 높다고 말할 수 있는 '임금'을 나타낸 자입니다. • 皇(황) ≒ 帝(제)
荒	거칠 황	물이 넘쳐 초목을 휩쓸고 지나간 자리가 '거칠다'는 뜻의 자입니다.
悔:	뉘우칠 회	탐욕스런 마음이 매번 자라남을 가책으로 느껴 '뉘우친다'는 뜻의 자입니다. • 긴소리로 읽음.
懷	품을 회	눈을 내리감고 마음속으로 생각을 '품는다'는 뜻의 자입니다. • 壞(무너질 괴), 懷(품을 회)
劃	그을 획	논밭의 경계를 칼로 자르듯이 '긋는다'는 뜻의 자입니다.
獲	얻을 획	훈련으로 헤아림을 알게된 개가 사냥감을 물어다 주니 '얻는다'는 뜻의 자입니다.
橫	가로 횡	사람의 손을 타 누렇게 된 나무 대문 빗장을 지를 땐 '가로'로 움직인다는 뜻의 자입니다.
胸	가슴 흉	몸속의 허파 따위를 에워싸고 있는 '가슴'을 나타낸 자입니다.
戲	놀이 희	범 등의 탈을 쓴 사람이 제전에서 창칼을 들고 춤을 추거나 익살을 떨며 '놀이'를 한다는 뜻의 자입니다.
稀	드물 희	벼농사가 풍년이 들기를 대부분 바라지만 대체로 '드물다'라는 뜻의 자입니다.

3급Ⅱ-99

皇 임금 황	白 부수 4획, 총 9획.　　(　　)부수 (　　)획, 총 (　　)획.
	皇帝　　　敎:皇　　　張皇　　　玉皇上帝

荒 거칠 황	⺿ 艸 부수 6획, 총 10획.　(　　)부수 (　　)획, 총 (　　)획.
	荒涼　　荒野　　荒廢　　荒唐　　破:天荒

悔 뉘우칠 회	忄心 부수 7획, 총 10획.　(　　)부수 (　　)획, 총 (　　)획.
	悔:改　　　悔:恨　　　後:悔莫及

懷 품을 회	忄心 부수 16획, 총 19획.　(　　)부수 (　　)획, 총 (　　)획.
	懷古　　懷柔　　懷疑　　感:懷　　述懷

劃 그을 획	⺉刀 부수 12획, 총 14획.　(　　)부수 (　　)획, 총 (　　)획.
	劃策　　　計:劃　　區劃　　劃一的

3급Ⅱ-99-복습·쓰기장

♣ 아래의 빈칸을 채우시오.   【지난학습】

갑자기 **홀**		넓을 **홍**		재앙 **화**		바꿀 **환**		돌아올 **환**	

【금일학습】

皇							
임금 **황**							
荒							
거칠 **황**							
悔							
뉘우칠 **회**							
懷							
품을 **회**							
劃							
그을 **획**							

황제 교황 장황 옥황상제
황량 황야 황폐 황당 파천황
회개 회한 후회막급
회고 회유 회의 감회 술회
획책 계획 구획 획일적

3급Ⅱ-100

獲 얻을 획	犭犬 부수 14획, 총 17획. ( )부수 ( )획, 총 ( )획.
	獲得　　　漁獲

橫 가로 횡	木 부수 12획, 총 16획. ( )부수 ( )획, 총 ( )획.
	橫斷　　　橫暴　　　橫財　　　專橫

胸 가슴 흉	月 肉 부수 6획, 총 10획. ( )부수 ( )획, 총 ( )획.
	胸部　　　胸像　　　胸中　　　心胸

戲 놀이 희	戈 부수 12획, 총 16획. ( )부수 ( )획, 총 ( )획.
	戲曲　　　戲劇　　　戲畫　　　遊戲

稀 드물 희	禾 부수 7획, 총 12획. ( )부수 ( )획, 총 ( )획.
	稀貴　　　稀微　　　稀薄　　　稀少　　　古:稀

3급Ⅱ-100-복습·쓰기장

♣ **아래의 빈칸을 채우시오.** 【지난학습】

임금 **황**		거칠 **황**		뉘우칠 **회**		품을 **회**		그을 **획**	

【금일학습】

獲									
얻을 **획**									
橫									
가로 **횡**									
胸									
가슴 **흉**									
戱									
놀이 **희**									
稀									
드물 **희**									

획득 어획
횡단 횡포 횡재 전횡
흉부 흉상 흉중 심흉
희곡 희극 희화 유희
희귀 희미 희박 희소 고희

♣ 아래의 약자(略字)·속자(俗字)를 써 보시오.

약자·속자 3급2 -1

鑑	鑑							
거울 감								
蓋	盖							
덮을 개								
劍	剣							
칼 검								
徑	径							
지름길 경								
寬	寛							
너그러울 관								
館	舘							
집 관								
壞	壊							
무너질 괴								
緊	紧							
긴할 긴								
寧	寍							
편안 녕								

♣ 아래의 약자(略字) 속자(俗字)를 써 보시오.

약자 속자 3급2 -2

腦 골뇌	脑							
臺 대대	台					basis		
涼 서늘할량	涼							
勵 힘쓸려	励							
戀 그리워할련	恋							
聯 연이을련	联							
靈 신령령	灵					霊		
爐 화로로	炉							
樓 다락루	楼							

300

♣ **아래의 약자(略字) 속자(俗字)를 써 보시오.**

약자 속자 3급2 -3

臨	临						
임할 림							
麥	麦						
보리 맥							
貌	皃						
모양 모							
夢	梦						
꿈 몽							
默	黙						
잠잠할 묵							
迫	廹						
핍박할 박							
拂	払						
떨칠 불							
桑	桒						
뽕나무 상							
釋	釈						
풀 석							

♣ **아래의 약자(略字)·속자(俗字)를 써 보시오.**

약자·속자 3급2 −4

燒	烧							
사를 소								
壽	寿							
목숨 수								
獸	獣							
짐승 수								
隨	随							
따를 수								
濕	湿							
젖을 습								
乘	乗							
탈 승								
雙	双							
두 쌍								
亞	亜							
버금 아								
巖	岩							
바위 암								

♣ **아래의 약자(略字) 속자(俗字)를 써 보시오.**
약자 속자 3급2 -5

壤	壌							
흙덩이 **양**								
讓	譲							
사양할 **양**								
譯	訳							
번역할 **역**								
驛	駅							
역 **역**								
鹽	塩							
소금 **염**								
譽	誉							
기릴 **예**								
僞	偽							
거짓 **위**								
莊	荘							
씩씩할 **장**								
齊	斉							
가지런할 **제**								

♣ **아래의 약자(略字) 속자(俗字)를 써 보시오.**

약자 속자 3급2 −6

鑄 쇠불릴 주	铸							
卽 곧 즉	即							
曾 일찍 증	曽							
蒸 찔 증	烝							
淺 얕을 천	浅							
賤 천할 천	贱							
踐 밟을 천	践							
遷 옮길 천	迁							
觸 닿을 촉	触							

♣ 아래의 약자(略字)·속자(俗字)를 써 보시오.

약자·속자 3급2 -7

醉 취할 취	酔							
恥 부끄러울 치	耻							
漆 옻 칠	柒							
沈 잠길 침	沉							
澤 못 택	沢							
兔 토끼 토	兎							
廢 폐할 폐	廃							
獻 드릴 헌	献							
懷 품을 회	懐							

♣ **아래의 약자(略字)·속자(俗字)를 써 보시오.**

약자·속자 3급2 -8

戲	戯							
놀이 희								

한자어(漢字語) 학습

- 한자어 독음(讀音) 쓰기(장단음 포함)
- 한자어 쓰기
- 반의어(反意語)
- 동의어(同義語)
- 동음이의어(同音異義語)
- 한자성어(漢字成語)

♣ 다음 한자어(漢字語)의 독음(讀音)을 쓰시오. ▶정답은 418쪽

1. 佳人
2. 仲秋佳節
3. 百年佳約
4. 佳作
5. 退溪先生
6. 脚光
7. 脚本
8. 健脚
9. 馬脚
10. 失脚
11. 閣議
12. 改閣
13. 內閣
14. 閣下
15. 奎章閣
16. 刊行
17. 近刊
18. 發刊
19. 新刊
20. 創刊
21. 幹部
22. 幹線
23. 根幹
24. 語幹
25. 主幹
26. 懇曲
27. 懇求
28. 懇切
29. 懇請
30. 懇談會
31. 肝膽
32. 肝膽相照
33. 九曲肝腸
34. 鑑別
35. 鑑賞
36. 鑑識
37. 鑑定
38. 明心寶鑑
39. 剛健
40. 剛斷
41. 剛直
42. 金剛山
43. 綱領
44. 外柔內剛
45. 紀綱
46. 大綱
47. 要綱
48. 三綱五倫
49. 介意
50. 介入
51. 仲介人
52. 媒介體
53. 概念
54. 概論
55. 概要
56. 氣概
57. 節概
58. 相距
59. 距離感
60. 遠距離
61. 射程距離
62. 乾杯
63. 乾燥
64. 乾草
65. 乾魚物
66. 劍道
67. 帶劍
68. 寶劍
69. 刻舟求劍
70. 兼備
71. 兼任
72. 兼職
73. 兼人之勇
74. 謙辭
75. 謙虛
76. 謙讓之德
77. 耕作
78. 晝耕夜讀
79. 農耕地
80. 耕地整理
81. 頃刻
82. 食頃
83. 萬頃蒼波
84. 契機

♣ 다음 한자어(漢字語)의 독음(讀音)을 쓰시오. ▶정답은 418쪽

1. 契約
2. 契員
3. 默契
4. 契丹
5. 啓:導
6. 啓:蒙
7. 啓:發
8. 啓:示
9. 狀:啓
10. 溪谷
11. 淸溪川
12. 碧溪水
13. 機械
14. 姑婦
15. 姑從
16. 姑母夫
17. 姑息之計
18. 寄稿
19. 原稿
20. 遺稿
21. 脫稿
22. 投稿
23. 鼓動
24. 鼓舞
25. 鼓吹
26. 勝戰鼓
27. 申聞鼓
28. 哭聲
29. 痛:哭
30. 大:聲痛哭
31. 深山幽谷
32. 供:給
33. 佛供
34. 提供
35. 供:養米
36. 供:託金
37. 恐:龍
38. 可恐
39. 恐:水病
40. 恐:妻家
41. 恭敬
42. 恭待
43. 恭順
44. 貢:納
45. 貢:物
46. 貢:憲
47. 朝貢
48. 寡:默
49. 寡:少
50. 獨寡占
51. 衆:寡不敵
52. 誇:示
53. 誇:張
54. 誇:大妄想
55. 冠禮
56. 金冠
57. 弱冠
58. 衣冠
59. 冠婚喪祭
60. 寬大
61. 寬容
62. 慣例
63. 慣習
64. 慣用
65. 慣行
66. 習慣
67. 貫通
68. 始:終一貫
69. 本貫
70. 初志一貫
71. 開館
72. 旅館
73. 會:館
74. 圖書館
75. 博物館
76. 壞:滅
77. 破:壞
78. 怪:奇
79. 怪:談
80. 怪:力
81. 怪:物
82. 怪:變
83. 巧妙
84. 技巧

♣ 다음 한자어(漢字語)의 독음(讀音)을 쓰시오. ▶정답은 418쪽

1. 精巧
2. 巧言令色
3. 較差
4. 比:較
5. 日較差
6. 永:久不變
7. 持久力
8. 日久月深
9. 拘禁
10. 拘留
11. 拘束
12. 拘引
13. 拘置所
14. 菊花
15. 菊版
16. 水菊
17. 黃菊
18. 梅蘭菊竹
19. 弓術
20. 名弓
21. 國弓
22. 洋弓
23. 拳:銃
24. 鐵拳
25. 赤手空拳
26. 鬼:神
27. 鬼:才
28. 克己復禮
29. 神出鬼沒
30. 吸血鬼
31. 克明
32. 國難克服
33. 禽獸
34. 家禽
35. 猛:禽類
36. 心琴
37. 彈:琴
38. 玄琴
39. 錦:江
40. 錦:上添花
41. 錦:衣夜行
42. 及第
43. 錦:衣還鄉
44. 普:及
45. 言及
46. 波及
47. 及其也
48. 企待
49. 企圖
50. 企劃
51. 企業
52. 其他
53. 其實
54. 不知其數
55. 各其
56. 畿湖學派
57. 京畿道
58. 祈願
59. 祈雨祭
60. 祈福信仰
61. 緊密
62. 緊要
63. 緊張
64. 緊縮
65. 緊急
66. 承諾
67. 應:諾
68. 內:諾
69. 受諾
70. 許諾
71. 娘子
72. 會寧
73. 上疏
74. 耐:火
75. 忍耐
76. 耐:久性
77. 耐:熱材
78. 康寧
79. 安寧
80. 奴婢
81. 賣:國奴
82. 守錢奴
83. 腦死
84. 頭腦

♣ 다음 한자어(漢字語)의 독음(讀音)을 쓰시오.　　▶정답은 418쪽

1. 洗:腦
2. 首腦
3. 腦卒中
4. 茶道
5. 茶禮
6. 綠茶
7. 紅茶
8. 一片丹心
9. 茶飯事
10. 五色丹靑
11. 牧丹
12. 七寶丹粧
13. 但:書
14. 但:只
15. 非:但
16. 元旦
17. 一旦
18. 淡:淡
19. 淡:白
20. 冷:淡
21. 淡:水魚
22. 踏步
23. 踏査
24. 踏襲
25. 前人未踏
26. 唐突
27. 唐詩
28. 唐四柱
29. 臺本
30. 燈臺
31. 舞:臺
32. 寢:臺
33. 展:望臺
34. 刀劍
35. 果:刀
36. 短刀
37. 寶:刀
38. 單刀直入
39. 別途
40. 途:中下車
41. 開途國
42. 多用途室
43. 陶工
44. 陶器
45. 陶醉
46. 陶藝
47. 陶山書院
48. 突擊
49. 突發
50. 突變
51. 激突
52. 衝突
53. 脈絡
54. 連絡
55. 空欄
56. 欄干
57. 備:考欄
58. 蘭草
59. 蘭香
60. 佛蘭西
61. 金蘭之契
62. 廊下
63. 行廊
64. 畫:廊
65. 回廊
66. 舍廊房
67. 浪:費
68. 浪:說
69. 激:浪
70. 放:浪
71. 風浪
72. 郞君
73. 新郞
74. 花郞徒
75. 納凉
76. 淸凉飮料
77. 激:勵
78. 督勵
79. 獎:勵
80. 勉:勵
81. 西曆
82. 陰曆
83. 陽曆
84. 冊曆

311

♣ 다음 한자어(漢字語)의 독음(讀音)을 쓰시오. ▶정답은 418쪽

1. 曆法
2. 戀:歌
3. 戀:慕
4. 戀:愛
5. 失戀
6. 悲:戀
7. 聯盟
8. 聯想
9. 聯合
10. 關聯
11. 聯立
12. 敎鍊
13. 精鍊
14. 訓:鍊
15. 修鍊
16. 鍊金術
17. 嶺東
18. 嶺南
19. 分水嶺
20. 大:關嶺
21. 靈感
22. 靈物
23. 靈前
24. 靈魂
25. 神靈
26. 香爐
27. 火爐
28. 爐邊談話
29. 露宿
30. 露天
31. 露出
32. 發露
33. 暴露
34. 弄:談
35. 才弄
36. 戱弄
37. 信:賴
38. 依賴
39. 無賴漢
40. 樓上
41. 樓臺
42. 望:樓
43. 樓閣
44. 城樓
45. 倫理
46. 不倫
47. 五:倫
48. 天倫
49. 人倫
50. 絶倫
51. 栗谷
52. 生栗
53. 率直
54. 輕率
55. 統率
56. 能率
57. 比:率
58. 隆起
59. 隆盛
60. 隆崇
61. 陵園
62. 王陵
63. 陵辱
64. 陵墓
65. 吏:讀
66. 吏:房
67. 官吏
68. 淸白吏
69. 履:修
70. 履:行
71. 履:歷書
72. 不履行
73. 裏:面
74. 裏:書
75. 腦裏
76. 表裏不同
77. 臨迫
78. 臨時變通
79. 降臨
80. 臨戰無退
81. 幕舍
82. 字幕
83. 閉幕
84. 天幕

♣ 다음 한자어(漢字語)의 독음(讀音)을 쓰시오.　　▶정답은 419쪽

1. 黑幕
2. 漠漠
3. 沙漠
4. 漠然
5. 莫重
6. 莫上莫下
7. 莫强
8. 莫逆之友
9. 妄:覺
10. 妄:發
11. 妄:想
12. 妄:言
13. 虛妄
14. 梅實
15. 梅花
16. 寒梅
17. 雪中梅
18. 孟:子
19. 孟:春
20. 孔:孟
21. 虛無孟浪
22. 猛:犬
23. 猛:烈
24. 猛:獸
25. 猛:威
26. 勇:猛
27. 盲點
28. 盲從
29. 文盲
30. 盲信
31. 盲目的
32. 盟約
33. 盟主
34. 同盟
35. 血盟
36. 加盟店
37. 冬:眠
38. 永:眠
39. 休眠
40. 不眠
41. 綿絲
42. 純綿
43. 綿織物
44. 周到綿密
45. 滅亡
46. 滅族
47. 破:滅
48. 滅私奉公
49. 銘心
50. 感:銘
51. 碑銘
52. 座:右銘
53. 慕:情
54. 思慕
55. 崇慕
56. 愛:慕
57. 追慕
58. 謀略
59. 謀反
60. 謀事
61. 圖謀
62. 陰謀
63. 貌樣
64. 面:貌
65. 外:貌
66. 容貌
67. 風貌
68. 親睦
69. 和睦
70. 沒頭
71. 沒落
72. 沒殺
73. 出沒
74. 沒知覺
75. 夢:想
76. 同床異夢
77. 解:夢
78. 一場春夢
79. 蒙古
80. 童蒙先習
81. 蒙恩
82. 訓蒙字會
83. 茂:林
84. 茂:盛

♣ 다음 한자어(漢字語)의 독음(讀音)을 쓰시오.   ▶정답은 419쪽

1. 貿:易	2. 密貿易	43. 後輩	44. 不良輩
3. 默念	4. 默禮	45. 暴力輩	46. 伯父
5. 默想	6. 默認	47. 伯氏	48. 道伯
7. 沈默	8. 勿論	49. 畫:伯	50. 伯仲之勢
9. 勿忘草	10. 勿失好機	51. 繁盛	52. 繁榮
11. 微動	12. 微量	53. 繁雜	54. 繁華
13. 微細	14. 微笑	55. 農繁期	56. 凡:例
15. 輕微	16. 機微	57. 凡:常	58. 凡失
17. 刻薄	18. 薄利多賣	59. 非:凡	60. 平凡
19. 輕薄	20. 佳人薄命	61. 碧眼	62. 碧空
21. 迫頭	22. 迫害	63. 碧昌牛	64. 丙:科
23. 急迫	24. 壓迫	65. 丙:亂	66. 丙子胡亂
25. 切迫	26. 萬:般	67. 補:修	68. 補:藥
27. 全:般	28. 般若心經	69. 補:完	70. 補:助
29. 彼此一般	30. 飯店	71. 補:充	72. 腹案
31. 飯酒	32. 朝飯	73. 空腹	74. 面:從腹背
33. 飯床器	34. 培:養	75. 封書	76. 封合
35. 水耕栽培	36. 排球	77. 開封	78. 同封
37. 排除	38. 排氣	79. 密封	80. 主峯
39. 排出	40. 排他的	81. 連峰	82. 靈峰
41. 輩:出	42. 年輩	83. 最:高峰	84. 逢變

♣ **다음 한자어(漢字語)의 독음(讀音)을 쓰시오.** ▶정답은 419쪽

1. 逢:着
2. 相逢
3. 交付
4. 納付
5. 發付
6. 配付
7. 反:對給付
8. 浮刻
9. 浮力
10. 浮上
11. 浮沈
12. 浮動票
13. 扶助
14. 相扶相助
15. 扶養家族
16. 符:合
17. 符:號
18. 符節
19. 名實相符
20. 名簿
21. 帳簿
22. 家計簿
23. 學籍簿
24. 附:加
25. 附:近
26. 寄附
27. 阿附
28. 時限附
29. 奔走
30. 東奔西走
31. 自由奔放
32. 奮:起
33. 奮:發
34. 興奮
35. 孤軍奮鬪
36. 紛亂
37. 紛紛
38. 紛失
39. 紛爭
40. 內紛
41. 卑:屈
42. 男尊女卑
43. 卑:近
44. 登高自卑
45. 王妃
46. 貴妃
47. 大:妃
48. 太子妃
49. 侍:婢
50. 肥:大
51. 肥:料
52. 肥:滿
53. 天高馬肥
54. 司徒
55. 司法
56. 司會
57. 司令塔
58. 沙果
59. 沙器
60. 黃沙
61. 沙上樓閣
62. 告祀
63. 祭:祀
64. 邪惡
65. 邪心
66. 邪道
67. 奸邪
68. 思無邪
69. 歌詞
70. 動:詞
71. 品:詞
72. 代:名詞
73. 森嚴
74. 森林浴
75. 森羅萬象
76. 群像
77. 銅像
78. 佛像
79. 想像
80. 假:想
81. 喪失
82. 喪事
83. 喪:妻
84. 問:喪

315

♣ 다음 한자어(漢字語)의 독음(讀音)을 쓰시오. ▶정답은 419쪽

1. 初喪
2. 尙:武
3. 高尙
4. 時機尙早
5. 崇尙
6. 綠衣紅裳
7. 衣裳
8. 同價紅裳
9. 詳細
10. 詳述
11. 未詳
12. 霜降
13. 星霜
14. 秋霜
15. 風霜
16. 雪上加霜
17. 索引
18. 索出
19. 檢索
20. 思索
21. 探索
22. 徐:行
23. 徐氏
24. 徐羅伐
25. 容:恕
26. 忠恕
27. 緖:論
28. 端緖
29. 頭緖
30. 情緖
31. 署:名
32. 署:長
33. 部署
34. 官公署
35. 惜別
36. 惜敗
37. 哀惜
38. 買:占賣惜
39. 釋放
40. 解:釋
41. 稀釋
42. 手不釋卷
43. 旋律
44. 旋回
45. 周旋
46. 扇風機
47. 蘇復
48. 蘇生
49. 告:訴
50. 上:訴
51. 被:訴
52. 抗:訴
53. 呼訴
54. 刷:新
55. 印刷
56. 衰弱
57. 衰退
58. 老:衰
59. 興:亡盛衰
60. 將:帥
61. 總:帥
62. 大:元帥
63. 統:帥權
64. 壽宴
65. 壽命
66. 長壽
67. 天壽
68. 祝壽
69. 愁心
70. 哀愁
71. 鄕愁
72. 百獸
73. 野獸
74. 鳥獸
75. 人面獸心
76. 殊常
77. 特殊
78. 輸送
79. 輸血
80. 輸出
81. 密輸
82. 運:輸
83. 隨時
84. 隨筆

♣ 다음 한자어(漢字語)의 독음(讀音)을 쓰시오. ▶정답은 419쪽

1. 隨行
2. 夫唱婦隨
3. 需給
4. 需要
5. 特需
6. 婚需
7. 內:需
8. 淑女
9. 私淑
10. 貞淑
11. 熟達
12. 熟讀
13. 熟語
14. 成熟
15. 熟考
16. 巡訪
17. 巡視
18. 巡察
19. 巡禮者
20. 上旬
21. 初旬
22. 中旬
23. 下旬
24. 六旬
25. 瞬間
26. 一瞬
27. 瞬息間
28. 口:述
29. 記述
30. 論述
31. 著:述
32. 陳:述
33. 拾得
34. 拾萬
35. 收拾
36. 襲擊
37. 急襲
38. 世:襲
39. 逆襲
40. 因襲
41. 僧舞
42. 僧服
43. 高僧
44. 女僧
45. 老:僧
46. 乘降
47. 乘客
48. 乘馬
49. 便乘
50. 加減乘除
51. 昇格
52. 昇級
53. 昇段
54. 昇華
55. 昇降機
56. 侍:女
57. 侍:從
58. 內:侍
59. 假:飾
60. 服飾
61. 裝飾
62. 修飾
63. 虛禮虛飾
64. 愼:獨
65. 愼:重
66. 審:理
67. 審査
68. 審:議
69. 審:判
70. 豫:審
71. 甚:難
72. 極甚
73. 甚:至於
74. 雙方
75. 雙曲線
76. 變:化無雙
77. 首尾雙關
78. 亞:流
79. 亞聖
80. 亞細亞
81. 亞:熱帶
82. 我:國
83. 我:執
84. 物我一體

♣ 다음 한자어(漢字語)의 독음(讀音)을 쓰시오. ▶정답은 420쪽

1. 我:田引水
2. 雅:量
3. 雅:趣
4. 雅號
5. 端雅
6. 優雅
7. 阿片
8. 阿房宮
9. 曲學阿世
10. 西岸
11. 江岸
12. 彼:岸
13. 海:岸線
14. 顔色
15. 顔:面
16. 童:顔
17. 破:顔大笑
18. 巖壁
19. 巖石
20. 巖刻畫
21. 奇巖怪石
22. 崇仰
23. 信:仰
24. 抑留
25. 推仰
26. 仰:天大笑
27. 中央
28. 哀願
29. 哀歡
30. 悲:哀
31. 喜怒哀樂
32. 若干
33. 萬:若
34. 明若觀火
35. 泰然自若
36. 土壤
37. 擊:壤歌
38. 鼓腹擊壤
39. 天壤之差
40. 抑揚
41. 止揚
42. 揚水機
43. 立身揚名
44. 讓:步
45. 讓:位
46. 辭讓
47. 御:命
48. 御:使
49. 御:醫
50. 御:前
51. 制:御
52. 記憶
53. 追憶
54. 抑壓
55. 抑制
56. 抑止
57. 亦是
58. 役軍
59. 役事
60. 役割
61. 兵役
62. 服役
63. 譯者
64. 國譯
65. 誤:譯
66. 完譯
67. 直譯
68. 驛舍
69. 驛長
70. 驛前
71. 終着驛
72. 宴:會
73. 酒宴
74. 送:別宴
75. 回甲宴
76. 沿道
77. 沿邊
78. 沿岸
79. 沿海
80. 沿:革
81. 軟:性
82. 軟:弱
83. 柔軟性
84. 軟:體動物

♣ 다음 한자어(漢字語)의 독음(讀音)을 쓰시오.　　　　▶정답은 420쪽

1. 悅樂	2. 喜悅	43. 愚弄	44. 愚公移山
3. 染:料	4. 感:染	45. 愚直	46. 愚問賢答
5. 染:色體	6. 傳染病	47. 憂慮	48. 內:憂外患
7. 影:像	8. 影:印	49. 憂愁	50. 識字憂患
9. 影:響	10. 近:影	51. 韻:律	52. 韻:文
11. 投影	12. 榮譽	53. 韻:致	54. 餘韻
13. 名譽	14. 覺:悟	55. 音韻	56. 越冬
15. 大:悟	16. 烏竹	57. 越等	58. 優越
17. 三足烏	18. 烏合之卒	59. 卓越	60. 所:謂
19. 獄死	20. 監獄	61. 幼年	62. 幼兒
21. 地獄	22. 投獄	63. 幼蟲	64. 長:幼有序
23. 下獄	24. 欲求	65. 幽靈	66. 幽明
25. 慾望	26. 欲情	67. 幽閉	68. 深山幽谷
27. 欲速不達	28. 慾心	69. 柔道	70. 柔順
29. 過慾	30. 禁慾	71. 柔弱	72. 優柔不斷
31. 食慾	32. 野慾	73. 悠久	74. 悠悠自適
33. 辱說	34. 困:辱	75. 猶豫	76. 裕:福
35. 屈辱	36. 雪辱	77. 餘裕	78. 維新
37. 榮辱	38. 偶:發	79. 維持	80. 維歲次
39. 偶:像	40. 偶:然	81. 進:退維谷	82. 誘發
41. 配:偶者	42. 宇:宙	83. 誘引	84. 誘惑

♣ 다음 한자어(漢字語)의 독음(讀音)을 쓰시오.   ▶정답은 420쪽

1. 誘導
2. 勸:誘
3. 潤:氣
4. 潤:色
5. 潤:澤
6. 甲男乙女
7. 利:潤
8. 乙巳條約
9. 已往
10. 不得已
11. 已:往之事
12. 左:翼
13. 右:翼
14. 鶴翼陣
15. 忍苦
16. 忍耐
17. 忍辱
18. 殘忍
19. 逸脫
20. 逸品
21. 逸話
22. 安逸
23. 壬:方
24. 慈堂
25. 慈悲
26. 慈善
27. 慈愛
28. 仁慈
29. 暫間
30. 暫:時
31. 暫:定的
32. 潛伏
33. 潛水
34. 潛入
35. 潛在
36. 潛行
37. 丈:母
38. 丈:夫
39. 春府丈
40. 氣高萬丈
41. 管掌
42. 合掌
43. 如反掌
44. 拍掌大笑
45. 孤掌難鳴
46. 治粧
47. 化粧
48. 銀粧刀
49. 七寶丹粧
50. 莊嚴
51. 莊重
52. 別莊
53. 山莊
54. 葬:禮
55. 葬:儀
56. 葬:事
57. 國葬
58. 暗:葬
59. 藏:書
60. 秘:藏
61. 所:藏
62. 收藏
63. 貯藏
64. 臟:器
65. 內:臟
66. 心臟
67. 五:臟
68. 栽:培
69. 裁可
70. 裁斷
71. 裁量
72. 裁定
73. 決裁
74. 記載
75. 登載
76. 連載
77. 積載
78. 千載一遇
79. 抵:當
80. 抵:觸
81. 抵:抗
82. 大:抵
83. 著:名
84. 著:書

♣ 다음 한자어(漢字語)의 독음(讀音)을 쓰시오.   ▶정답은 420쪽

1. 著:者
2. 共著
3. 著作
4. 寂寞
5. 入寂
6. 靜寂
7. 閑寂
8. 摘發
9. 摘示
10. 摘出
11. 指摘
12. 警:笛
13. 汽笛
14. 胡笛
15. 鼓笛隊
16. 遺跡
17. 人跡
18. 足跡
19. 追跡
20. 筆跡
21. 古:蹟
22. 奇蹟
23. 史:蹟
24. 漸:漸
25. 漸:次
26. 漸:進的
27. 漸:入佳境
28. 油井
29. 井邑詞
30. 市:井間
31. 亭子
32. 八角亭
33. 征伐
34. 征服
35. 出征
36. 長征
37. 遠征隊
38. 法廷
39. 朝廷
40. 休廷
41. 精潔
42. 淨化
43. 西方淨土
44. 貞潔
45. 貞節
46. 貞操
47. 不貞
48. 忠貞
49. 頂上
50. 頂點
51. 登頂
52. 山頂
53. 絶頂
54. 諸君
55. 諸般
56. 諸子百家
57. 日居月諸
58. 齊唱
59. 一齊
60. 修身齊家
61. 吉兆
62. 亡:兆
63. 前兆
64. 凶兆
65. 照:明
66. 照:準
67. 對:照
68. 落照
69. 參照
70. 縱斷
71. 放:縱
72. 縱橫無盡
73. 坐:視
74. 坐:不安席
75. 對:坐
76. 坐:井觀天
77. 宇:宙船
78. 美洲
79. 三角洲
80. 六大洲
81. 石柱
82. 電:柱
83. 四:柱八字
84. 卽刻

321

♣ 다음 한자어(漢字語)의 독음(讀音)을 쓰시오. ▶정답은 421쪽

1. 卽決
2. 卽死
3. 卽席
4. 卽時
5. 曾孫子
6. 曾祖父
7. 未曾有
8. 憎惡
9. 可憎
10. 愛憎
11. 症狀
12. 症勢
13. 痛症
14. 不感症
15. 蒸氣
16. 易地思之
17. 蒸發
18. 人之常情
19. 左之右之
20. 電池
21. 天池
22. 乾電池
23. 貯水池
24. 振動
25. 振作
26. 振興
27. 辰韓
28. 日辰
29. 生辰
30. 北辰
31. 星辰
32. 陳列
33. 陳設
34. 陳情書
35. 新陳代謝
36. 鎭壓
37. 鎭重
38. 鎭火
39. 重鎭
40. 鎭痛
41. 秩序
42. 疾病
43. 疾視
44. 疾走
45. 疾風
46. 疾患
47. 執權
48. 執念
49. 執刀
50. 執務
51. 執着
52. 徵收
53. 徵表
54. 徵候
55. 象徵
56. 特徵
57. 此際
58. 此後
59. 如此
60. 此日彼日
61. 贊同
62. 贊反
63. 贊成
64. 贊助
65. 倉庫
66. 穀倉
67. 彈倉
68. 倉卒間
69. 昌盛
70. 昌原
71. 昌寧
72. 昌德宮
73. 蒼空
74. 古色蒼然
75. 蒼白
76. 億兆蒼生
77. 彩色
78. 彩雲
79. 光彩
80. 文彩
81. 水彩畵
82. 菜食
83. 山菜
84. 野菜

♣ 다음 한자어(漢字語)의 독음(讀音)을 쓰시오. ▶정답은 421쪽

1. 計策
2. 對:策
3. 妙:策
4. 方策
5. 秘:策
6. 妻家
7. 妻男
8. 妻弟
9. 夫妻
10. 惡妻
11. 開拓
12. 拓本
13. 干拓地
14. 外:戚
15. 親戚
16. 尺度
17. 越尺
18. 三尺童子
19. 淺:薄
20. 淺:學
21. 日淺
22. 深:淺
23. 賤:待
24. 賤:民
25. 賤:視
26. 貴:賤
27. 貧賤
28. 實踐
29. 哲人
30. 明哲保身
31. 徹夜
32. 徹底
33. 貫徹
34. 徹天之恨
35. 礎石
36. 基礎
37. 定:礎
38. 肖像
39. 不肖
40. 肖像畫
41. 超過
42. 超然
43. 超越
44. 超人
45. 超脫
46. 促求
47. 促迫
48. 促成
49. 促進
50. 督促
51. 觸覺
52. 觸角
53. 觸手
54. 感:觸
55. 接觸
56. 催:告
57. 催:眠
58. 開催
59. 主催
60. 追加
61. 追擊
62. 追念
63. 追求
64. 追窮
65. 衝擊
66. 折衝
67. 要衝
68. 左:衝右突
69. 吹:入
70. 吹:打
71. 吹:笛
72. 醉:客
73. 醉:氣
74. 滿醉
75. 醉:生夢死
76. 側近
77. 側面
78. 兩:側
79. 右:側
80. 價:値
81. 數:値
82. 恥部
83. 恥事
84. 恥辱

323

♣ 다음 한자어(漢字語)의 독음(讀音)을 쓰시오. ▶정답은 421쪽

1. 厚:顔無恥
2. 稚漁
3. 稚氣
4. 幼稚園
5. 沈降
6. 沈沒
7. 沈潛
8. 沈着
9. 沈氏
10. 佛塔
11. 金字塔
12. 多寶塔
13. 泰斗
14. 泰山北斗
15. 泰然
16. 國泰民安
17. 殆半
18. 危殆
19. 光澤
20. 德澤
21. 恩澤
22. 平澤
23. 惠:澤
24. 兔先生
25. 版木
26. 原版
27. 再:版
28. 初版
29. 出版
30. 片:紙
31. 斷:片
32. 破:片
33. 一葉片舟
34. 弊:端
35. 弊:習
36. 弊:害
37. 語:弊
38. 病:弊
39. 肺:炎
40. 肺:活量
41. 浦口
42. 南浦
43. 楓林
44. 丹楓
45. 霜楓
46. 彼:我間
47. 彼:此
48. 知彼知己
49. 皮革
50. 毛皮
51. 脫皮
52. 草根木皮
53. 被:擊
54. 被:告
55. 被:服
56. 被:殺
57. 被:害
58. 畢竟
59. 畢生
60. 未:畢
61. 兵役畢
62. 何等
63. 何必
64. 何如歌
65. 抑何心情
66. 賀:客
67. 賀:禮
68. 祝賀
69. 致:賀
70. 年賀狀
71. 鶴舞
72. 白鶴
73. 群鷄一鶴
74. 割據
75. 割當
76. 割引
77. 割增
78. 役割
79. 含量
80. 含蓄
81. 包含
82. 含憤蓄怨
83. 陷:落
84. 陷:沒

♣ 다음 한자어(漢字語)의 독음(讀音)을 쓰시오. ▶정답은 421쪽

1. 缺陷
2. 謀陷
3. 恒常
4. 恒星
5. 恒時
6. 恒久的
7. 項:目
8. 各項
9. 事:項
10. 條項
11. 反:響
12. 音響
13. 交響樂
14. 惡影響
15. 獻:金
16. 獻:納
17. 獻:身
18. 獻:血
19. 奉:獻
20. 懸:案
21. 懸:板
22. 懸:賞金
23. 懸河之辯
24. 玄米
25. 玄孫
26. 玄武岩
27. 天地玄黃
28. 威脅
29. 脅迫
30. 慧:眼
31. 智慧
32. 浩氣
33. 浩:然之氣
34. 胡角
35. 胡桃
36. 胡亂
37. 虎:患
38. 虎死留皮
39. 猛虎
40. 三人成虎
41. 豪傑
42. 豪族
43. 豪快
44. 强豪
45. 豪言壯談
46. 惑星
47. 當惑
48. 疑惑
49. 魂靈
50. 怨:魂
51. 鎭:魂
52. 忠魂
53. 忽待
54. 忽然
55. 洪水
56. 禍:根
57. 戰:禍
58. 災禍
59. 轉禍爲福
60. 換:氣
61. 換:率
62. 換算
63. 交換
64. 變:換
65. 還甲
66. 還國
67. 還給
68. 還生
69. 歸:還
70. 皇帝
71. 敎:皇
72. 張皇
73. 玉皇上帝
74. 悔:改
75. 悔:恨
76. 後:悔莫及
77. 懷古
78. 懷柔
79. 懷疑
80. 感:懷
81. 述懷
82. 劃策
83. 計:劃
84. 區劃

♣ 다음 한자어(漢字語)의 독음(讀音)을 쓰시오.　　　　　　　　▶정답은 421쪽

1. 劃一的
2. 獲得
3. 漁獲
4. 橫斷
5. 橫暴
6. 橫材
7. 專橫
8. 戱曲
9. 戱劇
10. 戱畫
11. 遊戱
12. 稀貴
13. 稀微
14. 稀薄
15. 稀少
16. 古:稀
17. 訣別
18. 口訣
19. 秘訣
20. 永訣
21. 紋章
22. 指紋
23. 波紋
24. 疏食
25. 疏外
26. 疏遠
27. 疏通
28. 親疏
29. 架空
30. 架橋
31. 架設
32. 書架
33. 十字架
34. 鋼材
35. 鋼鐵
36. 鋼板
37. 製:鋼
38. 鐵鋼
39. 蓋:然性
40. 蓋:馬高原
41. 口:蓋音化
42. 口:徑
43. 半:徑
44. 直徑
45. 硬度
46. 硬質
47. 硬化
48. 硬直
49. 強硬
50. 桂:冠
51. 桂:皮
52. 月桂冠
53. 隔離
54. 隔差
55. 間隔
56. 遠隔
57. 懸隔
58. 丘陵
59. 丘陵地
60. 狂亂
61. 狂奔
62. 狂暴
63. 狂風
64. 發狂
65. 熱狂
66. 滅菌
67. 無菌
68. 病:菌
69. 殺菌
70. 細:菌
71. 騎手
72. 騎士
73. 騎馬
74. 騎兵
75. 單騎
76. 糖分
77. 糖度
78. 果:糖
79. 乳糖
80. 雪糖
81. 貸:金
82. 貸:付
83. 貸:與
84. 貸:借

♣ 다음 한자어(漢字語)의 독음(讀音)을 쓰시오.　　　　　▶정답은 422쪽

1. 貸:出
2. 渡江
3. 渡來
4. 賣:渡
5. 不渡
6. 引渡
7. 倒:産
8. 倒:置
9. 壓倒
10. 卒倒
11. 打:倒
12. 桃花
13. 胡桃
14. 桃園結義
15. 武:陵桃源
16. 凍:結
17. 凍:死
18. 凍:傷
19. 凍:破
20. 冷:凍
21. 橋梁
22. 上:梁
23. 梁上君子
24. 蓮花
25. 蓮根
26. 木蓮
27. 裂傷
28. 決裂
29. 分裂
30. 破裂
31. 滅裂
32. 祿邑
33. 官祿
34. 國祿
35. 福祿
36. 雷管
37. 落雷
38. 避:雷針
39. 附:和雷同
40. 累:計
41. 累:代
42. 累:積
43. 累:進
44. 累:卵之勢
45. 漏:落
46. 漏:水
47. 漏:電
48. 漏:出
49. 脫漏
50. 麻衣
51. 菜:麻
52. 大:麻草
53. 快刀亂麻
54. 磨滅
55. 鍊:磨
56. 晚:年
57. 晚:唐
58. 晚:秋
59. 大:器晚成
60. 媒體
61. 觸媒
62. 媒介體
63. 麥酒
64. 小:麥
65. 免:稅
66. 免:除
67. 免:罪
68. 免:職
69. 免:禍
70. 墨客
71. 墨守
72. 墨香
73. 水墨畫
74. 尾行
75. 末尾
76. 後:尾
77. 魚頭肉尾
78. 盤石
79. 基盤
80. 小:盤
81. 巖盤
82. 音盤
83. 拔群
84. 奇拔

327

♣ 다음 한자어(漢字語)의 독음(讀音)을 쓰시오. ▶정답은 422쪽

1. 選:拔
2. 海:拔
3. 拔本塞源
4. 芳年
5. 芳名錄
6. 流芳百世
7. 綠陰芳草
8. 系:譜
9. 年譜
10. 樂譜
11. 音譜
12. 族譜
13. 覆蓋
14. 覆啓
15. 覆面
16. 反覆
17. 鳳:仙花
18. 龍尾鳳湯
19. 賦:課
20. 賦:與
21. 賦:役
22. 天賦的
23. 腐:敗
24. 豆腐
25. 腐:葉土
26. 切齒腐心
27. 拂入
28. 拂下
29. 完拂
30. 支拂
31. 還拂
32. 斜面
33. 斜線
34. 斜視
35. 斜陽
36. 傾斜
37. 蛇足
38. 毒蛇
39. 長蛇陣
40. 龍頭蛇尾
41. 削減
42. 削髮
43. 削除
44. 削奪官職
45. 償還
46. 報:償
47. 有:償
48. 扶桑
49. 桑田碧海
50. 要塞
51. 窮塞
52. 語:塞
53. 拔本塞源
54. 禪房
55. 禪師
56. 禪宗
57. 坐禪
58. 參禪
59. 燒死
60. 燒酒
61. 燒失
62. 全燒
63. 訟:事
64. 訴訟
65. 爭訟
66. 鎖:國
67. 封鎖
68. 連鎖
69. 閉:鎖
70. 山上垂訓
71. 垂直
72. 率先垂範
73. 濕氣
74. 濕度
75. 濕式
76. 濕地
77. 牙城
78. 齒牙
79. 象牙塔
80. 麥芽
81. 發芽
82. 草芽
83. 檢:疫
84. 免:疫

♣ 다음 한자어(漢字語)의 독음(讀音)을 쓰시오.   ▶정답은 422쪽

1. 防疫	2. 紅疫	43. 亂:刺	44. 水刺
3. 燕:尾服	4. 鹽分	45. 紫:色	46. 紫:朱
5. 鹽素	6. 鹽田	47. 紫外線	48. 山紫水明
7. 食鹽水	8. 炎症	49. 殿閣	50. 殿堂
9. 肝:炎	10. 腦炎	51. 殿下	52. 佛殿
11. 肺:炎	12. 暴炎	53. 租稅	54. 租借
13. 瓦:家	14. 瓦:屋	55. 準:租稅	56. 鑄物
15. 瓦:當	16. 瓦:解	57. 鑄造	58. 鑄貨
17. 靑瓦臺	18. 緩:急	59. 鑄錢	60. 鑄鐵
19. 緩衝	20. 緩:行	61. 奏樂	62. 奏請
21. 緩:和	22. 羽:毛	63. 演奏	64. 吹奏
23. 羽:書	24. 羽:調	65. 前奏曲	66. 珠算
25. 羽:化登仙	26. 胃壁	67. 珠玉	68. 眞珠
27. 胃炎	28. 胃腸	69. 百八念珠	70. 株價
29. 僞善	30. 僞造	71. 株式	72. 仲:裁
31. 僞證	32. 眞僞	73. 仲:介	74. 仲:秋節
33. 虛僞	34. 淫亂	75. 伯仲之勢	76. 枝葉
35. 淫談	36. 賃:金	77. 金枝玉葉	78. 震:國
37. 賃:貸	38. 賃:借	79. 震:檀	80. 震:度
39. 無賃	40. 運:賃	81. 耐:震	82. 地震
41. 刺:客	42. 刺:傷	83. 借:入	84. 借:名

♣ 다음 한자어(漢字語)의 독음(讀音)을 쓰시오. ▶정답은 422쪽

1. 借:用	2. 假:借	43. 吐:絲	44. 吐:出
3. 錯覺	4. 錯亂	45. 吐:血	46. 實吐
5. 錯視	6. 錯誤	47. 透明	48. 透視
7. 交錯	8. 債:券	49. 透徹	50. 透過
9. 債:權	10. 債:務	51. 偏見	52. 偏食
11. 負:債	12. 私債	53. 偏愛	54. 偏重
13. 遷:都	14. 改:過遷善	55. 編曲	56. 編隊
15. 變:遷	16. 孟:母三遷	57. 編成	58. 編制
17. 滯納	18. 滯留	59. 改:編	60. 廢:止
19. 滯拂	20. 滯症	61. 廢:車	62. 廢:品
21. 停滯	22. 沈滯	63. 存廢	64. 捕:手
23. 畜舍	24. 家畜	65. 捕:卒	66. 捕:獲
25. 牧畜	26. 畜産業	67. 生捕	68. 捕:盜廳
27. 漆器	28. 漆板	69. 荷:物	70. 荷:役
29. 漆黑	30. 浸:水	71. 荷:重	72. 負:荷
31. 浸:透	32. 奪取	73. 汗:蒸幕	74. 不汗黨
33. 奪還	34. 强:奪	75. 穴居	76. 經穴
35. 收奪	36. 生殺與奪	77. 墓:穴	78. 虎:穴
37. 湯:藥	38. 湯:材	79. 衡平	80. 均衡
39. 冷湯	40. 熱湯	81. 連衡	82. 度量衡
41. 溫湯	42. 吐露	83. 荒涼	84. 荒野

♣ 다음 한자어(漢字語)의 독음(讀音)을 쓰시오. ▶정답은 422쪽

1. 荒廢
2. 荒唐
3. 破:天荒
4. 胸部
5. 胸像
6. 胸中
7. 心胸

♣ 다음 낱말 풀이에 알맞은 한자(漢字)를 쓰시오.   ▶ 정답은 423쪽

1. 가인 (　　　　)
　아름다운 여자. 미인(美人).
　¶ 양귀비는 중국의 절세~이었다.

2. 가작 (　　　　)
　잘된 작품. 당선에 버금가는 작품.
　¶ 그는 한국미술대전에서 ~으로 입상했다.

3. 백년가약 (　　　　)
　젊은 남녀가 결혼하여 평생을 같이 지낼 것을 다짐하는 아름다운 언약.
　¶ 이도령과 성춘향은 ~을 맺었다.

4. 중추가절 (　　　　)
　음력 팔월 보름의 좋은 날. 추석.
　¶ ~은 우리나라의 중요 명절이다.

5. 각광 (　　　　)
　무대의 앞면 아래쪽에서 배우를 환하게 비추는 조명.
　¶ 요즘 연극계에서 ~을 받고 있는 배우를 소개하겠습니다.

6. 각본 (　　　　)
　①연극의 무대 장치 및 배우의 동작이나 대사 따위를 적은 글. 극본(劇本). ②미리 예정된 계획을 비유적으로 이르는 말.
　¶ 일이 ~대로 잘되어 갔다.

7. 건각 (　　　　)
　튼튼하여 잘 뛰거나 걷는 다리. 또는, 그러한 사람.
　¶ 세계의 ~들이 펼치는 42.195km의 마라톤 대회가 잠실주경기장에서 시작한다.

8. 마각 (　　　　)
　말의 다리.
　¶ ~이 드러나다.

9. 실각 (　　　　)
　①발을 헛디디는 것. ②권력 투쟁의 결과로 실권이나 세력을 잃는 것.
　¶ 등소평은 1976년 천안문 사건으로 ~했다가 이듬해에 복권되었다.

10. 각의 (　　　　)
　내각이 그 직무를 수행하기 위하여 개최하는 회의.
　¶ 에너지 절약법의 개정안을 ~에서 결정하기로 하다.

11. 개각 (　　　　)
　내각(內閣)을 개편하는 것.
　¶ 전면적인 ~을 단행하다.

12. 내각 (　　　　)
　국가의 행정권을 집행하는 합의제 기관.
　¶ ~을 개편하다.

13. 각하 (　　　　)
　특정한 고급 관료에 대한 높임말.
　¶ 대통령 ~.

14. 규장각 (　　　　)
　조선 시대에, 역대 임금의 시문·서화·유교(遺敎)·고명(顧命) 등을 보관하던 관청.
　¶ ~은 정조에 의해 설치되었다.

15. 간행 (　　　　)
　인쇄하여 세상에 널리 펴는 것.
　¶ 이 책은 정부에 의해 ~되었다.

16. 근간 (　　　　)
　최근에 출판된 간행물.
　¶ 이번달 ~서적이다.

17. 발간 (　　　　)
　책이나 신문 등을 박아 펴냄.
　¶ 잡지를 ~하다.

18. 신간 (　　　　)
　책을 새로 간행함.
　¶ 기다리던 ~서적이 나오다.

19. 창간 (　　　　)
　신문·잡지 따위의 정기 간행물의 첫 호를 간행함.
　¶ 여성잡지를 ~하다.

20. 간부 (　　　　)
　조직체·기관의 책임자나 지휘자.
　¶ 임시 ~회의를 소집하다.

21. 간선 (　　　　)
　도로·철도·수로·전신 따위에서 중심이 되는 선.
　¶ 우리 마을 앞에 ~도로가 생겼다.

22. 근간 (　　　　)
　뿌리와 줄기. 사물의 바탕이나 가장 중심이 되는 부분.
　¶ 한 살인 사건을 ~으로 그 연극은 만들어 졌다.

♣ 다음 낱말 풀이에 알맞은 한자(漢字)를 쓰시오.   ➡ 정답은 423쪽

1. 어간 (　　　　　)
활용어의 활용에서 변하지 않는 부분. '읽는다, 읽느냐, 읽고, 읽지, …' 등에서의 '읽-'.
¶ 우리말의 모든 동사와 형용사는 ~과 어미로 나누어진다.

2. 주간 (　　　　　)
일을 주장(主掌)하여 맡아서 처리하는 것. 또는, 그 사람.
¶ 이 분이 우리잡지의 편집~이다.

3. 간곡 (　　　　　)
간절하고 정성스러움.
¶ 나에게 ~히 부탁하여 거절할 수가 없다.

4. 간구 (　　　　　)
간절히 구하는 일.
¶ 그의 ~를 나는 외면할 수가 없다.

5. 간절 (　　　　　)
정성스럽고 간곡함.
¶ 그의 ~한 부탁을 차마 거절하기가 어려웠다.

6. 간청 (　　　　　)
간절히 청하는 것.
¶ 친구의 ~에 못이겨 그의 부탁을 들어 주었다.

7. 간담회 (　　　　　)
정답게 서로 이야기하는 모임.
¶ 오늘 3시에 대강당에서 국문학과 ~가 있을 예정이다.

8. 간담 (　　　　　)
간과 쓸개.
¶ 그 이야기를 듣고 ~이 서늘해졌다.

9. 간담상조 (　　　　　)
간과 쓸개를 서로 드러내 보인다는 뜻으로 서로 마음을 터놓고 사귐.
¶ 영희와 나는 ~ 사이이다.

10. 구곡간장 (　　　　　)
굽이굽이 깊이 서린 창자라는 뜻으로 깊은 마음속 또는 시름이 쌓인 마음속을 비유하여 이르는 말.
¶ ~을 녹이다.

11. 감별 (　　　　　)
보고 식별하는 것.
¶ 병아리의 암수를 ~하다.

12. 감상 (　　　　　)
예술 작품을 이해하여 즐기고 평가하는 것.
¶ 음악을 ~하며 오후 시간을 보내다

13. 감식 (　　　　　)
어떤 사물의 좋고 나쁨과 진짜인지 가짜인지를 알아내는 것.
¶ 그는 골동품 ~에 뛰어났다.

14. 감정 (　　　　　)
사물의 값어치, 좋고 나쁨, 진짜와 가짜 등을 살펴서 판정함.
¶ 아버지는 보석을 ~하는 일을 하신다.

15. 명심보감 (　　　　　)
조선 시대에, 어린이들의 인격 수양을 위해 엮은 한문 교양서.
¶ ~에는 교양으로 일반인들이 알아야할 좋은 글귀가 많다.

16. 강건 (　　　　　)
굳세고 건전함.
¶ 화랑들은 ~한 기상을 가졌다.

17. 강단 (　　　　　)
어떤 일을 야무지게 결단하거나 견뎌 내는 힘.
¶ 그는 약골 같아도 ~이 있다.

18. 강직 (　　　　　)
기질이 꿋꿋하고 곧음.
¶ 교장선생님은 ~한 성품을 가졌다.

19. 금강산 (　　　　　)
강원도 북부에 있는 명산. 봄에는 금강산, 여름에는 봉래산, 가을에는 풍악산, 겨울에는 개골산으로 일컫기도 함.
¶ ~ 관광이 육로를 통해서도 가능해질 것 같다.

20. 외유내강 (　　　　　)
겉으로는 부드럽고 순하나 속은 곧고 꿋꿋함.
¶ 그는 성품이 ~하다.

21. 강령 (　　　　　)
①일의 으뜸이 되는 줄거리. ②정당·단체 등에서, 그 기본 목표·정책·운동 규범 등을 정한 것.
¶ 그 정당의 행동~은 매우 엄격하다.

22. 기강 (　　　　　)
으뜸이 되는 중요한 규율과 질서.
¶ ~을 확립하다.

♣ 다음 낱말 풀이에 알맞은 한자(漢字)를 쓰시오.　▶ 정답은 423쪽

1. 대강　(　　　　　)
대강령의 준말. 일의 중요한 부분만 간단하게.
¶ 일을 ~ 마무리하고 퇴근합시다.

2. 요강　(　　　　　)
①근본이 되는 중요 사항. ②기본적인 줄거리나 골자.
¶ 내년도 입시~이 발표되었다.

3. 삼강오륜　(　　　　　)
삼강과 오륜. 삼강은 군위신강(君爲臣綱)·부위자강(父爲子綱)·부위부강(夫爲婦綱)이며 오륜은 부자유친(父子有親)·군신유의(君臣有義)·부부유별(夫婦有別)·장유유서(長幼有序)·붕우유신(朋友有信)이다.
¶ ~은 아직도 우리사회에서 지켜야할 덕목이다.

4. 개의　(　　　　　)
마음에 두거나 신경을 쓰는 것.
¶ 누가 뭐라 하든 ~치 말고 너의 신념대로 밀고 나가라.

5. 개입　(　　　　　)
나서거나 끼어드는 것.
¶ 국제 분쟁에 강대국이 ~하기 시작했다.

6. 중개인　(　　　　　)
남의 의뢰를 받아 상행위를 대리 또는 매개하여 이에 대한 수수료를 받는 사람.
¶ ~의 도움으로 좋은 물건을 살 수 있었다.

7. 매개체　(　　　　　)
어떤 일이나 현상을 매개하는 사물.
¶ 음악은 유아의 재능개발에 매우 좋은 ~가 됩니다.

8. 개념　(　　　　　)
①어떤 사물이나 그것을 나타내는 언어가 가지는 기본적인 의미 내용. ②사물 현상에 대한 일반적인 지식이나 관념.
¶ 그 일은 ~부터 파악해야 해결할 수 있다.

9. 개론　(　　　　　)
어떤 분야의 학문에 대해 기초적인 내용을 추려 대강 논하는 일.
¶ 이번 학기부터 문학~를 강의하게 되었다.

10. 개요　(　　　　　)
추려 낸 주요 내용.
¶ 한국 역사의 ~를 서술하다.

11. 기개　(　　　　　)
씩씩한 기상과 꿋꿋한 절개.
¶ 장부의 대쪽같은 ~가 엿보인다.

12. 절개　(　　　　　)
신념·신의 따위를 굽히거나 변하지 않는 성실한 태도.
¶ ~를 지키다.

13. 상거　(　　　　　)
서로 떨어져 있는 것. 떨어져 있는 두 곳의 거리.
¶ 마을끼리 십 리 정도를 ~하고 있다.

14. 거리감　(　　　　　)
공간적으로 떨어진 느낌. 친숙하지 않아 서먹서먹한 느낌.
¶ 그 친구와는 왠지 ~이 느껴진다.

15. 원거리　(　　　　　)
먼 거리.
¶ ~ 성적우수 학생들을 적극 유치하고 우리대학 신입생들의 숙식을 제공하겠습니다.

16. 사정거리　(　　　　　)
탄환의 발사점에서 도달점까지의 거리.
¶ 이 미사일은 ~가 7000km이다.

17. 건배　(　　　　　)
여러 사람이 경사를 축하하거나 건강을 기원하면서 함께 술잔을 들어 술을 마시는 일.
¶ 건강을 위해 다 같이 ~합시다.

18. 건조　(　　　　　)
습기나 물기를 말리는 것.
¶ 오징어를 햇볕에 ~하다.

19. 건초　(　　　　　)
베어 말린 풀. 마른풀.
¶ 토끼의 특수한 맹장에는 ~의 섬유질이 필요합니다.

20. 건어물　(　　　　　)
생선·조개류 따위를 말린 식품.
¶ 수산시장 해안도로 변으로 즐비하게 ~ 상가가 많이 있다.

21. 검도　(　　　　　)
①검술을 닦는 방도. ②두 사람이 호구(護具)를 착용하고 죽도(竹刀)로 서로 상대를 타격하거나 찔러서 승패를 결정하는 경기.
¶ 철수는 이달부터 ~를 배우기 시작했다.

♣ 다음 낱말 풀이에 알맞은 한자(漢字)를 쓰시오.　　➡ 정답은 423쪽

1. 대검　(　　　　　　)
   칼을 차는 것. 소총의 총신(銃身) 끝에 꽂는 칼.
   ¶ 적군의 ~에 찔리고 구타당했다.

2. 보검　(　　　　　　)
   보배로운 칼.
   ¶ 아버지로부터 ~을 물려받았다.

3. 각주구검　(　　　　　　)
   배의 밖으로 칼을 떨어뜨린 사람이, 후에 찾기 위해 배가 움직이는 것도 생각하지 않고 뱃전에 표시를 해 두었다는 고사에서 유래한 말로 시세의 변천도 모르고, 낡은 것만 고집하는 어리석음을 비유한 말.
   ¶ 배에 위치를 새겨 놓고 칼을 찾는다는 뜻의 고사성어는 ~이다.

4. 겸비　(　　　　　　)
   두 가지 이상의 것을 갖추고 있는 것.
   ¶ 그는 문무(文武)를 ~한 훌륭한 장수이다.

5. 겸임　(　　　　　　)
   두 가지 이상의 지위·직무를 아울러 겸하는 것.
   ¶ 김박사는 교수직과 IOC위원직을 ~하고 있다.

6. 겸직　(　　　　　　)
   본직 외에 다른 직무를 겸하는 것.
   ¶ 그는 현재 서너 가지 일을 ~하고 있다.

7. 겸인지용　(　　　　　　)
   능히 몇 사람을 당해 낼 만한 용기.
   ¶ 자서(子胥)의 ~도 검광(劍光)에 죽어 있고(鼈主簿傳).

8. 겸사　(　　　　　　)
   겸손한 말. 겸손히 사양하는 것.
   ¶ 초대에 정중히 ~하다.

9. 겸허　(　　　　　　)
   자기를 낮추어 겸손함.
   ¶ 그의 ~한 자세는 본받을 만 하다.

10. 겸양지덕　(　　　　　　)
    겸손하고 사양하는 미덕.
    ¶ ~을 갖추다.

11. 경작　(　　　　　　)
    심은 곡물이나 채소 등이 잘 자랄 수 있게 갈고 보살피는 것.
    ¶ ~하고 있는 땅이 이렇게 넓은 줄은 몰랐다.

12. 농경지　(　　　　　　)
    농작물을 경작하는 토지.
    ¶ 바다를 메워 ~를 넓히는 사업을 정부는 추진 중이다.

13. 주경야독　(　　　　　　)
    낮에는 농사일을 하고 밤에는 글을 읽는다는 뜻으로 어려운 여건 속에서도 꿋꿋이 공부함을 비유하는 말.
    ¶ 그는 ~하면서 이번 과거에서 장원급제하였다.

14. 경지정리　(　　　　　　)
    토지의 이용 가치를 높이기 위하여, 경지의 구획 정리나 배수 시설·관개 시설·객토 작업·농로 개설 등을 공동으로 시행하는 일.
    ¶ 일제는 우리 땅의 농작물을 수탈하기 위해 ~를 하기 시작했다.

15. 경각　(　　　　　　)
    아주 짧은 시간. 또는, 눈 깜빡할 동안.
    ¶ 이번일은 목숨이 ~에 달렸다.

16. 식경　(　　　　　　)
    한 끼의 음식을 먹을 만한 잠깐 동안.
    ¶ 금방 돌아온다던 사람이 한 ~이나 지나서야 돌아왔다.

17. 만경창파　(　　　　　　)
    끝없이 너른 바다.
    ¶ 지금 나의 처지가 ~에 뜬 일엽편주와 같다.

18. 계기　(　　　　　　)
    어떤 일이 일어나거나 변화·결정되는 근거나 기회.
    ¶ 올림픽을 ~로 스포츠에 대한 인식이 크게 향상하였다.

19. 계약　(　　　　　　)
    사법상의 일정한 법률적 효과의 발생을 목적으로 하는, 두 사람 이상의 의사의 합의에 따라 성립하는 법률 행위. 약속.
    ¶ ~을 위반하다.

20. 계원　(　　　　　　)
    계에 든 사람.
    ¶ 영희 엄마도 우리 계 ~이 되었다.

21. 묵계　(　　　　　　)
    말 없는 가운데 서로 뜻이 통하는 것. 또는, 그렇게 하여 성립된 약속.
    ¶ 그 문제에 대해서는 양당(兩黨) 사이에 어떤 ~가 있었던 것 같다.

♣ 다음 낱말 풀이에 알맞은 한자(漢字)를 쓰시오.　　➡ 정답은 423쪽

1. 거란　（　　　　　　）
5세기 중엽부터 내몽골 시라무렌 강 유역에 살았던 몽골계와 퉁구스계의 유목 민족.
¶ ~의 침입으로 우리 민족은 어려움을 겪었다.

2. 계도　（　　　　　　）
깨우치어 이끌어 줌.
¶ 그녀의 ~로 마을사람들은 모두 글을 읽게 되었다.

3. 계몽　（　　　　　　）
어린아이나 무식한 사람을 깨우쳐 줌.
¶ 그는 고향으로 돌아와 농촌~운동을 하였다.

4. 계발　（　　　　　　）
슬기와 재능 등을 일깨워 더 나은 상태가 되게 하는 것.
¶ 그에게 잠재되어 있는 소질을 ~하다.

5. 계시　（　　　　　　）
①깨우쳐 보이는 것. ②사람으로서는 알 수 없는 진리를 신(神)이 가르쳐 알게 하는 것.
¶ 신의 ~를 받다.

6. 장계　（　　　　　　）
감사 또는 지방에 파견된 관원이 임금에게 글로 보고하는 것.
¶ ~를 올리다.

7. 계곡　（　　　　　　）
물이 흐르는 골짜기.
¶ 장마때 ~물은 갑자기 불어나기 때문에 위험하다.

8. 청계천　（　　　　　　）
서울의 한복판인 종로구와 중구와의 경계를 흐르는 하천.
¶ ~은 도로가 나면서 사라졌다.

9. 벽계수　（　　　　　　）
푸르고 맑은 시냇물.
¶ 환경의 오염으로 ~를 보는 것은 쉽지 않다.

10. 기계　（　　　　　　）
여러 가지 부품으로 조립되어, 동력에 의해 일정한 일을 하는 도구.
¶ ~를 조립하다.

11. 고부　（　　　　　　）
시어머니와 며느리.
¶ 우리집안은 ~사이가 무척 좋다.

12. 고종　（　　　　　　）
고종사촌의 준말
¶ 영희와 나는 ~사이이다.

13. 고모부　（　　　　　　）
고모의 남편.
¶ 나에게도 드디어 ~가 생겼다.

14. 고식지계　（　　　　　　）
당장 편한 것만을 택하는 꾀나 방법.
¶ 어려운 일을 당할 때 ~를 사용하는 것은 좋은 방법이 아니다.

15. 기고　（　　　　　　）
신문사나 잡지사 등의 부탁을 받아 원고로 써서 보내는 것.
¶ 김 박사는 최근 모 일간지에 남북 통일에 관한 글을 ~한 바 있다.

16. 원고　（　　　　　　）
인쇄하여 발표하기 위해 쓰거나 그린 글이나 그림이나 만화.
¶ ~를 집필하기 시작하다.

17. 유고　（　　　　　　）
죽은 사람이 생전에 써서 남긴 원고.
¶ 기형도 시인의 ~를 정리하여 시집을 내었다.

18. 탈고　（　　　　　　）
원고를 다 써서 마무리짓는 것.
¶ 연재 중인 장편 소설을 ~하다.

19. 투고　（　　　　　　）
신문사·잡지사 등에 원고를 보냄.
¶ 문예지에 시를 ~하다.

20. 고동　（　　　　　　）
피의 순환을 위하여 뛰는 심장의 운동.
¶ 심장의 ~이 들리다.

21. 고무　（　　　　　　）
북을 쳐서 춤을 추게 한다는 뜻으로 더 잘하거나 힘을 내도록 북돋우는 것.
¶ 감독의 말에 ~되어 선수들은 필승을 다짐했다.

22. 고취　（　　　　　　）
북을 치고 피리를 분다는 뜻으로 용기나 기운을 북돋워 일으키는 것.
¶ 선수에게 사기를 ~시키다.

♣ 다음 낱말 풀이에 알맞은 한자(漢字)를 쓰시오.　　▶ 정답은 423쪽

1. 승전고 (　　　　　　)
지난 시대에, 전투에 이겼을 때 치던 북.
¶ ~를 울리다.

2. 신문고 (　　　　　　)
조선 시대에, 대궐 문루에 달아 백성이 원통한 일을 하소연할 때 치게 했던 북.
¶ ~를 만들어 창덕궁에 놓았다.

3. 곡성 (　　　　　　)
곡하는 소리. 곡소리.
¶ 전염병이 마을에 돌자 ~이 끊이지 않았다.

4. 통곡 (　　　　　　)
소리를 아주 크게 내어 슬피 우는 것.
¶ 어머니는 물에 빠진 아들의 시체를 안고 ~하였다.

5. 대성통곡 (　　　　　　)
큰 목소리로 몹시 슬프게 욺.
¶ 나라의 주권을 빼앗기자 방방곡곡에서 ~이 이어졌다.

6. 심산유곡 (　　　　　　)
깊은 산의 으슥한 골짜기.
¶ 이 식물은 ~에서만 자라는 희귀종이다.

7. 곡무호선생토 (　　　　　　)
범 없는 골에는 토끼가 스승이라.
¶ '범 없는 골에는 토끼가 스승이라'는 속담을 한자어 문구로 바꾸면 ~이다.

8. 공급 (　　　　　　)
물건을 제공하여 주는 것.
¶ 수도관 파열로 수돗물 ~이 중단되다.

9. 불공 (　　　　　　)
부처 앞에 공양하는 일.
¶ 그녀는 정성을 다해 ~을 드렸다.

10. 제공 (　　　　　　)
어떤 사물을 가지거나 누리도록 주는 것.
¶ 노인들에게 점심을 무료로 ~하다.

11. 공양미 (　　　　　　)
공양에 쓰이는 쌀.
¶ 심청이는 ~ 3백석에 팔려갔다.

12. 공탁금 (　　　　　　)
공탁한 돈.
¶ ~은 대부분 현금으로 낸다.

13. 공룡 (　　　　　　)
중생대의 쥐라기와 백악기에 걸쳐 번성하였던 거대한 파충류의 총칭.
¶ 만화 둘리는 아기 ~이 주인공이다.

14. 가공 (　　　　　　)
두려워 놀랄만 함.
¶ 지구를 순식간에 파멸시킬 ~할 핵무기의 위력을 사람들은 몹시 두려워한다.

15. 공수병 (　　　　　　)
광견병을 물을 두려워하는 증세를 보인다고 하여 이르는 말.
¶ ~에 걸린 개에게 물리면 사람의 목숨도 위험하다.

16. 공처가 (　　　　　　)
아내에게 꼼짝 못 하고 눌려지내는 남편.
¶ 아무래도 옆집 아저씨는 ~인 것 같다.

17. 공경 (　　　　　　)
윗사람을 공손히 받들어 섬기는 것. 또는, 삼가 예를 표시하는 것.
¶ 어른을 ~하다.

18. 공대 (　　　　　　)
①공손히 대접하는 것. ②상대에게 공대말을 쓰는 것.
¶ 또래끼리 말을 ~하자니 어색하다.

19. 공순 (　　　　　　)
공손하고 온순함.
¶ 그는 ~한 사람이다.

20. 공납 (　　　　　　)
지방의 특산물을 현물로 바치는 세제(稅制).
¶ 옛날 강화도는 인삼과 화문석을 나라에 ~했다.

21. 공물 (　　　　　　)
백성이 궁중이나 나라에 세금으로 바치는 특산물.
¶ 농민의 ~ 부담은 그들의 생활을 어렵게 했다.

22. 공헌 (　　　　　　)
힘을 써 이바지하는 것. 기여(寄與).
¶ 에디슨의 발명은 인류에 지대한 ~을 하였다.

23. 조공 (　　　　　　)
속국(屬國)이 종주국에게 때맞추어 예물을 바치는 일.
¶ 금과 은을 ~에서 면제해 줄 것을 요구하다.

♣ 다음 낱말 풀이에 알맞은 한자(漢字)를 쓰시오.   ➡ 정답은 423쪽

1. 과묵 (   )
 말수가 적고 침착함.
 ¶ 그는 ~하고 매사에 신중하다.

2. 과소 (   )
 아주 적음.
 ¶ ~하지만 받아주십시오.

3. 독과점 (   )
 독점과 과점.
 ¶ 나라에서 ~품목을 추가했다.

4. 중과부적 (   )
 적은 수효로는 많은 수효에 맞서지 못함.
 ¶ 계백 장군의 군사는 ~으로 장렬하게 전사하였다.

5. 과시 (   )
 일부러 드러내어 보이거나 뽐내어 보이는 것.
 ¶ 다른 사람 앞에서 재능을 ~하다.

6. 과장 (   )
 실제의 상태보다 훨씬 크거나 심하거나 대단한 것으로 나타내는 것.
 ¶ 사실을 ~하여 말하다.

7. 과대망상 (   )
 자기의 현재 상태를 실제보다 턱없이 크게 평가하여 그 평가가 사실인 것처럼 믿어 버리는 것.
 ¶ 그녀는 ~에 빠졌다.

8. 관례 (   )
 옛날에, 남자가 성년에 이르면 상투를 틀고 갓을 쓰게 하던 예식. 성년식(成年式).
 ¶ ~를 치르다.

9. 금관 (   )
 옛날에 주로 왕이 쓰던, 금으로 만든 관.
 ¶ 조상들이 만든 ~은 화려하면서도 무척 정교하다.

10. 약관 (   )
 남자의 나이가 20세인 때를 이르는 말.
 ¶ 그는 ~의 나이에 장원급제하였다.

11. 의관 (   )
 격식을 갖추어 두루마기를 입고 갓을 쓰거나 사모관대를 하는 일.
 ¶ 할아버지께서는 ~을 바로 하고 손님을 맞았다.

12. 관혼상제 (   )
 관례·혼례·상례·제례의 총칭.
 ¶ 나라에서는 ~를 검소하게 치르기를 권장하고 있다.

13. 관대 (   )
 잘못을 따지지 않고 너그럽게 받아들임.
 ¶ 잘못을 뉘우치고 있으므로 이번만은 ~ 용서해 주겠다.

14. 관용 (   )
 너그럽게 받아들이거나 용서하는 것.
 ¶ 그는 이번 일에 ~을 베풀었다.

15. 관례 (   )
 습관처럼 된 선례(先例).
 ¶ 국제 ~에 따르다.

16. 관습 (   )
 사회적으로 인정된 질서나 습관.
 ¶ ~에 따라 일을 처리하다.

17. 관용 (   )
 습관적으로 늘 쓰는 것. 또는, 정한대로 늘 쓰는 것.
 ¶ ~적 표현을 하다.

18. 관행 (   )
 예전부터 습관적으로 늘 그렇게 행하는 일.
 ¶ ~대로 하시오.

19. 습관 (   )
 어떤 행동이 오랫동안 되풀이하여 행해져서 어떤 조건이나 상황하에서 으레 그 행동을 하게 된 상태.
 ¶ 나쁜 ~은 빨리 고치는게 좋다.

20. 관통 (   )
 꿰뚫거나 가로질러 통과하는 것.
 ¶ 강이 도심을 ~하다.

21. 본관 (   )
 어떤 성(姓)을 연 시조의 출신지. 본.
 ¶ ~이 어디십니까?

22. 시종일관 (   )
 처음부터 끝까지 한결같이 함.
 ¶ 피의자가 ~ 묵비권을 행사하다.

23. 초지일관 (   )
 처음에 세운 뜻을 끝까지 밀고 나감.
 ¶ 그는 ~으로 맡은 일을 해냈다.

♣ 다음 낱말 풀이에 알맞은 한자(漢字)를 쓰시오.　　▶ 정답은 423쪽

1. 개관　(　　　　　　　　　)
도서관·박물관·영화관 따위를 차려 놓고 처음 여는 것.
¶ 우리동네의 도서관이 드디어 ~을 했다.

2. 여관　(　　　　　　　　　)
돈을 받고 사람에게 잠을 잘 수 있도록 방을 빌려 주는 곳.
¶ 밤이 너무 늦어 집으로 돌아갈 수가 없어 ~에 묵다.

3. 회관　(　　　　　　　　　)
집회나 회의 등을 목적으로 지은 건물.
¶ 마을~에 모여서 어버이날 행사 의논을 하다.

4. 도서관　(　　　　　　　　　)
온갖 종류의 많은 책과 기타 간행물 등을 모아 두고 일반이 볼 수 있도록 시설을 한 곳.
¶ ~에서 책을 열람하다.

5. 박물관　(　　　　　　　　　)
역사·예술·민속·산업·자연 과학 등에 관한 자료를 한데 모아 정리·전시하여 일반에게 이용할 수 있도록 하며, 아울러 이들 자료를 조사·연구하는 기관.
¶ ~에서 한국미술 5천년 특별전을 관람하다.

6. 괴멸　(　　　　　　　　　)
파괴되어 멸망하는 것.
¶ 나는 참을 수 없어져 그 아지트를 ~시켜 버렸었다.

7. 파괴　(　　　　　　　　　)
강한 힘이 미치게 하여 깨뜨리거나 부서지게 하는 것.
¶ 기물을 ~하다.

8. 괴기　(　　　　　　　　　)
괴상하고 기이한 것.
¶ 극장에서는 요즘 ~영화가 인기를 끌고 있다.

9. 괴담　(　　　　　　　　　)
괴상하고 이상야릇한 이야기.
¶ 그는 ~을 많이 알고 있다.

10. 괴력　(　　　　　　　　　)
괴이할 만큼 엄청나게 센 힘.
¶ 그는 엄청난 ~의 소유자이다.

11. 괴물　(　　　　　　　　　)
①괴상하게 생긴 물체. ②괴상한 사람을 빗대어 일컫는 말.
¶ 그 숲에 ~이 살고 있다는 전설이 내려 있다.

12. 괴변　(　　　　　　　　　)
괴상한 재난이나 사고.
¶ 마을의 당산나무를 베어낸 뒤 ~이 자주 일어나고 있다.

13. 교묘　(　　　　　　　　　)
약빠르고 묘함.
¶ 미행자를 ~ 따돌리다.

14. 기교　(　　　　　　　　　)
손·발이나 몸을 움직여 어떤 일을 섬세하게 해내는 재주나 기술.
¶ 그 씨름 선수는 힘보다 ~가 뛰어나다.

15. 정교　(　　　　　　　　　)
정밀하고 교묘함.
¶ 그 금관은 ~하게 만들어졌다.

16. 교언영색　(　　　　　　　　　)
남에게 아첨하는 말과 태도.
¶ 공자는 ~하는 자는 자신의 사리사욕을 위해 남에게 아부하는 사람이 태반이므로 그들에게 인(仁)을 찾기란 어려운 일임을 강조하고 있다.

17. 교차　(　　　　　　　　　)
일정한 시간 내에 기상을 관측한 값의 최대와 최소의 차.
¶ 환절기에는 일~가 크다.

18. 비교　(　　　　　　　　　)
둘 이상의 것을 견주어 차이·우열·공통점 등을 살피는 것.
¶ 그 시장은 다른 시장과 ~가 되지 않을 만큼 물건 값이 싸다.

19. 일교차　(　　　　　　　　　)
기온·습도·기압 따위의 하루 동안의 최곳값과 최젓값의 차이.
¶ 환절기에는 ~가 심하니까 감기에 조심해야 한다.

20. 지구력　(　　　　　　　　　)
어떤 일을 오래 해낼 수 있는 힘.
¶ ~을 기르다.

21. 영구불변　(　　　　　　　　　)
영구히 변하지 아니함.
¶ 이 제품은 특수 재료로 만들어 ~하다.

♣ **다음 낱말 풀이에 알맞은 한자(漢字)를 쓰시오.** ➡ 정답은 423쪽

1. 일구월심 (　　　　　)
   날이 오래고 달이 깊어 간다는 뜻으로 세월이 갈수록 더하여 감을 이르는 말.
   ¶ ~으로 소식을 기다리다.

2. 구금 (　　　　　)
   피고인 또는 피의자를 구치소나 교도소 등에 가두어 신체의 자유를 구속하는 일.
   ¶ 폭력배를 ~하다.

3. 구류 (　　　　　)
   1일 이상 30일 미만의 기간 동안 교도소나 경찰서 유치장에 구치하는 형벌의 하나.
   ¶ 그는 그 죄로 인하여 2주간의 ~형을 받았다.

4. 구속 (　　　　　)
   행동이나 의사의 자유를 제한하는 것.
   ¶ 검찰이 공무원을 수뢰 혐의로 ~하다.

5. 구인 (　　　　　)
   잡아끌고 가는 것.
   ¶ ~영장을 발부하다.

6. 구치소 (　　　　　)
   형사 피의자 또는 형사 피고인으로서 구속 영장의 집행을 받은 사람을 수용하는 시설.
   ¶ ~에 수감되다.

7. 국화 (　　　　　)
   국화과 국화속(菊花屬)에 속하는 식물의 총칭.
   ¶ ~는 사군자에 속하는 꽃이다.

8. 국판 (　　　　　)
   세로 93cm, 가로 63cm의 인쇄 용지의 크기. 세로 21.8cm, 가로 15.2cm의 책의 크기. 국판 인쇄 용지를 16겹으로 접은 것임.
   ¶ 책으로 엮을 내용으로 보아서 ~ 크기가 좋겠군.

9. 수국 (　　　　　)
   범의귓과의 낙엽 활엽 관목. 높이 1m가량. 가을에 보랏빛 꽃이 피며 결실을 하지 못함.
   ¶ ~은 말린 후 해열제로 쓰인다.

10. 황국 (　　　　　)
    빛이 누른 국화.
    ¶ 찬바람 잿빛 속에 고개 들고 빛나는 ~ 몇 송이….

11. 매란국죽 (　　　　　)
    매화 난초 국화 대나무.
    ¶ ~를 사군자라 한다.

12. 궁술 (　　　　　)
    활 쏘는 기술.
    ¶ ~대회가 시작되다.

13. 명궁 (　　　　　)
    썩 잘 만들어 이름이 난 활. 명궁수.
    ¶ 그는 이름난 ~이다.

14. 국궁 (　　　　　)
    양궁에 대하여, 우리나라의 활 또는 궁술(弓術)을 일컫는 말.
    ¶ ~이 다행이 맥을 이어오고 있다..

15. 양궁 (　　　　　)
    서양식의 활. 또는, 그 활로 겨루는 경기.
    ¶ 우리나라 ~기술은 무척 뛰어나다.

16. 권총 (　　　　　)
    한 손으로 쥔 상태로 다룰 수 있도록 짧고 작게 만든 총.
    ¶ ~을 쏘다.

17. 철권 (　　　　　)
    펀치가 아주 센 사람의 주먹. 무쇠주먹.
    ¶ ~을 자랑하는 헤비급 챔피언이다.

18. 적수공권 (　　　　　)
    맨손과 맨주먹이라는 뜻으로 아무것도 가진 것이 없음.
    ¶ ~으로 오늘의 부자가 되었다.

19. 귀신 (　　　　　)
    ① 사람이 죽은 뒤에 남는다고 하는 넋. 사람의 혼령.
    ② 미신에서, 사람을 해친다고 하는 무서운 존재.
    ¶ 그는 기계 다루는 데는 ~이다.

20. 귀재 (　　　　　)
    세상에 드물게 뛰어난 재능.
    ¶ 그녀는 피아노의 ~로 불린다.

21. 흡혈귀 (　　　　　)
    사람의 피를 빨아먹는다는 전설상의 귀신.
    ¶ 그 마을은 언제부터인가 ~가 나타난다는 소문이 있다.

22. 신출귀몰 (　　　　　)
    귀신같이 나타났다가 사라진다는 뜻으로 자유자재로 출몰하여 그 변화를 쉽사리 알 수 없음.
    ¶ 마을 사람들은 홍길동을 ~하다고 생각했다.

♣ **다음 낱말 풀이에 알맞은 한자(漢字)를 쓰시오.**　　▶ 정답은 423쪽

1. 극명　(　　　　　　　)
속속들이 똑똑하게 밝히는 것.
¶ 이번 일로 지난번 사건이 ~하게 밝혀졌다.

2. 극기복례　(　　　　　　　)
자기의 욕심을 버리고 예의범절을 따름.
¶ 어려서부터 ~의 정신을 배워 인격을 도야하자.

3. 국난극복　(　　　　　　　)
나라의 재난.
¶ 온 국민이 힘을 합쳐 ~를 극복하다.

4. 금수　(　　　　　　　)
①날짐승과 길짐승. 곧, 모든 짐승. ②무례하고 추잡한 행실을 하는 사람의 비유.
¶ 그는 정말 ~같은 사람이다.

5. 가금　(　　　　　　　)
알이나 고기를 식용으로 하기 위하여 집에서 기르는 날짐승.
¶ 옛날에는 가정집에서 ~을 많이 길렀다.

6. 맹금류　(　　　　　　　)
매목(目)과 올빼미목(目)의 총칭.
¶ 모든 ~가 그렇듯이 수컷보다 암컷이 크다.

7. 심금　(　　　　　　　)
외부의 자극을 받아 움직이는 미묘한 마음.
¶ ~을 울리는 저 소리는 어디서 나는 소리인가?

8. 탄금　(　　　　　　　)
거문고나 가야금을 타는 것.
¶ 태조가 ~ 한 곡조를 요구하다.

9. 현금　(　　　　　　　)
거문고.
¶ ~를 타다.

10. 금강　(　　　　　　　)
전북 장수군 소백산맥 서사면에서 발원하여 충북과 충남을 거쳐 강경에서부터 충남·전북의 도계를 이루면서 군산만으로 흘러드는 강.
¶ ~하구는 철새도래지로 유명하다.

11. 금상첨화　(　　　　　　　)
비단 위에 꽃을 더한다는 뜻으로 그렇지 않아도 좋은데 그 위에 더 좋은 것을 보태는 것.
¶ 이 좋은 경치에 풍악이 있다면 정말 ~일텐데….

12. 금의야행　(　　　　　　　)
부귀를 갖추고도 고향에 돌아가지 않는 것은 비단옷을 입고 밤길을 가는 것과 같다고 한 항우의 고사에서 유래한 말로 자랑삼아 하지만 생색이 나지 않음을 이르는 말.
¶ 항우의 천하 경영은 이미 ~의 말처럼 퇴색되었다.

13. 금의환향　(　　　　　　　)
벼슬하여 또는 성공하여 고향에 돌아옴.
¶ 고향을 떠난 지 10년 만에 ~하다.

14. 급제　(　　　　　　　)
시험에 합격하는 것.
¶ 형제가 이번 과거에서 나란히 ~하였다.

15. 보급　(　　　　　　　)
많은 사람들에게 두루 미치게 하여 누릴 수 있게 하는 것.
¶ 초등학교에 컴퓨터를 ~하다.

16. 언급　(　　　　　　　)
어떤 의견을 나타내거나 판단을 내려 말하는 것.
¶ ~를 회피하다.

17. 파급　(　　　　　　　)
차차 다른 데로 미치는 것.
¶ 외제 물건의 불매 운동이 전국으로 ~되다.

18. 급기야　(　　　　　　　)
일의 숨가쁜 진행이 필연적으로 마지막에 가서는. 마침내.
¶ 먹구름이 시커멓게 몰려오는가 싶더니 ~ 굵은 빗방울이 세차게 떨어지기 시작했다.

19. 기대　(　　　　　　　)
바라고 기다리는 것.
¶ 마지막에 그에게 ~를 걸었는데 그 마저 패했다.

20. 기도　(　　　　　　　)
이루려고 꾀하는 것.
¶ 테러범들의 항공기 납치 ~는 일보 직전에 좌절되었다.

21. 기획　(　　　　　　　)
어떤 일을 꾸며 계획하는 것.
¶ 새로운 일을 ~하다.

22. 기업　(　　　　　　　)
영리(營利)를 목적으로 물품이나 서비스의 생산·판매 등의 활동을 계속적으로 행하는 조직체.
¶ ~를 경영하다.

♣ 다음 낱말 풀이에 알맞은 한자(漢字)를 쓰시오.　　　▶ 정답은 423쪽

1. 기타　(　　　　　)
그 밖의 뜻을 나타내는 말.
¶ ~ 자세한 사항은 전화로 문의하시기 바랍니다.

2. 기실　(　　　　　)
실제의 사정.
¶ 겉으로 보기엔 쉬울 듯하지만 ~은 어렵다.

3. 각기　(　　　　　)
각각 저마다.
¶ ~ 맡은 바 일에 충실하다.

4. 부지기수　(　　　　　)
너무 많아서 그 수효를 알 수가 없음.
¶ 그 책은 오자가 ~다.

5. 기호학파　(　　　　　)
조선 중기 기호지방을 근거지로 한 이이(李珥)·성혼(成渾) 학파를 통칭한 말.
¶ 퇴계 선생은 영남학파, 율곡 선생은 ~에 속한다.

6. 경기도　(　　　　　)
한반도 중앙부의 서쪽에 있는 도.
¶ 수도권 인구의 과밀로 ~도 인구가 늘어나고 있다.

7. 기원　(　　　　　)
바라는 일이 이루어지기를 비는 것.
¶ 집안의 평안을 ~합니다.

8. 기우제　(　　　　　)
하지(夏至)가 지나도록 가물 때에 비 오기를 비는 제사.
¶ 가뭄이 계속되자 마을 사람들은 ~를 지냈다.

9. 기복신앙　(　　　　　)
복을 기원함을 목적으로 믿는 신앙.
¶ 조선시대까지 종교는 ~의 의미가 컸다.

10. 긴밀　(　　　　　)
몹시 가까워 빈틈이 없음.
¶ 한국과 미국은 반세기 가까이 ~한 우호 관계를 유지해 왔다.

11. 긴요　(　　　　　)
절실하게 필요하거나 중요함.
¶ ~한 용건이 있어서 만나러 왔다.

12. 긴장　(　　　　　)
마음을 늦추지 않고 정신을 바짝 차리는 것.
¶ 숨막히는 ~의 연속이다.

13. 긴축　(　　　　　)
①바짝 줄이는 일. ②재정(財政)의 기초를 다지기 위하여 지출을 줄이는 일.
¶ 월급이 줄어들자 ~재정에 들어갔다.

14. 긴급　(　　　　　)
긴요하고도 급한 것.
¶ ~명령을 받다.

15. 승낙　(　　　　　)
들어 주는 것. 허락.
¶ 부모님께 결혼 ~을 받다.

16. 응낙　(　　　　　)
응하여 승낙하는 것. 또는, 받아들이는 것
¶ 원조 요청을 ~하다.

17. 내락　(　　　　　)
①사전에 남몰래 승낙하는 것. ②정식으로가 아닌, 우선 하는 승낙.
¶ ~은 받아 놓았다.

18. 수락　(　　　　　)
받아들여 승낙하는 것.
¶ 우리측의 제안이 ~되다.

19. 허락　(　　　　　)
받아들여 좋다고 하는 것. 승낙.
¶ ~을 받다.

20. 내지　(　　　　　)
수량의 범위가 그 사이에 있음을 나타내는 말.
¶ 그 일은 하루 ~ 이틀이면 끝난다.

21. 종내　(　　　　　)
끝끝내.
¶ 그는 ~ 오지 않았다.

22. 인내천　(　　　　　)
천도교(동학)의 기본 사상으로, 사람이 곧 하늘이라는 말.
¶ 동학의 기본 사상은 ~이다.

23. 내화　(　　　　　)
불에 타지 않고 잘 견디는 것.
¶ 그 창은 ~유리로 만들어졌다.

24. 인내　(　　　　　)
참고 견딤.
¶ ~는 쓰나 그 열매는 달다.

♣ 다음 낱말 풀이에 알맞은 한자(漢字)를 쓰시오.   ▶ 정답은 423쪽

1. 내구성 (　　　　　)
변질되거나 변형되지 않고 오래 견디는 성질.
¶ ~이 좋은 물건이다.

2. 내열재 (　　　　　)
높은 열에 견디는 재료.
¶ ~가 좋아 난방이 잘 된다.

3. 강녕 (　　　　　)
몸이 건강하고 마음이 편안함.
¶ 그 동안 할머님께서도 ~하신지요?

4. 안녕 (　　　　　)
사회나 국가가 안전하고 태평한 것.
¶ 나라의 ~을 위해 경찰들은 주야로 근무한다.

5. 노비 (　　　　　)
지난날 신분 제도 사회에서, 국가 기관이나 양반·귀족 등의 소유물로 예속되어 행동의 자유를 잃고 살아가던, 최하층 신분의 사람. 종.
¶ 주인 양반께서 ~문서를 없애주셨다.

6. 매국노 (　　　　　)
매국 행위를 하는 놈.
¶ 우리나라 사람들은 이완용을 ~라 생각한다.

7. 수전노 (　　　　　)
돈을 모을 줄만 알고 쓰는 데는 몹시 인색한 사람을 낮추어 이르는 말.
¶ 스쿠르지 영감은 ~의 대명사로 통한다.

8. 뇌사 (　　　　　)
뇌가 회복 불능의 기능 상실 상태에 빠지는 일. 죽음의 판정 기준으로 삼기도 함.
¶ ~상태에 빠져 헤어나지를 못하고 있다.

9. 두뇌 (　　　　　)
사람의 머리 속에 있는 뇌.
¶ ~가 발달하다.

10. 세뇌 (　　　　　)
본디 가지고 있던 생각을 다른 생각으로 개조하거나, 특정한 사상·주의를 주입하는 일.
¶ ~교육을 받고 사람이 이상하게 변했다.

11. 수뇌 (　　　　　)
어떤 조직·단체·기관 등에서 가장 중요한 자리의 인물.
¶ 각당의 ~들이 모여 국정방안을 논의중이다.

12. 뇌졸중 (　　　　　)
뇌의 혈관 장애에 의해 갑자기 의식을 잃고 쓰러져, 수족 등에 마비를 초래하는 질환. 뇌경색·뇌출혈·뇌전색 등에서 볼 수 있음.
¶ 할아버지께서 ~으로 끝내 돌아가셨다.

13. 다도 (　　　　　)
차를 달여 손님에게 권하거나 마실 때의 예의범절.
¶ 그는 요즘 ~를 배우고 있다.

14. 다례 (　　　　　)
명절날이나 조상의 생일 또는 음력으로 매달 초하루와 보름날 등의 낮에 간단히 지내는 제사.
¶ ~의식을 올리다.

15. 녹차 (　　　　　)
발효시키지 않고 그대로 말린 부드러운 찻잎.
¶ 초의선사가 쓰신 동다송은 ~에 관한 책이다.

16. 홍차 (　　　　　)
차나무의 잎을 발효시켜 녹색을 빼내고 말린 찻감. 우려 낸 물은 붉은 빛깔을 띠고 향기가 있음.
¶ 영국 사람들은 ~를 많이 마신다.

17. 다반사 (　　　　　)
차를 마시고 밥을 먹는 일이라는 뜻으로 예사롭게 자주 있거나 하는 일.
¶ 그는 거짓말을 ~로 한다.

18. 목단 (　　　　　)
작약과의 낙엽 활목 관목. 잎이 크며 늦은 봄에 붉고 큰 꽃이 핌. 모란.
¶ 선덕여왕과 ~그림의 이야기에서 우리는 여왕의 지혜를 엿볼 수 있다.

19. 오색단청 (　　　　　)
파랑·노랑·빨강·하양·검정의 오색으로 칠한 단청.
¶ 궁궐에 가면 ~이 곱게 칠해진 건물을 볼 수 있다.

20. 일편단심 (　　　　　)
한 조각의 붉은 마음이라는 뜻으로 참되고 정성 어린 마음.
¶ 임 향한 ~이야 가실 줄이 있으랴.

21. 칠보단장 (　　　　　)
여러 가지 패물로 몸을 꾸밈.
¶ 어머니는 모임에 ~을 하고 가셨다.

22. 단서 (　　　　　)
법률 조문이나 문서 등에서, 본문 다음에 그에 대한 어떤 조건·예외 따위를 덧붙여 놓은 글.
¶ ~조항을 잘 살펴보시오.

343

♣ 다음 낱말 풀이에 알맞은 한자(漢字)를 쓰시오.   ▶ 정답은 424쪽

1. 단지 (　　　　)
   어떤 대상이나 사실이 적거나 대단찮은 범위에 국한됨을 나타내는 말. 다만.
   ¶ 그것은 ~ 소문에 불과하다.

2. 비단 (　　　　)
   부정하는 말 앞에서, 다만의 뜻으로 쓰이는 말.
   ¶ 지금 불황을 맞고 있는 회사는 ~ 우리 회사뿐만이 아니다.

3. 원단 (　　　　)
   설날 아침.
   ¶ ~에는 집집마다 조상님께 차례를 지낸다.

4. 일단 (　　　　)
   한번. 또는, 우선 먼저
   ¶ ~ 그의 생각을 들어 보자.

5. 담담 (　　　　)
   ①물이나 빛이 맑다. ②아무 맛이 없이 싱겁다. ③차분하고 평온하다.
   ¶ 그는 ~한 어조로 말했다.

6. 담백 (　　　　)
   ①느끼함이 없이 개운하다. ②사람됨이 욕심이나 집착이 없이 담담하고 깨끗하다.
   ¶ 국물이 ~하다.

7. 냉담 (　　　　)
   관심이나 애정을 보이지 않고 차갑고 시큰둥한 태도가 있다.
   ¶ ~한 반응을 보이다.

8. 담수어 (　　　　)
   민물에서 사는 물고기.
   ¶ 이 곳에는 ~가 많이 살고 있다.

9. 답보 (　　　　)
   제자리걸음.
   ¶ 팽팽한 의견 대립으로 회담이 ~ 상태에 있다.

10. 답사 (　　　　)
    직접 가서 실제의 모습이나 상태를 둘러보거나 살펴보는 것.
    ¶ 유적지를 ~하다.

11. 답습 (　　　　)
    옛것이나 지금까지의 방식을 좇아 그대로 하는 것.
    ¶ 지난날의 관제(官制)를 ~하지 말자.

12. 전인미답 (　　　　)
    ①이제까지 아무도 발을 들여놓거나 도달한 사람이 없음. ②이제까지 아무도 손을 대어 다루어 본 일이 없음.
    ¶ ~의 분야를 개척하다.

13. 당돌 (　　　　)
    윗사람 앞에서 어려워하거나 삼가지 않고 제 주장이나 의견을 주제넘게 내세우는 태도가 있다
    ¶ 어른에게 ~하게 따지고 들다니….

14. 당시 (　　　　)
    중국 당나라의 시인들이 지은 한시(漢詩).
    ¶ 당나라 시대의 ~ 대가로는 이백, 두보 등을 꼽는다.

15. 당사주 (　　　　)
    중국에서 들어온, 그림으로 보는 사주.
    ¶ ~는 달마대사가 창안한 것으로 12지지를 위주로 한 학문이다.

16. 대본 (　　　　)
    연극·영화의 바탕이 되는 극본이나 시나리오.
    ¶ 방송 ~을 읽다.

17. 등대 (　　　　)
    밤중에 뱃길의 위험한 곳에 비추어 주거나 목표로 삼게 하려고 등불을 켜 놓는, 탑 모양의 구조물.
    ¶ ~를 보고 안전하게 운항을 할 수 있었다.

18. 무대 (　　　　)
    노래·춤·연극 따위를 하기 위하여 객석 정면에 길고 높직하게 만든 단.
    ¶ ~에 서다.

19. 침대 (　　　　)
    사람이 누워 잘 수 있게 만든 가구. 길쭉한 평상에 네 개의 다리가 달려 있음.
    ¶ ~에 눕다.

20. 전망대 (　　　　)
    멀리 바라볼 수 있도록 높이 만든 대.
    ¶ ~에서 바라보는 경치가 일품이다.

21. 도검 (　　　　)
    칼이나 검의 총칭.
    ¶ 칼이나 검을 모두 ~이라 한다.

22. 과도 (　　　　)
    과일 깎는 칼.
    ¶ ~를 사용해서 각종 과일을 예쁘게 깎았다.

♣ 다음 낱말 풀이에 알맞은 한자(漢字)를 쓰시오.　　➡ 정답은 424쪽

1. 단도 (　　　　　)
   한쪽에만 날이 있는 짧은 칼.
   ¶ 아버지의 유물인 ~를 친구에게 보여주다.

2. 보도 (　　　　　)
   보배로운 검.
   ¶ 이 ~은 조상 대대로 내려는 가보이다.

3. 단도직입 (　　　　　)
   혼자서 한 자루의 칼을 휘두르며 적진으로 곧장 쳐들어간다는 뜻으로 쓸데없는 말을 늘어놓지 않고 곧바로 하고자 하는 말을 함.
   ¶ ~적으로 말해서….

4. 별도 (　　　　　)
   딴 방도나 방면.
   ¶ 이 문제는 차후에 ~로 논의하기로 합시다.

5. 개도국 (　　　　　)
   개발 도상국의 준말.
   ¶ 우리나라도 불과 몇 년 전까지만 해도 ~이었다.

6. 도중하차 (　　　　　)
   ①목적지에 닿기 전에 차에서 내리는 것. ②목적을 이루지 않고 도중에서 뜻을 버림을 비유하는 말.
   ¶ 셋이서 사업을 시작했으나 두 사람은 ~하고 지금은 나 혼자 하고 있다.

7. 다용도실 (　　　　　)
   아파트 등에서, 여러 가지 용도로 쓸 수 있도록 만든 방.
   ¶ 잘 사용하지 않는 물건들은 ~에 보관하여라.

8. 도공 (　　　　　)
   옹기장이.
   ¶ 임진왜란을 겪으면서 많은 ~이 일본으로 끌려갔다.

9. 도기 (　　　　　)
   붉은 진흙으로 만들어 볕에 말리거나 약간 구운 다음 오짓물을 입혀 다시 구운 질그릇.
   ¶ 옛날 사람들은 ~를 많이 사용했다.

10. 도취 (　　　　　)
    ①술이 거나하게 취하는 것. ②사로잡혀 객관적인 판단을 하지 못할 만큼 깊이 빠지는 것.
    ¶ 승리에 ~되다.

11. 도예 (　　　　　)
    도기의 미술·공예.
    ¶ ~가로 직업을 바꾸다.

12. 도산서원 (　　　　　)
    1574년 이황(李滉)의 학덕을 추모하는 그의 문인(門人)과 유림(儒林)이 중심이 되어 경북 안동시 도산면토계리에 창건한 서원.
    ¶ 대원군의 서원 철폐 때 ~은 정리 대상에서 제외 되었다.

13. 돌격 (　　　　　)
    ①불시에 냅다 치는 것. ②적진으로 돌진하여 공격하는 것.
    ¶ 적진을 향해 ~하다.

14. 돌발 (　　　　　)
    갑자기 일어나는 것.
    ¶ 그 일은 ~사고였다.

15. 돌변 (　　　　　)
    갑작스럽게 변하는 것.
    ¶ 하룻밤 자고 나더니 그의 태도가 싹 ~하였다.

16. 격돌 (　　　　　)
    격렬하게 부딪치는 것.
    ¶ 적의 주력 부대와 ~하다.

17. 충돌 (　　　　　)
    ①센 힘으로 부딪치는 것. ②상대의 것을 받아들일 수 없는 상태로 맞서는 것.
    ¶ 버스와 화물차가 정면으로 ~하다.

18. 맥락 (　　　　　)
    ①혈맥이 서로 연락되어 있는 계통. ②사물의 서로 잇닿아 있는 관계나 연관.
    ¶ 말의 앞뒤가 ~이 닿지 않는다.

19. 연락 (　　　　　)
    ①서로 이어 대는 것. ②서로 관계를 가지는 것. ③상대방에게 알리는 것.
    ¶ 사건 소식을 경찰에 ~하다.

20. 공란 (　　　　　)
    지면(紙面)의 빈 난. 또는, 표 따위의 빈 칸.
    ¶ ~을 채우시오.

21. 난간 (　　　　　)
    층계·다리·툇마루 따위의 가장자리에 나무나 쇠로 가로세로 건너 세워 놓은 살.
    ¶ ~에 기대서다.

♣ **다음 낱말 풀이에 알맞은 한자(漢字)를 쓰시오.** ➡ 정답은 424쪽

1. 비고란 (　　　　　)
   비고 사항을 적기 위하여 마련해 둔 난.
   ¶ 그 외 ~도 꼭 채워주시기 바랍니다.

2. 난초 (　　　　　)
   난초과에 속하는 식물의 총칭
   ¶ ~를 기르는 가정이 많다.

3. 난향 (　　　　　)
   난초의 향기.
   ¶ 은은한 ~를 맡으면 기분이 상쾌하다.

4. 불란서 (　　　　　)
   프랑스의 음역.
   ¶ ~는 패션으로 유명하다.

5. 금란지계 (　　　　　)
   친구 사이의 매우 두터운 정의(情誼).
   ¶ 그에게 나는 오래 전부터 ~를 느꼈다.

6. 낭하 (　　　　　)
   대문 안에 죽 벌여 있어 하인들이 거처하는 방.
   ¶ 옛날 양반이 사는 집에는 ~가 있다.

7. 행랑 (　　　　　)
   대문의 양쪽이나 문간 옆에 있는 방.
   ¶ 노비들은 대부분 ~채에서 살았다.

8. 화랑 (　　　　　)
   그림 등 미술품을 진열하여 전시하는 곳. 대개 화상(畵商)이 가게를 겸함.
   ¶ 인사동에는 많은 ~이 모여있다.

9. 회랑 (　　　　　)
   ①정당(正堂)의 좌우에 있는 기다란 집채. ②양옥의 어떤 한 방을 중심으로 하여 둘러 댄 마루.
   ¶ 궁궐이나 사찰에 가면 ~을 볼 수 있다.

10. 사랑방 (　　　　　)
    사랑으로 쓰는 방.
    ¶ 어릴 적 ~에 모여 군밤을 먹던 일이 생각난다.

11. 낭비 (　　　　　)
    헛되이 헤프게 쓰는 것.
    ¶ 시간을 ~하다.

12. 낭설 (　　　　　)
    터무니없는 헛소문.
    ¶ 허무맹랑한 ~이 떠돌다.

13. 격랑 (　　　　　)
    ①거센 파도. ②어렵고 모진 시련을 비유하여 이르는 말.
    ¶ ~시대를 헤치고 살아오다.

14. 방랑 (　　　　　)
    사람이 긴 나날을 일정한 거처도 없고 아무 계획도 없이 낯선 곳을 여기저기 떠돌아다니는 것.
    ¶ ~의 길을 떠나다.

15. 풍랑 (　　　　　)
    바람과 물결.
    ¶ ~에 휩쓸리다.

16. 낭군 (　　　　　)
    전날에, 아내가 남편을 일컫던 말.
    ¶ 과거보러 가신 ~은 언제나 오실까.

17. 신랑 (　　　　　)
    갓 결혼하였거나, 결혼하는 남자.
    ¶ ~ 홍길동군과 신부 이영희양의 결혼을 시작하겠습니다.

18. 화랑도 (　　　　　)
    화랑의 무리. 국선도(國仙徒).
    ¶ 김춘추과 김유신은 ~ 출신이다.

19. 납량 (　　　　　)
    여름철에 더위를 피하여 서늘함을 맛보는 것.
    ¶ 여름방학을 맞아 ~특집 드라마가 한다.

20. 청량음료 (　　　　　)
    이산화탄소가 들어 있어 맛이 산뜻하고 시원한 음료. 사이다·콜라 따위.
    ¶ 날씨가 덥다고 ~을 많이 마시면 건강에 해롭다.

21. 격려 (　　　　　)
    용기나 의욕을 북돋워 주는 것.
    ¶ 여러분의 ~와 성원을 잊지 않고 열심히 뛰겠습니다.

22. 독려 (　　　　　)
    보살피며 격려하는 것.
    ¶ 대회에 참여하는 선수들을 ~하다.

23. 장려 (　　　　　)
    권하여 힘쓰도록 북돋워 주는 것.
    ¶ 저축을 ~하다.

♣ 다음 낱말 풀이에 알맞은 한자(漢字)를 쓰시오.　　➡ 정답은 424쪽

1. 면려　(　　　　　　)
①힘써 하는 것. ②남을 힘쓰게 하는 것.
¶ 공부를 ~하다.

2. 서력　(　　　　　　)
예수 그리스도가 탄생한 해를 기원 원년으로 하는 책력. 서양의 책력.
¶ 올해의 ~은 2002년이다.

3. 음력　(　　　　　　)
태음력(太陰曆)의 준말.
¶ 추석은 ~ 8월 15일이다.

4. 양력　(　　　　　　)
태양력(太陽曆)의 준말.
¶ 대부분의 나라들이 ~을 사용한다.

5. 책력　(　　　　　　)
천체를 관측하여, 해와 달의 운행 및 절기 따위를 적어 놓은 책. 역서(曆書).
¶ ~속에는 24절기가 나타나 있다.

6. 역법　(　　　　　　)
천체의 주기적 현상을 기준하여, 시간을 구분하고 날짜의 순서를 매기는 방법.
¶ 동양의 ~은 태음력을 사용하였다.

7. 연가　(　　　　　　)
사랑하는 사람을 그리워하며 부른 노래.
¶ 로미오는 줄리엣을 생각하며 ~를 불렀다.

8. 연모　(　　　　　　)
이성(異性)을 사랑하여 그리워함.
¶ ~의 정을 느끼다.

9. 연애　(　　　　　　)
서로 이성으로서 사랑하는 관계를 이루는 것.
¶ 김철수씨는 지금의 아내와 ~한 지 삼 년 만에 결혼했다.

10. 실연　(　　　　　　)
연애에 실패하는 것.
¶ 남자에게 ~을 당하다.

11. 비련　(　　　　　　)
슬프게 끝나는 사랑.
¶ 그녀는 ~의 주인공역을 맡아 열연하였다.

12. 연맹　(　　　　　　)
공동의 목적을 가진 단체나 개인이 같은 행동을 취할 것을 맹약하는 일.
¶ 국제 육상~에 가입하다.

13. 연상　(　　　　　　)
한 관념으로 말미암아 관련되는 다른 관념을 생각하게 되는 현상.
¶ 고향을 떠올리면 자연 옛 시절을 ~하게 된다.

14. 연합　(　　　　　　)
두 가지 이상의 사물이 합하여 하나의 조직체를 만드는 것.
¶ 국제~에서는 기아문제에 대하여 논의하기로 했다.

15. 관련　(　　　　　　)
사물과 사물, 현상과 현상 사이에 서로 관계가 있어 연결되는 것.
¶ 나는 그 사건과는 아무 ~이 없다.

16. 연립　(　　　　　　)
둘 이상의 것이 아울러 서 있는 것.
¶ ~정권을 수립하다.

17. 교련　(　　　　　　)
①가르쳐 단련시킴. ②전투에 적응하도록 가르치는 기본 훈련.
¶ 군사~를 받다.

18. 정련　(　　　　　　)
①충분히 단련하는 것. ②원료·광석으로부터 함유하고 있는 금속을 뽑아 내어 정제하는 일.
¶ 철광석을 ~하다.

19. 훈련　(　　　　　　)
①무술을 연습하는 것. ②가르쳐 익히게 하는 것.
¶ 그 개는 ~이 잘 되어 있다.

20. 수련　(　　　　　　)
닦아서 단련하는 것
¶ 그는 10년째 지리산에서 무술을 ~중이다.

21. 연금술　(　　　　　　)
고대 이집트에서 시작되어 유럽에 전해진 원시적 화학 기술. 구리·납·주석 등의 비금속을 금·은 같은 귀금속으로 변화시키며, 늙지 않는 영약(靈藥)을 만들려고 하였음.
¶ 이집트에서 시작된 ~은 유럽에까지 퍼져갔다.

22. 영동　(　　　　　　)
강원도의 대관령 동쪽의 땅.
¶ ~지역에 많은 눈이 내려 부분적으로 교통을 통제하고 있다.

♣ 다음 낱말 풀이에 알맞은 한자(漢字)를 쓰시오.　　　▶ 정답은 424쪽

1. 영남　(　　　　　　　)
조령(鳥嶺)의 남쪽이라는 뜻으로 경상 남북도를 이르는 말.
¶ 조선시대 ~지역에서 많은 학자가 배출되었다.

2. 분수령　(　　　　　　　)
①분수계가 되는 산마루나 산맥. ②어떤 사물이 발전하는 데 있어서의 전환점을 비유하여 일컫는 말.
¶ 4·19 혁명이 민주 발전의 ~이 되었다.

3. 대관령　(　　　　　　　)
강원 강릉시와 평창군의 경계에 있는 고개.
¶ ~에서는 고랭지 채소가 재배된다.

4. 영감　(　　　　　　　)
①신의 계시를 받은 듯한 느낌. ②창조적인 일의 계기가 되는 착상이나 자극.
¶ ~이 떠오르다.

5. 영물　(　　　　　　　)
①신령스러운 물건이나 짐승. ②약고 영리한 짐승을 이르는 말.
¶ 그 집 고양이가 아주 ~이던데….

6. 영전　(　　　　　　　)
신이나 죽은 사람의 영혼을 모셔 놓은 앞.
¶ ~앞에서 분향을 하다.

7. 영혼　(　　　　　　　)
육체에 머물러 그것을 지배하고, 정신 현상의 근원이 되며, 육체가 없어져도 독립하여 존재할 수 있다고 믿어지는 대상
¶ ~을 맡기다.

8. 신령　(　　　　　　　)
풍습으로 섬기는 모든 신.
¶ 지난밤 꿈에 산~이 나타나 금도끼를 주셨다.

9. 향로　(　　　　　　　)
향을 피우는 자그마한 화로.
¶ ~에 향이 타고 있다.

10. 화로　(　　　　　　　)
숯불을 담아 두는 그릇.
¶ ~에서 굽는 군밤의 맛이 일품이다.

11. 노변담화　(　　　　　　　)
난로가에서 서로 이야기를 주고받는 것.
¶ 손수 쓴 원고로 ~ 하듯 라디오로 흘러 보냈다.

12. 노숙　(　　　　　　　)
비바람 등을 가릴 수 없는 집 밖의 장소에서 잠을 자는 것
¶ 서울역 근처에는 아직도 ~하는 사람들이 많다.

13. 노천　(　　　　　　　)
건물 밖이어서 비나 햇빛 따위를 피하거나 가릴 수 없는 상태.
¶ ~극장이 완공되었다.

14. 노출　(　　　　　　　)
보이거나 알 수 있도록 드러내는 것.
¶ 날씨가 덥다고 ~이 심한 옷을 입는 것은 보기에 좋지 않다.

15. 발로　(　　　　　　　)
겉으로 드러나는 것.
¶ 그의 헌신적인 봉사와 희생은 기독교 정신의 ~였다.

16. 폭로　(　　　　　　　)
나쁜 일이나 음모 같은 것이 드러남.
¶ 은폐의 반대말은 ~이다.

17. 농담　(　　　　　　　)
남을 웃기려고 우스갯소리를 하거나, 가볍게 놀리는 말을 하는 것.
¶ 지나친 ~은 다른 사람의 기분을 상하게 할 수 있다.

18. 재롱　(　　　　　　　)
어린아이의 슬기로운 말과 귀여운 짓.
¶ 손주 ~을 보고 있으면 시간가는 줄 모른다.

19. 희롱　(　　　　　　　)
①말이나 행동으로 실없이 놀리는 것. ②성적(性的)인 놀림감으로 삼는 것.
¶ 지나가는 부녀자를 ~하는 일은 옳지 못하다.

20. 신뢰　(　　　　　　　)
상대의 능력이나 태도를 믿고 마음을 놓는 것.
¶ 그의 말은 늘 ~가 간다.

21. 의뢰　(　　　　　　　)
①남에게 의지하는 것. ②남에게 부탁하는 것.
¶ 사건을 변호사에게 ~하다.

22. 무뢰한　(　　　　　　　)
일정한 직업이 없이 돌아다니며 불량한 짓을 하는 사람.
¶ 왜 네가 ~처럼 행동하는지 이유를 모르겠다.

♣ 다음 낱말 풀이에 알맞은 한자(漢字)를 쓰시오.　　▶ 정답은 424쪽

1. 누상　(　　　　　　　)
다락집의 위.
¶ ~에서 보는 경치가 참 아름답다.

2. 누대　(　　　　　　　)
누각과 대사.
¶ 우리 마을에는 절경을 자랑하던 ~가 있다.

3. 망루　(　　　　　　　)
망을 보기 위해 높이 지은 누각.
¶ ~에서 적의 동태를 살피다.

4. 누각　(　　　　　　　)
사방을 바라볼 수 있게 문과 벽이 없이 높이 지은 다락집.
¶ 전망 좋은 강어귀의 바위 위에 ~이 지어졌다.

5. 성루　(　　　　　　　)
성 위의 군데군데에 세운 다락집.
¶ 수원 화성에는 ~가 여러 곳에 남아 있다.

6. 윤리　(　　　　　　　)
사람으로서 마땅히 행하거나 지켜야 할 도리.
¶ ~에 어긋나는 행위를 하지 말아라.

7. 불륜　(　　　　　　　)
인륜(人倫)에서 벗어나는 것.
¶ ~의 관계를 맺다.

8. 오륜　(　　　　　　　)
사람으로서 지켜야 할 다섯 가지의 도리. 군신유의(君臣有義)·부자유친(父子有親)·부부유별(夫婦有別)·장유유서(長幼有序)·붕우유신(朋友有信).
¶ ~를 저버려서는 안된다.

9. 천륜　(　　　　　　　)
부자(父子)·형제 사이에서 마땅히 지켜야 할 떳떳한 도리.
¶ ~를 어기다.

10. 인륜　(　　　　　　　)
군신(君臣)·부자(父子)·형제·부부 등 상하 존비(尊卑)의 인간관계나 질서
¶ 그 것은 ~에 벗어난 행동이다.

11. 절륜　(　　　　　　　)
매우 뛰어남.
¶ 그는 재지(才智)가 ~하고 학문이 해박하다.

12. 율곡　(　　　　　　　)
조선 중기의 학자·정치가. 이이.
¶ ~의 어머니는 신사임당이시다.

13. 생률　(　　　　　　　)
날밤. 익히거나 말리지 않은, 날것 그대로의 밤.
¶ ~을 치다.

14. 솔직　(　　　　　　　)
거짓이나 꾸밈이 없이 바르고 곧음.
¶ 그 청년의 ~한 성격이 맘에 든다.

15. 경솔　(　　　　　　　)
조심성이 없이 가벼움.
¶ 지금 너의 행동은 너무 ~했다.

16. 통솔　(　　　　　　　)
거느려 이끄는 것.
¶ 군대를 ~하다.

17. 능률　(　　　　　　　)
일정한 시간 내에 할 수 있는 일의 비율.
¶ ~이 오르다.

18. 비율　(　　　　　　　)
어떤 수나 양의 다른 수나 양에 대한 비.
¶ 탈락자의 ~이 높다.

19. 융기　(　　　　　　　)
주위의 평평한 부분과 차이가 나게 솟거나 높아지는 것
¶ 이곳은 ~해안이다.

20. 융성　(　　　　　　　)
기운차게 높이 일어나는 것.
¶ 국운이 ~하는 때를 맞다.

21. 융숭　(　　　　　　　)
대우하는 태도가 정중하고 극진함.
¶ ~한 대접을 받았다.

22. 능원　(　　　　　　　)
능(陵)과 원소(園所)를 총칭하는 말. 곧, 왕·왕비·왕세자·왕세자빈 및 왕의 사친의 무덤을 가리킴.
¶ ~ 한가운데로 곧게 뻗은 숲을 빠져나오다.

23. 왕릉　(　　　　　　　)
왕의 무덤.
¶ 경주에는 도심 한가운데 많은 ~이 있다.

♣ 다음 낱말 풀이에 알맞은 한자(漢字)를 쓰시오.　　　▶ 정답은 424쪽

1. 능욕　(　　　　　　　)
　　업신여겨 욕보이는 것.
　　¶ 불량배에게 ~당하다.

2. 능묘　(　　　　　　　)
　　능과 묘.
　　¶ 조선왕조는 도성 안으로는 ~를 두지 않았다.

3. 이두　(　　　　　　　)
　　신라 때부터 한자의 뜻과 음을 빌어 우리 말을 적던 표기법.
　　¶ 신라 때 설총이란 분이 ~를 정리하였다고 한다.

4. 이방　(　　　　　　　)
　　조선 시대에 인사(人事)·비서(書) 등의 사무를 맡아보던, 승정원과 각 지방 관아의 육방(六房)의 하나.
　　¶ ~에서는 주로 관리들의 성적이 좋고 나쁨을 평정(評定)하여 상벌(賞罰)을 내리는 일을 담당했다.

5. 관리　(　　　　　　　)
　　관직에 있는 사람. 벼슬아치. 관헌.
　　¶ ~가 정직해야 나라가 바로 선다.

6. 청백리　(　　　　　　　)
　　청백한 관리. 의정부·육조(六曹)·경조(京兆)의 정2품 또는 종 2품 이상의 당상관과 사헌부·사간원의 우두머리가 천거한 청렴한 벼슬아치.
　　¶ ~가 된다는 것은 몹시 어려운 일이다.

7. 이수　(　　　　　　　)
　　해당 학과를 순서대로 공부하여 마치는 것.
　　¶ 석사 과정을 ~하다.

8. 이행　(　　　　　　　)
　　약속이나 계약 등을 실제로 행하는 것.
　　¶ 약속을 ~하다.

9. 이력서　(　　　　　　　)
　　이력을 적은 문서.
　　¶ ~를 내다.

10. 불이행　(　　　　　　　)
　　이행하지 않는 것.
　　¶ 의무를 ~하다.

11. 이면　(　　　　　　　)
　　①물체의 뒤쪽에 있는 면. ②표면에 나타나지 않는 내부의 사정이나 사실.
　　¶ 권력의 ~을 파헤치다.

12. 이서　(　　　　　　　)
　　책장이나 서면(書面) 뒤에 글씨를 쓰는 것.
　　¶ 그는 수표에 ~를 했다.

13. 뇌리　(　　　　　　　)
　　사람의 의식이나 기억, 사고(思考) 등이 작용하거나 이루어지는 영역.
　　¶ 어렵게 살던 기억이 ~에서 지워지지 않다.

14. 표리부동　(　　　　　　　)
　　마음이 음충맞아서 겉과 속이 다름.
　　¶ 너의 ~한 모습에 화가 난다.

15. 임박　(　　　　　　　)
　　가까이 닥쳐오는 것.
　　¶ 시험날짜가 ~하다.

16. 강림　(　　　　　　　)
　　신(神)이 인간 세상으로 내려오는 것.
　　¶ 성령이 ~하다.

17. 임시변통　(　　　　　　　)
　　갑자기 생긴 일을 우선 임시로 둘러맞춰서 처리함.
　　¶ 급한 돈이니 ~하여 우선 막고 볼 일이다.

18. 임전무퇴　(　　　　　　　)
　　세속 오계의 하나. 전장에 나아가 물러서지 않는다는 말.
　　¶ ~의 정신을 본받아야 한다.

19. 막사　(　　　　　　　)
　　천막·판자 등으로 임시로 간단하게 지은 집.
　　¶ 훈련병이 사용할 ~를 만들다.

20. 자막　(　　　　　　　)
　　영화나 텔레비전에서 제목·제작진·출연자·대사·설명 등을 화면에 글자로 나타낸 것.
　　¶ 청각장애인을 위해 한글~ 방송을 하다.

21. 폐막　(　　　　　　　)
　　①연극을 마치고 막을 내리는 것. ②어떤 일이 끝남의 비유.
　　¶ 부산영화제가 오늘 ~된다.

22. 천막　(　　　　　　　)
　　비바람이나 볕을 막기 위하여 한데에 치게 된 장막.
　　¶ ~을 치다.

♣ **다음 낱말 풀이에 알맞은 한자(漢字)를 쓰시오.**　　➡ 정답은 424쪽

1. 흑막　(　　　　　　)
   ①검은 장막. ②겉으로 드러나지 않은 음흉한 내막.
   ¶ 사건의 ~을 밝히다.

2. 막막　(　　　　　　)
   너르고 아득함.
   ¶ 그의 눈앞에는 ~한 사막이 끝없이 펼쳐져 있을 뿐이었다.

3. 사막　(　　　　　　)
   열대·온대의 대륙에서 연 강우량 200mm 이하의 건조 지대에 생기는 황야. 선인장 등이 소생(疏生)함.
   ¶ 선인장과 낙타는 ~기후에 잘 적응하는 동식물이다.

4. 막연　(　　　　　　)
   범위나 내용이 갈피를 잡을 수 없게 어렴풋함.
   ¶ 어쩌면 좋을지 ~하다.

5. 막중　(　　　　　　)
   더할 나위 없이 중요하거나 소중함.
   ¶ 책임이 ~하다.

6. 막강　(　　　　　　)
   더할 수 없이 강함.
   ¶ 그는 ~한 세력을 쥐고 있다.

7. 막상막하　(　　　　　　)
   더 낫고 더 못함의 차이가 없음.
   ¶ 실력이 ~다.

8. 막역지우　(　　　　　　)
   거스르는 일이 없는 친구라는 뜻으로 아주 허물없이 지내는 친구.
   ¶ 그와 나는 ~ 사이다.

9. 망각　(　　　　　　)
   외계의 자극을 잘못 지각하거나, 없는 자극을 있는 것처럼 생각하는 지각의 병적 현상.
   ¶ 갈수록 ~이 심하다.

10. 망발　(　　　　　　)
    이치에 맞지 않는 망령된 말.
    ¶ 추악한 말을 입에 담다니 그 무슨 ~이냐.

11. 망상　(　　　　　　)
    이치에 어긋나는 망령된 생각.
    ¶ ~에 빠지다.

12. 망언　(　　　　　　)
    망령(妄靈)되게 말함. 또는 그런 말.
    ¶ 그런 ~을 함부로 하다니….

13. 허망　(　　　　　　)
    어이가 없고 허무함.
    ¶ 강력한 우승 후보가 무명 선수에게 ~하게 패하고 말았다.

14. 매실　(　　　　　　)
    매실나무의 열매.
    ¶ ~차를 마시는 사람이 점점 늘어가는 추세다.

15. 매화　(　　　　　　)
    매실나무의 꽃.
    ¶ 섬진강변에 있는 섬진(매화)마을은 이른 봄이면 마을 주변에 ~가 활짝 피어 많은 사람들이 꽃구경을 온다.

16. 한매　(　　　　　　)
    추위에도 핀 매화를 나타낸 말.
    ¶ 꽃 중에 ~가 제일 기상이 있다 하겠다..

17. 설중매　(　　　　　　)
    눈 속에 핀 매화.
    ¶ ~는 겨울 눈속에 꽃피는 것을 좋아해 다른 꽃들과 봄을 다투지 않는다.

18. 맹자　(　　　　　　)
    사서(四書)의 하나. 맹자의 언행이나 사상을 기록한 책.
    ¶ ~는 오랫동안 동양의 고전으로 많은 사람에게 사랑을 받아왔다.

19. 맹춘　(　　　　　　)
    초기의 봄.
    ¶ 일 년의 첫 시작인 정월을 ~이라 한다.

20. 공맹　(　　　　　　)
    공자와 맹자.
    ¶ 철학사상으로서 ~의 가르침인 유교가 있다.

21. 허무맹랑　(　　　　　　)
    터무니없이 허황하고 실상(實相)이 없음.
    ¶ ~한 헛소문이 나돌다.

22. 맹견　(　　　　　　)
    몹시 사나운 개.
    ¶ 그 집을 방문할 때는 ~을 조심해라.

23. 맹렬　(　　　　　　)
    몹시 사납고 세참.
    ¶ ~한 반대에 부딪히다.

♣ 다음 낱말 풀이에 알맞은 한자(漢字)를 쓰시오.　　▶ 정답은 424쪽

1. 맹수 (　　　　　)
사나운 짐승.
¶ 그 산에는 ~가 많이 있다.

2. 맹위 (　　　　　)
사나운 위세.
¶ 동장군(冬將軍)이 며칠째 ~를 떨치고 있다.

3. 용맹 (　　　　　)
날래고 사나움.
¶ ~을 떨치다.

4. 맹점 (　　　　　)
①시세포가 없어 빛깔이나 색을 느끼지 못하는, 망막의 흰색 돌기. ②의식하지 못한 허점.
¶ ~을 드러내다.

5. 맹종 (　　　　　)
옳고 그름을 가리지 않고 덮어놓고 따르는 것.
¶ 요즘 세대는 더 이상 부모의 말에 ~하지 않는다.

6. 문맹 (　　　　　)
무식하여 글을 읽거나 쓸 줄을 모르는 상태.
¶ 우리나라는 다른 나라에 비해 ~이 적은 편이다.

7. 맹신 (　　　　　)
옳고 그름을 가리지 않고 덮어놓고 믿는 것.
¶ 그 사람에게 너무 ~하는 것 같다.

8. 맹목적 (　　　　　)
사리를 따지지 않고 덮어놓고 하는 것.
¶ ~인 사랑을 하다.

9. 맹약 (　　　　　)
굳세하여 굳게 약속하는 것.
¶ ~을 지키다.

10. 맹주 (　　　　　)
동맹을 맺은 집단의 우두머리.
¶ 이 일은 ~님이 직접 지휘를 하기로 했다.

11. 동맹 (　　　　　)
개인이나 단체 또는 국가들이 서로 공동 목적을 이루기 위하여 동일한 행동을 취하기로 맹세하는 약속.
¶ 신라는 당나라와 ~을 맺었다.

12. 혈맹 (　　　　　)
①피로써 굳게 다짐하여 이뤄진 맹세. ②희생을 무릅쓰고 도움을 주는 동맹국.
¶ 한국전쟁 당시 미국은 우리의 ~이었다.

13. 가맹점 (　　　　　)
어떤 기관이나 조직에 가맹되어 있는 가게나 점포.
¶ 지금 ~을 모집중이다.

14. 동면 (　　　　　)
일부의 동물이 겨울 동안 활동을 중지하고 땅 속이나 물 속에서 잠을 자듯이 의식이 없는 상태로 지내는 일. 겨울잠.
¶ ~에서 깨어나다.

15. 영면 (　　　　　)
영원히 잠드는 것. 곧, 죽음.
¶ 그의 할머니는 오랜 투병생활을 하다 오늘밤 ~하셨다.

16. 휴면 (　　　　　)
사물이 거의 활동하지 않는 것.
¶ 현재 그 사람은 ~상태이다.

17. 불면 (　　　　　)
①잠을 자지 않는 것. ②잠을 못 자는 것.
¶ ~의 밤을 보내다.

18. 면사 (　　　　　)
솜에서 자아낸 실. 목면사. 무명실.
¶ 이 내복은 ~로 만들어졌다.

19. 순면 (　　　　　)
면사(綿絲)로만 짠 직물.
¶ ~ 100%의 양말이다.

20. 면직물 (　　　　　)
무명실로 짠 피륙. 준말 면직.
¶ 산업 혁명은 ~ 공업에서 시작되었다.

21. 주도면밀 (　　　　　)
주의가 두루 미쳐 자세하고 빈틈이 없음.
¶ ~한 성격을 가지고 있다.

22. 멸망 (　　　　　)
망하여 없어지는 것.
¶ 로마제국도 끝내 ~하였다.

23. 멸족 (　　　　　)
가족이나 종족이 망하여 없어지는 것.
¶ 3대가 ~당하다.

♣ 다음 낱말 풀이에 알맞은 한자(漢字)를 쓰시오.   ➡ 정답은 424쪽

1. 파멸 (   )
세상에서 누리거나 가졌던 지위나 힘 등을 잃고 절망적인 상태에 이르는 것.
¶ ~의 구렁텅이에 굴러 떨어지다.

2. 멸사봉공 (   )
사(私)를 버리고 공(公)을 위하여 힘써 일함
¶ 국회의원이 ~의 정신으로 일한다면 나라는 바로 설 것이다.

3. 명심 (   )
잊지 않도록 마음에 깊이 새겨 두는 것.
¶ 내 말을 깊이 ~해라.

4. 감명 (   )
깊이 느끼어 마음속에 새겨 두는 것.
¶ 소설을 읽고 깊은 ~을 받다.

5. 비명 (   )
비면(碑面)에 새긴 글.
¶ ~을 새로 세우다.

6. 좌우명 (   )
늘 옆에 갖추어 두고 가르침으로 삼는 말이나 문구.
¶ 정직을 ~으로 삼다.

7. 모정 (   )
사모하는 마음.
¶ ~을 느끼다.

8. 사모 (   )
마음속으로 은근히 또는 애틋하게 생각하고 그리워하는 것.
¶ 그는 오래 전에 제 곁을 떠났지만 아직도 그를 ~하고 있습니다.

9. 숭모 (   )
우러러 사모하는 것.
¶ 이순신 장군을 ~하다.

10. 애모 (   )
사랑하여 그리워하는 것.
¶ 그녀를 향한 ~의 정(情)이 아직도 남아 있다.

11. 추모 (   )
죽은 사람을 애틋하게 그리워하는 것.
¶ 순국선열을 ~하다.

12. 모략 (   )
일을 꾸미어 남을 해치거나 속이고자 하는 것.
¶ 중상 ~을 꾸미다.

13. 모반 (   )
왕실이나 정부를 뒤엎고 정권을 잡으려고 꾀하는 것.
¶ ~하여 군사를 일으키다.

14. 모사 (   )
일을 꾀하는 것.
¶ 그는 당대에 ~꾼으로 유명하였다.

15. 도모 (   )
이루어지도록 꾀하는 것.
¶ 사원들 간에 친목을 ~하다.

16. 음모 (   )
남이 모르게 나쁜 일을 꾸미는 것.
¶ ~를 꾸미다.

17. 모양 (   )
겉으로 나타나는 생김새나 형상.
¶ 갖가지 ~의 돌을 모으다.

18. 면모 (   )
①얼굴의 모양. ②사물의 모습이나 상태.
¶ 회사의 ~을 일신하다.

19. 외모 (   )
겉으로 나타난 모습.
¶ ~가 단정하다.

20. 용모 (   )
얼굴 모습.
¶ 그 남자는 ~가 준수하다.

21. 풍모 (   )
풍채와 용모.
¶ 그는 건장한 ~를 지녔다.

22. 친목 (   )
서로 친하여 뜻이 맞고 정다운 것.
¶ ~을 도모하다.

23. 화목 (   )
서로 뜻이 맞아 정다움.
¶ 형제간의 우애가 있는 ~한 집안이다.

353

♣ 다음 낱말 풀이에 알맞은 한자(漢字)를 쓰시오.　　　▣ 정답은 424쪽

1. 몰두 (　　　　　　　)
온 정신을 기울여 열중하는 것.
¶ 그는 밤낮을 잊고 연구에 ~했다.

2. 몰락 (　　　　　　　)
①쇠하여 보잘것없이 되는 것. ②멸망하여 모조리 없어지는 것.
¶ 노름 때문에 가세가 ~하다.

3. 몰살 (　　　　　　　)
모조리 죽이는 것.
¶ 역적으로 몰려 집안이 ~하다.

4. 출몰 (　　　　　　　)
나타났다가 없어졌다가 하는 것.
¶ 해안지방에 해적이 ~하다.

5. 몰지각 (　　　　　　　)
지각이 전혀 없음.
¶ ~한 언동을 일삼아 사회에 물의를 일으키다.

6. 몽상 (　　　　　　　)
꿈과 같은 실현성이 없는 헛된 생각.
¶ 그녀는 ~에 빠지기를 좋아한다.

7. 해몽 (　　　　　　　)
민간 신앙에서, 꿈을 꾼 내용을 가지고 미래에 어떤 좋은 일이나 나쁜 일이 생길 것이라고 풀이하는 일.
¶ 꿈보다 ~이 좋다.

8. 동상이몽 (　　　　　　　)
같은 자리에서 자면서 꿈을 다르게 꾼다는 뜻으로 겉으로는 같이 행동하면서도, 속으로는 각각 딴 생각을 함.
¶ 아니 그래, 같은 정치가이면서 ~을 생각을 가졌었군.

9. 일장춘몽 (　　　　　　　)
한바탕의 봄 꿈이라는 뜻으로 헛된 영화(榮華)나 덧없는 일의 비유.
¶ 흔히 인생을 ~에 비유한다.

10. 몽고 (　　　　　　　)
유라시아 대륙 중앙부에 있는 인민 공화국. 수도는 울란바토르. 몽고.
¶ 옛날 ~는 유럽까지 진출했던 강대국이었다.

11. 몽은 (　　　　　　　)
은덕을 입는 것.
¶ ~을 입었는데 어찌 갚아야 할지 모르겠다.

12. 동몽선습 (　　　　　　　)
조선시대 서당(書堂)에서 교재로 사용한 책으로 천자문을 익히고 난 후의 학동들이 배우는 초급 교재로 사용함.
¶ ~은 조선시대 중종때 박세무가 지었다.

13. 훈몽자회 (　　　　　　　)
어린이들이 읽는 한자 학습서로 1527년(중종 22) 최세진(崔世珍)이 지었다.
¶ 훈민정음을 폄하한 최세진은 ~를 지었다..

14. 무림 (　　　　　　　)
나무가 우거진 숲.
¶ ~에서 열심히 무예를 닦다.

15. 무성 (　　　　　　　)
우거져 성함.
¶ 잡초만 ~한 성터를 보자 옛일이 떠올랐다.

16. 무역 (　　　　　　　)
국제간에 상품을 매매하는 경제적 활동.
¶ ~회사에서 일하게 되었다.

17. 밀무역 (　　　　　　　)
세관을 통하지 않고 비밀히 하는 무역.
¶ 고가의 보석을 ~하다가 세관에 적발되다.

18. 묵념 (　　　　　　　)
①묵묵히 생각에 잠기는 것. ②국민의례 등에서, 잠시 눈을 감고 고개를 숙인 상태로 순국선열 등을 생각하고 기리는 것.
¶ 순국선열에 대하여 ~하다.

19. 묵례 (　　　　　　　)
말없이 고개만 숙여 표하는 인사.
¶ ~를 주고받다.

20. 묵상 (　　　　　　　)
묵묵히 마음속으로 생각하는 것.
¶ ~에 잠기다.

21. 묵인 (　　　　　　　)
모르는 체하고 슬머시 승인하는 것.
¶ 불법행위를 ~해 주다.

22. 침묵 (　　　　　　　)
입을 다물고 아무 말도 하지 않는 것.
¶ 두 사람 사이에 무거운 ~이 흐르다.

♣ 다음 낱말 풀이에 알맞은 한자(漢字)를 쓰시오.　　▶ 정답은 424쪽

1. 물론　（　　　　　　）
   말할 것도 없음.
   ¶ 네가 도움을 청한다면 ~ 도와주어야지.

2. 물망초　（　　　　　　）
   지칫과의 여러해살이풀. 봄·여름에 남색의 작은 꽃이 아름답게 핌.
   ¶ ~의 꽃말은 '나를 잊지 말아요'이다.

3. 물실호기　（　　　　　　）
   좋은 기회를 놓치지 않음.
   ¶ 그대여! 마음을 차분히 하여 ~하라.

4. 미동　（　　　　　　）
   약간 움직이는 것.
   ¶ ~도 하지 않고 태연히 앉아 있다.

5. 미량　（　　　　　　）
   아주 적은 양.
   ¶ 극약은 ~이 우리 몸에 들어가도 치명적이다.

6. 미세　（　　　　　　）
   분간하기 어려울 만큼 매우 작다.
   ¶ 이 물질은 ~한 입자로 이루어졌다.

7. 미소　（　　　　　　）
   소리를 내지 않고 빙긋이 웃는 것.
   ¶ 입가에 ~를 띠다.

8. 경미　（　　　　　　）
   가볍고 아주 작아 대수롭지 않음.
   ¶ ~한 상처를 입다.

9. 기미　（　　　　　　）
   앞일에 대한 다소 막연한 예상이나 짐작이 들게 하는 어떤 현상이나 상태.
   ¶ 논바닥은 말라 들어가는데 좀처럼 비가 올 ~가 보이질 않는다.

10. 각박　（　　　　　　）
    사랑이나 인정을 베풀지 않아 메마르고 삭막함.
    ¶ 세상 인심이 점점 ~하다.

11. 경박　（　　　　　　）
    언행이 가볍고 얕음.
    ¶ 그는 ~한 말씨를 쓰고 있다.

12. 박리다매　（　　　　　　）
    이익을 적게 보고 많이 팖.
    ¶ 그 가게는 ~로 많은 이익을 남겼다.

13. 가인박명　（　　　　　　）
    아름다운 여자는 수명이 짧음. 미인박명.
    ¶ ~이라더니…. 너를 두고 한 말이구나!

14. 박두　（　　　　　　）
    가까이 닥쳐오는 것.
    ¶ 개봉~!

15. 박해　（　　　　　　）
    못 견디게 굴어서 해롭게 하는 것.
    ¶ 심한 ~를 받다.

16. 급박　（　　　　　　）
    공조금의 여유도 없이 닥쳐 급함.
    ¶ 국제정세가 ~하게 돌아간다.

17. 압박　（　　　　　　）
    ①강한 힘으로 내리누르는 것. ②기운을 못 펴게 세력으로 내리누르는 것.
    ¶ 알 수 없는 불안과 초조감이 그를 ~하고 있었다.

18. 절박　（　　　　　　）
    가까이 닥쳐 급함.
    ¶ 아버지의 실직 후 가장 ~한 문제는 끼니를 해결하는 것이다.

19. 만반　（　　　　　　）
    갖출 수 있는 모든 것.
    ¶ ~의 준비를 갖추다.

20. 전반　（　　　　　　）
    여러 가지 것의 전부. 또는, 통틀어서 모두.
    ¶ 국정 ~에 걸쳐 개혁을 단행하다.

21. 반야심경　（　　　　　　）
    대반야경의 요점을 간결하게 설명한, 260자로 된 짧은 경. 대반야바라밀다심경. 반야바라밀다심경.
    ¶ ~ 속에 '색즉시공, 공즉시색'이라는 구절이 들어있다.

22. 피차일반　（　　　　　　）
    두 편이 서로 같음.
    ¶ 키가 작기로 말하면 ~이다.

23. 반점　（　　　　　　）
    중국요리를 파는 음식점임을 나타내는 말.
    ¶ 중화~ 신장개업.

♣ 다음 낱말 풀이에 알맞은 한자(漢字)를 쓰시오.   ▶ 정답은 425쪽

1. 반주 (　　　　)
   밥을 먹을 때 곁들여 술을 마시는 것.
   ¶ ~ 한 잔 합시다.

2. 조반 (　　　　)
   사람이 아침에 끼니로 먹는 밥.
   ¶ ~을 들다.

3. 반상기 (　　　　)
   밥상 하나를 차리게 만든 한 벌의 그릇. 종류에는 놋쇠 반상기·사기 반상기가 있고, 한 벌의 가짓수를 말하는 것으로는 3첩·5첩·7첩·9첩·12첩 등이 있음.
   ¶ 요즘도 결혼하는 여자들은 시부모님께 ~를 예단으로 해간다.

4. 배양 (　　　　)
   ①동식물의 조직의 일부 또는 개체나 미생물을 인공적인 조건 아래에서 발육·증식시키는 것. ②능력·실력 등을 길러 내는 것
   ¶ 세균을 ~하다.

5. 수경재배 (　　　　)
   식물이 자라는 데 필요한 무기물을 녹인 수용액을 배지(培地)로 하여 식물을 가꾸는 일.
   ¶ ~로 키운 꽃이랍니다.

6. 배구 (　　　　)
   구기(球技)의 하나. 6명 또는 9명으로 된 두 팀이 한가운데에 네트를 높이 치고 상대편이 서브한 공을 땅에 떨어뜨리지 않은 상태로 손으로 쳐서 세 번 안에 상대편 코트로 넘기는 경기.
   ¶ 이웃 학교와 ~시합을 하다.

7. 배제 (　　　　)
   어느 범위나 영역에서 제외하는 것.
   ¶ 정실을 ~한 인사 정책을 하다.

8. 배기 (　　　　)
   공기를 밖으로 뽑아 내는 것.
   ¶ ~량이 급증하다.

9. 배출 (　　　　)
   안에서 밖으로 내보내는 것.
   ¶ 가스 ~기를 설치하다.

10. 배타적 (　　　　)
    남을 배척하는 경향이 있는 것.
    ¶ ~ 경제수역을 하다.

11. 배출 (　　　　)
    계속하여 나오는 것.
    ¶ 중국 춘추 시대에는 공자를 비롯하여 사상가들이 많이 ~되었다.

12. 연배 (　　　　)
    서로 비슷한 나이. 또는, 그런 사람.
    ¶ 그는 나와 비슷한 ~이다.

13. 후배 (　　　　)
    ①같은 분야에서 자기보다 늦게 종사하여 학문·기술·경험 등이 자기보다 뒤진 사람. ②같은 학교를 자기보다 늦게 졸업한 사람.
    ¶ 그는 동문 ~이다.

14. 불량배 (　　　　)
    행동이 불량한 사람의 무리.
    ¶ 그 학생은 ~를 만나 돈을 빼앗겼다.

15. 폭력배 (　　　　)
    폭력에 의해 사사로운 목적을 이루려고 하는 무리. 또는, 그 무리에 속하는 사람.
    ¶ ~를 소탕하다.

16. 백부 (　　　　)
    아버지의 맏형을 이르는 말. 큰아버지.
    ¶ ~댁에 세배를 갔다.

17. 백씨 (　　　　)
    남의 맏형을 높여 일컫는 말.
    ¶ 요즘 ~의 건강은 어떠십니까?

18. 도백 (　　　　)
    ①관찰사. ②도지사(道知事)를 예스럽게 일컫는 말.
    ¶ 그 분은 한차례 경기도의 ~을 지냈다.

19. 화백 (　　　　)
    화가(畵家)를 대접하여 부르는 말.
    ¶ 이~의 작품이 광주비엔날레에 출품되었다.

20. 백중지세 (　　　　)
    서로 우열을 가리기 힘든 형세.
    ¶ 양팀의 기량이 ~이다.

21. 번성 (　　　　)
    붇고 늘어서 잘되어 가는 것.
    ¶ 한때 ~했던 신발 수출 산업이 다시 활기를 띠고 있다.

♣ 다음 낱말 풀이에 알맞은 한자(漢字)를 쓰시오.   ➡ 정답은 425쪽

1. 번영   (   )
   번성하고 영화롭게 되는 것.
   ¶ ~하는 조국을 보라!

2. 번잡   (   )
   매우 복잡함.
   ¶ 이 곳은 매우 ~스러운 곳이군.

3. 번화   (   )
   번성하고 화려함.
   ¶ 도시의 ~가.

4. 농번기 (   )
   농사일이 바쁜 시기.
   ¶ ~여서 할아버지댁 방문을 미루었다.

5. 범례   (   )
   책의 첫머리에 그 책의 사용법·편수 방침·부호(符號)·약호(略號) 등에 대하여 설명한 글.
   ¶ 이 책의 ~를 잘 살펴보아라.

6. 범상   (   )
   대수롭지 않고 예사로움.
   ¶ 일거수일투족에서 그가 ~한 인물이 아님을 알 수 있었다.

7. 범실   (   )
   야구 등에서, 평범한 실책.
   ¶ 이번 경기에서 ~이 잦다.

8. 비범   (   )
   보통 수준보다 훨씬 뛰어남.
   ¶ 그림에 ~한 재주를 보이다.

9. 평범   (   )
   뛰어나거나 색다른 점이 없이 예사로움.
   ¶ 인생을 큰 굴곡 없이 ~하게 살아가다.

10. 벽안   (   )
    눈동자가 파란 눈.
    ¶ 조선말기 ~의 사람들이 선교를 위해 우리나라를 방문했다.

11. 벽공   (   )
    푸른 하늘.
    ¶ ~을 날아가는 저 새를 보라!

12. 벽창우 (   )
    ①평안 북도 벽동(碧潼)과 창성(昌城) 지방에서 나는 크고 억센 소. ②벽창호의 원말.
    ¶ 말 안 듣는 것이 꼭 ~같다.

13. 병과   (   )
    과거에서 성적으로 나눈 등급의 셋째.
    ¶ 그는 이번에 ~에 합격했다.

14. 병란   (   )
    병자호란의 준말. 조선 인조 14년(1636)에 청나라가 침입한 난리.
    ¶ ~후 나라의 국력은 더욱 약해지고 백성들은 살기가 어려워 졌다.

15. 병자호란 (   )
    조선 인조 14년(1636)에 청나라가 침입한 난리.
    ¶ ~ 결과 청나라와 화의를 맺었다.

16. 보수   (   )
    문제가 없는 상태가 되도록 수리하는 것.
    ¶ 교량을 ~하다.

17. 보약   (   )
    몸을 보하는 약.
    ¶ 건강을 위해 ~ 한 첩 먹어야겠다.

18. 보완   (   )
    부족한 것을 보충하여 완전하게 하는 것.
    ¶ 초판을 수정하고 ~하여 개정판을 내놓다.

19. 보조   (   )
    보충하여 돕는 것.
    ¶ 정부에서는 K 보육원에 운영비를 ~하고 있다

20. 보충   (   )
    보태어 채우는 것.
    ¶ 병력(兵力)을 ~하다.

21. 복안   (   )
    마음속으로 품고 있는 계획.
    ¶ ~을 실현하기 위해 부단히 노력하다.

22. 공복   (   )
    먹은 음식물이 없어 뱃속이 비어 있는 상태.
    ¶ 이 약은 ~에 드시오.

23. 면종복배 (   )
    겉으로는 복종하는 체하면서도 속으로는 등지거나 배반함.
    ¶ 윗사람으로서 인과 덕을 베풂 없이 술책과 힘으로 아랫사람을 대한다면 ~할 것은 뻔하지.

♣ 다음 낱말 풀이에 알맞은 한자(漢字)를 쓰시오.　　　▶ 정답은 425쪽

1. 봉서　(　　　　　　　)
①겉봉을 봉한 편지. ②임금이 종친 또는 근신(近臣)에게 내리는 사서(私書).
¶ ~를 전달하다.

2. 봉합　(　　　　　　　)
봉하여 붙이는 것.
¶ 단단히 ~하여 어머니께 드렸다.

3. 개봉　(　　　　　　　)
①봉한 것을 떼어 여는 것. ②새 영화를 처음으로 상영하는 것.
¶ 편지를 ~하다.

4. 동봉　(　　　　　　　)
봉투 등에 같이 넣거나 싸서 봉하는 것.
¶ 편지에 사진을 ~하다.

5. 밀봉　(　　　　　　　)
내용물이 보이지 않도록 단단히 붙여 봉하는 것.
¶ ~한 서류를 전달하다.

6. 주봉　(　　　　　　　)
최고봉.
¶ 천왕봉은 지리산의 ~이다.

7. 연봉　(　　　　　　　)
죽 이어져 있는 산봉우리.
¶ 북한산 ~을 보아라!

8. 영봉　(　　　　　　　)
신령스런 산봉우리.
¶ 백두산~에서 산신제를 드리다.

9. 최고봉　(　　　　　　　)
어느 지방이나 산맥 중에서 가장 높은 봉우리.
¶ 에베레스트 산은 세계의 ~이다.

10. 봉변　(　　　　　　　)
뜻밖의 변을 당하는 것.
¶ 밤길에 불량배한테 ~을 당하다.

11. 봉착　(　　　　　　　)
어떤 처지나 상태에 부닥치는 것.
¶ 회사가 운영난에 ~하다.

12. 상봉　(　　　　　　　)
오랫동안 헤어져 있다가 서로 만나는 것.
¶ 이산 가족이 40년 만에 ~하다.

13. 교부　(　　　　　　　)
내주는 일.
¶ 원서 ~를 받다.

14. 납부　(　　　　　　　)
바치는 일.
¶ 세금을 ~하다.

15. 발부　(　　　　　　　)
증서·영장 따위를 발행하는 것.
¶ 고지서를 ~하다.

16. 배부　(　　　　　　　)
나누어 줌. 돌라주는 것.
¶ 교과서를 학생들에게 무상으로 ~하다.

17. 반대급부　(　　　　　　　)
쌍방이 의무를 가지는 계약에서, 한쪽의 급부에 대하여 다른 한쪽이 해야 할 그와 대등한 급부.
¶ 자원봉사의 대가로 정신적인 보람이나 만족 외에는 보수, 권력, 지위 등의 ~를 바라지 않습니다.

18. 부각　(　　　　　　　)
양각. 사물의 특징을 두드러지게 나타내는 것.
¶ 물질문명의 위기를 ~시킨 작품이다.

19. 부력　(　　　　　　　)
유체(流體) 속에 있는 물체를 떠오르게 하는 유체의 힘.
¶ 물의 무게만큼의 힘이 달걀을 위로 떠받치게 되는데, 그 힘을 ~이라 한다.

20. 부상　(　　　　　　　)
①물 위로 떠오르는 것. ②어떤 현상이 보통 때보다 더 큰 관심을 끌거나 불우한 처지에 있던 사람이 갑자기 좋은 자리로 올라서는 일.
¶ 무명 신인이 강력한 우승 후보로 ~하다.

21. 부침　(　　　　　　　)
①물 위에 떠올랐다 잠겼다 하는 것. ②성(盛)함과 쇠(衰)함 또는 시세의 바뀜을 가리키는 말.
¶ 돌아보니 내 인생은 ~이 심했다.

22. 부동표　(　　　　　　　)
특정한 입후보자나 정당에 투표될 것으로 확정지을 수 없는, 변화 가능성이 많은 표.
¶ 선거전이 막바지에 접어들자 각 당 후보들은 ~ 흡수에 총력을 기울이고 있다.

♣ 다음 낱말 풀이에 알맞은 한자(漢字)를 쓰시오.　　　➡ 정답은 425쪽

1. 부조　(　　　　　　　)
①잔칫집이나 상가(喪家) 등에 돈이나 물건을 보내는 것. ②도와 주는 것.
¶ 결혼식에 ~를 하다.

2. 상부상조　(　　　　　　　)
서로서로 돕는 것.
¶ ~하는 모습이 참 보기 좋다.

3. 부양가족　(　　　　　　　)
자기가 부양하고 있는 가족.
¶ ~가족이 무려 10명이나 된다.

4. 부합　(　　　　　　　)
①대(對)가 되는 물건을 서로 맞출 수 있게 만든 표.
②어떤 현상이나 대상이 서로 꼭 들어맞는 것.
¶ 그의 이론은 형식 논리로는 옳을지 모르나 현실과 ~되지 않는다.

5. 부호　(　　　　　　　)
①어떠한 뜻을 나타내기 위하여 정한 기호. ②양수·음수를 나타내는 기호. '+'를 양의 부호, '-'를 음의 부호라고 함.
¶ 문장 ~를 표기하다.

6. 부절　(　　　　　　　)
대나무나 옥으로 만든 부신(符信).
¶ 당나라가 사신을 보내 ~을 가지고 왔다.

7. 명실상부　(　　　　　　　)
이름과 실상이 부합함.
¶ 그는 그 분야에서 ~한 일인자이다.

8. 명부　(　　　　　　　)
어떤 대상자들의 이름을 적은 장부.
¶ 선거인 ~를 작성하다.

9. 장부　(　　　　　　　)
돈이나 물건의 출납·수지 계산 등을 기록하는 책.
¶ ~에 기입하다.

10. 가계부　(　　　　　　　)
집안 살림의 수입과 지출을 적는 장부.
¶ 어머니께서는 하루도 쉬지 않고 ~를 쓰신다.

11. 학적부　(　　　　　　　)
학교에서 학생의 학적을 기록한 장부.
¶ ~를 열람하다.

12. 부가　(　　　　　　　)
덧붙이는 것.
¶ ~가치세.

13. 부근　(　　　　　　　)
어떤 곳을 중심으로 가까운 곳.
¶ 영희는 학교~에서 살고 있다.

14. 기부　(　　　　　　　)
돕는 뜻에서 거저 주는 것.
¶ 학교에 장학금을 ~하다.

15. 아부　(　　　　　　　)
그의 마음을 사기 위해 짐짓 그의 기분을 좋게 할 만한 말이나 행동을 하는 것.
¶ 그는 ~ 근성이 있다.

16. 시한부　(　　　　　　　)
일정한 시간의 한계가 붙은 것.
¶ ~ 인생을 살다.

17. 분주　(　　　　　　　)
할 일이 많거나 시간이 급하여 몸을 빠르게 움직이는 상태에 있음.
¶ 사람들이 ~하게 거리를 오가다.

18. 동분서주　(　　　　　　　)
이곳 저곳을 바쁘게 돌아다님.
¶ 회사 일로 ~하다.

19. 자유분방　(　　　　　　　)
격식이나 관습에 얽매이지 않고 행동이 자유로움.
¶ 그녀는 ~한 성격의 소유자이다.

20. 분기　(　　　　　　　)
분발하여 일어나는 것.
¶ 오등(吾等)이 자(玆)에 ~하도다.

21. 분발　(　　　　　　　)
마음을 돌우어 기운을 내는 것.
¶ 더욱 ~하여 다음에는 더 좋은 성적을 거두어 주기를 바란다.

22. 흥분　(　　　　　　　)
자극을 받아서 일시적으로 신경이 날카로워지는 상태.
¶ 격렬한 몸싸움에 급기야 선수들은 ~하고 말았다.

23. 고군분투　(　　　　　　　)
①도움이 없고 수가 적은 군사가 대적(大敵)과 용감하게 잘 싸움. ②남의 도움을 받지 않고 힘에 벅찬 일을 잘 해내는 것을 비유하여 이르는 말.
¶ 전쟁에서 ~하다.

♣ 다음 낱말 풀이에 알맞은 한자(漢字)를 쓰시오. ➡ 정답은 425쪽

1. 분란 (　　　　　)
   어수선하고 소란한 것.
   ¶ 조용한 가정에 ~을 일으키다.

2. 분분 (　　　　　)
   ①뒤숭숭하고 수선스럽다. ②흩날리는 모양이 뒤섞여 어수선하다.
   ¶ 의견이 ~하여 좀처럼 결론이 나지 않는다.

3. 분실 (　　　　　)
   자기도 모르는 사이에 잃어버리는 일.
   ¶ 지갑을 ~하다.

4. 분쟁 (　　　　　)
   말썽을 일으켜 시끄럽게 다투는 것.
   ¶ 영토~을 일으키다.

5. 내분 (　　　　　)
   내부에서 저희끼리 일으키는 분쟁.
   ¶ 당에 ~이 일어나다.

6. 비굴 (　　　　　)
   자기보다 강한 사람이나 세력 앞에서 바른 주장이나 행동을 하지 못하고 지나치게 낮추거나 굽히는 태도.
   ¶ 윗사람 앞에서 ~하게 굽실거리다.

7. 비근 (　　　　　)
   쉽게 또는 흔히 보고 들을 수 있을 만큼 주위에 가까이 있음.
   ¶ ~한 예를 들다.

8. 남존여비 (　　　　　)
   남자는 높고 귀하며, 여자는 낮고 천하다고 여기는 일.
   ¶ 아직까지 ~사상이 남아 있다니….

9. 등고자비 (　　　　　)
   높은 곳에 오르려면 낮은 곳에서부터 출발해야 한다는 뜻으로, 모든 일에는 순서가 있다는 말.
   ¶ '모든 일에는 순서가 있다'는 뜻의 한자성어는 ~다.

10. 왕비 (　　　　　)
    임금의 아내. 왕후(王后).
    ¶ 그녀는 ~가 되었다.

11. 귀비 (　　　　　)
    ①고려 시대에 비빈(妃嬪)에게 주던 칭호. 정1품임.
    ②중국 당나라 때 후궁에게 주던 칭호.
    ¶ 양~는 중국의 미인으로 유명하다.

12. 대비 (　　　　　)
    선왕(先王)의 후비(后妃).
    ¶ 인목(仁穆) ~는 조선 14대 선조의 계비이다.

13. 태자비 (　　　　　)
    황태자의 아내.
    ¶ 그녀는 ~가 되었다.

14. 시비 (　　　　　)
    곁에서 시중을 드는 계집종.
    ¶ 손님이 오시자 ~가 주안상을 내왔다.

15. 비대 (　　　　　)
    ①살이 찌고 몸이 크다. ②권한·권력·조직 따위가 주어진 역할·한계 이상으로 강대하다.
    ¶ 행정권이 ~해지다.

16. 비료 (　　　　　)
    토지의 생산력을 높이고 식물의 생장을 촉진시키기 위하여 경작지에 뿌려 주는 영양 물질.
    ¶ 화학~를 주다.

17. 비만 (　　　　　)
    살이 쪄서 몸이 뚱뚱한 상태.
    ¶ 현대인 중에는 ~이 많다.

18. 천고마비 (　　　　　)
    하늘이 높고 말이 살찐다는 뜻으로 가을의 특성을 형용하는 말.
    ¶ ~의 계절이다.

19. 사도 (　　　　　)
    고려 시대의 삼공(三公)의 하나. 정1품임. 호조판서의 별칭.
    ¶ 아버지의 벼슬이 ~까지 올랐다.

20. 사법 (　　　　　)
    삼권(三權)의 하나. 분쟁 해결을 위해서 법을 적용하여 일정한 사항의 적법성과 위법성 또는 권리 관계를 확정·선언하는 행위
    ¶ 대통령의 아들 형제에 대한 검찰의 ~처리가 급물살을 타고 있다.

21. 사회 (　　　　　)
    회의나 의식(儀式)등을 진행하는 것. 사회자.
    ¶ 결혼식의 ~를 보다.

♣ 다음 낱말 풀이에 알맞은 한자(漢字)를 쓰시오.   ➡ 정답은 425쪽

1. 사령탑 (　　　　　)
①군함에서 함장이 지휘를 하기 위하여 만들어 놓은, 높은 탑 모양의 장소. ②작전·지시 등을 하는 중추부.
¶ 한국 축구의 ~이 무너진 것이 아니냐?

2. 사과 (　　　　　)
사과나무의 열매. 비타민 C가 풍부하며, 신맛·단맛이 있음.
¶ 어머니께서 ~를 사오셨다.

3. 사기 (　　　　　)
백토(白土) 따위로 구워 만든 그릇.
¶ ~는 조심스럽게 다루어야 한다.

4. 황사 (　　　　　)
누른 모래.
¶ 해변가엔 백사가, 비온 뒤 시냇가엔 ~가 널려 있다.

5. 사상누각 (　　　　　)
모래 위에 세운 누각이라는 뜻으로 기초가 튼튼하지 못하여 오래 견디지 못할 일이나 물건을 비유하는 말.
¶ 네가 한 일은 마치 ~같이 불안하다.

6. 고사 (　　　　　)
계획하는 일이나 집안이 잘되기를 신령에게 비는 제사.
¶ ~를 지내다.

7. 제사 (　　　　　)
신령 또는 죽은 사람의 넋에게 음식을 바치면서 기원을 하거나 죽은 이를 추모하는 일.
¶ 추석 아침 ~를 지내다.

8. 사악 (　　　　　)
간사하고 악함.
¶ 사람됨이 ~하다.

9. 사심 (　　　　　)
정도(正道)에 어그러진 마음.
¶ ~없이 하는 말이다.

10. 사도 (　　　　　)
올바르지 않은 그릇된 길.
¶ ~에 빠지지 않도록 나를 지켜봐 주십시오.

11. 간사 (　　　　　)
성질이 간교하고 행실이 바르지 못함.
¶ 그 친구는 ~하다.

12. 사무사 (　　　　　)
생각에 사악함이 없는 순정(純正)한 상태
¶ ~는 중국고전 논어에 나오는 구절이다.

13. 가사 (　　　　　)
가곡·가요곡·오페라 등에서 노래의 내용이 되는 글.
¶ ~의 뜻을 생각하며 이 노래를 부릅시다.

14. 동사 (　　　　　)
품사의 하나. 사물의 동작·작용을 나타내되, 활용을 하는 단어.
¶ 그 단어는 문장에서 ~로 사용되고 있다.

15. 품사 (　　　　　)
단어를 문법적 기능·형태·의미에 따라 나눈 갈래. 현재 우리나라의 학교 문법에서는, 명사·대명사·수사·조사·동사·형용사·관형사·부사·감탄사의 9가지로 분류하고 있음.
¶ ~를 나누는 기준은 그 단어의 기능, 형태, 의미에 따라 분류한다.

16. 대명사 (　　　　　)
①품사의 하나. 사람이나 사물의 이름을 대신하여 나타내는 단어. 인칭 대명사와 지시 대명사로 나뉨. ②어떤 속성을 대표적으로 나타내는 사물임을 비유적으로 이르는 말.
¶ 월 스트리트(Wall Street)는 미국 금융 시장의 ~이다.

17. 삼엄 (　　　　　)
질서가 바로 서고 무서우리만큼 엄숙함.
¶ 그곳의 분위기는 ~하다.

18. 삼림욕 (　　　　　)
숲 속을 거닐면서 숲의 기운을 쐬는 일.
¶ ~는 건강에 좋다.

19. 삼라만상 (　　　　　)
우주 사이에 벌여 있는 온갖 사물과 현상.
¶ ~이 잠든 듯이 고요한 밤이다.

20. 군상 (　　　　　)
떼를 이룬 많은 사람
¶ 수많이 모인 ~들을 보라!

♣ 다음 낱말 풀이에 알맞은 한자(漢字)를 쓰시오.　　➡ 정답은 425쪽

1. 동상　(　　　　　)
구리로 만들거나 구릿빛을 입혀서 사람·동물의 형상을 만들어 놓은 기념물.
¶ 세종 대왕의 ~을 건립하다.

2. 불상　(　　　　　)
부처의 형상을 표현한 조각이나 화상(畵像).
¶ 그 대웅전 안에는 삼존~이 모셔져 있다.

3. 상상　(　　　　　)
머릿속으로 미루어 생각하거나 머리에 어떤 현상으로 그려보는 것.
¶ 불과 한 세기 전만 해도 인간이 달나라에 간다는 건 ~도 못 할 일이었다.

4. 가상　(　　　　　)
실물처럼 보이는 거짓 형상.
¶ 이 일은 ~일 뿐이다.

5. 상실　(　　　　　)
지위·자격·권리·기회나 기억·의욕·감각 따위를 잃어버리는 것.
¶ 자격을 ~하다.

6. 상사　(　　　　　)
초상이 난 일.
¶ 집안에 ~가 나다.

7. 상처　(　　　　　)
아내가 죽어 혼자가 되는 것.
¶ 그는 한국전쟁 중에 ~한 뒤 지금까지 홀아비로 지내고 있다.

8. 문상　(　　　　　)
남의 상사(喪事)에 대하여 조의(弔意)를 표하는 것.
¶ ~하러 가다.

9. 초상　(　　　　　)
어느 집안에 사람이 죽어서 장사 지내기까지 일정한 의례에 따라 일을 치르는 것. 때로, 집안에 사람이 죽는 일이 생기는 것을 가리키는 경우도 있음.
¶ ~을 치르다.

10. 상무　(　　　　　)
무예를 숭상하는 것
¶ ~의 기상(氣像)을 보라.

11. 고상　(　　　　　)
격이 높고 점잖음.
¶ 말씨가 ~하다.

12. 숭상　(　　　　　)
높여 소중히 여기는 것.
¶ 학문을 ~하다.

13. 시기상조　(　　　　　)
어떤 일을 함에 있어서, 때가 아직 이름.
¶ 전면적 수입 개방은 우리 산업의 여건상 ~이다.

14. 의상　(　　　　　)
저고리와 치마라는 뜻으로 겉에 입는 옷. 특히, 예술적으로 표현된 옷을 이르는 말.
¶ 패션 디자이너의 ~ 발표회에 초대받다.

15. 녹의홍상　(　　　　　)
연두저고리에 다홍치마라는 뜻으로 젊은 여자의 고운 옷치장을 이르는 말.
¶ ~이 정말 잘 어울린다.

16. 동가홍상　(　　　　　)
같은 값이면 다홍치마.
¶ '같은 값이면 다홍치마'라는 속담을 한문문구로 바꾸면 ~이다.

17. 상세　(　　　　　)
내용에 있어서 작은 부분에까지도 분명하게 밝혀 주는 상태에 있음.
¶ 약도를 ~하게 그리다.

18. 상술　(　　　　　)
자세히 설명하여 말하는 것.
¶ 사건의 내용을 ~하다.

19. 미상　(　　　　　)
아직 확실하거나 분명하게 알지 못하는 상태에 있는 것.
¶ 이 작품은 연대 ~이다.

20. 상강　(　　　　　)
24절기의 하나. 10월 23일경.
¶ ~이 지나 입동이 온다.

21. 성상　(　　　　　)
일 년 동안의 세월. 햇수를 셀 때 쓰이는 말.
¶ 나라가 일제(日帝)로부터 해방된 지도 어언 50여 ~이 흘렀다.

♣ 다음 낱말 풀이에 알맞은 한자(漢字)를 쓰시오.　　▶ 정답은 425쪽

1. 추상　(　　　　　　)
가을의 찬 서리.
¶ ~에 병이 들어 낙엽에 묻혔어라!

2. 풍상　(　　　　　　)
①바람과 서리. ②많이 겪은 세상의 고난이나 고통.
¶ 온갖 ~을 다 겪다.

3. 설상가상　(　　　　　　)
눈 위에 서리가 덮인다는 뜻으로 난처한 일이나 불행이 잇달아 일어남.
¶ 아버지가 사고로 돌아가시고 ~으로 어머니마저 병석에 누우셨다.

4. 색인　(　　　　　　)
책 속에 다루어진 중요한 단어나 용어를 독자가 쉽게 찾을 수 있도록 페이지를 밝혀 벌여 놓은 것.
¶ ~을 찾다.

5. 색출　(　　　　　　)
뒤져서 찾아내는 것
¶ 범인을 ~하다.

6. 검색　(　　　　　　)
①검사하여 찾아보는 것. ②기억 공간 안에 들어 있는 자료 중 어떤 조건에 맞는 자료를 찾아내는 일.
¶ 몸을 ~하다.

7. 사색　(　　　　　　)
삶이나 철학적인 문제에 대하여 깊이 생각하고 이치를 찾는 것.
¶ 가을을 ~의 계절이라 부른다.

8. 탐색　(　　　　　　)
①감추어진 사실을 알아내기 위하여 살피어 찾는 것. ②실종한 범죄자의 행방이나 죄상을 샅샅이 찾는 것.
¶ 적의 동향을 ~하다.

9. 서행　(　　　　　　)
느린 속도로 가는 것.
¶ 교차로에서 우회전할 때에는 도로의 우측 가장자리를 따라 ~한다.

10. 서씨　(　　　　　　)
서씨.
¶ 그의 성은 ~이다.

11. 서라벌　(　　　　　　)
①신라의 옛 이름. ②경주(慶州)의 옛 이름.
¶ 경주에 가면 ~의 많은 유물을 볼 수 있다.

12. 용서　(　　　　　　)
꾸짖거나 벌하지 않는 것.
¶ 잘못을 ~하다.

13. 충서　(　　　　　　)
충실하고 인정이 많음.
¶ 공자의 인(仁)에 대한 사상에는 ~도 포함된다.

14. 서론　(　　　　　　)
본론에 들어가기 전의, 본론의 실마리가 되는 논설. 머리말.
¶ 이 글은 ~이 너무 길다고 생각된다.

15. 단서　(　　　　　　)
어떤 일의 실마리.
¶ 범죄 수사의 ~를 잡다.

16. 두서　(　　　　　　)
일의 차례나 갈피.
¶ ~없이 말이 길다.

17. 정서　(　　　　　　)
주위의 사물을 접할 때 기쁨·슬픔·노여움·괴로움·사랑·미움 따위를 느끼게 되는 마음의 작용이나 기능.
¶ ~가 풍부하다.

18. 서명　(　　　　　　)
자기의 이름을 써넣는 것.
¶ 저자의 ~이 든 책을 기증 받다.

19. 서장　(　　　　　　)
서(署)자가 쓰인 관서의 우두머리.
¶ 우리 아버지는 경찰~이다.

20. 부서　(　　　　　　)
조직체에서, 업무의 성격에 따라 나눈 조직의 단위.
¶ ~를 옮기다.

21. 관공서　(　　　　　　)
관청과 공서(公署).
¶ 올해부터 ~들도 토요휴무를 할 예정이다.

363

♣ 다음 낱말 풀이에 알맞은 한자(漢字)를 쓰시오.   ▶ 정답은 425쪽

1. 석별 (　　　　　)
   아쉬운 이별.
   ¶ 친구들과 ~의 정을 나누다.

2. 석패 (　　　　　)
   경기에서 약간의 차이로 아깝게 지는 일.
   ¶ 친선 축구경기에서 아쉽게 ~하다.

3. 애석 (　　　　　)
   슬프고 아까움.
   ¶ ~하게 한 점 차이로 지다.

4. 매점매석 (　　　　　)
   값이 오르거나 달릴 것을 예상하여, 어떤 상품을 한꺼번에 많이 사 두고 되도록 팔지 않으려 하는 일.
   ¶ 상인들의 ~으로 서민들이 불편을 겪다.

5. 석방 (　　　　　)
   법에 따라 풀어 자유롭게 하는 것.
   ¶ 정치범이 대통령 특사로 ~되다.

6. 해석 (　　　　　)
   그 의미를 밝혀 내거나, 그 내용을 설명하는 것.
   ¶ 그 문장을 ~해 보아라.

7. 희석 (　　　　　)
   용액에 물 또는 다른 용매(溶媒)를 가하여 농도를 묽게 하는 일.
   ¶ 1:3의 비율로 ~하다.

8. 수불석권 (　　　　　)
   손에서 책을 놓지 않음. 글을 읽음.
   ¶ 우리 실업계의 그 많은 사장님들이 ~한다는 것은 아직 듣지도 보지도 못했으니, 실로 한심하고 유감스러운 일이라 하겠다.

9. 선율 (　　　　　)
   높이가 다른 음이 리듬을 동반하여 연속적으로 이어지면서 어떤 음악적 내용을 이룬 것. 가락.
   ¶ 클래식의 감미로운 ~이 흐르다.

10. 선회 (　　　　　)
    공중에서 원을 그리며 돌거나, 반원을 그리며 방향을 바꾸는 것.
    ¶ 비행기가 하늘을 ~하다.

11. 주선 (　　　　　)
    일이 잘 되도록 여러 가지 방법으로 두루 힘을 써 주는 것.
    ¶ 혼사를 ~하다.

12. 선풍기 (　　　　　)
    작은 전동기의 축에 날개를 달아, 그 회전으로 바람을 일으키는 장치.
    ¶ 에어컨에 비해 ~는 전기가 많이 절약된다.

13. 소복 (　　　　　)
    병이 나은 뒤에 전과 같이 원기가 회복되거나, 회복되게 하는 것.
    ¶ ~될 때까지 무리하지 말고 쉬셔야 합니다.

14. 소생 (　　　　　)
    다시 살아나는 것.
    ¶ 만물이 ~하는 봄이다!

15. 고소 (　　　　　)
    범죄의 피해자나 그의 법정 대리인이 범죄 사실을 수사 기관에 신고하여 법적 처리를 구하는 행위.
    ¶ ~를 취하다.

16. 상소 (　　　　　)
    하급 법원의 판결에 따르지 않고 상급 법원에 재심을 요구하는 일.
    ¶ 재판에 불복하고 ~를 내다.

17. 피소 (　　　　　)
    제소(提訴)를 당하는 것.
    ¶ 사건에 연루되어 ~되다.

18. 항소 (　　　　　)
    민사 소송에서, 제1심의 종국 판결에 대하여 하는 상소.
    ¶ ~를 하다.

19. 호소 (　　　　　)
    억울하고 원통한 사정을 관청이나 남에게 하소연하는 것.
    ¶ 억울한 사정을 ~하다.

20. 쇄신 (　　　　　)
    나쁜 폐단을 없애고 새롭게 하는 것.
    ¶ 공직자의 기강을 ~하다.

♣ 다음 낱말 풀이에 알맞은 한자(漢字)를 쓰시오.   ▶ 정답은 425쪽

1. 인쇄 (　　　　　　　)
   잉크를 사용하여 판면(版面)에 그려져 있는 글이나 그림 등을 종이·천 따위에 박아내는 일.
   ¶ 초판 3천부를 ~하다.

2. 쇠약 (　　　　　　　)
   약하여 병에 쉽게 걸리거나 자주 앓는 상태에 있음.
   ¶ 몸이 ~하다.

3. 쇠퇴 (　　　　　　　)
   힘을 잃고 약해지거나, 세상에서 점점 없어져 가는 상태가 되는 것.
   ¶ 문명이 ~하다.

4. 노쇠 (　　　　　　　)
   늙고 쇠약한 것.
   ¶ ~해서 죽다.

5. 흥망성쇠 (　　　　　　　)
   흥하고 망함과 성하고 쇠함.
   ¶ ~와 부귀빈천이 물레바퀴 돌듯 한다.

6. 장수 (　　　　　　　)
   군사를 거느리는 우두머리.
   ¶ 온달은 드디어 ~로 뽑혔다.

7. 총수 (　　　　　　　)
   전군(全軍)을 지휘하는 사람. 어떤 집단의 우두머리.
   ¶ 재벌~가 모여 경제문제를 의논했다.

8. 대원수 (　　　　　　　)
   일부 나라에서, 전군(全軍)을 통솔하는 사람으로서의 원수(元帥)를 더 높여 이르는 말.
   ¶ ~가 우리부대를 방문하셨다.

9. 통수권 (　　　　　　　)
   한 나라 전체의 병력을 지휘·통솔하는 권한.
   ¶ 국군 통수권이란 대통령이 국군의 최고 ~자로 국군을 지휘 통솔하는 권한을 말합니다.

10. 수연 (　　　　　　　)
    장수를 축하하는 잔치. 보통 환갑잔치를 말함.
    ¶ ~을 베풀다.

11. 수명 (　　　　　　　)
    생물의 목숨. 또는, 살아 있는 연한(年限).
    ¶ ~이 길다.

12. 장수 (　　　　　　　)
    보통의 경우보다 훨씬 오래 사는 것.
    ¶ 그 집안은 대대로 ~한다.

13. 천수 (　　　　　　　)
    타고난 수명.
    ¶ ~를 누리다.

14. 축수 (　　　　　　　)
    오래 살기를 비는 것.
    ¶ 할머니를 위해 ~하다.

15. 수심 (　　　　　　　)
    시름이나 걱정으로 어둡고 그늘이 진 마음.
    ¶ 얼굴에 ~이 어리다.

16. 애수 (　　　　　　　)
    가슴에 스며드는 슬픈 근심이나 시름.
    ¶ ~를 자아내다.

17. 향수 (　　　　　　　)
    타향이나 타국에 있는 사람이 고향을 그리워하는 생각이나 시름.
    ¶ 술로 ~를 달래다.

18. 백수 (　　　　　　　)
    온갖 짐승.
    ¶ 그 숲에서 ~의 왕은 사자다.

19. 야수 (　　　　　　　)
    길들지 않은 야생의 사나운 짐승.
    ¶ 탐험대가 아프리카 밀림에서 ~의 습격을 받다.

20. 조수 (　　　　　　　)
    새와 짐승.
    ¶ 공해로 해마다 ~의 숫자가 감소하고 있다.

21. 인면수심 (　　　　　　　)
    사람 얼굴을 하고 있으나 마음은 짐승과 같다는 뜻으로 마음이나 행동이 몹시 흉악함.
    ¶ 엽기적 사건이기는 하지만 ~의 한 개인이 저지른 범죄다.

22. 수상 (　　　　　　　)
    보통과 달리 이상함.
    ¶ 그 사람 ~스럽군.

♣ 다음 낱말 풀이에 알맞은 한자(漢字)를 쓰시오.   ▶ 정답은 425쪽

1. 특수 (　　　　　)
보통의 것과는 특별히 다른 것
¶ ~시설을 설치하다.

2. 수송 (　　　　　)
사람이나 물건을 실어 옮기는 것.
¶ 보급품을 ~ 하다.

3. 수혈 (　　　　　)
건강한 사람으로부터 채취한 혈액 또는 혈액 성분을 환자의 정맥 내에 주입하는 것.
¶ 응급환자에게 ~하다.

4. 수출 (　　　　　)
국내의 상품·기술 따위를 외국으로 팔아 내보내는 것.
¶ 자동차를 ~하다.

5. 밀수 (　　　　　)
금제(禁制)를 어기고 비밀히 하는 수출입.
¶ 다이아몬드를 ~하다가 적발되다.

6. 운수 (　　　　　)
운송(運送)이나 운반보다는 규모가 크게, 여객이나 화물을 나르는 일.
¶ 대량생산으로 물량이 풍부해지자 ~업이 성행하였다.

7. 수시 (　　　　　)
때를 따라 하는 것.
¶ ~접수하다.

8. 수필 (　　　　　)
인생의 체험에 대한 작자의 내면적인 생각이나 느낌을 특별한 형식에 얽매임이 없이 자유롭게 산문으로 표현한, 문학의 한 갈래.
¶ 그는 ~을 쓰는 작가이다.

9. 수행 (　　　　　)
일정한 임무를 띠고 따라가는 것.
¶ 많은 기자들이 취재차 대통령을 ~하다.

10. 부창부수 (　　　　　)
남편이 주장하고 아내가 잘 따르는 것이 부부 사이의 도리라는 말.
¶ ~란 말은 너희 부부를 두고 하는 말이구나….

11. 수급 (　　　　　)
수요와 공급.
¶ 상품의 원활한 ~을 위해 정부는 노력중이다.

12. 수요 (　　　　　)
어떤 상품이나 서비스 등을 일정한 가격으로 사려고 하는 욕구.
¶ ~가 늘다.

13. 특수 (　　　　　)
특별한 수요.
¶ 반도체 경기가 ~를 누리고 있다.

14. 혼수 (　　　　　)
혼인에 드는 물건.
¶ ~를 장만하다.

15. 내수 (　　　　　)
국내에서의 수요.
¶ ~산업이 활기를 되찾았다.

16. 숙녀 (　　　　　)
교양과 예의를 갖춘 정숙한 여자. 성년이 된 여자의 미칭.
¶ 그 집 딸은 요조~다.

17. 사숙 (　　　　　)
홀로 마음속으로 사모하여 그 사람의 저서나 작품 등을 통해 본받아 배우는 것.
¶ 그는 릴케를 ~하여 존재 탐구의 시를 썼다.

18. 정숙 (　　　　　)
여자로서 행실이 곧고 마음씨가 고움..
¶ 아내는 ~한 사람이다.

19. 숙달 (　　　　　)
익숙하고 통달하는 것.
¶ ~된 조교가 시범을 보이다.

20. 숙독 (　　　　　)
①익숙해지도록 읽는 것. ②글의 뜻을 잘 생각하면서 읽는 것.
¶ 성경을 ~하다.

21. 숙어 (　　　　　)
두 개 이상의 낱말이 합하여 하나의 뜻을 이루는 말.
¶ 영어~사전을 선물로 받다.

♣ 다음 낱말 풀이에 알맞은 한자(漢字)를 쓰시오.　　▶ 정답은 425쪽

1. 성숙　(　　　　　　)
① 농작물·과실 등이 충분히 익는 것. ② 어른스럽게 되는 것. ③ 오랜 준비 기간을 거쳐서, 어떤 일을 시작하기 위한 적당한 시기에 이르는 것.
¶ 그 문제는 사회 여론의 ~을 기다려서 입법화하겠다.

2. 숙고　(　　　　　　)
잘 생각하는 것.
¶ 심사(深思)~하여 결단을 내리다.

3. 순방　(　　　　　　)
차례로 방문하는 것.
¶ 동남아 7개국을 ~하다.

4. 순시　(　　　　　　)
돌아다니며 사정을 보살피는 것.
¶ 각 도(道)를 ~하다.

5. 순찰　(　　　　　　)
두루 돌아다니면서 사정을 살피는 것.
¶ 방금 ~차(車)가 지나갔다.

6. 순례자　(　　　　　　)
성지(聖地)를 순례하는 사람.
¶ 예루살렘에는 ~의 발길이 끊이지 않는다.

7. 상순　(　　　　　　)
초하루부터 초열흘까지의 사이.
¶ ~쯤 공사가 끝날 것 같다.

8. 초순　(　　　　　　)
초하루부터 초열흘까지의 사이.
¶ ~까지 해결해 드리겠습니다.

9. 중순　(　　　　　　)
그 달의 11일에서 20일까지의 10일 동안.
¶ ~사이에 담판을 짓겠다.

10. 하순　(　　　　　　)
한 달 가운데 스무하룻날부터 그믐날까지의 동안.
¶ ~이 되기 전에 작품을 마무리 하겠다.

11. 육순　(　　　　　　)
예순 살.
¶ ~잔치를 성대히 열다.

12. 순간　(　　　　　　)
극히 짧은 시간.
¶ 유구한 역사에서 보자면 10년도 ~에 지나지 않는다.

13. 일순　(　　　　　　)
눈 깜짝할 사이.
¶ 의표를 찌르자 ~ 그의 얼굴에 당혹의 빛이 흘렀다.

14. 순식간　(　　　　　　)
눈을 한 번 깜짝하거나 숨을 한 번 쉴 정도의 극히 짧은 동안.
¶ 불길이 ~에 사방으로 번지다.

15. 구술　(　　　　　　)
입으로 말하는 것.
¶ 노동요의 대부분은 ~로 전해져 왔다.

16. 기술　(　　　　　　)
사물의 내용을 기록하여 서술하는 것.
¶ 인간과 언어와의 관계를 100자 이내로 ~하여라.

17. 논술　(　　　　　　)
어떤 주장을 내세우거나 의견을 말함에 있어서, 논리적인 근거를 제시하면서 글을 전개하는 것.
¶ 환경 보호의 필요성을 1000자 이내로 ~하라.

18. 저술　(　　　　　　)
문학·학술 등의 글을 써서 책을 내는 것.
¶ 그는 말년(末年)을 필생의 대작을 ~하는 데 바쳤다.

19. 진술　(　　　　　　)
자세하게 말하는 것. 또는, 그 말.
¶ 의견을 ~하다.

20. 습득　(　　　　　　)
우연히 주워서 얻거나 가지고 있는 것.
¶ 길에서 시계를 ~하다.

21. 십만　(　　　　　　)
십만.
¶ 용돈 ~원을 받다.

22. 수습　(　　　　　　)
① 흩어진 물건을 주워 정돈하는 것. ② 어수선한 사태를 거두어 바로잡는 것.
¶ 사태가 너무 악화되어 ~이 불가능하다.

♣ 다음 낱말 풀이에 알맞은 한자(漢字)를 쓰시오.   ▶ 정답은 426쪽

1. 습격 (   )
   갑자기 침입하여 공격하는 것.
   ¶ 밤을 틈타 적진을 ~하다.

2. 급습 (   )
   갑자기 습격하는 것.
   ¶ 적에게 ~당하다.

3. 세습 (   )
   한 집안의 재산·신분·업무 등을 대대로 물려받는 일.
   ¶ 왕위를 ~하다.

4. 역습 (   )
   방어하는 입장에 서 있던 편이 반대로 공격에 나서는 일.
   ¶ 방심하고 있다가 불의의 ~을 당하다.

5. 인습 (   )
   예전의 풍습·습관·예절 따위를 그대로 좇는 것.
   ¶ ~을 버리다.

6. 승무 (   )
   민속 무용의 하나. 흔히 남색 치마에 흰 장삼을 입고 어깨에 붉은 가사를 걸치며 흰 고깔을 쓰고 춤.
   ¶ 그녀의 ~를 추는 모습은 아름답다.

7. 승복 (   )
   승려의 옷.
   ¶ 스님이 입는 옷을 ~이라 한다.

8. 고승 (   )
   ①학덕이 높은 승려. ②상대편의 승려를 높여 부르는 말.
   ¶ 대둔사에서 많은 ~이 배출되었다.

9. 여승 (   )
   여자 승려. 비구니(比丘尼).
   ¶ 운문사와 동학사에는 ~이 계시다.

10. 노승 (   )
    늙은 승려.
    ¶ 어느새 우리 스님께서 ~이 되었다.

11. 승강 (   )
    기차·자동차 따위를 타고 내리는 것.
    ¶ ~장(場)을 이용할 때는 질서를 지켜야 한다.

12. 승객 (   )
    배·차·비행기 등을 타는 손님.
    ¶ 이 배에는 많은 ~이 타고 있다.

13. 승마 (   )
    말을 타는 것.
    ¶ ~시합이 있는 날이다.

14. 편승 (   )
    남이 타고 가는 차편을 얻어 타는 것.
    ¶ 남의 차에 ~하다.

15. 가감승제 (   )
    가법·감법·승법·제법을 아울러 이르는 말.
    ¶ 수학의 기초는 ~다.

16. 승격 (   )
    어떤 표준으로 자격이 오르는 것.
    ¶ 읍(邑)에서 시(市)로 ~하다.

17. 승급 (   )
    등급이 오르는 것.
    ¶ ~시험에 무사히 통과하다.

18. 승단 (   )
    태권도나 바둑 따위의 단수가 오르는 것.
    ¶ ~시험에 합격하다.

19. 승화 (   )
    ①고체가 액체 상태를 거치지 않고 곧바로 기체로 변하는 현상. ②사물이 한 단계 고상한 영역으로 높아지는 일.
    ¶ 정신적 고뇌를 시로 ~시키다.

20. 승강기 (   )
    동력을 사용하여 사람이나 화물을 아래위로 나르는 장치. 엘리베이터
    ¶ ~를 타다.

21. 시녀 (   )
    지체 높은 사람의 가까이에 있으면서 시중을 드는 여자.
    ¶ 나를 ~처럼 부리다니….

22. 시종 (   )
    조선 말기, 궁내부의 시종원(侍從院)의 주임관 벼슬. 임금 옆에서 임금의 옷과 임금이 쓰는 물건을 나누어 맡았음.
    ¶ ~은 많은 시간을 임금 옆에서 보낸다.

368

♣ 다음 낱말 풀이에 알맞은 한자(漢字)를 쓰시오.   ➡ 정답은 426쪽

1. 내시 (　　　　　　)
①고려 시대에 근시(近侍) 및 숙위(宿衛)의 일을 맡아보던 관원. ②조선 시대의 환관의 별칭.
¶ ~는 왕을 가장 가까이서 모셨다.

2. 가식 (　　　　　　)
다른 사람에게 자기 약점을 감추거나 허세를 부리느라, 또는 본마음과는 달리 위선적으로 언행을 꾸미는 것.
¶ 그는 ~이 없이 행동한다.

3. 복식 (　　　　　　)
①옷의 꾸밈새. ②옷과 장신구.
¶ 그녀는 요즘 한국~에 관해 연구중이다.

4. 장식 (　　　　　　)
치장하여 꾸미는 것. 또는, 그 꾸밈새.
¶ 실내를 ~하다.

5. 수식 (　　　　　　)
①겉모양을 꾸미는 것. ②문장의 표현을 화려하게 또는 기교 있게 꾸미는 것.
¶ 미사여구로만 ~된 문장이다.

6. 허례허식 (　　　　　　)
예절·법식 등을 겉으로만 꾸며 번드레하게 하는 일.
¶ 관혼상제에서 ~을 하는 것은 국가적 낭비이다.

7. 신독 (　　　　　　)
혼자 있을 때에도 도리에 어그러짐이 없도록 언동을 삼가는 것
¶ 그는 사람됨이 ~하다.

8. 신중 (　　　　　　)
매우 조심스러운 것.
¶ 이번 일은 매우 중요한 일이므로 ~ 생각해서 결정해야 한다.

9. 심리 (　　　　　　)
사실이나 조리(條理)를 자세히 조사하여 처리하는 일.
¶ 사실을 ~하다.

10. 심사 (　　　　　　)
자세히 조사하는 것.
¶ 작품을 ~하다.

11. 심의 (　　　　　　)
심사하고 토의하는 것.
¶ 새 법안을 ~하다.

12. 심판 (　　　　　　)
①문제가 되는 안건을 심의하여 판정을 내리는 일. ②스포츠 경기 등에서, 규칙의 적부(適否)·우열·승부를 판정하는 일.
¶ ~에 항의하다.

13. 예심 (　　　　　　)
본심사에 앞서서 미리 하는 심사. 구형사 소송법에 있던 제도로, 피고 사건의 공판 회부를 결정하는 데 필요한 사항 및 증거 보전을 위하여, 공판에서는 조사하기 곤란하다고 생각되는 사항의 조사를 목적으로 하는 법원의 절차.
¶ ~에 통과하다.

14. 심난 (　　　　　　)
몹시 어려움.
¶ 마음이 몹시 ~하다.

15. 극심 (　　　　　　)
극히 심함.
¶ 병충해가 ~하다.

16. 심지어 (　　　　　　)
심하다 못하여 나중에는.
¶ 그는 12시가 넘어서 집에 들어가기 일쑤였고 ~ 며칠씩 들어가지 않는 경우도 없지 않았다.

17. 쌍방 (　　　　　　)
이쪽과 저쪽.
¶ 피해자와 가해자 ~이 원만하게 합의를 보다.

18. 쌍곡선 (　　　　　　)
①한 평면 위에서 두 정점(定點)에서의 거리의 차가 일정한 점의 궤적으로 나타나는 곡선. ②어떤 상대(相對)되는 일이 발생하여 제가끔 발전하는 것의 비유.
¶ 투표율에 여야 지도부는 온종일 희비의 ~을 그렸다.

19. 변화무쌍 (　　　　　　)
비할 데 없이 변화가 많거나 심함.
¶ 그는 ~한 사람이다.

20. 수미쌍관 (　　　　　　)
처음과 끝을 댓구가 되게 함.
¶ ~의 수법으로 주제를 강조했다.

♣ **다음 낱말 풀이에 알맞은 한자(漢字)를 쓰시오.**　　▶ 정답은 426쪽

1. 아류　(　　　　　　)
   둘째 가는 사람이나 사물.
   ¶ 그 시는 ~에 불과하다.

2. 아성　(　　　　　　)
   성인(聖人)에 버금가는 이. 공자(孔子)에 대하여 맹자(孟子) 또는 안연(顏淵)을 일컫는 말.
   ¶ 맹자를 동방의 ~이라 부르기도 한다.

3. 아세아　(　　　　　　)
   아시아의 음역.
   ¶ 중국, 한국, 일본은 ~에 속해 있다.

4. 아열대　(　　　　　　)
   열대와 온대의 중간 지대.
   ¶ 이곳은 지형적으로 ~에 속한다.

5. 아국　(　　　　　　)
   우리 나라.
   ¶ ~인 여행자는 여권과 항공권분실 또는 도난 시 가까운 ~ 공관에 신고하기 바란다.

6. 아집　(　　　　　　)
   제 생각만 옳다고 믿고 고집하는 기질이나 성격.
   ¶ ~에 빠지다.

7. 물아일체　(　　　　　　)
   외물(外物)과 자아, 객관과 주관 또는 물질계와 정신계가 한데 어울려 하나가 됨.
   ¶ 네팔에서의 1년을 회상해 보니 자연과 ~가 된 느낌이다.

8. 아전인수　(　　　　　　)
   제 논에 물 대기라는 뜻으로 자기에게만 이롭게 되도록 생각하거나 행동함을 뜻하는 말.
   ¶ 정부 내에서 벌어지고 있는 작금의 ~적 상황은 우려스럽다 못해 한심한 생각이 든다.

9. 아량　(　　　　　　)
   너그럽고 깊은 마음씨.
   ¶ ~을 베풀다.

10. 아취　(　　　　　　)
    아담한 정취. 또는, 그러한 취미.
    ¶ ~를 자아내다.

11. 아호　(　　　　　　)
    문인·예술가 등의 호(號)나 별호(別號)를 높여 이르는 말.
    ¶ ~를 새로 만들다.

12. 단아　(　　　　　　)
    단정하고 우아함.
    ¶ 한복을 곱게 입은 ~한 자태를 보라.

13. 우아　(　　　　　　)
    고상하고 기품이 있으며 아름다움.
    ¶ 그녀의 차림새는 매우 ~하다.

14. 아편　(　　　　　　)
    양귀비의 덜 익은 열매를 에어서 분비되는 젖 모양의 진을 건조시켜 얻는, 고무 모양의 물질. 마취·진통 작용이 있으며 의약품으로 씀. 마약으로서 사용하면 습관성이 됨.
    ¶ 중국은 ~전쟁을 겪었다.

15. 아방궁　(　　　　　　)
    중국 진(秦)나라 시황제(始皇帝)가 세운, 호화로운 궁전. 매우 크고 화려한 집의 비유.
    ¶ 새로 지었다는 별장이 꼭 ~같다.

16. 곡학아세　(　　　　　　)
    진리에 어그러진 학문으로 세상에 아첨함.
    ¶ 원고가 공손홍에게 "절대로 자기가 옳다고 믿는 학설을 굽혀 세상의 속된 자들에게 아첨하는 일이 없길 바란다."고 이른 고사성어는 ~다.

17. 서안　(　　　　　　)
    서쪽 연안.
    ¶ 미시시피 강 ~에 있는 도시에 가면 그 물건을 구할 수 있다고 한다.

18. 강안　(　　　　　　)
    강줄기에 잇닿은 가장자리 땅. 강기슭.
    ¶ ~ 절벽은 참으로 아름답다.

19. 피안　(　　　　　　)
    이승의 번뇌를 해탈하여 열반의 세계에 도달하는 일.
    ¶ ~의 세계에 이르다.

20. 해안선　(　　　　　　)
    바다와 육지가 맞닿아서 길게 뻗은 선. 연해선(沿海線). 해안을 따라서 놓여진 철도 선로.
    ¶ 굴곡이 심한 ~이다.

♣ 다음 낱말 풀이에 알맞은 한자(漢字)를 쓰시오.　　　▣ 정답은 426쪽

1. 안색　(　　　　　　　)
건강이나 감정의 상태가 나타나는 얼굴의 빛깔이나 표정.
¶ ~이 창백하다.

2. 안면　(　　　　　　　)
①얼굴의 면. ②서로 얼굴을 알 만한 친분.
¶ ~이 있다.

3. 동안　(　　　　　　　)
①어린아이의 얼굴. ②제 나이보다 훨씬 어려 보이는, 또는 그러면서도 어린애처럼 천진스럽게 보이는, 장년 이상이 된 어른의 얼굴.
¶ 그는 이순(耳順)의 나이를 바라보는데도 여전히 ~이다.

4. 파안대소　(　　　　　　　)
활짝 웃는 표정을 지으면서 크게 웃음.
¶ 손자의 재롱에 할아버지께서 ~하다.

5. 암벽　(　　　　　　　)
바위가 깎아지른 듯이 높이 솟아 수직의 벽을 이룬 것.
¶ ~을 기어오르다.

6. 암석　(　　　　　　　)
지구의 표면을 덮고 있는, 자연계의 물질 가운데 가장 단단한 물질. 바위. 바윗돌.
¶ 이 지역은 ~덩어리로 이루어져 있다.

7. 암각화　(　　　　　　　)
바위에 새겨진 그림.
¶ 울주 반구대에는 선사시대의 ~가 있다.

8. 기암괴석　(　　　　　　　)
기이하고 괴상하게 생긴 바위와 돌.
¶ 금강산에는 ~이 많다.

9. 숭앙　(　　　　　　　)
높여 우러러보는 것.
¶ 이번 선거에서는 전 국민의 ~을 받는 지도자가 선출되어야 할텐데….

10. 신앙　(　　　　　　　)
절대자를 믿고 따르며 교의(敎義)를 받들어 지키는 일. 믿음.
¶ ~을 가지다.

11. 추앙　(　　　　　　　)
높이 받들어 우러르는 것.
¶ 충무공 이순신은 성웅(聖雄)으로 ~을 받고 있다.

12. 앙천대소　(　　　　　　　)
하늘을 쳐다보고 크게 웃는다는 뜻으로 어이가 없어서 큰소리로 껄껄 웃는다는 말.
¶ 정말 ~할 일이다.

13. 중앙　(　　　　　　　)
①사방의 한가운데. ②중심이 되는 중요한 곳.
¶ 운동장 ~에 모이다.

14. 애원　(　　　　　　　)
애처롭게 사정하여 간절히 바라는 것.
¶ 한 번만 더 도와 달라고 ~ 하다.

15. 애환　(　　　　　　　)
슬픔과 기쁨.
¶ 삶의 ~을 말하다.

16. 비애　(　　　　　　　)
어떤 일이나 현상에 대해, 그것이 부조리하거나 바람직하지 못하다고 여기면서 느끼게 되는 슬픔이나 서글픔.
¶ 삶에 ~를 느끼다.

17. 희로애락　(　　　　　　　)
기쁨과 노여움과 슬픔과 즐거움.
¶ 인간은 누구나 ~을 느낀다.

18. 약간　(　　　　　　　)
얼마 되지 않는 양이나 정도.
¶ 배가 ~ 부르다.

19. 만약　(　　　　　　　)
혹시나 하는 미심스러운 경우.
¶ ~ 네가 못 오면 나 혼자라도 가겠다.

20. 명약관화　(　　　　　　　)
불을 보는 것처럼 명백하거나 분명함.
¶ 두 선수의 전적을 비교해 보면 누가 승리할 것인지는 ~한 일이다.

21. 태연자약　(　　　　　　　)
태연하고 천연스러움.
¶ 심한 타격에도 ~하다.

371

♣ 다음 낱말 풀이에 알맞은 한자(漢字)를 쓰시오.　　▶ 정답은 426쪽

1. 토양　(　　　　　　　)
식물에·영양을 공급하여 생장하게 할 수 있는 흙.
¶ 기름진 ~이다.

2. 격양가　(　　　　　　　)
풍년이 들어 농부가 태평한 세월을 즐기는 노래.
¶ 가을들판 곳곳에서 ~소리가 끊이지 않는다.

3. 고복격양　(　　　　　　　)
중국의 요(堯) 임금 때 한 노인이 배를 두드리고 땅을 치면서 요 임금의 덕을 찬양하고 태평을 즐겼다는 고사에서 유래한 말로 태평 성세를 즐김.
¶ 요임금 때, 태평성세를 나타내는 고사성어는 ~이다.

4. 천양지차　(　　　　　　　)
하늘과 땅같이 엄청난 차이.
¶ 두 사람의 실력은 ~가 있다.

5. 억양　(　　　　　　　)
혹은 억누르고 혹은 찬양하는 것. 말이나 글의 뜻에 따라 높게 소리 내기도 하고 낮게 소리 내기도 하는 일.
¶ ~이 없는 말을 사용하다.

6. 지양　(　　　　　　　)
더 높은 단계로 오르기 위하여 어떠한 것을 하지 아니함.
¶ 권위주의적인 의사 결정 방식을 ~하다.

7. 양수기　(　　　　　　　)
모터의 힘으로 물을 퍼 올리는 기계.
¶ 가뭄이 계속되자 ~를 동원하여 모내기를 하다.

8. 입신양명　(　　　　　　　)
입신출세하여 세상에 이름을 들날림.
¶ 대부분의 사람들은 ~을 원한다.

9. 양보　(　　　　　　　)
사양하여 물러나는 것. 남을 위하여 자신의 이익을 희생하는 것.
¶ 노약자에게 자리를 ~하다.

10. 양위　(　　　　　　　)
임금의 자리를 물려주는 것.
¶ 영조는 아들이 아닌 손자에게 자신의 자리를 ~했다.

11. 사양　(　　　　　　　)
겸손한 마음으로, 또는 예의를 갖추어 응하지 않거나 받아들이지 않는 것.
¶ 지나친 ~은 오히려 실례가 된다.

12. 어명　(　　　　　　　)
임금의 명령.
¶ ~을 받들다.

13. 어사　(　　　　　　　)
임금의 심부름꾼.
¶ 그는 ~자격으로 고을을 방문했다.

14. 어의　(　　　　　　　)
임금의 병을 치료하는 의원.
¶ 허준은 ~가 되었다.

15. 어전　(　　　　　　　)
임금의 앞.
¶ ~에 나가다.

16. 제어　(　　　　　　　)
억눌러 자기의 생각에 따르도록 하는 것. 기계나 설비가 목적에 알맞은 동작을 하도록 조절하는 것.
¶ 행동을 ~하다.

17. 기억　(　　　　　　　)
머릿속에 잊지 않고 새기어 보존하는 일.
¶ ~이 떠오르다.

18. 추억　(　　　　　　　)
오래 전의 지난 일을 돌이켜 생각하는 것.
¶ ~에 잠기다.

19. 억류　(　　　　　　　)
억지로 머물게 하는 것.
¶ 사할린에 ~되어 있는 우리 동포들이 한국을 방문하게 되었다.

20. 억압　(　　　　　　　)
자기의 뜻대로 또는 자유롭게 행동하지 못하도록 억누르는 것.
¶ 일제의 ~를 받다.

21. 억제　(　　　　　　　)
흥분되려는 감정, 격렬한 욕망, 충동적인 행동 등을 내리눌러 멎게 하는 것.
¶ 감정을 ~하다.

♣ 다음 낱말 풀이에 알맞은 한자(漢字)를 쓰시오.   ▶ 정답은 426쪽

1. 억지 (   )
   억눌러 제지하는 것.
   ¶ 강대국이 전쟁을 ~하다.

2. 역시 (   )
   어떤 대상의 동작이나 상태가 다른 대상에도 마찬가지로 나타나거나 작용함을 이르는 말. 아무리 생각해도.
   ¶ 네가 기쁘다면 나도 ~ 기쁘다.

3. 역군 (   )
   ①공사장에서 삽일을 하는 사람. ②일정한 부문에서 중요한 역할을 하는 일꾼.
   ¶ 산업~이다.

4. 역사 (   )
   토목·건축 등의 공사.
   ¶ 제방을 쌓는 ~에 많은 사람들이 동원되다.

5. 역할 (   )
   대상이 어떤 일에 있어서 가지는 자격이나 의무나 기능.
   ¶ 빛은 식물의 성장에 중요한 ~을 한다.

6. 병역 (   )
   국민이 의무적으로 군대에 복무하는 일.
   ¶ 우리 아들은 ~중이다.

7. 복역 (   )
   ①공역(公役)이나 병역에 종사하는 것. ②징역을 사는 것.
   ¶ 그는 정치범으로 10년 동안 ~했다.

8. 역자 (   )
   번역한 사람. 옮긴이.
   ¶ 김선생님께서 이 책의 ~이시다.

9. 국역 (   )
   외국어로 된 것을 자기 나라 말로 옮기는 것.
   ¶ 불경을 ~하다.

10. 오역 (   )
    원문의 뜻과 다르게 잘못 번역하는 것.
    ¶ ~을 바로 잡다.

11. 완역 (   )
    발췌하거나 줄이거나 하지 않고 빠짐없이 모두 번역하는 것.
    ¶ 아라비안 나이트를 단 한 줄도 삭제하지 않고 ~하였다.

12. 직역 (   )
    그 자구대로만 충실하게 번역하는 것.
    ¶ 이 문장은 ~해서는 뜻이 잘 통하지 않는다.

13. 역사 (   )
    역으로 쓰는 건물.
    ¶ 일제 때 만들어진 서울~가 지금도 남아있다.

14. 역장 (   )
    역의 사무를 관장하고 지휘·감독하는 책임자.
    ¶ 아버지께서 ~으로 발령이 나셨다.

15. 역전 (   )
    정거장의 앞.
    ¶ 서울~에서 12에 만나자.

16. 종착역 (   )
    기차·전차 따위가 마지막으로 닿는 역.
    ¶ 이번 ~에서는 한 사람도 빠짐없이 내려주세요.

17. 연회 (   )
    축하·위로·환영·석별 등을 위하여 여러 사람이 모여 베푸는 잔치.
    ¶ ~를 베풀다.

18. 주연 (   )
    술을 마시며 즐기는 간단한 잔치.
    ¶ ~상을 받다.

19. 송별연 (   )
    떠나는 사람을 위하여 베푸는 잔치.
    ¶ ~을 열다.

20. 회갑연 (   )
    환갑을 축하하여 벌이는 잔치.
    ¶ 할머니의 ~을 열었다.

21. 연도 (   )
    큰길의 좌우 근처.
    ¶ ~에 환영 인파가 늘어서다.

22. 연변 (   )
    국경·강·철도·도로 따위의 언저리 일대.
    ¶ 한강 ~의 환경을 미화하다.

♣ 다음 낱말 풀이에 알맞은 한자(漢字)를 쓰시오.   ➡ 정답은 426쪽

1. 연안 (   )
육지와 닿아 있는 강·바다·호수 등의 물가.
¶ 태평양 ~ 지대에 속하다.

2. 연해 (   )
육지에 가까운 바다.
¶ 명태는 우리나라 ~에서 많이 잡힌다.

3. 연혁 (   )
어느 기관·단체·기업·지역 등이 처음 생긴 뒤로부터 어느 시점까지 변천하여 온 내력.
¶ 학교의 ~을 소개하다.

4. 연성 (   )
무르거나 부드럽고 약한 성질.
¶ ~세제로 세탁을 하다.

5. 연약 (   )
부드럽고 약함.
¶ ~한 여자의 몸으로 어떻게 그런 일을 할 수 있었을까?

6. 유연성 (   )
부드럽고 연한 성질.
¶ 체조선수들의 ~을 보라.

7. 연체동물 (   )
동물계의 한 문(門). 뼈가 없고 부드러우며, 외투막에서 분비한 석회질의 껍질로 덮인 것이 많음.
¶ 문어는 ~이다.

8. 열락 (   )
기뻐하고 즐거워하는 것.
¶ 학문하는 속에도 ~이 있다.

9. 희열 (   )
어떤 일에 만족하여 기쁨이나 즐거움을 느끼는 상태.
¶ ~을 맛보다.

10. 염료 (   )
섬유 등을 물들이는 색소가 되는 물질. 물감.
¶ 천연~를 사용하다.

11. 감염 (   )
옮아서 물이 드는 것.
¶ 장티푸스에 ~되다.

12. 염색체 (   )
분세포핵의 유사 분열 때 나타나는, 막대기 모양의 소체(小體). 염기성 색소에 잘 염색되며, 유전이나 성(性)의 결정에 중요한 역할을 함.
¶ ~이상으로 기형아가 태어났다.

13. 전염병 (   )
세균·바이러스·리케차·스피로헤타·진균·원충 등 미생물의 감염에 의해 발생하고, 사람에서 사람으로 전염되어 집단적으로 유행하는 질환의 총칭.
¶ 수도권 일대에 급성~이 퍼지고 있다.

14. 영상 (   )
①그림으로 나타낸 어떤 사람의 얼굴 모습이나 용태. 특히, 조선 시대 이전에 그려진 옛 사람의 초상화를 가리킴. 영상. ②초상을 치르거나 제사를 지낼 때 놓아두는, 죽은 사람의 사진이나 초상화.
¶ 퇴계의 ~이 걸려 있다.

15. 영인 (   )
사진으로 복사하여 인쇄하는 것.
¶ 고서를 ~하다.

16. 영향 (   )
어떤 사물이 다른 사물에 어떤 작용을 미치는 일.
¶ 흡연은 건강에 나쁜 ~을 끼친다.

17. 근영 (   )
사람의, 최근에 찍은 사진.
¶ 저자(著者)의 ~이다.

18. 투영 (   )
물체의 그림자를 어떤 물체 위에 비추는 것.
¶ 작품 속에 작가의 사상이 ~되다.

19. 영예 (   )
영광스러운 명예.
¶ 조국의 ~를 높이다.

20. 명예 (   )
훌륭하다고 인정되어 얻은 존엄이나 품위.
¶ 가문의 ~를 지키다.

21. 각오 (   )
마음을 단단히 먹고 받아들이거나 해낼 작정을 하는 것.
¶ 조국을 위해서라면 죽을 ~가 되어 있다.

♣ **다음 낱말 풀이에 알맞은 한자(漢字)를 쓰시오.**   ➡ 정답은 426쪽

1. 대오　(　　　　　　)
크게 깨닫는 것.
¶ ~각성하다.

2. 오죽　(　　　　　　)
볏과의 여러해살이 목본 식물. 대의 일종으로 높이 2~20m임. 줄기가 첫해에는 녹색이고 2년째부터 자흑색으로 변함.
¶ 이이는 강릉 ~헌에서 태어났다.

3. 삼족오　(　　　　　　)
①우리나라 고구려 벽화무덤에 나오는 해 속에 산다는 세 발 가진 까마귀. ②태양을 달리 이르는 말.
¶ ~는 고구려 고분 각저총에서 볼 수 있다.

4. 오합지졸　(　　　　　　)
갑자기 모인 훈련되지 않은 군사.
¶ ~과 어떻게 전쟁에 나가라는 것인가?

5. 옥사　(　　　　　　)
감옥 안에서 죽는 것.
¶ 유관순은 서대문형무소에서 끝내 ~했다.

6. 감옥　(　　　　　　)
죄인을 가두어 두는 곳을 이르던 말. 형무소라 불리다가 현재는 교도소로 개칭됨.
¶ ~에 갇히다.

7. 지옥　(　　　　　　)
현실에서 악한 일을 한 사람이 죽어서 간다고 하는 세계.
¶ ~에 떨어지다.

8. 투옥　(　　　　　　)
옥에 가두는 것.
¶ ~된지 2년이 되다.

9. 하옥　(　　　　　　)
죄인을 옥에 가두는 일.
¶ 저 놈을 당장 ~시켜라.

10. 욕구　(　　　　　　)
본능적·충동적으로 뭔가를 구하거나 얻고 싶어하는 생리적·심리적 상태.
¶ ~를 채우다.

11. 욕망　(　　　　　　)
어떤 일을 이루고 싶어하거나 어떤 대상을 가지고 싶어하거나 어떤 상태를 누리고 싶어하는 마음.
¶ ~을 억누르다.

12. 욕정　(　　　　　　)
충동적으로 일어나는 욕심.
¶ ~이 일어나다.

13. 욕속부달　(　　　　　　)
일을 급히 하고자 서두르면 도리어 이루지 못함.
¶ 모든 일이 ~이다.

14. 욕심　(　　　　　　)
재물이나 잇속 따위를 도리나 분수에 벗어나게 탐내거나 차지하려고 하는 마음.
¶ 그는 제 ~만 차리는 사람이다.

15. 과욕　(　　　　　　)
지나친 욕심.
¶ ~을 부리다.

16. 금욕　(　　　　　　)
육체적인 욕망을 억눌러 금하는 것.
¶ ~생활을 하다.

17. 식욕　(　　　　　　)
음식을 먹고 싶어하는 욕망.
¶ ~이 왕성하다.

18. 야욕　(　　　　　　)
옳지 못하거나 그릇된 일을 이루거나 꾀하려고 하는 욕심.
¶ 북한은 남침의 ~을 버리지 못하고 있다.

19. 욕설　(　　　　　　)
남의 인격을 무시하는 모욕적인 말.
¶ ~을 퍼붓다.

20. 곤욕　(　　　　　　)
심한 모욕.
¶ ~을 치르다.

21. 굴욕　(　　　　　　)
남에게 눌리거나 꺾이거나 함으로써 체면이 깎이거나 자존심이 상하여 부끄러움을 느끼는 상태.
¶ ~을 참다.

22. 설욕　(　　　　　　)
상대를 이김으로써 지난번 패배의 부끄러움을 씻고 명예를 되찾는 것.
¶ ~의 기회를 엿보다.

♣ 다음 낱말 풀이에 알맞은 한자(漢字)를 쓰시오.　　➡ 정답은 426쪽

1. 영욕　(　　　　　)
영예와 치욕.
¶ ~의 세월을 보내다.

2. 우발　(　　　　　)
우연히 일어나는 것.
¶ 정말 ~적으로 일어난 사건이다..

3. 우상　(　　　　　)
①나무·돌·쇠붙이·흙 따위로 만든 형상. ②숭배의 대상이 되는 물건이나 사람.
¶ ~으로 떠받들다.

4. 우연　(　　　　　)
아무 인과 관계 없이 또는 뜻하지 않게 일어난 일.
¶ 그 날 너를 만난 건 ~이다.

5. 배우자　(　　　　　)
부부의 한쪽에서 본 다른 쪽. 곧, 남편에 대한 아내, 아내에 대한 남편.
¶ 그 남자가 ~감으로 어떠냐?

6. 우주　(　　　　　)
①무한한 공간과 유구한 시간. ②온갖 사물을 포괄하는 공간.
¶ ~에 대해 무한의 상상을 하다.

7. 우롱　(　　　　　)
사람을 바보로 여기고 놀리는 것.
¶ 사람을 ~하는 처사다.

8. 우직　(　　　　　)
약삭빠른 데가 없이 어리석을 정도로 주어진 일을 묵묵히 해내는 태도가 있음.
¶ ~하게 일하다.

9. 우공이산　(　　　　　)
원래 어리석은 영감이 산을 옮긴다는 뜻으로 쉬지 않고 꾸준하게 한 가지 일만 열심히 하면 마침내 큰 일을 이룰 수 있음을 비유한 말.
¶ ~이란 말이 너를 두고 하는 말이구나!

10. 우문현답　(　　　　　)
어리석은 질문에 현명한 대답.
¶ ~을 하다.

11. 우려　(　　　　　)
잘못되지 않을까 걱정하는 것.
¶ 그 영화는 청소년의 정서를 해칠 ~가 있다.

12. 우수　(　　　　　)
사람의 마음이 시름에 싸인 상태.
¶ 얼굴에 ~의 그림자가 드리워지다.

13. 내우외환　(　　　　　)
나라 안팎의 여러 가지 근심과 걱정.
¶ ~으로 머리가 아프다.

14. 식자우환　(　　　　　)
학식이 있는 것이 도리어 근심을 사게 됨.
¶ 남존여비 시대에는 여자가 똑똑하게 활동하려 하면 ~이란 말로 설치는 것을 비웃기도 했다.

15. 운율　(　　　　　)
운문(韻文)에서, 음의 강약·장단·고저, 또는 동음(同音)이나 유음(類音)의 반복에 의해 만들어 내는 언어의 리듬.
¶ 이 시는 ~이 잘 맞는다.

16. 운문　(　　　　　)
운자를 갖춘 글. 율을 가진 글을 이르는 말.
¶ 시는 대표적인 ~에 해당한다.

17. 운치　(　　　　　)
고상하고 우아한 풍치(風致).
¶ 못 가운데에 ~있게 서 있는 한 그루의 소나무.

18. 여운　(　　　　　)
원 운치가 다한 뒤에 아직 가시지 않고 남은 운치.
¶ 그 시는 언제 읽어도 ~이 남는다.

19. 음운　(　　　　　)
한자의 음(音)과 운(韻). 말을 이루는 하나 하나의 소리.
¶ 우리말에 있어서 두음법칙은 ~ 현상의 하나이다.

20. 월동　(　　　　　)
겨울을 나는 것. 겨우살이.
¶ ~준비를 철저히 하다.

21. 월등　(　　　　　)
훨씬 뛰어나게. 월등히.
¶ 형이 아우보다 ~ 낫다.

♣ **다음 낱말 풀이에 알맞은 한자(漢字)를 쓰시오.** ▶ 정답은 426쪽

1. 우월 (　　　　)
   월등하게 나음.
   ¶ 그는 나보다 기술이 ~하다.

2. 탁월 (　　　　)
   남보다 월등히 뛰어남.
   ¶ ~한 재능을 보이다.

3. 소위 (　　　　)
   세상에서 흔히 말하는 바. 이른바.
   ¶ 오늘날과 같은 현대 사회에서도 미신과 온갖 주술 신앙이 ~ 종교라는 허울을 쓰고 번창하고 있다.

4. 유년 (　　　　)
   어린 나이나 때.
   ¶ 그는 ~시절을 시골에서 보냈다.

5. 유아 (　　　　)
   초등학교에 다니기 전의 시기에 있는, 어린 사람.
   ¶ ~교육이 과열되고 있다.

6. 유충 (　　　　)
   알에서 나온 후 아직 다 자라지 않은 벌레.
   ¶ ~의 피해도 만만치 않다.

7. 장유유서 (　　　　)
   오륜의 하나. 어른과 어린이 사이에는 차례가 있음.
   ¶ 아직까지 우리 사회에는 ~가 남아 있다.

8. 유령 (　　　　)
   ①죽은 사람의 혼령. ②이름이나 형식만 있을 뿐 실제의 내용이 없거나 거짓인 것.
   ¶ 아무래도 ~회사 같다.

9. 유명 (　　　　)
   ①어둠과 밝음. ②저승과 이승.
   ¶ 교통사고로 ~을 달리하다.

10. 유폐 (　　　　)
    아주 깊숙이 가두는 것.
    ¶ 혁명으로 왕이 ~되다.

11. 심산유곡 (　　　　)
    깊은 산의 으슥한 골짜기.
    ¶ 그 나물은 ~에서만 자란다.

12. 유도 (　　　　)
    두 사람이 맨손으로 서로 맞잡고 상대의 힘을 이용하여 넘어뜨리거나 조르거나 눌러 승부를 겨루는 운동.
    ¶ 우리나라는 ~강국이다.

13. 유순 (　　　　)
    성질이 부드럽고 온순함.
    ¶ 아이가 ~하다.

14. 유약 (　　　　)
    부드럽고 약함.
    ¶ 성품이 ~하다.

15. 우유부단 (　　　　)
    어물어물하기만 하고 딱 잘라 결단을 하지 못함.
    ¶ 그는 매사에 ~하다.

16. 유구 (　　　　)
    연대가 길고 오래다.
    ¶ ~한 세월이다.

17. 유유자적 (　　　　)
    속세를 떠나 아무 속박 없이 조용하고 편안하게 삶.
    ¶ 모든 명리를 다 버리고 초야에 묻혀 ~하다.

18. 유예 (　　　　)
    망설여 일을 결행하지 않는 것.
    ¶ 잠시도 ~할 수 없는 다급한 일이다.

19. 유복 (　　　　)
    살림이 넉넉함.
    ¶ ~한 가정에서 자라나다.

20. 여유 (　　　　)
    사물이 물질적·공간적·시간적으로 넉넉하여 남음이 있는 상태.
    ¶ 시간의 ~를 두고 일을 처리하다.

21. 유신 (　　　　)
    새롭게 함. 낡은 제도나 체제를 아주 새롭게 고침.
    ¶ ~정책을 시행하다.

22. 유지 (　　　　)
    일정하게 또는 변함 없이 계속하여 지탱하는 것.
    ¶ 이 학교는 기부금으로 ~되고 있다.

♣ 다음 낱말 풀이에 알맞은 한자(漢字)를 쓰시오.   ▶ 정답은 426쪽

1. 유세차 (　　　　　)
이에 간지(干支)를 따라서 정한 해로 말하면의 뜻으로, 제문(祭文)의 첫머리에 쓰는 관용어.
¶ ~ 모년 모월….

2. 진퇴유곡 (　　　　　)
나아갈 길도 물러설 길도 없어 궁지에 몰림.
¶ 부시대통령이 중국에 대해 (대량 살상무기 거래 혐의를 받는) 북한 관련 입장 표명을 요구하고 나서면 중국은 ~ 상황에 빠질 수 있다고 경고했다.

3. 유발 (　　　　　)
원인이 되어 (다른 일을) 일어나게 하는 것.
¶ 왕권 다툼이 내란을 ~일어나다.

4. 유인 (　　　　　)
주의나 흥미를 유발시켜 꾀어내는 것.
¶ 적군을 계곡으로 ~하여 일시에 쳐부수다.

5. 유혹 (　　　　　)
남을 꾀어 정신을 못 차리게 하거나 반하게 함.
¶ 꽃은 그 화려함과 향기와 꿀을 갖추고 벌을 ~하였다.

6. 유도 (　　　　　)
사람이나 물건을 어떤 장소나 상태로 이끄는 일.
¶ 회의를 자기편에 유리한 방향으로 ~하다.

7. 권유 (　　　　　)
하도록 권하는 것.
¶ 그는 친구의 ~로 서예를 배우는 중이다.

8. 윤기 (　　　　　)
물체의 표면에 나타나는 반질반질한 기운.
¶ 얼굴에 ~가 돌다.

9. 윤색 (　　　　　)
색채나 광택을 가하여 번들거리게 하는 것.
¶ 끊임없이 말을 꾸며내고 과장하며 ~하고 있다.

10. 윤택 (　　　　　)
윤기 있는 광택. 경제적으로 넉넉하고 여유가 있음.
¶ 국민들의 생활이 ~한 선진국.

11. 이윤 (　　　　　)
장사하여 남은 돈.
¶ ~을 남기다.

12. 갑남을녀 (　　　　　)
'갑이라는 남자와 을이라는 여자'란 뜻으로, 평범한 사람들을 일컫는 말.
¶ 선남선녀(善男善女)와 같은 말이 ~다.

13. 을사조약 (　　　　　)
조선 광무 9년(1905)에 일본이 한국의 외교권을 빼앗기 위하여 강제적으로 맺은, 다섯 조문으로 된 조약.
¶ ~이 체결되다.

14. 이왕 (　　　　　)
지금보다 이전.
¶ ~ 청소할 바에야 깨끗이 하자.

15. 부득이 (　　　　　)
마지못하여. 또는, 하는 수 없이.
¶ 숙박 시설이 없어 ~ 야숙(野宿)을 하지 않을 수 없다.

16. 이왕지사 (　　　　　)
이미 지나간 일.
¶ ~ 해야 할 일인데 빨리 끝냅시다.

17. 좌익 (　　　　　)
①새·비행기 등의 왼쪽 날개. ②급진적 또는 사회주의적·공산주의적인 경향.
¶ ~세력이 무너지다.

18. 우익 (　　　　　)
①새·비행기 등의 오른쪽 날개. ②보수주의적·국수주의적인 입장.
¶ ~의 색채를 드러내다.

19. 학익진 (　　　　　)
어학이 날개를 편 듯이 치는 진.
¶ 이순신 장군은 왜군과의 전투에서 ~ 전법으로 적을 무너뜨렸다.

20. 인고 (　　　　　)
괴로움을 참고 견디는 것.
¶ ~의 나날을 보내다.

21. 인내 (　　　　　)
참고 견디는 것.
¶ 고통을 ~하다.

22. 인욕 (　　　　　)
욕되는 일을 참음.
¶ 일제 밑에서 ~의 세월을 보내며 광복(光復)의 날만을 기다렸다.

378

♣ 다음 낱말 풀이에 알맞은 한자(漢字)를 쓰시오.   ▶ 정답은 426쪽

1. 잔인 (   )
   인정이 없고 몹시 모질음.
   ¶ 게릴라들은 애 어른 가리지 않고 양민들을 ~하게 학살하였다.

2. 일탈 (   )
   가정해진 범위나 본래의 목적에서 벗어나는 것. 사회적인 규범으로부터 벗어나는 일.
   ¶ 논의가 본래의 주제에서 ~하다.

3. 일품 (   )
   아주 뛰어난 물건.
   ¶ 이 병은 고려 청자 중에서도 특히 ~으로 꼽히는 유물이다.

4. 일화 (   )
   어떤 사람이나 일에 관계된, 세상에 알려지지 않은 흥미 있는 이야기. 에피소드.
   ¶ 오성과 한음은 많은 ~를 남겼다.

5. 안일 (   )
   애쓰지 않고 편안함만을 누리려 하는 것.
   ¶ ~을 추구하다.

6. 임방 (   )
   24방위의 하나. 정북(正北)으로부터 서로 15도의 방위를 중심으로 한 15도 각도 안.
   ¶ 무덤의 방위를 ~으로 잡았다.

7. 자당 (   )
   남의 어머니의 존칭.
   ¶ 자네 ~께서는 무고하신가?

8. 자비 (   )
   사랑하고 불쌍히 여기는 것.
   ¶ ~를 베풀다.

9. 자선 (   )
   남에게 은혜를 베풀어 도와 주는 것.
   ¶ ~음악회를 열다.

10. 자애 (   )
    아랫사람에게 베푸는 도타운 사랑.
    ¶ ~가 깊은 사람이다.

11. 인자 (   )
    마음이 어질고 자애스러움.
    ¶ 그녀는 ~한 사람이다.

12. 잠간 (   )
    잠깐의 원말.
    ¶ 이곳에서 ~만 기다려라.

13. 잠시 (   )
    짧은 시간. 또는, 잠깐 동안.
    ¶ ~ 휴식을 취하다.

14. 잠정적 (   )
    호선 임시로 정하는 것.
    ¶ ~ 합의를 하다.

15. 잠복 (   )
    드러나지 않게 숨어 있는 것.
    ¶ 범인을 잡기 위해 ~근무를 하다.

16. 잠수 (   )
    몸 전체가 잠기도록 물 속에 들어가는 것.
    ¶ 신안지역에서 유물을 발굴하기 위해 ~작업을 하다.

17. 잠입 (   )
    남몰래 숨어드는 것.
    ¶ 적진에 잠입하여 정찰 ~를 수행하다.

18. 잠재 (   )
    속에 숨어 겉으로 드러나지 않는 것.
    ¶ 그의 과시적 행동 뒤에는 심한 열등감이 ~해 있다.

19. 잠행 (   )
    남이 모르게 다니는 것. 숨어서 오고가는 것.
    ¶ 사또는 고을 백성들의 생활을 알아보기 위해 ~을 결심했다.

20. 장모 (   )
    아내의 친어머니. 빙모(聘母). 악모(岳母). 처모(妻母).
    ¶ ~께서 씨암닭을 잡아주셨다.

21. 장부 (   )
    장성한 남자.
    ¶ ~ 일언(一言) 중천금(重千金)이다.

22. 춘부장 (   )
    남의 아버지를 높여 이르는 말.
    ¶ ~께서는 잘 계시는가?

♣ 다음 낱말 풀이에 알맞은 한자(漢字)를 쓰시오.   ▶ 정답은 427쪽

1. 기고만장 (   )
   ①펄펄 뛸 만큼 성이 나 있음. ②우쭐하여 기세가 대단함.
   ¶ 연전연승을 거둔 적병들은 ~하여 파죽지세로 밀려오고 있다.

2. 관장 (   )
   맡아서 처리하는 것.
   ¶ 교통 업무를 ~하는 부서다.

3. 합장 (   )
   불가(佛家)에서 인사하거나 절할 때, 두 팔을 가슴께로 들어올려 두 손바닥과 열 손가락을 마주 대는 것.
   ¶ 절에서는 스님께 인사를 드릴 때 대개 ~을 한다.

4. 여반장 (   )
   손바닥을 뒤집는 것 같다는 뜻으로 어떤 일이 매우 쉬움을 이르는 말.
   ¶ 그 정도의 일이라면 ~입니다.

5. 박장대소 (   )
   손뼉을 치며 크게 웃음.
   ¶ 그 사람이 너무나도 어이없고 어리석은 대답을 하는 바람에 듣고 있던 사람들이 ~하였다.

6. 치장 (   )
   매만져 곱게 꾸미는 것
   ¶ 집을 아름답게 ~하다.

7. 화장 (   )
   얼굴에 크림·분·연지·루주나 색을 내는 물질 등을 발라 곱게 꾸미는 것.
   ¶ ~을 고치다.

8. 은장도 (   )
   은으로 만든 장도. 노리개로 참.
   ¶ 옛날 대개의 여자들은 ~를 몸에 지녔다.

9. 칠보단장 (   )
   여러 가지 패물로 몸을 꾸미는 일.
   ¶ ~을 하고 어디를 가는거니?

10. 장엄 (   )
    경건하고 엄숙함.
    ¶ ~한 의식이 진행되다.

11. 장중 (   )
    장엄하고 무게가 있음.
    ¶ 대관식(戴冠式)이 ~하고 성대하게 베풀어지다.

12. 별장 (   )
    경치 좋은 곳에 따로 마련한 집.
    ¶ 이번 주말에 우리 ~으로 놀러가자.

13. 산장 (   )
    산 속에 있는 별장.
    ¶ 지리산 ~에서 하룻밤을 묵었다.

14. 장례 (   )
    장사를 지내는 일.
    ¶ ~를 치르다.

15. 장의 (   )
    장사를 지내는 일.
    ¶ ~ 절차에 따라서 장례식이 거행되다.

16. 장사 (   )
    시체를 묻거나 화장하는 일.
    ¶ ~를 지내다.

17. 국장 (   )
    나라에 큰 공이 있는 사람이 죽었을 때 국비로 지내는 장례.
    ¶ 총리가 돌아가시자 ~으로 장례를 지내다.

18. 암장 (   )
    남몰래 장사를 지내는 것.
    ¶ 범인들이 사람을 죽인 후 ~하다.

19. 장서 (   )
    책을 간직해 두는 것.
    ¶ 서울대 규장각에는 많은 ~가 있다.

20. 비장 (   )
    아무도 모르게 감추어 소중히 간직하는 것.
    ¶ ~의 무기를 꺼내다.

21. 소장 (   )
    귀중한 물건을 제 소유물로서 일정한 곳에 잘 보관하는 것.
    ¶ 경주 박물관에는 삼국 시대, 특히 신라의 유물들이 많이 ~되어 있다.

♣ 다음 낱말 풀이에 알맞은 한자(漢字)를 쓰시오.   ▷ 정답은 427쪽

1. 수장 (   )
   거두어서 깊이 간직하는 것.
   ¶ 고서(古書)를 ~하다.

2. 저장 (   )
   간수하여 두는 것.
   ¶ 창고에 식량을 ~하다.

3. 장기 (   )
   내장(內臟)의 여러 기관.
   ¶ ~이식 수술을 하다.

4. 내장 (   )
   물건의 내부에 가지고 있는 일.
   ¶ 플래시와 노출계를 ~한 카메라이다.

5. 심장 (   )
   순환기계의 중추 기관. 사물의 중심이 되는 곳을 비유하여 이르는 말.
   ¶ 국가 행정의 ~부(部)다.

6. 오장 (   )
   다섯 가지 내장. 곧, 간장(肝臟)·심장(心臟)·폐장(肺臟)·신장(腎臟)·비장(脾臟). 오내(五內).
   ¶ ~이 뒤집히는 소리를 하다.

7. 재배 (   )
   심어 가꾸거나 기르는 것.
   ¶ 그 지방에는 인삼이 많이 ~되고 있다.

8. 재가 (   )
   안건(案件)을 허락하는 것.
   ¶ ~를 얻다.

9. 재단 (   )
   치수에 맞추어 일정한 형태로 자르는 것. 마름질.
   ¶ 옷감을 ~하다.

10. 재량 (   )
    자기의 생각대로 헤아려서 처리하는 것.
    ¶ 세부적인 업무 계획은 실무자의 ~에 맡기다.

11. 재정 (   )
    어떠한 일의 옳고 그름을 따져서 결정하는 것.
    ¶ 법원 등이 재판으로 정하는 기간을 ~ 기간이라 한다.

12. 결재 (   )
    결정할 권한이 있는 자가 부하 직원이 제출한 안건을 허가하거나 승인하는 것.
    ¶ 사장님이 ~를 맡다.

13. 기재 (   )
    문서 따위에 적어 싣는 것.
    ¶ 이번에 들여온 물품 수량을 빠짐없이 ~했느냐?

14. 등재 (   )
    어떤 내용이나 사실을 올려 기록하는 것.
    ¶ 출생·사망 등의 변동 사항이 호적에 ~되다.

15. 연재 (   )
    신문·잡지 등에서 긴 원고를 몇 토막으로 나누어 계속하여 매회에 싣는 일.
    ¶ 그 소설은 삼 년째 인기리에 ~되고 있다.

16. 적재 (   )
    물건을 싣는 것. 특히, 선박·차·수레 등에 짐을 싣는 것.
    ¶ 배에 화물을 ~하다.

17. 천재일우 (   )
    천 년 만에 한 번 만날 수 있는 기회라는 뜻으로 좀처럼 만나기 어려운 좋은 기회.
    ¶ 주식시장이 ~의 호기를 맞다.

18. 저당 (   )
    ①서로 맞서서 겨루는 것. ②부동산이나 동산을 채무의 담보로 잡히는 것.
    ¶ 토지를 ~잡히다.

19. 저촉 (   )
    ①서로 부딪치는 것. 또는, 서로 모순되는 것. ②위반되거나 거슬리는 것.
    ¶ 법에 ~되는 행위를 하다.

20. 저항 (   )
    순순히 따르거나 굽히지 않고 맞서서 겨루거나 버티는 것.
    ¶ ~운동을 하다.

21. 대저 (   )
    대체로 보아서. 무릇.
    ¶ ~ 효는 인류의 근본이다.

381

♣ 다음 낱말 풀이에 알맞은 한자(漢字)를 쓰시오.　　　▶ 정답은 427쪽

1. 저명 (　　　　　)
이름이 세상에 널리 알려져 있는 것.
¶ 그녀의 아버지는 ~한 사회사업가이다.

2. 저서 (　　　　　)
지은 책. 특히, 이론적·학술적인 책을 가리킴.
¶ 김 박사는 생전에 많은 ~를 남겼다.

3. 저자 (　　　　　)
문학·학술 등에 관한 책을 지은 사람. 지은이.
¶ 그 소설의 ~는 유명 작가이다.

4. 공저 (　　　　　)
한 책을 몇 사람이 함께 짓는 것.
¶ 두 사람이 ~한 책이다.

5. 저작 (　　　　　)
문학·학술·예술 등의 책이나 작품 등을 창작하는 것.
¶ 그 책은 그가 가장 심혈을 기울인 ~이다.

6. 적막 (　　　　　)
고요하고 쓸쓸한 것.
¶ ~을 깨뜨리다.

7. 입적 (　　　　　)
승려가 죽는 것. 열반.
¶ 큰스님께서 어제밤 ~하시다.

8. 정적 (　　　　　)
사방이 아무 움직임이나 소리가 없이 조용한 상태.
¶ 무거운 ~이 흐르다.

9. 한적 (　　　　　)
다니는 사람이 거의 없이 한가하고 조용함.
¶ 거리가 ~하다.

10. 적발 (　　　　　)
숨어 드러나지 않은 것을 들추어내는 것.
¶ 과속 운전으로 교통 경찰한테 ~되다.

11. 적시 (　　　　　)
지적하여 보이는 것.
¶ 사례(事例)를 ~하다.

12. 적출 (　　　　　)
①끄집어 내는 것. ②들추어내는 것.
¶ 위반 사실이 ~되다.

13. 지적 (　　　　　)
꼭 집어서 가리키는 것.
¶ 선생님은 나를 ~하셨다.

14. 경적 (　　　　　)
주의나 경계를 하도록 울리는 음향기. 주로, 탈 것에 닮.
¶ ~을 울리다.

15. 기적 (　　　　　)
기관차 등에서, 주의나 경계 등의 신호로서 소리를 내는 장치.
¶ 기차가 ~을 울리며 떠난다.

16. 호적 (　　　　　)
우리 나라 고유의 관악기. 여덟 구멍이 뚫린 나무 관에 깔때기 모양의 놋쇠를 달았음. 태평소.
¶ ~를 불다.

17. 고적대 (　　　　　)
피리와 북으로 구성된 의식 및 행진용 음악대.
¶ ~의 행진이 시작되었다.

18. 유적 (　　　　　)
어떤 곳에 남아 있는 옛 사람의 삶의 흔적.
¶ 고대 문명의 ~지이다.

19. 인적 (　　　　　)
사람의 발자취. 또는, 사람의 왕래.
¶ ~이 끊기다.

20. 족적 (　　　　　)
발로 밟은 곳에 남아 있는 자국. 겪거나 지내 온 일의 자취.
¶ ~을 남기다.

21. 추적 (　　　　　)
도망하는 자의 뒤를 쫓는 일.
¶ 범인을 ~하다.

22. 필적 (　　　　　)
어떤 사람이 쓴, 그 사람 특유의 글씨 모양.
¶ 이 편지와 저 편지는 서로 ~이 다르다.

23. 고적 (　　　　　)
남아 있는 옛날의 물건이나 건물.
¶ 명승 ~을 답사하다.

♣ 다음 낱말 풀이에 알맞은 한자(漢字)를 쓰시오.　　▶ 정답은 427쪽

1. 기적　(　　　　　　　　)
자연의 법칙이나 현상으로는 이루어질 수 없는 일이 세상에 이루어지거나 나타나는 일.
¶ 폭풍우 속에서 그가 살아난 것은 분명히 ~이다..

2. 사적　(　　　　　　　)
역사상 중대한 사건이나 시설의 자취.
¶ ~지로 지정되다.

3. 점점　(　　　　　　　)
조금씩조금씩 더욱. 사물의 진행이 중단됨이 없이 서서히 가속화되거나 심화되는 상태를 이르는 말임.
¶ 병세가 ~ 악화되다.

4. 점차　(　　　　　　　)
조금씩조금씩 더욱.
¶ 일이 ~ 익숙해지다.

5. 점진적　(　　　　　　　　)
점차로 조금씩 나아가는 것.
¶ ~인 발전을 하다.

6. 점입가경　(　　　　　　　　　)
들어갈수록 아주 재미가 있음.
¶ 사건은 그야말로 ~이다.

7. 유정　(　　　　　　　)
천연 석유를 퍼 올리려고 땅 밑으로 판 구덩이.
¶ ~으로 곳곳에 웅덩이가 생기다.

8. 정읍사　(　　　　　　　　)
유일하게 현존하는 백제 가요. 행상(行商)을 나간 남편의 밤길을 염려하는 내용을 담은 것으로, 한글로 기록되어 전하는 가장 오래된 것임.
¶ ~는 악학궤범에 실려있다.

9. 시정간　(　　　　　　　　)
인가가 모여 있는 사이.
¶ 온달은 ~을 다니며 걸식하여 홀어머니를 봉양하였다.

10. 정자　(　　　　　　　)
계곡이나 강가나 못 가, 산마루나 언덕 위 등 경치 좋은 곳에 풍류를 즐기거나 휴식을 취하기 위해, 벽이 없이 기둥과 지붕만 갖추어 마룻바닥을 지면보다 높게 지은 집. 누각과 비슷하나 규모가 작음.
¶ 마을 앞 ~에 노인들이 모여 장기를 두고 있다.

11. 팔각정　(　　　　　　　)
여덟모가 지게 지은 정자(亭子). 팔모정
¶ 남산 ~앞에서 만나자.

12. 정벌　(　　　　　　　)
군사로써 적군이나 죄 있는 무리를 치는 것.
¶ 왜구를 ~하다.

13. 정복　(　　　　　　　)
정벌하여 복종시키는 것. 어려움을 이겨내고 가게 되는 것.
¶ 정상을 ~하다.

14. 출정　(　　　　　　　)
적을 정벌하기 위해 전쟁터에 나가는 것.
¶ ~식을 하다.

15. 장정　(　　　　　　　)
먼 노정(路程)에 걸쳐서 정벌하는 것.
¶ 거란을 치기 위해 북쪽으로 ~하다.

16. 원정대　(　　　　　　　　)
①먼 곳을 치러 가는 군대. ②먼 곳에 운동 경기나, 조사·답사·탐험 같은 것을 하러 가는 단체.
¶ ~가 먼저 떠났다.

17. 법정　(　　　　　　　)
법원이 소송 절차에 따라 송사(訟事)를 심리하고 판결하는 곳. 재판정.
¶ ~에 출두하다.

18. 조정　(　　　　　　　)
임금이 나라의 정치를 의논·집행하는 곳.
¶ 관료들이 ~에 모이다.

19. 휴정　(　　　　　　　)
재판 도중에 쉬는 일.
¶ ~을 선언하다.

20. 정결　(　　　　　　　)
맑고 깨끗함.
¶ 주변을 ~ 하다.

21. 정화　(　　　　　　　)
더러움을 털어 버리고 깨끗하게 하는 것.
¶ 강물을 ~하다.

383

♣ 다음 낱말 풀이에 알맞은 한자(漢字)를 쓰시오.   ▣ 정답은 427쪽

1. 서방정토 (   )
사바 세계에서 서쪽으로 십만억 불토(佛土)를 지나서 있다는 아미타불의 극락 정토. 극락정토.
¶ 아미타불은 관세음보살 등을 거느리며 ~를 관장하신다.

2. 정결 (   )
정조(貞操)가 굳고 행실이 깨끗함.
¶ 품행이 ~하다.

3. 정절 (   )
여자의 곧은 절개. 정조(貞操).
¶ ~을 지키다.

4. 정조 (   )
성적(性的) 순결을 지키는 일. 특히, 여성에게 쓰는 말임.
¶ ~를 지키다.

5. 부정 (   )
여자가 정조를 지키지 않는 것.
¶ ~을 저지르다.

6. 충정 (   )
충성스럽고 지조가 곧음.
¶ 나의 ~을 임금께서 알아만 주신다면…..

7. 정상 (   )
산의 맨 꼭대기. 사물의 최고의 상태.
¶ 백두산. ~에 오르다.

8. 정점 (   )
산이나 탑 등의 맨 꼭대기.
¶ 정지용의 시(詩)는 언어의 미가 도달할 수 있는 ~을 우리에게 보여 주고 있다.

9. 등정 (   )
산의 정상에 오르는 것.
¶ 에베레스트 산의 ~에 성공하다.

10. 산정 (   )
산의 정상. 산꼭대기.
¶ ~에 오르다.

11. 절정 (   )
①산의 꼭대기. ②사물의 발전 과정이 최고에 달한 상태.
¶ 인기 ~의 가수 GOD가 출연한다고 한다.

12. 제군 (   )
통솔자나 지도자가 여러 명의 아랫사람들을 부르거나 가리키는 말.
¶ 학생~은 내 말을 잘 들어주기 바랍니다.

13. 제반 (   )
여러 가지.
¶ ~의 준비를 갖추다.

14. 제자백가 (   )
중국 춘추 전국 시대의 여러 학자와 학파의 총칭.
¶ 중국의 춘추 전국 시대를 ~ 시대라고도 한다.

15. 일거월제 (   )
쉼 없이 가는 세월.
¶ 세월을 나타내는 한자어에는 광음(光陰)·~ 등이 있다.

16. 제창 (   )
여러 사람이 다 같이 소리를 내어 부르는 것.
¶ 애국가를 ~하다.

17. 일제 (   )
여럿이 한꺼번에 함의 뜻을 나타내는 말.
¶ ~ 박수를 치다.

18. 수신제가 (   )
몸과 마음을 닦아 수양하고 집안을 다스리는 일.
¶ ~ 치국평천하(治國平天下).

19. 길조 (   )
좋은 일이 있을 조짐.
¶ 아무래도 ~가 생길 것 같다.

20. 망조 (   )
망하거나 결딴날 징조.
¶ ~가 들다.

21. 전조 (   )
어떤 일이 일어나기 전에 그것을 미리 암시해 주거나 짐작하게 해주는 일이나 상황. 조짐. 징조.
¶ 사태가 악화될 ~가 보이다.

22. 흉조 (   )
불길한 조짐.
¶ ~가 느껴진다.

♣ 다음 낱말 풀이에 알맞은 한자(漢字)를 쓰시오.　　　➡ 정답은 427쪽

1. 조명　(　　　　　)
빛으로 밝게 비추는 것
¶ 실내 ~이 흐리다.

2. 조준　(　　　　　)
표적에 명중되도록 겨냥하는 일.
¶ ~장치를 확인하다.

3. 대조　(　　　　　)
둘 이상의 사물을 맞대어 같은지 다른지 비교하는 것.
¶ 두 회사는 경영 방식에 있어서 좋은 ~를 보이고 있다.

4. 낙조　(　　　　　)
지평선이나 수평선 너머로 지고 있는 해의 붉은빛. 석양.
¶ ~에 물든 바다색이 참 곱다.

5. 참조　(　　　　　)
참고로 대조하는 것.
¶ 이 서류를 ~하여라.

6. 종단　(　　　　　)
①세로로 끊거나 길이로 자르는 것. ②남북의 방향으로 지나가는 것.
¶ 국토를 ~하는 경부 고속 도로가 놓이다.

7. 방종　(　　　　　)
규범이나 규율을 무시하거나 절제함이 없이 제멋대로 행동하는 상태에 있는 것.
¶ 청소년들은 자칫 ~에 빠지기 쉽다.

8. 종횡무진　(　　　　　)
자유자재하여 거침없이 마음대로 하는 상태.
¶ 칭기즈칸은 유라시아 대륙을 ~으로 누비며 정복의 칼날을 휘둘렀다.

9. 좌시　(　　　　　)
참견하지 않고 앉아서 보기만 하는 것.
¶ 대도시의 공해는 더 이상 ~할 수 없을 만큼 심각한 사회 문제이다.

10. 대좌　(　　　　　)
마주 대하여 앉는 것.
¶ 양국 대표가 협상 테이블에 ~하다.

11. 좌불안석　(　　　　　)
불안하거나 초조하거나 걱정이 되거나 하여 자리에 가만히 앉아 있지 못하고 왔다갔다하거나 일어났다 앉았다 하는 상태.
¶ 누가 잡으러 오나, 왜 이리 ~이냐?

12. 좌정관천　(　　　　　)
우물 안에서 하늘을 본다는 뜻으로 견문이 아주 좁음을 이르는 말.
¶ 지구촌 시대에 ~하는 자세로는 경쟁력이 생기지 않는다.

13. 우주선　(　　　　　)
우주 공간을 비행할 수 있도록 만든 여러 가지 과학적인 비행 물체.
¶ ~이 발사되다.

14. 미주　(　　　　　)
아메리카를 주(洲)로서 일컫는 말.
¶ ~ 이민을 계획하다.

15. 삼각주　(　　　　　)
강물에 떠내려 온 흙·모래 따위가 강어귀에 쌓여 이루어진 충적 평야.
¶ 그 곳은 지형적으로 ~에 속한다.

16. 육대주　(　　　　　)
아시아 주·아프리카 주·유럽 주·오세아니아 주·남아메리카 주·북아메리카 주의 총칭.
¶ 오대양 ~.

17. 석주　(　　　　　)
돌로 만든 기둥. 돌기둥.
¶ 그 건물은 기둥이 ~로 되어 있다.

18. 전주　(　　　　　)
전선이나 통신선을 늘여 매기 위하여 세운 기둥. 전봇대.
¶ 길가에 ~가 즐비하다.

19. 사주팔자　(　　　　　)
①사주의 간지가 되는 여덟 글자. ②사주에 의해 정해진 피할 수 없는 운수.
¶ ~가 좋다.

20. 즉각　(　　　　　)
당장에 곧. 당각(當刻).
¶ 내 말을 ~ 시행해라.

21. 즉결　(　　　　　)
그 자리에서 곧 처리하여 결정하는 것.
¶ ~심의에 넘어가다.

♣ 다음 낱말 풀이에 알맞은 한자(漢字)를 쓰시오.　　▶ 정답은 427쪽

1. 즉사　(　　　　　)
   그 자리에서 곧 죽는 것.
   ¶ 총에 맞아 ~하다.

2. 즉석　(　　　　　)
   어떤 일이 이뤄지거나 진행되는 바로 그 자리.
   ¶ ~에서 결정하다.

3. 즉시　(　　　　　)
   바로 그 때.
   ¶ 일이 끝나는 ~로 귀가하여라.

4. 증손자　(　　　　　)
   손자의 아들.
   ¶ 내가 벌써 ~를 보다니..

5. 증조부　(　　　　　)
   아버지의 할아버지.
   ¶ ~께서는 건강하신지요?

6. 미증유　(　　　　　)
   아직까지 한 번도 있어 본 적이 없음.
   ¶ ~의 사건이다.

7. 증오　(　　　　　)
   몹시 미워하는 것.
   ¶ 배신자를 ~하다.

8. 가증　(　　　　　)
   괘씸하고 얄미움.
   ¶ 그의 위선과 파렴치가 ~하기 짝이 없다.

9. 애증　(　　　　　)
   사랑과 미움.
   ¶ ~으로 인한 번민에 빠지다.

10. 증상　(　　　　　)
    병을 앓을 때의 형세나 겉으로 나타나는 여러 가지 모양.
    ¶ ~이 점점 심해진다.

11. 증세　(　　　　　)
    병을 앓을 때의 형세나 겉으로 나타나는 여러 가지 모양.
    ¶ ~가 악화되다.

12. 통증　(　　　　　)
    몸의 어느 부분에 신경이 날카로운 자극을 받아 괴로움을 느끼는 상태나 증세.
    ¶ 수술한 자리에 ~을 느끼다.

13. 불감증　(　　　　　)
    감각이 둔하거나 익숙해져서 별다른 느낌을 갖지 못하게 되는 일.
    ¶ 안전 ~ 시대에 살고 있지는 않는지 철저히 점검하자.

14. 증기　(　　　　　)
    수증기의 준말. 액체나 고체가 증발 또는 승화하여 생긴 기체.
    ¶ 한때는 기관차가 ~로 움직이기도 했다.

15. 증발　(　　　　　)
    액체 상태에 있는 어떤 물질이 그 표면에서 기체 상태로 변하는 현상.
    ¶ 바닷물이 ~하다.

16. 역지사지　(　　　　　)
    처지를 바꾸어 생각함.
    ¶ ~를 한다면 모든 문제는 원만히 해결할 수 있게 될 것입니다.

17. 인지상정　(　　　　　)
    사람이면 보통 가질 수 있는 인정.
    ¶ 좋은 옷을 보면 입고 싶고, 맛있는 음식을 보면 먹고 싶은 것이 ~이다.

18. 좌지우지　(　　　　　)
    왼쪽으로 돌렸다 오른쪽으로 돌렸다 한다는 뜻으로 제 마음대로 처리하거나 다루는 것.
    ¶ 독재자가 국정을 혼자서 ~하다.

19. 전지　(　　　　　)
    화학 반응·방사선·온도차·빛 등으로 전극 간에 전위차가 생기게 하여 전기 에너지를 발생시키는 장치. 배터리.
    ¶ ~가 있어야 그 기계는 움직인다.

20. 천지　(　　　　　)
    백두산 산정에 있는 자연호수.
    ¶ 백두산 ~에서 바라보는 경치가 일품이다.

21. 건전지　(　　　　　)
    전해액(電解液)을 솜이나 종이에 흡수시키거나 풀 모양으로 한 다음, 용기에 넣어 취급이나 휴대가 편리하도록 한 전지.
    ¶ 그 장난감은 ~에 의해 움직인다.

♣ 다음 낱말 풀이에 알맞은 한자(漢字)를 쓰시오.　　　➡ 정답은 427쪽

1. 저수지　（　　　　　　　）
　강의 흐름을 막거나 또는 수로 등으로 끌어들인 물을 모아 두는 인공 못.
　¶ 오랜 가뭄으로 ~마저 바닥을 드러내기 시작했다.

2. 진동　（　　　　　　　）
　흔들려 움직이는 것.
　¶ ~이 심한 자동차를 타니 차멀미가 난다.

3. 진작　（　　　　　　　）
　자극을 주어 활기 있게 하거나 굳세어지게 하는 것.
　¶ 사기를 ~하다.

4. 진흥　（　　　　　　　）
　활발하거나 힘찬 상태가 되도록 일으키는 것.
　¶ 농촌 ~ 운동을 하다.

5. 진한　（　　　　　　　）
　삼한(三韓)의 하나. 우리나라 남부에 살던 한족(韓族) 78부락 국가 중의 동북부 12개국의 총칭. 뒤에 신라에 병합됨.
　¶ 삼한은 마한변한~을 가리킨다.

6. 일진　（　　　　　　　）
　①날의 간지(干支). 병신일(丙申日)·정해일(丁亥日) 따위. ②그 날의 운세.
　¶ ~이 좋다.

7. 생신　（　　　　　　　）
　생일(生日)의 높임말.
　¶ 내일이 아버님 ~이다.

8. 북신　（　　　　　　　）
　작은곰자리의 알파성. 북극의 위치를 나타내는 데 유용하게 이용됨. 북극성.
　¶ ~을 보고 하늘에서 북극을 알 수 있다.

9. 성신　（　　　　　　　）
　스스로 빛과 열을 내는 우주상의 천체. 곧, 지구·달·행성을 제외한 천체를 가리키는 것으로, 태양도 별에 속하나, 일반적으로는 밤하늘에 작은 점의 형태로 반짝이는 것을 가리킴.
　¶ ~이 총총하다.

10. 진열　（　　　　　　　）
　여러 사람에게 보이기 위하여 죽 벌여 놓는 것.
　¶ 신제품들이 ~되어 있다.

11. 진설　（　　　　　　　）
　제사나 잔치 때, 음식을 법식에 따라 상 위에 벌여 놓는 것.
　¶ 제물을 ~하다.

12. 진정서　（　　　　　　　）
　관청이나 웃어른에게 내기 위하여 사정을 기록한 서면.
　¶ 구청에 재건축문제로 ~를 내다.

13. 신진대사　（　　　　　　　）
　묵은 것이 없어지고 새것이 대신 생기는 일.
　¶ ~가 활발하다.

14. 진압　（　　　　　　　）
　강압적인 힘으로 진정시키어 억누르는 것.
　¶ 시위가 경찰에 의해 ~되다.

15. 진중　（　　　　　　　）
　점잖고 무게가 있음.
　¶ 행동을 좀 ~ 하여라.

16. 진화　（　　　　　　　）
　화재가 일어난 것을 끄는 것.
　¶ 화재는 1시간 만에 ~되었다.

17. 중진　（　　　　　　　）
　어떤 분야에서 지도적인 영향력을 가진 중요한 인물.
　¶ 학계의 ~이 되다.

18. 진통　（　　　　　　　）
　아픔을 진정시키는 것.
　¶ ~제를 놓다.

19. 질서　（　　　　　　　）
　사회나 집단에 속한 사람들이 생활 속에서 저마다 정해진 차례나 규칙 등을 잘 지키는 상태.
　¶ 교통~를 지키다.

20. 질병　（　　　　　　　）
　몸의 온갖 병.
　¶ ~에 걸리다.

21. 질시　（　　　　　　　）
　밉게 보는 것.
　¶ 반목과 ~ 등 못된 마음 씻어버리고 열린 마음으로 너와 나 우리 모두의 힘을 모아 통일 이루자.

♣ **다음 낱말 풀이에 알맞은 한자(漢字)를 쓰시오.**　　➡ 정답은 427쪽

1. 질주　(　　　　　)
빨리 달리는 것.
¶ 자동차가 ~하는 고속 도로에서 보행을 할 수 없다.

2. 질풍　(　　　　　)
몹시 빠르고 세게 부는 바람.
¶ 청소년기를 ~노도(怒濤)의 시기라 한다.

3. 질환　(　　　　　)
몸의 온갖 병.
¶ ~에 시달리다.

4. 집권　(　　　　　)
정권을 잡는 것.
¶ 차기 ~을 노리다.

5. 집념　(　　　　　)
한 가지 사물에만 끈덕지게 들러붙어 마음을 쏟는 것.
¶ 예술에 대한 ~을 불사르다.

6. 집도　(　　　　　)
수술이나 해부를 하기 위하여 메스를 잡는 것.
¶ 김 박사의 ~로 수술이 이루어지다.

7. 집무　(　　　　　)
사무를 보는 것.
¶ 그는 지금 ~ 중이다.

8. 집착　(　　　　　)
어떤 것에 마음이 늘 쏠려 떨치지 못하고 매달리는 일.
¶ 돈과 명예에 ~하다.

9. 징수　(　　　　　)
행정 기관이 법에 따라 조세·수수료 등을 국민에게서 거두어들이는 일.
¶ 세금을 ~하다.

10. 징표　(　　　　　)
일정한 사물이 공통으로 지니는 필연적인 성질.
¶ ~를 받다.

11. 징후　(　　　　　)
겉으로 나타나는 낌새.
¶ 폭풍의 ~가 보이다.

12. 상징　(　　　　　)
사회적인 제도나 규약에 따라 추상적인 것을 구체적 사물로 나타내는 일.
¶ 국기는 국가를 ~한다.

13. 특징　(　　　　　)
다른 것과 눈에 띄게 다른 점.
¶ 이 사전의 ~은 풍부한 예문에 있다.

14. 차제　(　　　　　)
때마침 주어진 이 기회.
¶ 그동안 여러분의 많은 성원이 있었는데 ~에 심심한 감사의 말씀을 드립니다.

15. 차후　(　　　　　)
이 시간 이후. 이다음.
¶ 계획을 ~로 미루다.

16. 여차　(　　　　　)
이와 같다.
¶ ~하면 도망갈 태세다.

17. 차일피일　(　　　　　)
이날 저날로 기한을 미루는 모양.
¶ 빚을 갚지 않고 ~ 미루기만 한다.

18. 찬동　(　　　　　)
자기의 의견을 같이하는 것.
¶ ~을 얻다.

19. 찬반　(　　　　　)
찬성과 반대.
¶ 국민 투표에 부쳐 개헌에 대한 ~을 묻다.

20. 찬성　(　　　　　)
①도와서 성취하도록 꾀하는 것. ②좋다고 받아들이거나 지지하는 것.
¶ 나는 네 의견에 전적으로 ~한다.

21. 찬조　(　　　　　)
같이 참여한다든지 돈을 기부한다든지 함으로써 뒷받침하여 돕는 것.
¶ ~를 얻다.

22. 창고　(　　　　　)
물건을 저장하거나 보관하는 건물.
¶ 쌀가마를 ~에 넣다.

♣ 다음 낱말 풀이에 알맞은 한자(漢字)를 쓰시오.　　　　➡ 정답은 427쪽

1. 곡창　(　　　　　　　　)
①곡식을 넣어 두는 창고. ②곡식이 많이 생산되는 곳을 비유하여 이르는 말.
¶ 호남평야는 ~지대이다.

2. 탄창　(　　　　　　　　)
연발총의 보충용 탄알을 재어 두는 통.
¶ B타입의 총에 들어가는 ~이다

3. 창졸간　(　　　　　　　)
급작스러운 사이.
¶ ~에 비보를 접하다.

4. 창성　(　　　　　　　　)
번성하여 잘되어 가는 것.
¶ 사업이 날로 ~해 가다.

5. 창원　(　　　　　　　　)
창원
¶ 철새 도래지인 주남 저수지는 ~시에 있다.

6. 창녕　(　　　　　　　　)
창녕
¶ 우포늪과 화왕산 군립공원이 경남 ~군에 있다.

7. 창덕궁　(　　　　　　　)
서울 종로구 와룡동(臥龍洞)에 있는 조선시대의 궁궐.
¶ ~는 유네스코지정 세계문화유산이다.

8. 창공　(　　　　　　　　)
푸른 하늘이나 높은 공중.
¶ 새가 ~을 날다

9. 창백　(　　　　　　　　)
핏기가 없이 하얗다.
¶ 그는 오랫동안 병을 앓은 탓인지 얼굴이 백지장처럼 ~했다.

10. 고색창연　(　　　　　　)
퍽 오래되어 예스러운 풍치가 그윽함.
¶ 그 산사는 ~하다.

11. 억조창생　(　　　　　　)
수많은 백성.
¶ 도탄에 빠진 ~을 구하다.

12. 채색　(　　　　　　　　)
①여러 가지의 고운 빛깔. ②그림이나 물체에 색을 칠하는 것.
¶ ~이 곱게 되다.

13. 채운　(　　　　　　　　)
여러 빛깔로 아롱진 고운 구름.
¶ 오늘은 좋은 일이 있으려는 지 온 하늘이 ~으로 수놓였다.

14. 광채　(　　　　　　　　)
물체에서 발하는 찬란한 빛.
¶ 보석이 ~를 발하다.

15. 문채　(　　　　　　　　)
아름다운 광채. 무늬.
¶ ~가 아름답다.

16. 수채화　(　　　　　　　)
서양화의 하나. 물에 적신 붓으로 물감을 풀어서 그리는 그림.
¶ 그녀는 요즘 ~를 열심히 그리고 있다.

17. 채식　(　　　　　　　　)
채소·과일 등 식물성 식품을 주로 먹고 육류·어류를 피하는 것.
¶ 그녀는 오랫동안 ~만을 고집해 왔다.

18. 산채　(　　　　　　　　)
산에 나는 나물. 산나물.
¶ ~무침이 참 맛있다.

19. 야채　(　　　　　　　　)
채소를 주로 식용 대상으로 이르는 말.
¶ 육류와 ~를 균형 있게 섭취하는 것이 건강에 좋다.

20. 계책　(　　　　　　　　)
어떤 일을 실현하기 위하여 짜낸 꾀나 방법.
¶ ~를 꾸미다.

21. 대책　(　　　　　　　　)
중요하거나 문제가 되는 일에 대해 잘 처리하거나 올바로 해결할 방도나 방책.
¶ 수해 ~를 세우다.

22. 묘책　(　　　　　　　　)
신묘한 꾀.
¶ ~이 서다.

♣ 다음 낱말 풀이에 알맞은 한자(漢字)를 쓰시오.   ▶ 정답은 427쪽

1. 방책　(　　　　　　)
   방법과 꾀.
   ¶ 국가 재건의 ~을 철저하게 세우다.

2. 비책　(　　　　　　)
   몰래 숨긴 방법이나 꾀.
   ¶ 나에게도 ~를 알려주렴.

3. 처가　(　　　　　　)
   아내의 친부모가 사는 집. 아내의 혈족으로 이루어지는 집안.
   ¶ ~식구와 놀러가다.

4. 처남　(　　　　　　)
   아내의 남자 형제.
   ¶ 아내는 ~과 우애가 각별하다.

5. 처제　(　　　　　　)
   아내의 여동생.
   ¶ 우리 ~는 참 상냥하다.

6. 부처　(　　　　　　)
   결혼한 한 쌍의 남녀.
   ¶ 대통령~가 동남아 순방길에 오르다.

7. 악처　(　　　　　　)
   마음이 바르지 못하고 사나운 아내.
   ¶ 소크라테스의 부인은 ~로 유명하다.

8. 개척　(　　　　　　)
   황무지를 일구어 논밭을 만드는 것. 열어 나가는 것.
   ¶ 해외 시장을 ~ 하다.

9. 탁본　(　　　　　　)
   석비·기와·기물 등에 새긴 문자나 무늬를 종이에 그대로 박아 낸 것.
   ¶ ~을 뜨다.

10. 간척지　(　　　　　　)
    간척하여 이루어 놓은 땅.
    ¶ ~의 개발로 농토가 많이 생겼다.

11. 외척　(　　　　　　)
    ①같은 본 이외의 친척. ②외가 쪽의 친척.
    ¶ 그 집과 우리 집은 ~간이다.

12. 친척　(　　　　　　)
    친족과 외척.
    ¶ 가까운 ~이다.

13. 척도　(　　　　　　)
    ①자로 재는 길이의 표준. ②측정하거나 평가하는 기준.
    ¶ GNP를 경제력의 ~로 보고 있다.

14. 월척　(　　　　　　)
    낚시에서, 낚은 물고기가 한 자가 넘음.
    ¶ ~을 올리다.

15. 삼척동자　(　　　　　　)
    키가 아직 석 자밖에 자라지 않은 아이. 곧, 어린아이를 가리킴.
    ¶ 이순신 장군 하면 ~도 다 아는 우리나라의 위인이다.

16. 천박　(　　　　　　)
    수준이 낮고 천함.
    ¶ 교양이 없고 ~하다.

17. 천학　(　　　　　　)
    얕은 학식. 또는, 그러한 사람.
    ¶ 자기의 학식을 겸손하게 이를 때 ~이라 한다.

18. 일천　(　　　　　　)
    어떤 일을 시작한 지 불과 얼마 안 되어 경험이 쌓이지 않거나 성숙하지 않은 상태에 있음.
    ¶ 회사 설립의 역사가 ~하다.

19. 심천　(　　　　　　)
    깊음과 얕음.
    ¶ 물의 ~은 재보면 알 수 있다.

20. 천대　(　　　　　　)
    업신여겨 푸대접하는 것.
    ¶ ~를 받다.

21. 천민　(　　　　　　)
    지체가 낮고 천한 백성.
    ¶ ~계급 출신이다.

22. 천시　(　　　　　　)
    업신여겨 낮게 보거나 천하게 여기는 것.
    ¶ 어떠한 직업이라도 ~해서는 안 된다.

♣ 다음 낱말 풀이에 알맞은 한자(漢字)를 쓰시오.　　▶ 정답은 427쪽

1. 귀천　(　　　　　　　)
   ①부귀와 빈천. ②귀함과 천함.
   ¶ 직업에는 ~이 없다.

2. 빈천　(　　　　　　　)
   가난하고 천한 것.
   ¶ 지금은 아무리 ~하더라도 장래에는 부귀하게 되는 수도 있다.

3. 실천　(　　　　　　　)
   실제로 행하는 것.
   ¶ 입으로만 떠들지 말고 그것을 ~해라.

4. 철인　(　　　　　　　)
   인생이나 우주의 철리를 깊이 탐구한 사람. 철학가.
   ¶ 고대 그리스의 ~ 아리스토텔레스.

5. 명철보신　(　　　　　　　)
   총명하고 사리에 밝아 일을 잘 처리하여 자기 일신을 그르치지 않음.
   ¶ 그 사람은 ~으로 일관하는 사람이다.

6. 철야　(　　　　　　　)
   어떤 일을 하느라고 잠을 자지 않고 밤을 새우는 것.
   ¶ ~작업을 하다.

7. 철저　(　　　　　　　)
   속속들이 꿰뚫거나 미치어 부족함이나 빈틈이 없음.
   ¶ 계획을 ~하게 세우다.

8. 관철　(　　　　　　　)
   굽히지 않고 밀고 나가는 것.
   ¶ 집회에 참석한 사람들은 자신들의 요구가 ~될 때까지 해산하지 않겠다고 선언했다.

9. 철천지한　(　　　　　　　)
   하늘에 사무치는 크나큰 한.
   ¶ 김 노인은 40년이 되도록 북에 두고 온 가족과 상봉하지 못하는 게 ~이었다.

10. 초석　(　　　　　　　)
    어떤 사물의 기초. 주춧돌.
    ¶ 나라의 ~이 되다.

11. 기초　(　　　　　　　)
    사물의 기본이 되는 토대.
    ¶ 학습에서는 ~가 중요하다.

12. 정초　(　　　　　　　)
    주춧돌을 놓는 것. 공사를 개시하는 것을 말함.
    ¶ ~ 1988년 12월 4일.

13. 초상　(　　　　　　　)
    그림이나 사진 따위에 나타난, 어떠한 사람의 얼굴이나 모습.
    ¶ ~화를 그리다.

14. 불초　(　　　　　　　)
    어버이의 덕망을 따르지 못하는 못난 자식을 이르는 말.
    ¶ ~ 소생 인사드리옵니다.

15. 초상화　(　　　　　　　)
    사람의 얼굴 모습을 주대상으로 삼아 그린 그림.
    ¶ ~그리는 일을 하다.

16. 초과　(　　　　　　　)
    일정한 수나 양을 넘는 것.
    ¶ 목표를 ~ 달성하다.

17. 초연　(　　　　　　　)
    얽매이거나 집착함이 없이 마음의 여유를 가진 상태에 있음.
    ¶ 세상의 일에 ~한 자세를 취하다.

18. 초월　(　　　　　　　)
    뛰어넘어 얽매이지 않게 되는 것.
    ¶ 생사를 ~ 하다.

19. 초인　(　　　　　　　)
    보통 사람보다 훨씬 뛰어난 능력을 가진 사람.
    ¶ 그 일을 하루 만에 해치우다니 가히 ~이라 할 만하다.

20. 초탈　(　　　　　　　)
    세속(世俗)을 벗어나는 일.
    ¶ ~하다.

21. 촉구　(　　　　　　　)
    재촉하여 요구하는 것.
    ¶ 야당은 대통령에게 정책의 과오를 물어 장관의 사임을 강력히 ~했다.

22. 촉박　(　　　　　　　)
    특바싹 가깝게 닥쳐 여유가 없는 상태에 있음.
    ¶ 시일이 ~하다.

♣ 다음 낱말 풀이에 알맞은 한자(漢字)를 쓰시오. ▶ 정답은 428쪽

1. 촉성 (　　　　　　　)
재촉하여 빨리 되게 하는 것.
¶ 독립 ~ 국민 대회를 열다.

2. 촉진 (　　　　　　　)
재촉하거나 박차를 가하여 빨리 이뤄지게 하는 것.
¶ 아동은 학교 생활을 통해 사회성의 발달이 ~된다.

3. 독촉 (　　　　　　　)
빨리 서둘러 하도록 재촉하는 것.
¶ 빚 ~이 성화같다.

4. 촉각 (　　　　　　　)
피부 감각의 하나. 물건에 닿았을 때 일으키는 감각.
¶ ~이 예민하다.

5. 촉각 (　　　　　　　)
절지동물의 머리 부분에 있는 감각 기관. 더듬이.
¶ ~을 곤두세우고 적의 동정을 살피다.

6. 촉수 (　　　　　　　)
무척추동물의 입 주위에 있는 돌기 모양의 기관. 사물에 손을 대는 것.
¶ 침략의 ~를 뻗치다.

7. 감촉 (　　　　　　　)
만지거나 접촉하여 일어나는 느낌.
¶ ~이 부드럽다.

8. 접촉 (　　　　　　　)
서로 닿게 되는 것.
¶ ~사고가 나다.

9. 최고 (　　　　　　　)
상대방에게 일정한 행위를 하도록 독촉하는 통지를 내는 일.
¶ ~장(狀)을 보내다.

10. 최면 (　　　　　　　)
잠이 오게 하는 것. 사람이나 동물이 어떤 사람의 암시에 의해 빠져 들게 되는 수면과 같은 상태.
¶ ~을 걸다.

11. 개최 (　　　　　　　)
주최하여 여는 것.
¶ 88올림픽 경기가 서울에서 ~되었다.

12. 주최 (　　　　　　　)
주장하여 여는 것.
¶ 체육 대회를 ~하다.

13. 추가 (　　　　　　　)
더하여 보태는 것.
¶ 예산에 천만 원을 ~하다.

14. 추격 (　　　　　　　)
뒤쫓아가며 공격하는 것.
¶ 적의 ~을 받다.

15. 추념 (　　　　　　　)
①지나간 일을 돌이켜 생각하는 것. ②죽은 사람을 생각하는 것.
¶ 도산 안창호 선생을 ~하는 모임을 갖다.

16. 추구 (　　　　　　　)
이루거나 얻기 위해 노력하여 구하는 것.
¶ 기업이 이윤을 ~하다.

17. 추궁 (　　　　　　　)
이것저것 끈질기게 묻는 것.
¶ 아랫사람에게 책임을 ~하다.

18. 충격 (　　　　　　　)
물체에 급격히 가해지는 힘.
¶ 본 제품에 ~을 주지 마시오.

19. 절충 (　　　　　　　)
이해(利害)가 서로 다른 상대와 교섭하거나 담판(談判)하는 것.
¶ 노사가 인력감축안을 놓고 막바지 ~을 벌이고 있다.

20. 요충 (　　　　　　　)
요충지의 준말.
¶ 전략적 ~지이다.

21. 좌충우돌 (　　　　　　　)
이리저리 마구 찌르고 부딪침. 좌우충돌.
¶ 화랑 관창은 ~하며 적진 깊숙이 말을 내달았다.

22. 취입 (　　　　　　　)
불어넣은 것. 레코드를 만들기 위하여 녹음하는 일.
¶ 신곡을 ~하다.

♣ **다음 낱말 풀이에 알맞은 한자(漢字)를 쓰시오.** ➡ 정답은 428쪽

1. 취타 (　　　　　)
군대에서 나발·소라·대각·호적 따위를 불고, 징·북·바라를 치는 일.
¶ ~수(手)가 바로 이곳을 지나갔다.

2. 취적 (　　　　　)
피리를 불다.
¶ 소에 올라 탄 소년이 ~까지하는 이 그림을 보게.

3. 취객 (　　　　　)
술에 취한 사람.
¶ ~을 상대로 소매치기하는 사람들이 많다.

4. 취기 (　　　　　)
술이 취하여 얼근한 기운.
¶ ~가 채 가시지 않다.

5. 만취 (　　　　　)
술에 잔뜩 취하는 것.
¶ 몸을 가누지 못할 만큼 ~되다.

6. 취생몽사 (　　　　　)
취몽 속에 살고 죽는다는 뜻으로 아무 뜻 없이 한평생을 흐리멍덩하게 살아감.
¶ 부모님은 내게 ~로 인생을 살아서는 안 된다고 말씀하셨다.

7. 측근 (　　　　　)
곁의 가까운 곳.
¶ 회장님을 ~에서 모시다.

8. 측면 (　　　　　)
물체나 대상의 앞·뒤·중앙이 아닌, 옆이 되는 쪽이나 면.
¶ ~에서 찍은 사진이다.

9. 양측 (　　　　　)
두 편. 양방. 양쪽의 측면.
¶ ~이 비용을 반씩 부담하다.

10. 우측 (　　　　　)
오른쪽.
¶ ~방향으로 돌아가면 편의점이 나타난다.

11. 가치 (　　　　　)
사물 및 일의 중요성이나 의의.
¶ 읽을 만한 ~가 있는 책이다.

12. 수치 (　　　　　)
대상의 상태·정도·수준 등을 계산하거나 측정하여 나타낸 수.
¶ 성적을 ~로 나타내다.

13. 치부 (　　　　　)
남에게 숨기고 싶은 부끄러운 일이나 사실.
¶ ~를 드러내다.

14. 치사 (　　　　　)
쩨쩨하게 굴어 아니꼬움.
¶ ~하게 돈 몇 푼 갖고 인색하게 군다.

15. 치욕 (　　　　　)
부끄러움과 욕됨. 또는, 수치와 모욕.
¶ ~을 당하다.

16. 후안무치 (　　　　　)
낯가죽이 두꺼워 뻔뻔스럽고 부끄러움이 없음.
¶ 부도덕하고 ~한 행동을 하다니….

17. 치어 (　　　　　)
알에서 깬 지 얼마 안 되는 물고기.
¶ ~를 잡게 되면 물고기의 씨가 마를 수 있다.

18. 치기 (　　　　　)
어리고 유치한 기분이나 감정.
¶ ~를 부리다.

19. 유치원 (　　　　　)
만 4세부터 초등학교에 들어가기 전까지의 아동을 대상으로 한 교육 기관. 우리나라에는 1909년에 처음 생김.
¶ 내 동생은 지금 새싹~에 다닌다.

20. 침강 (　　　　　)
가라앉아 내려가는 일.
¶ 쇠구슬을 넣고 ~ 속도를 측정하다.

21. 침몰 (　　　　　)
빠져 가라앉는 것.
¶ 배가 폭격을 당해 바다 속으로 ~하다.

22. 침잠 (　　　　　)
①물 속에 깊숙이 가라앉아서 겉으로 드러나지 않는 것. ②마음을 가라앉혀서 깊이 사색하거나 자신의 세계에 깊이 몰입하는 것.
¶ 세상의 번다한 일상사로부터 벗어나 너 자신에게 ~하라.

♣ 다음 낱말 풀이에 알맞은 한자(漢字)를 쓰시오. ▶ 정답은 428쪽

1. 침착 (　　　　　)
   가라앉아 들러붙는 것.
   ¶ 색소가 표면에 ~하다.

2. 심씨 (　　　　　)
   심씨.
   ¶ 그 사람은 성씨가 ~이다.

3. 불탑 (　　　　　)
   절에 세운 탑.
   ¶ ~의 시대적 특징을 알아보다.

4. 금자탑 (　　　　　)
   후세에 오래 남을 뛰어난 업적을 비유적으로 이르는 말.
   ¶ 주시경 선생은 국어학 분야에 찬란한 ~을 쌓았다.

5. 다보탑 (　　　　　)
   다보여래의 사리(舍利)를 모신 탑. 또는, 이를 근원으로 후세에 세워진 탑.
   ¶ 불국사에 가면 ~을 볼 수 있다.

6. 태두 (　　　　　)
   ①태산북두의 준말. ②그 방면에 서 썩 권위 있는 사람.
   ¶ 경제학의 ~로 꼽힌다.

7. 태연 (　　　　　)
   마땅히 두려워하거나 머뭇거리거나 거리낌이 있어야 할 상황에서, 아무렇지도 않게 예사로움.
   ¶ 그는 입에 침도 안 바르고 거짓말을 ~하게 해 댔다.

8. 태산북두 (　　　　　)
   ①태산과 북두성. ②세상 사람으로부터 존경을 받는 사람의 비유.
   ¶ 배우는 자들이 그를 우러러보며 ~와 같다고 말했다.

9. 국태민안 (　　　　　)
   나라가 태평하고 국민 생활이 평안함.
   ¶ ~을 기원하는 기도회를 열다.

10. 태반 (　　　　　)
    거의 절반.
    ¶ 그 넓은 밭을 어느 결에 ~이나 갈았다.

11. 위태 (　　　　　)
    형세가 마음을 놓을 수 없게 안전하지 않음.
    ¶ 축대가 금이 가 ~하다.

12. 광택 (　　　　　)
    빛의 반사에 의하여 물체의 표면에 번쩍거리는 빛. 광.
    ¶ 구두를 ~을 내다.

13. 덕택 (　　　　　)
    남이 염려해 주거나 도와 주거나 한 영향이나 결과. 덕분(德分).
    ¶ 제가 오늘날 이만큼 성공하게 된 것은 모두 선생님의 ~입니다.

14. 은택 (　　　　　)
    은혜와 덕택.
    ¶ 선생님의 ~으로 성공할 수 있었다.

15. 평택 (　　　　　)
    경기도 남부지방에 위치한 도시인 평택.
    ¶ 조선시대 때 세운 대동법 시행 기념비가 ~에 있다.

16. 혜택 (　　　　　)
    자연이나 문명이나 단체 등이 사람에게 베푸는 이로움이나 이익.
    ¶ 학교로부터 장학금 ~을 받다.

17. 토선생 (　　　　　)
    토끼를 의인화 시켜 높여 부르는 말.
    ¶ 범 없는 골에 ~이 제일이라.

18. 판목 (　　　　　)
    인쇄하기 위하여 글씨나 그림을 새긴 나무.
    ¶ 양끝에는 마구리를 대어 ~의 뒤틀림을 방지하였다.

19. 원판 (　　　　　)
    활자로 조판한 그대로의 판. 지형을 뜨는 바탕이 됨.
    ¶ ~은 보존할 가치가 있다.

20. 재판 (　　　　　)
    같은 출판물을 두 번째 간행하는 것. 지나간 일이 다시 되풀이되는 것.
    ¶ 제2차 세계 대전은 열강끼리의 전쟁이라는 점에서 제1차 세계 대전의 ~이라 할 수 있다.

21. 초판 (　　　　　)
    서적(書籍)의 첫 출판.
    ¶ 오랜 준비 끝에 ~을 내게 되었다.

♣ 다음 낱말 풀이에 알맞은 한자(漢字)를 쓰시오.　　▶ 정답은 428쪽

1. 출판 (　　　　　　)
글·사진·그림 등의 내용을 편집을 거쳐 인쇄술로 복제하고 책으로 만들어 세상에 펴내는 것.
¶ 책을 자비(自費)로 ~하다.

2. 편지 (　　　　　　)
멀리 떨어져 있는 상대에게 소식이나 사연이나 용무를 알리거나 전하기 위해 일정한 격식에 따라 글로 쓴 것.
¶ 서울에 가면 잊지 말고 ~해라.

3. 단편 (　　　　　　)
①끊어지거나 쪼개진 조각. ②전반에 걸치지 않은 토막진 일부분.
¶ 추억의 ~을 더듬다.

4. 파편 (　　　　　　)
유리·사기·쇠붙이 등이 힘있게 깨지면서 사방으로 튄 조각.
¶ ~에 맞다.

5. 일엽편주 (　　　　　　)
조그마한 조각배.
¶ 인생을 ~에 비교하기도 한다.

6. 폐단 (　　　　　　)
어떤 일이나 행동에서 나타나는 옳지 못한 경향이나 해로운 요소.
¶ 수도의 인구 집중은 교통 혼잡, 주택 부족, 환경 오염 등 많은 ~을 낳고 있다.

7. 폐습 (　　　　　　)
나쁜 풍습. 폐해가 되는 풍습.
¶ 그 마을에는 아직도 ~이 전해지고 있다.

8. 폐해 (　　　　　　)
폐단으로 생기는 해.
¶ 미신의 ~가 심각하다.

9. 어폐 (　　　　　　)
①말의 폐단이나 결점. ②남의 오해를 일으키기 쉬운 말.
¶ 이렇게 말하면 ~가 있을지 모르지만 돈만큼 귀중한 것도 없다.

10. 병폐 (　　　　　　)
병통과 폐단.
¶ 황금만능주의는 오늘날 우리 사회가 안고 있는 커다란 ~ 중의 하나다.

11. 폐렴 (　　　　　　)
폐렴 쌍구균·바이러스 등의 감염에 의해 일어나는 폐의 염증. 오한·고열·가슴앓이·기침·호흡 곤란 등의 증상을 보임.
¶ 그녀는 ~에 걸려 입원했다.

12. 폐활량 (　　　　　　)
폐가 공기를 출입시킬 수 있는 최대량. 최대한 공기를 깊이 들이마셨다가 최대한 내쉴 적에 나오는 공기의 양을 측정함.
¶ ~이 크다.

13. 포구 (　　　　　　)
배가 드나드는 개의 어귀. 항구보다 규모가 작음.
¶ 해안선이 불규칙해 자연 그대로를 ~로 이용하기는 매우 힘들다.

14. 남포 (　　　　　　)
남포.
¶ 비 갠 긴둑에 풀빛이 짙은데/ 님을 보내는 ~엔 슬픈 노래가 울리네.

15. 풍림 (　　　　　　)
단풍나무 숲.
¶ 수레를 멈추고 앉아 늦도록 ~을 사랑하는데/ 서리 맞은 잎이 봄꽃보다 붉구나.

16. 단풍 (　　　　　　)
단풍나무의 준말. 기후의 변화로 식물의 잎이 적색·황색·갈색으로 변하는 현상.
¶ 울긋불긋 ~이 들다.

17. 상풍 (　　　　　　)
서리맞은 단풍잎. 또는, 시든 단풍.
¶ 서리맞은 단풍잎 즉, ~이 해를 향해 붉었네.

18. 피차 (　　　　　　)
①이것과 저것. ②이편과 저편의 양편.
¶ 입장이 곤란하기는 ~ 마찬가지다.

19. 피아간 (　　　　　　)
그와 나사이.
¶ ~에 사상자가 많이 나다

20. 지피지기 (　　　　　　)
적과 나의 능력과 형편을 모두 아는 것.
¶ ~면 백전백승(百戰百勝).

395

♣ 다음 낱말 풀이에 알맞은 한자(漢字)를 쓰시오.　　　▶ 정답은 428쪽

1. 피혁 (　　　　　)
   날가죽 및 무두질한 가죽의 총칭.
   ¶ 인조~으로 만든 가방이다.

2. 모피 (　　　　　)
   짐승의 털이 붙은 가죽. 털가죽.
   ¶ ~코트를 여자들은 좋아한다.

3. 탈피 (　　　　　)
   성장함에 따라 낡은 허물을 벗는 일. 낡은 사고방식에서 벗어나 새로워짐을 비유하여 이르는 말.
   ¶ 봉건적인 사고방식을 ~하다.

4. 초근목피 (　　　　　)
   ①풀의 뿌리와 나무껍질. ②양식이 부족할 때의 험한 음식의 비유.
   ¶ 제대로 풍년이 진다고 해도 반 철 식량밖에 거두지 못했다. 나머지 몇 개월은 역시 ~로 연명을 해야 했다.

5. 피격 (　　　　　)
   습격 또는 사격을 받는 것.
   ¶ 괴한에게 민간 항공기가 ~을 받다.

6. 피고 (　　　　　)
   민사 소송에서, 소송을 당한 사람.
   ¶ ~석에 앉았다.

7. 피복 (　　　　　)
   공문서나 장부 등에서, 옷을 문어적으로 나타내는 말. 또는, 군대 같은 특수 집단에서 그 구성원이 입는 옷을 이르는 말.
   ¶ 신병에게 ~을 지급하다.

8. 피살 (　　　　　)
   죽임을 당하는 것.
   ¶ 괴한에게 ~당하다.

9. 피해 (　　　　　)
   어떤 사람이 재물을 잃거나 신체적·정신적으로 해를 입은 상태. 손해.
   ¶ ~를 보상하다.

10. 필경 (　　　　　)
    끝장에 가서는. 마침내.
    ¶ 범인은 ~ 잡히고야 말 것이다.

11. 필생 (　　　　　)
    대상이 일생을 마칠 때까지 이뤄지거나 일생에 걸쳐 있는 것임을 나타내는 말. 일생. 평생.
    ¶ ~의 대작이다.

12. 미필 (　　　　　)
    아직 끝내지 못함.
    ¶ 병역~이다.

13. 병역필 (　　　　　)
    국민이 의무적으로 군대에 복무하는 일.
    ¶ 무사히 ~하다.

14. 하등 (　　　　　)
    최소의 정도. 조금.
    ¶ 그것은 나와 ~ 상관없는 일이다.

15. 하필 (　　　　　)
    달리 하거나 달리 되지 않고 어찌하여 꼭. 하필이면.
    ¶ ~ 오늘 비가 올 게 뭐람?

16. 하여가 (　　　　　)
    고려 말기에 이방원(李芳遠)이 지은 시조. '이런들 어떠하며 저런들 어떠하리'로 시작되는 이 시조는 정몽주의 진심을 떠보고 회유하기 위하여 읊은 것이라 함.
    ¶ 이방원은 정몽주를 자기편으로 끌어들이기 위해 ~로 그의 마음을 떠 보았다.

17. 억하심정 (　　　　　)
    대체 무슨 마음으로 그리하는지 알기 어렵다는 뜻.
    ¶ 무슨 ~으로 그런 말을 하시오?

18. 하객 (　　　　　)
    잔치나 행사 등에 축하하기 위해 참석한 사람.
    ¶ 결혼식에 ~이 많이 왔다.

19. 하례 (　　　　　)
    축하하는 예식.
    ¶ 신년~을 갖다.

20. 축하 (　　　　　)
    기뻐하고 즐거워한다는 뜻으로 인사하는 것.
    ¶ 당신의 생일을 ~합니다.

21. 치하 (　　　　　)
    애쓰거나 잘했다고 칭찬하는 것.
    ¶ 공로를 ~하다.

♣ 다음 낱말 풀이에 알맞은 한자(漢字)를 쓰시오.   ▶ 정답은 428쪽

1. 연하장 (　　　　　)
새해를 축하하는 간단한 인사 편지.
¶ 아는 분께 ~을 보내다.

2. 학무 (　　　　　)
학춤. 정재(呈才) 때나 구나(驅儺)한 뒤에 향악(鄕樂)에 맞추어 학처럼 차리고 추는 춤.
¶ 학을 흉내낸 춤, 곧 ~의 우아함이란….

3. 백학 (　　　　　)
두루밋과의 새. 대형의 겨울새로, 목·다리·부리가 매우 긺. 온몸이 희며, 이마·목·다리와 날개 끝은 검고 부리는 녹색임. 머리 꼭대기에는 살이 붉은 빛으로 드러나 있음.
¶ 이곳은 ~이 노닐었다는 전설이 내려온다.

4. 학수고대 (　　　　　)
애타게 기다리는 것.
¶ 네가 오기를 ~하고 있었다.

5. 군계일학 (　　　　　)
닭의 무리 가운데서 한 마리의 학이라는 뜻으로 어떤 무리 가운데서 홀로 두드러지게 뛰어난 사람을 이르는 말.
¶ 그는 우리 마을에서 ~과 같은 존재였다.

6. 할거 (　　　　　)
땅을 나누어 차지하는 것.
¶ 군웅(群雄)이 ~하다.

7. 할당 (　　　　　)
몫을 갈라 나누는 것.
¶ 회원들에게 비용을 ~하다.

8. 할인 (　　　　　)
일정한 값에서 얼마간의 값을 감하는 것.
¶ 정가를 30% ~하여 판매하다.

9. 할증 (　　　　　)
일정한 값에 얼마를 더하는 것.
¶ ~ 요금을 내다.

10. 역할 (　　　　　)
대상이 어떤 일에 있어서 가지는 자격이나 의무나 기능.
¶ 방송 드라마에서 중요한 ~을 맡다.

11. 함량 (　　　　　)
함유하고 있는 분량.
¶ 그 술은 알코올 ~이 높다.

12. 함축 (　　　　　)
깊이 압축하여 담고 있는 상태가 되는 것.
¶ 많은 의미를 ~하고 있는 글이다.

13. 포함 (　　　　　)
그 범위 안에 넣거나 들어 있게 하는 것.
¶ 인원은 어린이를 ~해서 75명이다.

14. 함분축원 (　　　　　)
분함을 품고, 원한을 쌓음.
¶ 홧병이 달리 생기랴! 마음에 ~이면 그렇게 되지!

15. 함락 (　　　　　)
①땅이 무너져 내려앉는 것. ②적의 성·진지 등을 공격하여 무너뜨리는 것.
¶ 요새가 ~되다.

16. 함몰 (　　　　　)
아래로 움푹 가라앉거나 꺼지는 것. 습격이나 공격을 받아 멸망하는 것.
¶ 공습으로 적진이 ~되다.

17. 결함 (　　　　　)
완전하지 못하고 흠이 되는 부분.
¶ 신체적 ~을 극복하다.

18. 모함 (　　　　　)
모략을 써서 남을 어려움에 빠뜨리는 것.
¶ 동료를 ~하다.

19. 항상 (　　　　　)
언제나 변함 없이. 늘. 항시.
¶ 그는 ~ 바쁘다.

20. 항성 (　　　　　)
천구 상에서 서로의 상대 위치를 바꾸지 않고 별자리를 구성하는 별.
¶ 태양·북극성 등이 ~에 속한다.

21. 항시 (　　　　　)
똑같은 상태로 언제나. 늘. 항상.
¶ 그는 ~ 출근이 늦는다.

♣ 다음 낱말 풀이에 알맞은 한자(漢字)를 쓰시오.　　　➡ 정답은 428쪽

1. 항구적　(　　　　　　)
변함없이 오래가는 것.
¶ ~대책을 세워야 한다.

2. 항목　(　　　　　　)
일의 가닥. 조목(條目).
¶ ~을 들어 설명하다.

3. 각항　(　　　　　　)
각 항목.
¶ ~의 문제에 빠짐없이 대답하시오.

4. 사항　(　　　　　　)
여럿으로 벌인 하나하나의 내용이나 항목. 항(項).
¶ 다음 각 ~에 대해 정의를 내려 보라.

5. 조항　(　　　　　　)
조목(條目)이나 항목.
¶ 금지 ~이다.

6. 반향　(　　　　　　)
어떤 일이나 현상이 세상에 영향을 미쳐 일어나는 반응.
¶ 그의 사회 고발 소설은 독서계에 큰 ~을 일으켰다.

7. 음향　(　　　　　　)
물체나 기계, 또는 악기 등이 내는 소리. 또는, 그 울림.
¶ ~ 효과가 뛰어나다.

8. 교향악　(　　　　　　)
교향곡·교향시·교향 모음곡 등 관현악을 위하여 만든 음악의 총칭.
¶ ~연주가 시작되자 숨을 죽이며 감상했다.

9. 악영향　(　　　　　　)
나쁜 영향.
¶ 학교 근처에 유흥가는 교육에 ~을 미칠 수 있다.

10. 헌금　(　　　　　　)
돈을 바치는 것.
¶ 교회에 건축~을 내다.

11. 헌납　(　　　　　　)
금품을 바치는 것.
¶ 자기 소유의 문화재를 국가에 ~하다.

12. 헌신　(　　　　　　)
몸과 마음을 바쳐 있는 힘을 다하는 것.
¶ 사회사업에 ~하다.

13. 헌혈　(　　　　　　)
수혈이 필요한 환자를 위하여 건강한 사람이 피를 뽑아 제공하는 일.
¶ 단체~을 하다.

14. 봉헌　(　　　　　　)
물건을 바치는 것.
¶ 절에 범종을 ~하다.

15. 현안　(　　　　　　)
아직 해결되지 않은 채 남아 있는 문제 또는 안.
¶ 시급히 해결해야 할 ~이 산적되어 있다.

16. 현판　(　　　　　　)
글씨나 그림을 새겨 문 위나 벽에 다는 널조각.
¶ 봉은사에 가면 추사가 돌아가시기 3일전에 쓴 ~ 판전(板殿)이 있다.

17. 현상금　(　　　　　　)
현상으로 내건 돈. 현금.
¶ 그 범인은 ~이 200만 원 걸려있다.

18. 현하지변　(　　　　　　)
물이 세차게 흐르듯 거침없이 쏟아 놓는 구변.
¶ 그는 절로 신이 나 ~을 쏟아냈다.

19. 현미　(　　　　　　)
벼의 껍질만 벗기고 쓿지 않은 쌀. 매조미쌀.
¶ ~를 먹는 가정이 조금씩 늘어나고 있다.

20. 현손　(　　　　　　)
손자의 손자.
¶ 이 아이가 김씨 가문의 ~이다.

21. 현무암　(　　　　　　)
화산암(火山巖)의 한 가지. 회흑색 내지 흑색의 치밀한 암석. 사장석·감람석·휘석이 주성분이며, 기둥 모양인 것이 많음.
¶ 제주도에 가면 ~을 쉽게 볼 수 있다.

22. 천지현황　(　　　　　　)
하늘은 검은 빛이고, 땅은 누른 빛을 띤다.
¶ 주흥사가 쓴 '천자문'의 첫 구절은 ~으로 시작된다.

♣ 다음 낱말 풀이에 알맞은 한자(漢字)를 쓰시오.　　　▶ 정답은 428쪽

1. 위협　(　　　　　)
위력(威力)으로 으르고 협박하는 것.
¶ 핵무기는 인류의 안전에 큰 ~이 되고 있다.

2. 협박　(　　　　　)
어떤 일을 행하도록 위협하는 것.
¶ 철수는 영호를 ~해서 돈을 뜯어냈다.

3. 혜안　(　　　　　)
사물의 본질이나 현상을 슬기롭게 꿰뚫어 보거나 훤히 예측하는 안목.
¶ 그 사람에게는 미래를 내다보는 ~이 있다.

4. 지혜　(　　　　　)
삶의 경험이 풍부하거나 세상 이치나 도리를 잘 알아 일을 바르고 옳게 처리하는, 마음이나 두뇌의 능력.
¶ 생활의 ~를 모으다.

5. 호기　(　　　　　)
호연(浩然)한 기운. 호연지기(浩然之氣).
¶ ~를 부리다.

6. 호연지기　(　　　　　)
①온 세상에 가득 찬 넓고 큰 원기(元氣). ②거침없이 넓고 큰 기개나 도량.
¶ ~를 기르다.

7. 호각　(　　　　　)
뿔모양의 호루라기.
¶ 긴장감 도는 전선(戰線)에 갑자기 ~소리가 들렸다.

8. 호도　(　　　　　)
호두나무의 열매.
¶ ~를 까다.

9. 호란　(　　　　　)
오랑캐들로 말미암아 일어난 병란(兵亂).
¶ 병자~이 일어나다.

10. 호환　(　　　　　)
사람이나 가축이 호랑이에게 당하는 해(害).
¶ ~을 입다.

11. 맹호　(　　　　　)
사나운 호랑이.
¶ 언제부터인가 그 산에 ~가 나타난다는 소문이 있다.

12. 호사유피　(　　　　　)
범은 죽어서 가죽을 남긴다는 뜻으로 사람은 죽어서 명예를 남겨야 한다는 말.
¶ '범은 죽어서 가죽을 남긴다'는 뜻의 한자성어는 ~다.

13. 삼인성호　(　　　　　)
세 사람이 짜면 호랑이가 거리로 나왔다는 거짓말도 사실처럼 될 수 있다는 뜻으로 근거 없는 말도 여럿이 하면 곧이들게 됨.
¶ '근거 없는 말도 여럿이서 주장하면 사실처럼 믿게 된다'는 뜻의 한자성어는 ~이다.

14. 호걸　(　　　　　)
지혜·용기가 뛰어나고 기개와 풍모가 있는 사람.
¶ 그 사람은 장안이 ~이다.

15. 호족　(　　　　　)
지방에서 재산이 많고 세력이 강한 집안.
¶ 고려 왕건은 개성 지방의 ~이었는데 훗날 왕이 되었다.

16. 호쾌　(　　　　　)
호탕하고 쾌활함.
¶ 그 남자는 큰 소리로 ~하게 웃었다.

17. 강호　(　　　　　)
세력이 강하여 맞서서 겨루기 힘든 상대.
¶ ~를 물리치고 8강전에 진출하다.

18. 호언장담　(　　　　　)
뱃심 좋게 의기양양하여 말함.
¶ ~하지 말아라.

19. 혹성　(　　　　　)
태양의 주위를 주로 태양의 중력의 영향을 받아 공전하고, 자신은 발광(發光)하지 않는 천체. 보통 수성·금성·지구·화성·목성·토성·천왕성·해왕성·명왕성을 가리킴.
¶ 우주에는 ~이 있다.

20. 당혹　(　　　　　)
뜻하지 않게 난처하거나 곤란한 입장에 놓여 어떻게 해야 할지 모르는 것.
¶ 사람들이 자신을 몰아세우자 그는 ~의 빛을 감추지 못했다.

21. 의혹　(　　　　　)
어떤 일에 대해 뭔가 이상하다거나 문제가 있다고 생각하게 되는 것.
¶ 남의 ~을 사다.

♣ 다음 낱말 풀이에 알맞은 한자(漢字)를 쓰시오.   ▶ 정답은 428쪽

1. 혼령 (   )
   죽은 사람의 넋. 혼(魂).
   ¶ ~을 위로하다.

2. 원혼 (   )
   원한을 품고 죽은 사람의 넋.
   ¶ 장화홍련의 ~을 마침내 고을 사또가 알게 되었다.

3. 진혼 (   )
   망혼(亡魂)을 가라앉히는 것.
   ¶ ~곡을 연주하다.

4. 충혼 (   )
   충의를 위하여 죽은 사람의 넋.
   ¶ 사명대사의 ~을 기리기 위해 세운 사당과 서원이 있다.

5. 홀대 (   )
   무시하거나 업신여기는 태도로, 또는 친절이나 예의를 보이지 않고 아무렇게나 대하는 것.
   ¶ 손님을 ~하다.

6. 홀연 (   )
   뜻하지 않게 갑자기.
   ¶ ~ 자취를 감추어 버렸다.

7. 홍수 (   )
   비가 많이 와서 하천이 넘치거나 땅이 물에 잠기게 된 상태. 큰물.
   ¶ ~가 나다.

8. 홍범십사조 (   )
   조선 고종 31년(1894)에 제정 공포된, 정치 혁신을 위한 14개 조목의 강령(綱領).
   ¶ 조선의 고종이 정치혁신을 위해 제정 공포한 14개 조목의 강령을 ~라 한다.

9. 화근 (   )
   화를 부르거나 나쁜 일을 생기게 하는 원인이나 빌미.
   ¶ 그는 보증을 잘못 선 게 ~이 되어 결국 집을 날렸다.

10. 전화 (   )
    전쟁으로 말미암은 재화(災禍).
    ¶ ~가 복구되기도 전에 다시 전쟁이 일어나다.

11. 재화 (   )
    재앙과 화난(禍難).
    ¶ ~가 휩쓸고 간 마을은 거의 폐허가 되었다.

12. 전화위복 (   )
    재앙이 바뀌어 오히려 좋은 일이 생김.
    ¶ ~이 될 수 있으니 너무 걱정하지 말아라.

13. 환기 (   )
    탁한 공기를 맑은 공기로 바꾸는 것.
    ¶ 지하실이라 ~가 잘 안 된다.

14. 환율 (   )
    두 나라 화폐 간의 교환 비율.
    ¶ ~이 내려가다.

15. 환산 (   )
    어떤 단위로 표시된 수를 다른 단위로 고치는 것.
    ¶ 돈으로 ~하지 못할 정신적 피해가 크다.

16. 교환 (   )
    서로 바꾸는 것. 서로 주고받고 하는 것.
    ¶ 정보를 ~하다.

17. 변환 (   )
    전혀 다른 사물로 변하여 바뀜, 또는 바꿈.
    ¶ 열에너지를 전기 에너지로 ~하다.

18. 환갑 (   )
    육십갑자의 갑으로 되돌아온다는 뜻으로 나이 예순한 살을 이르는 말.
    ¶ ~ 진갑(進甲) 다 지내다.

19. 환국 (   )
    외국에 있던 사람이 자기 나라로 돌아가거나 돌아오는 것.
    ¶ 미국에서 20년을 살다가 ~하다.

20. 환급 (   )
    도로 돌려주는 것.
    ¶ 과납한 세금이 ~되다.

21. 환생 (   )
    되살아나는 것.
    ¶ 너무 놀랐다 돌아가신 할머니가 ~한 것으로 착각했다.

22. 귀환 (   )
    제자리로 다시 돌아가거나 돌아오는 것.
    ¶ 우주선이 무사히 ~하다.

♣ 다음 낱말 풀이에 알맞은 한자(漢字)를 쓰시오.　　　▶ 정답은 428쪽

1. 황제　(　　　　　)
여러 나라를 다스리는 강한 나라의 군주
¶ 진시황은 어지럽던 나라를 통일하고 ~에 올랐다.

2. 교황　(　　　　　)
로마 가톨릭 교회의 최고위 성직자.
¶ ~께서 우리나라를 방문하다.

3. 장황　(　　　　　)
핵심을 알아차릴 수 없게 쓸데없이 길고 복잡함.
¶ 설명을 ~하게 늘어놓지 말고 요점만 얘기하시오.

4. 옥황상제　(　　　　　)
도가(道家)에서 말하는 하느님.
¶ ~는 그들에게 벌을 내렸다.

5. 회개　(　　　　　)
뉘우쳐 다시 되풀이하지 않는 마음의 상태가 되는 것.
¶ ~하라 천국이 가까웠느니라.

6. 회한　(　　　　　)
뉘우치고 한탄하는 것.
¶ ~이 서린 목소리로 말하다.

7. 후회막급　(　　　　　)
일이 잘못된 뒤에 아무리 뉘우쳐도 어찌할 수가 없음.
¶ 그 땅을 팔아 버린 것을 이제 와서 생각하니 ~일세.

8. 회고　(　　　　　)
옛 자취를 돌이켜 생각하는 것.
¶ 그때 일을 ~하니 눈물만 나온다.

9. 회유　(　　　　　)
제 뜻에 따르도록 구슬리고 달래는 것.
¶ 적을 ~하다.

10. 회의　(　　　　　)
비교적 확실하거나 문제가 없다고 생각해 왔던 일에 대해서 정말 그러할까 의문을 가지게 되는 것.
¶ 인생에 ~를 느끼다.

11. 감회　(　　　　　)
어떤 사물을 대할 때 그와 관계된 옛날 일을 떠올리면서 가지게 되는 생각이나 느낌.
¶ ~가 남다르다.

12. 술회　(　　　　　)
마음속에 품고 있는 생각이나 느낌을 말하는 것.
¶ 그는 자신의 회고록에서 한평생을 후회 없이 살았노라고 ~하고 있다.

13. 획책　(　　　　　)
일을 꾸미거나 꾀하는 것. 또는, 그 계책.
¶ 역모를 ~한다고 모함하였다.

14. 계획　(　　　　　)
그 내용·방법·기한 따위를 미리 생각하여 정하는 것.
¶ 앞으로의 ~을 말씀해 주십시오.

15. 구획　(　　　　　)
경계를 갈라 정하는 것.
¶ 토지를 ~정리하다.

16. 획일적　(　　　　　)
모두가 한결같아서 변함이 없는 것.
¶ 교육 방법이 ~이다.

17. 획득　(　　　　　)
얻거나 따서 자기의 것으로 만드는 것.
¶ 금메달을 ~하다.

18. 어획　(　　　　　)
수산물을 포획·채취하는 것. 또는, 그 물건.
¶ ~량(量)이 증가하다.

19. 횡단　(　　　　　)
도로나 강과 같이 띠 모양으로 뻗어 있는 것을 직각으로 가로질러 건너편으로 가는 것.
¶ 대륙을 ~하다.

20. 횡포　(　　　　　)
남의 입장을 살피지 않거나 남의 뜻을 헤아리지 않고, 제멋대로 일을 처리하거나 행하는 상태에 있는 것.
¶ ~가 심하다.

21. 횡재　(　　　　　)
뜻밖에 재물을 얻는 것.
¶ 복권에 당첨되다니.. ~했다.

22. 전횡　(　　　　　)
권력을 혼자 쥐고 제 마음대로 하는 것.
¶ ~을 일삼다.

♣ 다음 낱말 풀이에 알맞은 한자(漢字)를 쓰시오. ➡ 정답은 428쪽

1. 희곡 (　　　　　)
원칙적으로 무대 상연을 전제로, 인간의 행동과 극적인 사건을 대사·지문(地文)·해설을 통해 표현한, 문학의 한 갈래.
¶ ~에서 주인공을 맡다.

2. 희극 (　　　　　)
익살로 웃기는 장면이 많은 연극.
¶ 그는 ~배우로 유명하다.

3. 희화 (　　　　　)
익살맞게 그린 그림.
¶ 그 작품은 ~적 요소가 강하다.

4. 유희 (　　　　　)
즐겁게 놀며 장난하는 것.
¶ ~를 가르치다.

5. 희귀 (　　　　　)
드물어서 매우 귀함.
¶ ~한 동물이다.

6. 희미 (　　　　　)
또렷하지 못하여 잘 보이거나 들리지 않는 상태.
¶ 구름 사이로 산봉우리가 ~하게 보이다.

7. 희박 (　　　　　)
①기체·액체가 짙지 못하고 묽거나 엷음. ②일의 희망·가망이 적음.
¶ 합격할 가능성이 ~하다.

8. 희소 (　　　　　)
매우 드물고 적음.
¶ 이 고려 불화는 ~가치가 매우 크다.

9. 고희 (　　　　　)
두보(杜甫)의 곡강시(曲江詩)에 나오는 인생칠십고래희(人生七十古來稀)라는 구절에서 70세를 이르는 말.
¶ 할아버지의 ~연을 성대하게 베풀었다.

10. 가공 (　　　　　)
①공중에 가설하는 것. ②이유나 근거가 없는 것. 또는, 사실이 아니고 상상이나 거짓으로 꾸민 것.
¶ ~의 인물을 만들다.

11. 가교 (　　　　　)
다리를 놓는 일.
¶ 마을 사람들이 힘을 모아 ~하다.

12. 가설 (　　　　　)
전선·다리·선로 따위를 공중에 건너질러 설치하는 것.
¶ 교량을 ~하다.

13. 서가 (　　　　　)
문서나 서적을 얹어 두는 시렁. 서각(書閣).
¶ ~에 책이 꽂히다.

14. 십자가 (　　　　　)
①고대 서양에서 죄인을 사형하던 '十'자 모양의 형구. ②예수가 못 박혀 죽은 데서 크리스트교도가 희생과 속죄의 표상으로 예배하고 장식으로 쓰는 십자형의 표지.
¶ 모두 하지 않겠다면 내가 ~를 지지.

15. 강재 (　　　　　)
공업·건설 등의 재료로 쓰기 위하여 압연(壓延) 등의 가공을 하여 만든 강철.
¶ 철~의 수요가 늘어나자 가격이 상승하기 시작하다.

16. 강철 (　　　　　)
①탄소를 0.04~2% 정도 함유한 철. ②단련되어 아주 단단하고 굳세게 된 것의 비유.
¶ 그 권투 선수의 주먹은 ~이다.

17. 강판 (　　　　　)
강철로 된 철판.
¶ 고급 자동차용 ~ 신제품을 개발하기로 결정하다.

18. 제강 (　　　　　)
시우쇠를 불려 강철을 만드는 것.
¶ ~소(所)를 견학하다.

19. 철강 (　　　　　)
선철과 강철을 아울러 이르는 말.
¶ A도시에서는 ~공업이 발달하다.

20. 개연성 (　　　　　)
어떤 일이 일어날 수 있는 확실성의 정도 또는 가능성의 정도.
¶ 그 일은 사실일 ~이 높다.

21. 개마고원 (　　　　　)
우리나라에서 가장 높고 넓은 고원.
¶ ~은 우리나라의 지붕이라 말할수 있다.

22. 구개음화 (　　　　　)
끝소리인 「ㄷ」·「ㅌ」이 모음 ㅣ나 반모음 ㅣ의 영향을 받아 구개음인 「ㅈ」·「ㅊ」으로 바뀌는 현상.
¶ 「굳이」가 「구지」로 되는 따위가 ~ 현상이다.

♣ 다음 낱말 풀이에 알맞은 한자(漢字)를 쓰시오.　　　▷ 정답은 428쪽

1. 구경　(　　　　　　　)
   총포(銃砲)나 카메라 등 원통형으로 된 것의 안지름
   ¶ ~ 100mm의 망원경이다.

2. 반경　(　　　　　　　)
   행동이 미치는 범위. 반지름의 구용어.
   ¶ 행동 ~을 넓히다.

3. 직경　(　　　　　　　)
   지름.
   ¶ ~이 15m가 되는 웅덩이이다.

4. 경도　(　　　　　　　)
   ①물체의 단단한 정도. ②물에 녹아 있는 칼슘염·마그네슘염의 함유량의 정도. ③엑스선이 물체를 투과하는 정도.
   ¶ 니켈의 ~가 어느 정도인지 궁금하군.

5. 경질　(　　　　　　　)
   물건의 단단하고 굳은 성질.
   ¶ ~고무를 생산하다.

6. 경화　(　　　　　　　)
   단단하게 굳어지는 것.
   ¶ 동맥 ~ 증세를 보이다.

7. 경직　(　　　　　　　)
   굳어서 뻣뻣하게 되는 것.
   ¶ 사후(死後) ~되다.

8. 강경　(　　　　　　　)
   굽힘이 없이 강하게 맞서는 상태에 있음.
   ¶ ~한 태도를 보이다.

9. 계관　(　　　　　　　)
   월계관의 준말.
   ¶ 승리의 ~을 쓰다.

10. 계피　(　　　　　　　)
    계수나무의 껍질을 벗겨 말린 것.
    ¶ 수정과를 만들 때는 ~가 필요하다.

11. 월계관　(　　　　　　　)
    고대 그리스에서, 월계수의 가지와 잎으로 관처럼 만들어 경기의 우승자에게 승리를 기리는 뜻으로 머리에 씌워 주던 것.
    ¶ 고대 올림픽에서 승리자는 ~을 썼다.

12. 구릉　(　　　　　　　)
    고도가 산보다 낮고 완만하게 경사진 땅. 언덕.
    ¶ 내가 찾는 집은 ~에 있었다.

13. 구릉지　(　　　　　　　)
    높이 300m 미만의 완만한 경사면과 골짜기가 있는 지역.
    ¶ ~에 단지형으로 조성된 단지형 전원마을이다.

14. 멸균　(　　　　　　　)
    살균.
    ¶ ~처리하다.

15. 무균　(　　　　　　　)
    균이 없음.
    ¶ ~상태이다.

16. 병균　(　　　　　　　)
    병을 일으키는 세균. 병원균.
    ¶ ~이 득실거리다.

17. 살균　(　　　　　　　)
    세균 등의 미생물을 죽이는 것. 멸균(滅菌).
    ¶ ~된 식기를 사용하다.

18. 세균　(　　　　　　　)
    단세포의 미생물로 핵막(核膜)이 없는 원핵 생물(原核生物)의 한 무리.
    ¶ ~을 배양하다.

19. 백팔염주　(　　　　　　　)
    작은 구슬 108개를 꿴 염주. 백팔번뇌를 상징함.
    ¶ 친구는 늘 지니고 다니는 ~를 손에 쥐고 대웅전의 불당으로 들어갔다.

20. 주화　(　　　　　　　)
    쇠붙이를 녹이어 화폐를 만듦. 또는 그 화폐.
    ¶ 서울 올림픽 때 발행한 기념 ~가 한개 있다.

21. 지진　(　　　　　　　)
    지각 내부의 급격한 변화로 인하여 지면이 진동하는 자연현상.
    ¶ 일본은 ~과 화산 활동이 많은 나라이다.

22. 체류　(　　　　　　　)
    객지에 가서 머물러 있음.
    ¶ ~기간이 이미 지나버렸다.

403

♣ 다음 낱말 풀이에 알맞은 한자(漢字)를 쓰시오.　　▶ 정답은 429쪽

1. 기수　(　　　　　　　)
말을 타는 사람, 특히 경마(競馬)에서 말을 타는 사람.
¶ 3번 라인의 ~가 선두를 달리고 있다.

2. 기사　(　　　　　　　)
말을 탄 무사(武士).
¶ ~ 윌리엄.

3. 기마　(　　　　　　　)
말을 탐, 또는 타는 말.
¶ 우리 민족은 ~민족이다.

4. 기병　(　　　　　　　)
말을 타고 싸우는 군사.
¶ 중세 전쟁의 승패 여부는 보병보다는 날렵한 ~에 달려있다.

5. 단기　(　　　　　　　)
홀로 말을 타고 감, 또는 그 사람.
¶ 조자룡은 ~로 적진에 쳐들어갔다.

6. 이전　(　　　　　　　)
진흙탕.
¶ 여야의 대립이 ~투구(鬪狗)의 양상으로 치닫고 있다.

7. 당분　(　　　　　　　)
당류(糖類)의 성분.
¶ ~을 섭취하다.

8. 당도　(　　　　　　　)
과실이나 통조림 따위에 포함된 당분의 양을 백분율로 나타낸 것
¶ ~가 높다.

9. 과당　(　　　　　　　)
꿀이나 단 과일의 즙에 들어 있는 단당류(單糖類).
¶ 이 과일에는 ~이 많이 들어 있다.

10. 유당　(　　　　　　　)
포유류의 젖 속에 함유되어 있는 이당류. 젖당.
¶ 가축의 질병치료를 위해 지금까지 사용돼온 항생제 대신 돼지의 젖에서 나오는 ~으로 만든 첨가물을 이용하는 방법이 개발됐다고 한다.

11. 설탕　(　　　　　　　)
본음은 설당. 맛이 달고 물에 잘 녹는 무색의 결정.
¶ 많은 양의 ~ 섭취는 건강에 해롭다.

12. 대금　(　　　　　　　)
돈을 꾸어 줌.
¶ 그 사람은 고리~업을 하면서 생활한다.

13. 대부　(　　　　　　　)
빌려 주는 것.
¶ 돈을 ~받다.

14. 대여　(　　　　　　　)
빌려 주는 것.
¶ 책을 ~하다.

15. 대차　(　　　　　　　)
꾸어 주는 것과 꾸어 오는 것.
¶ ~를 결산하다.

16. 대출　(　　　　　　　)
빌려 주는 것.
¶ 은행에서 ~을 받다.

17. 도산　(　　　　　　　)
가산(재산)을 다 써 없앰.
¶ 과잉 투자로 ~하다.

18. 도치　(　　　　　　　)
차례나 위치가 뒤바뀌는 것.
¶ ~된 문구를 바로 잡다.

19. 압도　(　　　　　　　)
월등한 힘으로 상대편을 누름. 힘이나 세력 따위가 단연 남을 능가함.
¶ 그들의 기세에 ~되다.

20. 졸도　(　　　　　　　)
충격·과로·일사병·뇌빈혈 등으로 갑자기 정신을 잃고 쓰러지는 일.
¶ 과로로 ~하다.

21. 타도　(　　　　　　　)
때리거나 쳐서 쓰러뜨리는 것.
¶ 적군을 ~하자.

22. 도강　(　　　　　　　)
강을 건너는 것.
¶ 전쟁이 일어나자 한 밤중에 ~을 하여 남으로 내려왔다.

23. 도래　(　　　　　　　)
①물을 건너오는 것. ②외국에서 바다를 건너오는 일.
¶ 철새가 낙동강 하류에 ~하다.

24. 매도　(　　　　　　　)
팔아넘김.
¶ ~계약을 하다.

♣ 다음 낱말 풀이에 알맞은 한자(漢字)를 쓰시오.   ▶ 정답은 429쪽

1. 부도 (　　　　　　)
수표·어음을 가진 사람이 기한이 되어도 지급인으로부터 그 수표나 어음에 대한 지급을 받을 수 없게 되는 일.
¶ ~로 회사가 문을 닫았다.

2. 인도 (　　　　　　)
사물이나 권리 따위를 넘겨주는 것.
¶ 습득물을 주인에게 ~하다.

3. 도원결의 (　　　　　　)
복숭아나무가 많은 정원.
¶ 꿈에 ~을 거닐었다.

4. 도화 (　　　　　　)
복숭아나무의 꽃.
¶ ~가 지천에 피다.

5. 호도 (　　　　　　)
호두나무의 열매.
¶ 정월 대보름에는 ~를 먹는 풍습이 있다.

6. 무릉도원 (　　　　　　)
①도연명(陶淵明)의 도화원기(桃花源記)에 기술된 선경(仙境). ②세상과 따로 떨어진 별천지를 비유하여 이르는 말.
¶ ~에는 신선이 살고 있다고 전해오고 있다.

7. 동결 (　　　　　　)
얼어붙는 것. 자산·자금 등의 사용이나 이동을 금하는 일.
¶ 자금을 ~하다.

8. 동사 (　　　　　　)
영하의 추위를 피하지 못하여 얼어 죽는 것.
¶ 눈 속에서 ~하다.

9. 동상 (　　　　　　)
심한 추위에 발가락·손가락·귀 등의 살이 얼어서 상하는 증상.
¶ ~에 걸리다.

10. 동파 (　　　　　　)
얼어서 터지거나 파손되는 것.
¶ 수도관이 ~하다.

11. 냉동 (　　　　　　)
신선한 상태에서 오래 보관하기 위하여 인공적으로 얼리는 것.
¶ 생선을 ~시키다.

12. 교량 (　　　　　　)
강이나 내 등을 사람이나 차량이 건널 수 있게 만든, 비교적 큰 규모의 다리.
¶ ~공사가 진행 중이다.

13. 상량 (　　　　　　)
기둥에 보를 얹고 그 위에 마룻대를 올림.
¶ ~을 할 때, 글이나 의식으로 축하한다.

14. 양상군자 (　　　　　　)
후한(後漢)의 진식(陳寔)이 들보 위에 숨어 있는 도둑을 가리켜 한 말에서 도둑을 듣기 좋게 이르는 말. 쥐.
¶ 도둑 뿐 아니라, 쥐를 점잖게 이르는 말이 ~다.

15. 연화 (　　　　　　)
수련과의 여러해살이 물풀. 뿌리줄기는 비대하고 마디가 있으며 가로 뻗음. 연꽃.
¶ 우리나라 기와엔 ~ 문양이 많다.

16. 연근 (　　　　　　)
연꽃의 뿌리.
¶ ~은 음식의 재료로 사용된다.

17. 목련 (　　　　　　)
목련과의 낙엽 활엽 교목. 높이 10m가량. 봄에 잎이 나기 전에 향기가 진한 흰 꽃이 핌.
¶ ~의 빛깔이 눈부시다.

18. 열상 (　　　　　　)
피부가 찢어진 상처.
¶ ~을 입다.

19. 결렬 (　　　　　　)
교섭이나 회의 등에서 의견이 합쳐지지 않아 갈라서게 되는 것.
¶ 협상이 ~되다.

20. 분열 (　　　　　　)
찢어져 갈라지는 것. 갈라져 나뉘는 것.
¶ 국토가 ~되다.

21. 파열 (　　　　　　)
깨어지거나 갈라져서 터지는 것.
¶ 추위에 수도관이 ~되다.

22. 멸렬 (　　　　　　)
찢어지고 흩어져서 완전히 형태를 잃어버리는 것.
¶ 지리(支離)~하다.

♣ 다음 낱말 풀이에 알맞은 한자(漢字)를 쓰시오. ➡ 정답은 429쪽

1. 녹읍 (　　　　　)
신라 때 모든 벼슬아치에게 직무의 대가로 주던 논밭.
¶ ~를 받다.

2. 관록 (　　　　　)
관원에게 주는 봉급.
¶ ~을 먹다.

3. 국록 (　　　　　)
나라에서 주는 봉록(俸祿).
¶ ~을 받다.

4. 복록 (　　　　　)
복과 녹. 행복.
¶ ~은 타고나는 것인가?

5. 뇌관 (　　　　　)
포탄·탄환 등 폭발물의 화약을 점화시키기 위하여 사용하는, 금속으로 만든 관.
¶ 지뢰의 ~.

6. 낙뢰 (　　　　　)
벼락이 떨어지는 것.
¶ ~로 전깃불이 나갔다.

7. 피뢰침 (　　　　　)
벼락의 피해를 막기 위하여 건물의 가장 높은 곳에 세우는, 끝이 뾰족한 금속제의 막대기.
¶ ~를 세우다.

8. 부화뇌동 (　　　　　)
아무런 주견이 없이 남의 의견이나 행동에 덩달아 따름.
¶ 무질서한 상황에서 함께 ~하는 것은 바람직하지 않다.

9. 누락 (　　　　　)
기록에서 빠지는 것.
¶ 글자가 ~되다.

10. 누수 (　　　　　)
물이 물체의 틈으로 새는 것.
¶ ~로 말미암아 수량이 줄다.

11. 누전 (　　　　　)
절연(絕緣)이 불완전하거나 그 시설이 손상되어 전기가 전깃줄 밖으로 새어 흐르는 것.
¶ 화재의 원인은 ~이다.

12. 누출 (　　　　　)
밖으로 새어 나오는 것.
¶ 가스 ~에 의한 사고이다.

13. 탈루 (　　　　　)
있어야 할 것이 빠짐. 누락됨.
¶ 명단에서 ~된 이름.

14. 누계 (　　　　　)
부분 부분의 합계를 차례차례 가산(加算)하는 일, 또는 그렇게 해서 나온 합계.
¶ ~를 내다.

15. 누대 (　　　　　)
여러 대.
¶ ~에 걸쳐 전해 오는 보물.

16. 누적 (　　　　　)
되풀이하거나 지속하여 더 많아지거나 심해지게 하는 것.
¶ 피로가 ~되다.

17. 누진 (　　　　　)
①차차 올라가는 것. ②가격이나 수량 따위가 더하여 감에 따라 그에 대한 비율이 점점 높아지는 것.
¶ 가정용 전기세에도 ~율이 적용된다.

18. 누란지세 (　　　　　)
포개 놓은 알처럼 몹시 위태로운 형세.
¶ 싸움에 져서 그 벌로 장군은 목숨이 ~가 되었다.

19. 마의 (　　　　　)
삼베로 지은 옷.
¶ 통일신라의 마지막 태자는 ~태자이다.

20. 채마 (　　　　　)
뿌리나 잎·줄기, 또는 열매를 먹기 위해 밭에서 기르는 초본식물.
¶ ~를 캐다.

21. 대마초 (　　　　　)
환각제로 쓰이는 대마의 이삭이나 잎.
¶ ~를 재배하는 것을 금하다.

22. 쾌도난마 (　　　　　)
어지럽게 뒤얽힌 사물이나 말썽거리를 단번에 시원스럽게 처리함을 비유하여 이르는 말.
¶ 그의 성격은 ~와 같이 시원시원하다.

♣ 다음 낱말 풀이에 알맞은 한자(漢字)를 쓰시오. ▶ 정답은 429쪽

1. 마멸 (　　　　　)
갈려 닳아서 얇아지거나 없어지는 것.
¶ 그 비문(碑文)은 풍우에 ~되어 알아볼 수 없다.

2. 연마 (　　　　　)
갈고 닦는 일. 배우고 닦는 일.
¶ 기술~를 하다.

3. 만년 (　　　　　)
사람의 평생에서의 끝 시기.
¶ ~을 외롭게 보내다.

4. 만당 (　　　　　)
중국 당나라의 문학사적 시대구분의 하나.
¶ 두목지는 ~의 대표 시인으로 유명하다.

5. 만추 (　　　　　)
가을의 마지막 무렵. 늦가을.
¶ ~의 계절.

6. 대기만성 (　　　　　)
크게 될 사람은 오랫동안 공적을 쌓아 늦게 이루어짐.
¶ 나는 ~형의 인물이다.

7. 매체 (　　　　　)
어떤 작용을 다른 곳으로 전하는 구실을 하는 물체.
¶ 음파의 ~가 되는 공기.

8. 촉매 (　　　　　)
화학 반응에서, 자신은 결과적으로 아무런 반응이 일어나지 않으나 다른 물질의 반응을 촉진하거나 지연시키게 하는 물질, 또는 그렇게 하는 역할.
¶ ~작용을 하다.

9. 매개체 (　　　　　)
매개의 구실을 하는 것.
¶ 질병 치료를 위한 새로운 ~를 개발하다.

10. 맥주 (　　　　　)
보리의 엿기름 즙에 홉(hop)을 섞어 향기와 쓴맛이 나게 한 뒤에 효모균으로 발효시켜 만든 술.
¶ 독일 ~은 유명하다.

11. 소맥 (　　　　　)
볏과의 1, 2년생 재배 식물. 높이는 1m가량이고 5월에 꽃이 핌. 페르시아 원산으로 세계 각지에서 재배하며, 열매는 빻아 밀가루를 만듦.
¶ 밀가루의 원료는 ~이다.

12. 면세 (　　　　　)
세금을 면제함.
¶ ~품을 구입하다.

13. 면제 (　　　　　)
책임이나 의무를 지우지 아니함
¶ 병역을 ~하다.

14. 면죄 (　　　　　)
죄를 면함.
¶ 중세 가톨릭은 ~부를 판매하기도 했다.

15. 면직 (　　　　　)
일하던 자리에서 물러나게 함.
¶ 의원(依願)자리를 ~하다.

16. 면화 (　　　　　)
재앙을 면함.
¶ ~하려면 하늘과 사람에게 부끄러움이 없어야 한다.

17. 묵객 (　　　　　)
글씨를 쓰거나 그림을 그리는 사람, 또는 시문에 능한 사람.
¶ 시인 ~의 발이 계속 이어지다.

18. 묵수 (　　　　　)
자기의 의견이나 주장을 굳게 지킴. 전통이나 관습을 굳게 지킴.
¶ 자기의 의견이나 주장을 굳게 지킴을 ~라 한다.

19. 묵향 (　　　　　)
먹의 향기.
¶ 이 작품은 ~이 풍겨 나온다.

20. 수묵화 (　　　　　)
화선지에 수묵으로 짙고 연한 효과를 내어 그린 그림.
¶ 그 분은 ~를 취미로 그리신다.

21. 미행 (　　　　　)
남의 뒤를 몰래 따라감. 경찰관 등이 요시찰인이나 용의자의 뒤를 밟으며 그 행동을 감시함
¶ 범인을 ~ 중이다.

22. 말미 (　　　　　)
끝 부분.
¶ 서류(書類)의 ~에 서명 날인하다.

♣ 다음 낱말 풀이에 알맞은 한자(漢字)를 쓰시오.　　　▶ 정답은 429쪽

1. 후미　（　　　　　）
뒤쪽의 끝. 대열의 맨 끝.
¶ ~에서 자신의 차례를 기다리다.

2. 어두육미　（　　　　　）
생선은 대가리 쪽이, 짐승은 꼬리 쪽이 맛이 좋다는 말.
¶ 생선과 육고기의 맛이 좋은 부위를 말할 때 ~라고 한다.

3. 반석　（　　　　　）
넓고 편평한 바위. 너럭바위. 아주 믿음직스럽고 든든함을 비유하여 이르는 말.
¶ ~같은 국방 태세.

4. 기반　（　　　　　）
기초가 되는 지반. 기본이 되는 자리.
¶ ~을 다지다.

5. 소반　（　　　　　）
음식을 놓고 앉아서 먹는, 짧은 발이 달린 작은 상.
¶ 손님이 오시자 ~에 음식을 내어오다.

6. 암반　（　　　　　）
땅속에 있는 큰 암석층(岩石層). 또는, 암석으로 이루어진 지반.
¶ 이 생수는 ~에서 나온 물이다.

7. 음반　（　　　　　）
음성이나 음악 따위를 녹음한 소용돌이 모양의 원반.
¶ 제3집 ~을 내다.

8. 발군　（　　　　　）
여럿 가운데서 특히 뛰어남.
¶ ~의 성적으로 합격하다.

9. 기발　（　　　　　）
유달리 재치 있고 뛰어남.
¶ 착상(着想)이 ~하다.

10. 선발　（　　　　　）
추려 뽑음.
¶ ~ 고사(考査)를 보다.

11. 해발　（　　　　　）
바다의 평균 수면을 기준으로 하여 잰 어느 지점의 높이.
¶ ~ 35m에서 발견된 유물이다.

12. 방년　（　　　　　）
20세 전후의, 여자의 꽃다운 나이.
¶ ~ 19세이다.

13. 방명록　（　　　　　）
행사장·식장·기념관 등에서, 방문하거나 참석한 사람의 이름을 적어 기념이 되도록 하기 위해 마련해 둔 공책.
¶ ~에 서명하다.

14. 유방백세　（　　　　　）
꽃다운 이름이 후세에 길이 전함
¶ 열심히 공부하여 ~하고자 한다.

15. 녹음방초　（　　　　　）
우거진 나무 그늘과 아름다운 풀. 여름철의 자연 경치를 가리키는 말.
¶ 음력으로 4월은 ~의 시기이다.

16. 계보　（　　　　　）
조상 때부터 내려오는 혈통과 집안 역사를 적은 책.
¶ 워즈워스는 낭만주의 ~에 속하는 시인이다.

17. 연보　（　　　　　）
사람이 한평생 지낸 일을 연월순(年月順)으로 간략하게 적은 기록.
¶ 작가의 ~를 보다.

18. 악보　（　　　　　）
음악의 곡조를 일정한 기호를 써서 기록한 것.
¶ ~를 보며 노래를 부르다.

19. 음보　（　　　　　）
음악의 곡조를 일정한 기호를 써서 기록한 것. 악보.
¶ ~를 보다.

20. 족보　（　　　　　）
한 족속의 계통과 혈통에 관하여 기록한 책.
¶ ~에 오르다.

21. 봉선화　（　　　　　）
봉선화과의 일년초. 여름에 분홍·빨강·주홍·보라·하양 등의 꽃이 핌. 봉숭아.
¶ 울밑에서 선 ~야 네 모습이….

22. 용미봉탕　（　　　　　）
맛이 썩 좋은 음식을 비유하여 이르는 말.
¶ 아주 훌륭한 음식을 ~이라고 한다.

♣ 다음 낱말 풀이에 알맞은 한자(漢字)를 쓰시오.　　▶ 정답은 429쪽

1. 부패　(　　　　　)
　　썩음. 미생물의 작용으로 유기물, 특히 단백질이 악취를 내면서 분해 되는 현상
　　¶ ~된 생선.

2. 두부　(　　　　　)
　　콩으로 만든 음식의 한 가지. 물에 불린 콩을 매에 갈아 베자루에 넣고 짜서 익힌 다음 간수를 쳐서 엉기게 한 것.
　　¶ ~에는 식물성 단백질이 들어있다.

3. 부엽토　(　　　　　)
　　낙엽 따위가 썩어서 된 흙.
　　¶ ~는 비료로 사용된다.

4. 절치부심　(　　　　　)
　　몹시 분하여 이를 갈며 속을 썩임.
　　¶ 월왕 구천은 ~하며 복수를 위해 분발하였다.

5. 사면　(　　　　　)
　　비스듬한 면. 비탈진 면.
　　¶ 급~의 도로.

6. 사선　(　　　　　)
　　비스듬하게 그은 줄.
　　¶ ~을 그으시오.

7. 사시　(　　　　　)
　　안근(眼筋)의 이상으로, 한쪽 눈의 시선은 어떤 목표를 향하고 있는데, 다른 쪽 눈의 시선은 딴 방향을 향하는 것. 곁눈질로 흘겨봄.
　　¶ ~은 교정이 가능하다.

8. 사양　(　　　　　)
　　서쪽으로 기울어진 해. 시세의 변천으로 사라지거나 몰락해 가는 일을 비유하여 이르는 말.
　　¶ ~기술이다.

9. 경사　(　　　　　)
　　비스듬히 기울어짐, 또는 그 정도나 상태.
　　¶ ~가 지다.

10. 사족　(　　　　　)
　　화사첨족의 준말. 뱀을 그리는 데 발까지 그려 넣는다는 뜻으로 안 해도 될 쓸데없는 일을 덧붙여 하다가 도리어 일을 그르침을 이르는 말.
　　¶ ~을 붙이다.

11. 독사　(　　　　　)
　　이빨을 통하여 독액(毒液)을 분비하는 독샘을 가진 뱀을 통틀어 이르는 말.
　　¶ ~에게 물리다.

12. 장사진　(　　　　　)
　　많은 사람들이 줄을 지어 길게 늘어서 있는 모양을 이르는 말.
　　¶ ~을 이루다.

13. 용두사미　(　　　　　)
　　시작은 거창하나 뒤로 갈수록 흐지부지해짐을 비유하여 이르는 말.
　　¶ 그 계획은 ~로 끝났다.

14. 삭감　(　　　　　)
　　깎아서 줄임.
　　¶ 예산을 ~하다.

15. 삭발　(　　　　　)
　　길렀던 머리를 박박 깎음. 출가함. 중이 됨.
　　¶ 그는 ~을 하고 산으로 들어갔다.

16. 삭제　(　　　　　)
　　깎아서 없앰. 지워 버림.
　　¶ 명단에서 이름을 ~하다.

17. 반복　(　　　　　)
　　언행을 이랬다저랬다 연하여 고침.
　　¶ 그 사람은 언행의 ~이 심하니, 믿지 못 하겠소이다!

18. 삭탈관직　(　　　　　)
　　지난날, 죄를 지은 사람의 벼슬과 품계를 빼앗고 이름을 사판(仕版)에서 없애던 일.
　　¶ 그 가문은 ~으로 몰락했다.

19. 상환　(　　　　　)
　　빚을 갚음.
　　¶ 사채(社債)를 ~하다.

20. 보상　(　　　　　)
　　남에게 진 빚이나 받은 물건을 갚음.
　　¶ A씨는 10년 전에 진 빚의 3배를 ~해야 했다.

21. 유상　(　　　　　)
　　보상이 있는 것. 값이나 삯을 받는 일.
　　¶ ~ 원조를 받다.

22. 부상　(　　　　　)
　　동쪽 바다의 해가 뜨는 곳에 있다고 하는 신령스러운 나무, 또는 그것이 있다는 곳.
　　¶ ~의 반대편에는 함지(咸池)라고 한다.

♣ 다음 낱말 풀이에 알맞은 한자(漢字)를 쓰시오.   ▶ 정답은 429쪽

1. 상전벽해 (   )
   뽕밭이 변하여 푸른 바다가 된다는 뜻으로 세상 일이 덧없이 바뀜을 이르는 말.
   ¶ ~라더니 몰라보게 달라진 고향의 모습은 낯설기만 했다.

2. 요새 (   )
   국방상 중요한 지점에 마련해 놓은 군사적 방어 시설. 차지하기 어렵게 되어 있는 대상이나 목표.
   ¶ ~를 점령하다.

3. 궁색 (   )
   아주 가난함.
   ¶ ~한 집안 형편으로 대학에 진학을 하지 못했다.

4. 어색 (   )
   서먹서먹함. 멋쩍고 쑥스러움.
   ¶ ~한 자리.

5. 선방 (   )
   참선하는 방.
   ¶ 큰스님은 지금 ~에 계시다.

6. 선사 (   )
   중의 높임말. 선종의 법리에 통달한 중.
   ¶ ~께서는 지금 기도 중이십니다.

7. 선종 (   )
   불교의 한 종파. 참선을 통해 불도를 터득하려는 종파로서, 6세기 초에 달마 대사가 중국에 전함.
   ¶ 우리나라에는 교종과 더불어 ~이 크게 성한 나라이다.

8. 좌선 (   )
   불교에서, 가부좌(跏趺坐)를 하고 조용히 앉아서 선정(禪定)으로 들어감, 또는 그렇게 하는 수행.
   ¶ ~을 하다.

9. 참선 (   )
   좌선(坐禪)하여 불도(佛道)를 닦는 일.
   ¶ ~에 들어가다.

10. 소사 (   )
    불에 타 죽음.
    ¶ 그 남자는 지난밤 ~되었다.

11. 소주 (   )
    곡류를 발효시켜 증류하거나, 알코올을 물로 희석하여 만든 술.
    ¶ ~는 서민의 사랑을 많이 받는 술이다.

12. 소실 (   )
    불에 타서 없어짐, 또는 타서 잃음.
    ¶ 귀중한 문화재가 ~되다.

13. 전소 (   )
    모조리 불탐.
    ¶ 건물이 ~되다.

14. 송사 (   )
    소송(訴訟)하는 일.
    ¶ 집안끼리 ~가 일어나다

15. 소송 (   )
    법원에 재판을 청구하는 일, 또는 그 절차.
    ¶ ~중이다.

16. 쟁송 (   )
    송사로 서로 다툼.
    ¶ 이웃 간에 ~을 하다.

17. 쇄국 (   )
    외국과의 교통이나 무역을 막음.
    ¶ 흥선대원군은 ~정책을 폈다.

18. 봉쇄 (   )
    사람이나 물건이 드나들지 못하도록 막음.
    ¶ 출입구를 ~하다.

19. 연쇄 (   )
    물건과 물건을 이어 매는 사슬, 또는 사슬처럼 이어져 있는 것.
    ¶ ~ 강도 사건이 일어나다.

20. 폐쇄 (   )
    출입을 못하도록 입구를 막음.
    ¶ 출입구를 ~하다.

21. 습기 (   )
    축축한 기운.
    ¶ 계속되는 장마로 방에 ~가 많이 차 있다.

22. 습도 (   )
    공기 중에 수증기가 포함되어 있는 정도, 또는 그것을 나타내는 양.
    ¶ ~가 낮다.

23. 습식 (   )
    무엇을 만들거나 무슨 처리를 하는 데 있어 용제(溶劑)·용매(溶媒)·물 따위의 액체를 사용하는 방식.
    ¶ ~ 제련법.

♣ 다음 낱말 풀이에 알맞은 한자(漢字)를 쓰시오.　　　▶ 정답은 429쪽

1. 습지　(　　　　　)
   습기가 많은 땅.
   ¶ 이곳은 ~이다.

2. 아성　(　　　　　)
   성곽의 중심부. 큰 조직이나 단체 등의 중심되는 곳을 비유하여 이르는 말.
   ¶ 보수 세력의 ~을 무너뜨리다.

3. 치아　(　　　　　)
   사람의 이를 높이어 이르는 말.
   ¶ 영감님, ~가 아주 좋으십니다.

4. 상아탑　(　　　　　)
   ①속세를 떠나 조용히 예술을 사랑하는 태도나, 현실 도피적인 학구 태도를 이르는 말. ②대학 또는 대학의 연구실 따위를 달리 이르는 말.
   ¶ ~에 묻혀 공허한 관념에 매달리는 학자들.

5. 맥아　(　　　　　)
   보리에 물을 부어 싹을 내어서 말린 것으로 엿이나 식혜 등을 만드는 데 쓰임.
   ¶ ~를 넣어 엿을 만들다.

6. 발아　(　　　　　)
   풀이나 나무에서 싹이 틈. 씨앗이나 포자가 활동을 시작하여 새 식물체가 껍데기를 찢고 나오는 현상.
   ¶ 온도가 잘 맞으니 씨앗들이 ~중이다.

7. 초아　(　　　　　)
   풀의 싹.
   ¶ 봄비가 부슬부슬 내린 뒤라 ~도 얼마쯤 자랐겠다.

8. 검역　(　　　　　)
   선박·항공기·차량 및 그 승객·승무원·짐 등에 대하여, 전염병의 유무를 검사하고 소독하는 일.
   ¶ ~작업 중이다.

9. 면역　(　　　　　)
   사람이나 동물의 몸 안에 병원균이나 독소가 침입해도 발병하지 않을 정도의 저항력을 가지는 일.
   ¶ ~이 생기다.

10. 방역　(　　　　　)
    전염병의 발생·침입·전염 따위를 막음, 또는 그것을 위해 마련하는 조처.
    ¶ 여름철 ~ 대책을 세우다.

11. 홍역　(　　　　　)
    장여과성 병원체에 의하여 발병하는 급성의 발진 전염병. 봄철에 유아에 전염되며 평생 면역이 됨.
    ¶ ~을 앓다.

12. 연미복　(　　　　　)
    검은 모직물로 지은 남자용의 서양식 예복. 저고리의 뒷자락이 제비 꼬리처럼 길게 갈라져 있음.
    ¶ 파티에 ~을 입고 참석하다.

13. 염증　(　　　　　)
    세균이나 그 밖의 어떤 원인으로 인하여 몸의 어떤 부분이 붉어지면서 붓고, 열이나 통증, 기능 장애 따위를 일으키는 일.
    ¶ 몸에 ~이 생기다.

14. 간염　(　　　　　)
    간장에 염증을 일으키는 병을 통틀어 이르는 말.
    ¶ ~에 걸리다.

15. 뇌염　(　　　　　)
    바이러스·세균 등의 감염이나 물리적·화학적 자극에 의한 뇌의 염증을 통틀어 이르는 말.
    ¶ ~이 발견되다.

16. 폐렴　(　　　　　)
    폐렴균의 침입으로 일어나는 폐장의 염증.
    ¶ ~에 걸리다.

17. 폭염　(　　　　　)
    갑작스러운 된더위. 매우 심한 더위.
    ¶ ~으로 많은 사람들이 죽어갔다.

18. 염분　(　　　　　)
    물질 속에 들어 있는 소금 성분. 소금기.
    ¶ ~의 농도가 짙다.

19. 염소　(　　　　　)
    황록색의 자극적인 냄새를 가진 기체 원소. 원소 기호 Cl, 원자 번호 17, 원자량 35.453. 표백제·소독제 외에 의약·염료의 제조에 씀.
    ¶ ~계 표백제이다.

20. 염전　(　　　　　)
    바닷물을 끌어들여 소금을 얻기 위하여 논처럼 만든 곳.
    ¶ 간척지 개발로 많은 ~이 사라지고 있다.

21. 식염수　(　　　　　)
    식염을 탄 물. 소금물.
    ¶ ~를 사용해 세척하다.

♣ 다음 낱말 풀이에 알맞은 한자(漢字)를 쓰시오.　　▶ 정답은 429쪽

1. 와가　(　　　　　)
지붕을 기와로 인 집.
¶ ~에서 살다.

2. 와옥　(　　　　　)
기와집.
¶ ~을 새로 짓다.

3. 와당　(　　　　　)
기와의 마구리.
¶ 경주에서는 신라시대 만들어진 ~이 많이 발견되었다.

4. 와해　(　　　　　)
조직이나 기능 따위가 무너져 흩어짐.
¶ 보수 연합 세력이 ~되다

5. 청와대　(　　　　　)
서울 종로구에 있는 대한민국 대통령의 관저.
¶ ~를 일반인에게 개방하다.

6. 완급　(　　　　　)
일의 급함과 급하지 않음.
¶ ~을 가려 일을 처리하다.

7. 완충　(　　　　　)
급박한 충격이나 충돌을 중간에서 완화시킴.
¶ ~ 작용을 하다.

8. 완행　(　　　　　)
느리게 감. 완행열차의 준말.
¶ ~을 타고 고향으로 간다.

9. 완화　(　　　　　)
긴장되거나 엄중하거나 격심한 것 따위를 풀어서 느슨하게 하거나 편하게 함.
¶ 각종 행정 규제를 ~하다.

10. 우모　(　　　　　)
깃과 털. 새의 깃에 붙어 있는 털. 깃털.
¶ 가을이 되자 새의 ~이 빠지기 시작한다.

11. 우서　(　　　　　)
중국에서 급한 소식을 전할 때 새의 깃을 꽂아 보낸 데서 군사상 급히 전하는 격문. 우격.
¶ ~를 보내다.

12. 우조　(　　　　　)
국악에서, 오음의 하나인 우성(羽聲)의 곡조.
¶ 궁조, 상조, 각조, 치조, ~를 국악에서 오음이라 한다.

13. 우화등선　(　　　　　)
사람이 신선이 되어 하늘로 올라감을 이르는 말.
¶ ~하려는 것이 도인들의 바램이다.

14. 위선　(　　　　　)
겉으로만 착한 체함. 또는 겉치레로 보이는 선행.
¶ ~적인 행동은 이제 그만 두어라.

15. 위조　(　　　　　)
가짜를 만듦.
¶ 여권을 ~하다.

16. 위증　(　　　　　)
거짓 증거. 또는 거짓으로 증명함. 법원에서, 증인이 허위 진술을 함.
¶ ~을 해서는 안 된다.

17. 진위　(　　　　　)
참과 거짓.
¶ ~를 밝히다.

18. 허위　(　　　　　)
거짓.
¶ ~ 보도를 하다.

19. 위벽　(　　　　　)
위를 이루고 있는 벽.
¶ 술을 많이 드셔서 ~이 많이 헐었습니다.

20. 위염　(　　　　　)
위 점막에 생기는 염증성 질환을 통틀어 이르는 말.
¶ ~으로 고생하다.

21. 위장　(　　　　　)
위와 창자. 배.
¶ ~이 탈나다.

22. 음란　(　　　　　)
음탕하고 난잡함.
¶ ~한 생활을 하다.

23. 음담　(　　　　　)
음탕한 이야기.
¶ 노래 가사가 ~하다.

24. 임금　(　　　　　)
노동의 대가로 받는 보수.
¶ ~을 받다.

♣ 다음 낱말 풀이에 알맞은 한자(漢字)를 쓰시오.   ➡ 정답은 429쪽

1. 임대   (   )
   임금을 받고 자기 물건을 상대편에게 사용·수익하게 하는 일.
   ¶ 사무실을 ~하다.

2. 임차   (   )
   삯을 내고 물건을 빌림.
   ¶ 은행돈을 빌려 사무실을 ~하였다.

3. 무임   (   )
   삯돈을 내지 않음.
   ¶ ~ 승차하다.

4. 운임   (   )
   운반이나 운송·운수한 보수로 받거나 무는 삯.
   ¶ 화물 ~을 지불하다.

5. 자객   (   )
   사람을 몰래 찔러 죽이는 사람.
   ¶ ~을 보내 조상의 원수를 갚으려 하다.

6. 자상   (   )
   날카로운 기물에 찔린 상처.
   ¶ 팔에 ~이 있다.

7. 난자   (   )
   칼이나 창 따위로 부위를 가리지 않고 마구 찌름.
   ¶ 누군가에 의해 ~당한 사체가 발견되다.

8. 수라   (   )
   임금에게 올리는 밥을 높여 이르던 말.
   ¶ ~상을 차리다.

9. 자색   (   )
   짙은 남빛에 붉은빛을 띤 빛. 자줏빛.
   ¶ ~의 옷을 입고 나타나다.

10. 자주   (   )
    자줏빛. 짙은 남빛에 붉은빛을 띤 빛.
    ¶ ~색 옷이 참 잘 어울린다.

11. 자외선 (   )
    파장이 가시광선보다 짧고 엑스선보다 긴, 눈에 보이지 않는 복사선(輻射線).
    ¶ ~을 직접 쏘이는 것은 피부에 좋지 않다.

12. 산자수명 (   )
    산수의 경치가 썩 아름다움.
    ¶ 우리나라 자연 경치는 ~이라는 말에 걸맞다.

13. 조세   (   )
    국가나 지방 자치 단체가 필요한 경비를 마련하기 위하여 국민으로부터 강제로 거두어들이는 돈.
    ¶ ~를 거두다.

14. 조차   (   )
    특별한 합의에 따라 어떤 나라가 다른 나라의 영토의 일부를 일정 기간 빌리어 자국의 통치 아래에 두는 일.
    ¶ 아편전쟁 후 세계 열강은 중국 영토의 일부에 대해 ~권을 갖게 되었다.

15. 주가   (   )
    주식(株式)의 값.
    ¶ ~가 오르다.

16. 주식   (   )
    주식회사의 자본을 이루는 단위.
    ¶ ~을 사다.

17. 중재   (   )
    서로 다투는 사이에 들어 화해를 붙임.
    ¶ ~를 맡다.

18. 중개   (   )
    제삼자의 처지로, 둘 이상의 당사자 사이에 들어 어떤 일을 주선함.
    ¶ 부동산 ~업을 하다.

19. 중추절 (   )
    한가위.
    ¶ ~에는 많은 사람들이 고향을 찾아간다.

20. 백중지세 (   )
    서로 우열을 가리기 힘든 형세.
    ¶ 현재 양팀의 역대 전적은 2승2패로 ~다.

21. 지엽   (   )
    가지와 잎. 본체에서 갈라져 나간 중요하지 않은 부분.
    ¶ ~적인 문제이다.

22. 금지옥엽 (   )
    금으로 된 가지와 옥으로 된 잎이라는 뜻으로
    ①임금의 가족을 높여 이르는 말. ②귀여운 자손을 이르는 말.
    ¶ 그는 손이 귀한 집안에서 태어나 ~으로 자랐다.

23. 차입   (   )
    돈이나 물건을 빌림.
    ¶ ~이 많아 회사 경영이 악화되다.

♣ 다음 낱말 풀이에 알맞은 한자(漢字)를 쓰시오.   ▷ 정답은 429쪽

1. 차명 (　　　　　)
남의 이름을 빌려 씀.
¶ ~계좌를 만들다.

2. 차용 (　　　　　)
돈이나 물건을 빌려서 씀.
¶ 친구에게서 돈을 ~하다.

3. 가차 (　　　　　)
임시로 빌리거나 꿈. 사정을 보아줌.
¶ 법을 어긴 사람을 ~ 없이 처단하다.

4. 착각 (　　　　　)
외계의 사물을 실제와는 다르게 보거나 느낌. 실제와는 다른데도 실제처럼 깨닫거나 생각함.
¶ ~을 일으키다.

5. 착시 (　　　　　)
착각으로 잘못 봄.
¶ ~현상이다.

6. 착오 (　　　　　)
착각으로 말미암은 잘못.
¶ ~가 생기다.

7. 교착 (　　　　　)
복잡(複雜)하게 엇걸려서 뒤섞임.
¶ 감정이 ~되다.

8. 채권 (　　　　　)
국가나 지방 자치 단체, 또는 은행·회사 등이 필요한 자금을 빌릴 경우에 발행하는 공채나 사채 따위의 유가 증권.
¶ ~을 발행하다.

9. 채권 (　　　　　)
재산권의 한 가지. 일정한 당사자 사이에서, 한쪽이 다른 한쪽에게 재산상의 급부(給付)를 요구할 수 있는 권리.
¶ ~을 청구하다.

10. 채무 (　　　　　)
재산상의 처리에 관련하여 일정한 당사자의 요구에 응하여 급부(給付)를 해야 하는 의무.
¶ ~를 이행하다.

11. 부채 (　　　　　)
남에게 빚을 짐, 또는 그 빚.
¶ ~을 갚기 위해 집을 팔았다.

12. 사채 (　　　　　)
공인된 금융 기관이 아닌, 개인이 채주(債主)가 되는 빚.
¶ ~를 쓰다.

13. 천도 (　　　　　)
도읍을 옮김.
¶ 한양 ~를 하다.

14. 변천 (　　　　　)
세월이 흐르는 동안에 변하여 달라짐.
¶ 우리말의 ~과정을 연구하다.

15. 개과천선 (　　　　　)
잘못을 고치어 착하게 됨.
¶ 그가 ~하기를 바랄뿐이다.

16. 맹모삼천 (　　　　　)
맹자(孟子)의 어머니가 아들의 교육을 위하여 집을 세 번이나 옮긴 일. 어린아이의 교육에는 환경이 매우 중요하다는 뜻으로 쓰임.
¶ ~지교(之敎).

17. 축사 (　　　　　)
가축을 기르는 건물.
¶ ~를 짓다.

18. 가축 (　　　　　)
집에서 기르는 짐승.
¶ ~을 기르다.

19. 목축 (　　　　　)
소·말·양 따위의 가축을 길러 번식시키는 일.
¶ ~업을 하다.

20. 축산업 (　　　　　)
가축을 기르고, 그 생산물을 가공하는 산업.
¶ ~에 종사하다.

21. 칠기 (　　　　　)
칠목기의 준말. 옻칠과 같이 검은 잿물을 입힌 도자기.
¶ ~에 음식을 정성껏 담아내다.

22. 칠판 (　　　　　)
흑색이나 녹색의 판. 흑판.
¶ ~에 글씨를 쓰다.

23. 칠흑 (　　　　　)
칠처럼 검고 광택이 있음, 또는 그런 빛깔.
¶ ~같은 어둠이다.

♣ 다음 낱말 풀이에 알맞은 한자(漢字)를 쓰시오.　　　▶ 정답은 429쪽

1. 침수　(　　　　　　　)
　물에 젖거나 잠김.
　¶ 홍수로 논밭이 ~되다.

2. 침투　(　　　　　　　)
　①스며드는 일. ②어떠한 현상·사상·정책 등이 깊이 스며들어 퍼지는 것.
　¶ 불교가 현실에 깊이 ~하다.

3. 탈취　(　　　　　　　)
　억지로 빼앗아 가짐.
　¶ 지나가는 행인의 돈을 ~하다.

4. 탈환　(　　　　　　　)
　도로 빼앗아 찾음.
　¶ 고지를 ~하다.

5. 강탈　(　　　　　　　)
　강제로 빼앗는 것.
　¶ 우리나라는 한때 일본에게 주권을 ~당했다.

6. 수탈　(　　　　　　　)
　재물 따위를 빼앗음.
　¶ 일제(日帝)는 토지 조사 사업이라는 이름을 내걸고 농민의 토지를 ~하였다.

7. 생살여탈　(　　　　　　　)
　살리기도 하고 죽이기도 하고, 주기도 하고 빼앗기도 한다는 뜻으로 남의 목숨이나 재물을 마음대로 함.
　¶ 왕은 전쟁을 지휘하는 장군에게 ~을 부여하였다.

8. 탕약　(　　　　　　　)
　달여서 먹는 한약
　¶ ~을 마시다.

9. 냉탕　(　　　　　　　)
　찬물이 들어 있는 탕.
　¶ ~욕을 하다.

10. 열탕　(　　　　　　　)
　끓는 물, 또는 끓는 국.
　¶ ~으로 조리하다.

11. 온탕　(　　　　　　　)
　온천의 물. 더운물의 목욕탕.
　¶ ~에 들어가다.

12. 토로　(　　　　　　　)
　속마음을 다 드러내어 말함.
　¶ 감정을 ~하다.

13. 토혈　(　　　　　　　)
　위(胃)·식도(食道) 등의 질환으로 피를 토하는 일.
　¶ ~을 하다.

14. 실토　(　　　　　　　)
　사실대로 내용을 모두 밝히어 말함.
　¶ 빨리 ~하기 바란다.

15. 투명　(　　　　　　　)
　조금도 흐린 데가 없이 속까지 환히 트여 맑음.
　¶ ~한 가을 하늘이다.

16. 투시　(　　　　　　　)
　속의 것을 환히 꿰뚫어 봄.
　¶ ~촬영을 하다.

17. 투철　(　　　　　　　)
　속까지 환히 비춰 볼 수 있게 투명함. 사리가 분명하고 뚜렷하거나 사리에 어긋남이 없이 철저함.
　¶ ~한 군인 정신이다.

18. 투과　(　　　　　　　)
　물체를 꿰뚫고 지나감. 투명하게 비쳐 보임.
　¶ 빛이 유리를 ~하다.

19. 편곡　(　　　　　　　)
　어떤 악곡을 다른 악기로 또는 달리 연주할 수 있도록 써 고침, 또는 그 곡.
　¶ 피아노곡으로 ~하다.

20. 편대　(　　　　　　　)
　대오(隊伍)를 갖추는 일. 비행기 따위가 대형을 갖추는 일.
　¶ ~를 갖추다.

21. 편성　(　　　　　　　)
　흩어져 있는 것을 모아서 하나의 체계를 갖춘 것으로 만듦.
　¶ 학급을 ~하다.

22. 편제　(　　　　　　　)
　낱낱의 구성원을 일정한 체계에 맞게 짜서 조직을 이룸, 또는 그러한 체재나 기구.
　¶ ~를 정비하다.

♣ 다음 낱말 풀이에 알맞은 한자(漢字)를 쓰시오.　　　　▶ 정답은 429쪽

1. 개편 (　　　　　)
　책 따위를 다시 엮어서 냄. 인적 기구나 조직 따
　위를 고치어 다시 짬.
　¶ 기구를 ~하다.

2. 폐지 (　　　　　)
　집이 헐린 채 버려 둔 빈 터.
　¶ 오랫동안 그 땅은 ~로 남아있다.

3. 폐차 (　　　　　)
　낡아서 못 쓰게 된 차. 또는 차량 등록이 취소된
　차.
　¶ 그 차는 ~ 직전이다.

4. 폐품 (　　　　　)
　쓸 수 없게 된 물품.
　¶ ~을 재활용하다.

5. 존폐 (　　　　　)
　남겨 두는 일과 없애는 일.
　¶ 입시 제도의 ~를 논하다.

6. 포수 (　　　　　)
　야구에서, 본루를 지키며 투수가 던진 공을 받는
　선수.
　¶ ~로 선발되다.

7. 포졸 (　　　　　)
　조선 시대, 포도청의 군사. 포도군사.
　¶ ~이 출두하다.

8. 포획 (　　　　　)
　①적병을 사로잡음. ②짐승이나 물고기를 잡음.
　③국제법상, 전시에 적의 선박이나 범법한 중립
　국의 선박을 정지·임검·수색하고 나포하는 일.
　¶ 어업 전관 수역을 침범한 일본 어선을 ~하다.

9. 생포 (　　　　　)
　사로잡음.
　¶ 적장(敵將)을 ~하다.

10. 포도청 (　　　　　)
　조선 시대에, 도둑이나 그 밖의 범죄자를 잡기
　위하여 설치한 관청
　¶ 목구멍이 ~이라.

11. 하물 (　　　　　)
　기차·여객 자동차·비행기·객선등에 실어 나르는 그
　리 크지 않은 짐.
　¶ ~을 운반하다.

12. 하역 (　　　　　)
　배의 짐을 싣고 부리는 일.
　¶ ~작업을 하다.

13. 하중 (　　　　　)
　짐의 무게. 구조물 따위에 작용하는 외력(外力),
　또는 구조물 따위가 받고 견딜 수 있는 무게.
　¶ ~을 견디다.

14. 부하 (　　　　　)
　①짐을 지는 것. 또는, 그 짐. ②일을 맡기는 것.
　¶ 사명을 ~하다.

15. 한증막 (　　　　　)
　한증하기 위하여 만든 시설.
　¶ ~에 가서 피로를 풀다.

16. 불한당 (　　　　　)
　떼를 지어 다니는 강도.
　¶ ~ 같은 놈이군.

17. 혈거 (　　　　　)
　굴에서 삶.
　¶ ~생활을 하다.

18. 묘혈 (　　　　　)
　무덤 구멍, 곧 시체를 묻는 구덩이.
　¶ ~을 파다.

19. 호혈 (　　　　　)
　호랑이의 굴. 매우 위험한 곳을 비유하여 이르는
　말.
　¶ ~에 들어가지 않고서 호자(虎子)를 얻지 못한다

20. 황량 (　　　　　)
　황폐하여 쓸쓸함.
　¶ ~한 풍경.

21. 황야 (　　　　　)
　풀이 멋대로 자란 거친 들판. 황원(荒原).
　¶ ~의 무법자.

22. 황폐 (　　　　　)
　거두지 않아 못 쓰게 되는 것.
　¶ ~한 도시로 변하다.

23. 황당 (　　　　　)
　터무니없고 허황함.
　¶ 그는 ~한 말을 잘한다.

♣ 다음 낱말 풀이에 알맞은 한자(漢字)를 쓰시오.　　　▶ 정답은 429쪽

1. 파천황　(　　　　　　)

　천지개벽 이전의 혼돈한 상태를 깨뜨린다는 뜻으로 지금껏 아무도 생각하지 못했던 놀랄 만한 일을 하는 경우를 이르는 말.
　¶ 외세의 침략에 우리나라의 국민은 ~을 당하고 말았다.

2. 흉부　(　　　　　　)

　가슴 부분.
　¶ ~ 엑스선 검사를 받다.

3. 흉상　(　　　　　　)

　가슴 위 부분의 사람 형상을 나타낸 조각상이나 초상화.
　¶ ~을 제작하다.

4. 흉중　(　　　　　　)

　마음에 두고 있는 생각.
　¶ ~을 살피다.

5. 심흉　(　　　　　　)

　가슴속. 마음. 심중.
　¶ ~을 터놓고 이야기를 나누다.

【정답】-한자어 독음 쓰기

► **308쪽**

1.가인 2.중추가절 3.백년가약 4.가작 5.퇴계선생
6.각광 7.각본 8.건각 9.마각 10.실각
11.각의 12.개각 13.내각 14.각하 15.규장각
16.간행 17.근간 18.발간 19.신간 20.창간
21.간부 22.간선 23.근간 24.어간 25.주간
26.간곡 27.간구 28.간절 29.간청 30.간담회
31.간담 32.간담상조 33.구곡간장 34.감별 35.감상
36.감식 37.감정 38.명심보감 39.강건 40.강단
41.강직 42.금강산 43.강령 44.외유내강 45.기강
46.대강 47.요강 48.삼강오륜 49.개의 50.개입
51.중개인 52.매개체 53.개념 54.개론 55.개요
56.기개 57.절개 58.상거 59.거리감 60.원거리
61.사정거리 62.건배 63.건조 64.건초 65.건어물
66.검도 67.대검 68.보검 69.각주구검 70.겸비
71.겸임 72.겸직 73.겸인지용 74.겸사 75.겸허
76.겸양지덕 77.경작 78.주경야독 79.농경지 80.경지정리
81.경각 82.식경 83.만경창파 84.계기

► **309쪽**

1.계약 2.계원 3.묵계 4.거란 5.계도
6.계몽 7.계발 8.계시 9.장계 10.계곡
11.청계천 12.벽계수 13.기계 14.고부 15.고종
16.고모부 17.고식지계 18.기고 19.원고 20.유고
21.탈고 22.투고 23.고동 24.고무 25.고취
26.승전고 27.신문고 28.곡성 29.통곡 30.대성통곡
31.심산유곡 32.공급 33.불공 34.제공 35.공양미
36.공탁금 37.공룡 38.가공 39.공수병 40.공처가
41.공경 42.공대 43.공순 44.공납 45.공물
46.공헌 47.조공 48.과목 49.과소 50.독과점
51.중과부적 52.과시 53.과장 54.과대망상 55.관례
56.금관 57.약관 58.의관 59.관혼상제 60.관대
61.관용 62.관례 63.관습 64.관용 65.관행
66.습관 67.관통 68.시종일관 69.본관 70.초지일관
71.개관 72.여관 73.회관 74.도서관 75.박물관
76.괴멸 77.파괴 78.괴기 79.괴담 80.괴력
81.괴물 82.괴변 83.교묘 84.기교

► **310쪽**

1.정교 2.교언영색 3.교차 4.비교 5.일교차
6.영구불변 7.지구력 8.일구월심 9.구금 10.구류
11.구속 12.구인 13.구치소 14.국화 15.국판
16.수국 17.황국 18.매란국죽 19.궁술 20.명궁
21.국궁 22.양궁 23.권총 24.철권 25.적수공권
26.귀신 27.귀재 28.극기복례 29.신출귀몰 30.흡혈귀
31.극명 32.국난극복 33.금수 34.가금 35.맹금류
36.심금 37.탄금 38.현금 39.금강 40.금상첨화
41.금의야행 42.급제 43.금의환향 44.보급 45.언급
46.파급 47.급기야 48.기대 49.기도 50.기획
51.기업 52.기타 53.기실 54.부지기수 55.각기
56.기호학파 57.경기도 58.기원 59.기우제 60.기복신앙
61.긴밀 62.긴요 63.긴장 64.긴축 65.긴급
66.승낙 67.응낙 68.내락 69.수락 70.허락
71.낭자 72.회령 73.상소 74.내화 75.인내
76.내구성 77.내열재 78.강녕 79.안녕 80.노비
81.매국노 82.수전노 83.뇌사 84.두뇌

► **311쪽**

1.세뇌 2.수뇌 3.뇌졸중 4.다도 5.다례
6.녹차 7.홍차 8.일편단심 9.다반사 10.오색단청
11.목단 12.칠보단장 13.단서 14.단지 15.비단
16.원단 17.일단 18.담담 19.담백 20.냉담
21.담수어 22.답보 23.답사 24.답습 25.전인미답
26.당돌 27.당시 28.당사주 29.대본 30.등대
31.무대 32.침대 33.전망대 34.도검 35.과도
36.단도 37.보도 38.단도직입 39.별도 40.도중하차
41.개도국 42.다용도실 43.도공 44.도기 45.도취
46.도예 47.도산서원 48.돌격 49.돌발 50.돌변
51.격돌 52.충돌 53.맥락 54.연락 55.공란
56.난간 57.비고란 58.난초 59.난향 60.불란서
61.금란지계 62.낭하 63.행랑 64.화랑 65.회랑
66.사랑방 67.낭비 68.낭설 69.격랑 70.방랑
71.풍랑 72.낭군 73.신랑 74.화랑도 75.납량
76.청량음료 77.격려 78.독려 79.장려 80.면려
81.서력 82.음력 83.양력 84.책력

► **312쪽**

1.역법 2.연가 3.연모 4.연애 5.실연
6.비련 7.연맹 8.연상 9.연합 10.관련
11.연립 12.교련 13.정련 14.훈련 15.수련
16.연금술 17.영동 18.영남 19.분수령 20.대관령
21.영감 22.영물 23.영전 24.영혼 25.신령
26.향로 27.화로 28.노변담화 29.노숙 30.노천
31.노출 32.발로 33.폭로 34.농담 35.재롱

36.희롱　37.신뢰　38.의뢰　39.무뢰한　40.누상
41.누대　42.망루　43.누각　44.성루　45.윤리
46.불륜　47.오륜　48.천륜　49.인륜　50.절륜
51.율곡　52.생률　53.솔직　54.경솔　55.통솔
56.능률　57.비율　58.융기　59.융성　60.융숭
61.능원　62.왕릉　63.능욕　64.능묘　65.이두
66.이방　67.관리　68.청백리　69.이수　70.이행
71.이력서　72.불이행　73.이면　74.이서　75.뇌리
76.표리부동　77.임박　78.임시변통　79.강림　80.임전무퇴
81.막사　82.자막　83.폐막　84.천막

▶ 313쪽
1.흑막　2.막막　3.사막　4.막연　5.막중
6.막상막하　7.막강　8.막역지우　9.망각　10.망발
11.망상　12.망언　13.허망　14.매실　15.매화
16.한매　17.설중매　18.맹자　19.맹춘　20.공맹
21.허무맹랑　22.맹견　23.맹렬　24.맹수　25.맹위
26.용맹　27.맹점　28.맹종　29.문맹　30.맹신
31.맹목적　32.맹약　33.맹주　34.동맹　35.혈맹
36.가맹점　37.동면　38.영면　39.휴면　40.불면
41.면사　42.순면　43.면직물　44.주도면밀　45.멸망
46.멸족　47.파멸　48.멸사봉공　49.명심　50.감명
51.비명　52.좌우명　53.모정　54.사모　55.숭모
56.애모　57.추모　58.모략　59.모반　60.모사
61.도모　62.음모　63.모양　64.면모　65.외모
66.용모　67.풍모　68.친목　69.화목　70.몰두
71.몰락　72.몰살　73.출몰　74.몰지각　75.몽상
76.동상이몽　77.해몽　78.일장춘몽　79.몽고　80.동몽선습
81.몽은　82.훈몽자회　83.무림　84.무성

▶ 314쪽
1.무역　2.밀무역　3.묵념　4.묵례　5.묵상
6.묵인　7.침묵　8.물론　9.물망초　10.물실호기
11.미동　12.미량　13.미세　14.미소　15.경미
16.기미　17.각박　18.박리다매　19.경박　20.가인박명
21.박두　22.박해　23.급박　24.압박　25.절박
26.만반　27.전반　28.반야심경　29.피차일반　30.반점
31.반주　32.조반　33.반상기　34.배양　35.수경재배
36.배구　37.배제　38.배기　39.배출　40.배타적
41.배출　42.연배　43.후배　44.불량배　45.폭력배
46.백부　47.백씨　48.도백　49.화백　50.백중지세
51.번성　52.번영　53.번잡　54.번화　55.농번기
56.범례　57.범상　58.범실　59.비범　60.평범
61.벽안　62.벽공　63.벽창우　64.병과　65.병란
66.병자호란　67.보수　68.보약　69.보완　70.보조

71.보충　72.복안　73.공복　74.면종복배　75.봉서
76.봉합　77.개봉　78.동봉　79.밀봉　80.주봉
81.연봉　82.영봉　83.최고봉　84.봉변

▶ 315쪽
1.봉착　2.상봉　3.교부　4.납부　5.발부
6.배부　7.반대급부　8.부각　9.부력　10.부상
11.부침　12.부동표　13.부조　14.상부상조　15.부양가족
16.부합　17.부호　18.부절　19.명실상부　20.명부
21.장부　22.가계부　23.학적부　24.부가　25.부근
26.기부　27.아부　28.시한부　29.분주　30.동분서주
31.자유분방　32.분기　33.분발　34.흥분　35.고군분투
36.분란　37.분분　38.분실　39.분쟁　40.내분
41.비굴　42.남존여비　43.비근　44.등고자비　45.왕비
46.귀비　47.대비　48.태자비　49.시비　50.비대
51.비료　52.비만　53.천고마비　54.사도　55.사법
56.사회　57.사령탑　58.사과　59.사기　60.황사
61.사상누각　62.고사　63.제사　64.사악　65.사심
66.사도　67.간사　68.사무사　69.가사　70.동사
71.품사　72.대명사　73.삼엄　74.삼림욕　75.삼라만상
76.군상　77.동상　78.불상　79.상상　80.가상
81.상실　82.상사　83.상처　84.문상

▶ 316쪽
1.초상　2.상무　3.고상　4.시기상조　5.숭상
6.녹의홍상　7.의상　8.동가홍상　9.상세　10.상술
11.미상　12.상강　13.성상　14.추상　15.풍상
16.설상가상　17.색인　18.색출　19.검색　20.사색
21.탐색　22.서행　23.서씨　24.서라벌　25.용서
26.충서　27.서론　28.단서　29.두서　30.정서
31.서명　32.서장　33.부서　34.관공서　35.석별
36.석패　37.애석　38.매점매석　39.석방　40.해석
41.희석　42.수불석권　43.선율　44.선회　45.주선
46.선풍기　47.소복　48.소생　49.고소　50.상소
51.피소　52.항소　53.호소　54.쇄신　55.인쇄
56.쇠약　57.쇠퇴　58.노쇠　59.흥망성쇠　60.장수
61.총수　62.대원수　63.통수권　64.수연　65.수명
66.장수　67.천수　68.축수　69.수심　70.애수
71.향수　72.백수　73.야수　74.조수　75.인면수심
76.수상　77.특수　78.수송　79.수혈　80.수출
81.밀수　82.운수　83.수시　84.수필

▶ 317쪽
1.수행　2.부창부수　3.수급　4.수요　5.특수

6.혼수 7.내수 8.숙녀 9.사숙 10.정숙
11.숙달 12.숙독 13.숙어 14.성숙 15.숙고
16.순방 17.순시 18.순찰 19.순례자 20.상순
21.초순 22.중순 23.하순 24.육순 25.순간
26.일순 27.순식간 28.구술 29.기술 30.논술
31.저술 32.진술 33.습득 34.십만 35.수습
36.습격 37.급습 38.세습 39.역습 40.인습
41.승무 42.승복 43.고승 44.여승 45.노승
46.승강 47.승객 48.승마 49.편승 50.가감승제
51.승격 52.승급 53.승단 54.승화 55.승강기
56.시녀 57.시종 58.내시 59.가식 60.복식
61.장식 62.수식 63.허례허식 64.신독 65.신중
66.심리 67.심사 68.심의 69.심판 70.예심
71.심난 72.극심 73.심지어 74.쌍방 75.쌍곡선
76.변화무쌍 77.수미쌍관 78.아류 79.아성 80.아세아
81.아열대 82.아국 83.아집 84.물아일체

▶ 318쪽

1.아전인수 2.아량 3.아취 4.아호 5.단아
6.우아 7.아편 8.아방궁 9.곡학아세 10.서안
11.강안 12.피안 13.해안선 14.안색 15.안면
16.동안 17.파안대소 18.암벽 19.암석 20.암각화
21.기암괴석 22.숭앙 23.신앙 24.억류 25.추앙
26.앙천대소 27.중앙 28.애원 29.애환 30.비애
31.희로애락 32.약간 33.만약 34.명약관화 35.태연자약
36.토양 37.격양가 38.고복격양 39.천양지차 40.억양
41.지양 42.양수기 43.입신양명 44.양보 45.양위
46.사양 47.어명 48.어사 49.어의 50.어전
51.제어 52.기억 53.추억 54.억압 55.억제
56.억지 57.역시 58.역군 59.역사 60.역할
61.병역 62.복역 63.역자 64.국역 65.오역
66.완역 67.직역 68.역사 69.역장 70.역전
71.종착역 72.연회 73.주연 74.송별연 75.회갑연
76.연도 77.연변 78.연안 79.연해 80.연혁
81.연성 82.연약 83.유연성 84.연체동물

▶ 319쪽

1.열락 2.희열 3.염료 4.감염 5.염색체
6.전염병 7.영상 8.영인 9.영향 10.근영
11.투영 12.영예 13.명예 14.각오 15.대오
16.오죽 17.삼족오 18.오합지졸 19.옥사 20.감옥
21.지옥 22.투옥 23.하옥 24.욕구 25.욕망
26.욕정 27.욕속부달 28.욕심 29.과욕 30.금욕
31.식욕 32.야욕 33.욕설 34.곤욕 35.굴욕
36.설욕 37.영욕 38.우발 39.우상 40.우연

41.배우자 42.우주 43.우롱 44.우공이산 45.우직
46.우문현답 47.우려 48.내우외환 49.우수 50.식자우환
51.운율 52.운문 53.운치 54.여운 55.음운
56.월동 57.월등 58.우월 59.탁월 60.소위
61.유년 62.유아 63.유충 64.장유유서 65.유령
66.유명 67.유폐 68.심산유곡 69.유도 70.유순
71.유약 72.우유부단 73.유구 74.유유자적 75.유예
76.유복 77.여유 78.유신 79.유지 80.유세차
81.진퇴유곡 82.유발 83.유인 84.유혹

▶ 320쪽

1.유도 2.권유 3.윤기 4.윤색 5.윤택
6.갑남을녀 7.이윤 8.을사조약 9.이왕 10.부득이
11.이왕지사 12.좌익 13.우익 14.학익진 15.인고
16.인내 17.인욕 18.잔인 19.일탈 20.일품
21.일화 22.안일 23.임방 24.자당 25.자비
26.자선 27.자애 28.인자 29.잠간 30.잠시
31.잠정적 32.잠복 33.잠수 34.잠입 35.잠재
36.잠행 37.장모 38.장부 39.춘부장 40.기고만장
41.관장 42.합장 43.여반장 44.박장대소 45.고장난명
46.치장 47.화장 48.은장도 49.칠보단장 50.장엄
51.장중 52.별장 53.산장 54.장례 55.장의
56.장사 57.국장 58.암장 59.장서 60.비장
61.소장 62.수장 63.저장 64.장기 65.내장
66.심장 67.오장 68.재배 69.재가 70.재단
71.재량 72.재정 73.결재 74.기재 75.등재
76.연재 77.적재 78.천재일우 79.저당 80.저촉
81.저항 82.대저 83.저명 84.저서

▶ 321쪽

1.저자 2.공저 3.저작 4.적막 5.입적
6.정적 7.한적 8.적발 9.적시 10.적출
11.지적 12.경적 13.기적 14.호적 15.고적대
16.유적 17.인적 18.족적 19.추적 20.필적
21.고적 22.기적 23.사적 24.점점 25.점차
26.점진적 27.점입가경 28.유정 29.정읍사 30.시정간
31.정자 32.팔각정 33.정벌 34.정복 35.출정
36.장정 37.원정대 38.법정 39.조정 40.휴정
41.정결 42.정화 43.서방정토 44.정결 45.정절
46.정조 47.부정 48.충정 49.정상 50.정점
51.등정 52.산정 53.절정 54.제군 55.제반
56.제자백가 57.일거월제 58.제창 59.일제 60.수신제가
61.길조 62.망조 63.전조 64.흉조 65.조명
66.조준 67.대조 68.낙조 69.참조 70.종단
71.방종 72.종횡무진 73.좌시 74.좌불안석 75.대좌

76.좌정관천 77.우주선 78.미주 79.삼각주 80.육대주
81.석주 82.전주 83.사주팔자 84.즉각

▶ 322쪽
1.즉결 2.즉사 3.즉석 4.즉시 5.증손자
6.증조부 7.미증유 8.증오 9.가증 10.애증
11.증상 12.증세 13.통증 14.불감증 15.증기
16.역지사지 17.증발 18.인지상정 19.좌지우지 20.전지
21.천지 22.건전지 23.저수지 24.진동 25.진작
26.진흥 27.진한 28.일진 29.생신 30.북신
31.성신 32.진열 33.진설 34.진정서 35.신진대사
36.진압 37.진중 38.진화 39.중진 40.진통
41.질서 42.질병 43.질시 44.질주 45.질풍
46.질환 47.집권 48.집념 49.집도 50.집무
51.집착 52.징수 53.징표 54.징후 55.상징
56.특징 57.차제 58.차후 59.여차 60.차일피일
61.찬동 62.찬반 63.찬성 64.찬조 65.창고
66.곡창 67.탄창 68.창졸간 69.창성 70.창원
71.창녕 72.창덕궁 73.창공 74.고색창연 75.창백
76.억조창생 77.채색 78.채운 79.광채 80.문채
81.수채화 82.채식 83.산채 84.야채

▶ 323쪽
1.계책 2.대책 3.묘책 4.방책 5.비책
6.처가 7.처남 8.처제 9.부처 10.악처
11.개척 12.탁본 13.간척지 14.외척 15.친척
16.척도 17.월척 18.삼척동자 19.천박 20.천학
21.일천 22.심천 23.천대 24.천민 25.천시
26.귀천 27.빈천 28.실천 29.철인 30.명철보신
31.철야 32.철저 33.관철 34.철천지한 35.초석
36.기초 37.정초 38.초상 39.불초 40.초상화
41.초과 42.초연 43.초월 44.초인 45.초탈
46.촉구 47.촉박 48.촉성 49.촉진 50.독촉
51.촉각 52.촉각 53.촉수 54.감촉 55.접촉
56.최고 57.최면 58.개최 59.주최 60.추가
61.추격 62.추념 63.추구 64.추궁 65.충격
66.절충 67.요충 68.좌충우돌 69.취입 70.취타
71.취적 72.취객 73.취기 74.만취 75.취생몽사
76.측근 77.측면 78.양측 79.우측 80.가치
81.수치 82.치부 83.치사 84.치욕

▶ 324쪽
1.후안무치 2.치어 3.치기 4.유치원 5.침강
6.침몰 7.침잠 8.침착 9.심씨 10.불탑

11.금자탑 12.다보탑 13.태두 14.태산북두 15.태연
16.국태민안 17.태반 18.위태 19.광택 20.덕택
21.은택 22.평택 23.혜택 24.토선생 25.판목
26.원판 27.재판 28.초판 29.출판 30.편지
31.단편 32.파편 33.일엽편주 34.폐단 35.폐습
36.폐해 37.어폐 38.병폐 39.폐렴 40.폐활량
41.포구 42.남포 43.풍림 44.단풍 45.상풍
46.피아간 47.피차 48.지피지기 49.피혁 50.모피
51.탈피 52.초근목피 53.피격 54.피고 55.피복
56.피살 57.피해 58.필경 59.필생 60.미필
61.병역필 62.하등 63.하필 64.하여가 65.억하심정
66.하객 67.하례 68.축하 69.치하 70.연하장
71.학무 72.백학 73.군계일학 74.할거 75.할당
76.할인 77.할증 78.역할 79.함량 80.함축
81.포함 82.함분축원 83.함락 84.함몰

▶ 325쪽
1.결함 2.모함 3.항상 4.항성 5.항시
6.항구적 7.항목 8.각항 9.사항 10.조항
11.반향 12.음향 13.교향악 14.악영향 15.헌금
16.헌납 17.헌신 18.헌혈 19.봉헌 20.현안
21.현판 22.현상금 23.현하지변 24.현미 25.현손
26.현무암 27.천지현황 28.위협 29.협박 30.혜안
31.지혜 32.호기 33.호연지기 34.호각 35.호도
36.호란 37.호환 38.호사유피 39.맹호 40.삼인성호
41.호걸 42.호족 43.호쾌 44.강호 45.호언장담
46.혹성 47.당혹 48.의혹 49.혼령 50.원혼
51.진혼 52.충혼 53.홀대 54.홀연 55.홍수
56.화근 57.전화 58.재화 59.전화위복 60.환기
61.환율 62.환산 63.교환 64.변환 65.환갑
66.환국 67.환급 68.환생 69.귀환 70.황제
71.교황 72.장황 73.옥황상제 74.회개 75.회한
76.후회막급 77.회고 78.회유 79.회의 80.감회
81.술회 82.획책 83.계획 84.구획

▶ 326쪽
1.획일적 2.획득 3.어획 4.횡단 5.횡포
6.횡재 7.전횡 8.희곡 9.희극 10.희화
11.유희 12.희귀 13.희미 14.희박 15.희소
16.고희 17.결별 18.구결 19.비결 20.영결
21.문장 22.지문 23.파문 24.소식 25.소외
26.소원 27.소통 28.친소 29.가공 30.가교
31.가설 32.서가 33.십자가 34.강재 35.강철
36.강판 37.제강 38.철강 39.개연성 40.개마고원
41.구개음화 42.구경 43.반경 44.직경 45.경도

46.경질 47.경화 48.경직 49.강경 50.계관
51.계피 52.월계관 53.격리 54.격차 55.간격
56.원격 57.현격 58.구릉 59.구릉지 60.광란
61.광분 62.광포 63.광풍 64.발광 65.열광
66.멸균 67.무균 68.병균 69.살균 70.세균
71.기수 72.기사 73.기마 74.기병 75.단기
76.당분 77.당도 78.과당 79.유당 80.설탕
81.대금 82.대부 83.대여 84.대차

▶ 327쪽

1.대출 2.도강 3.도래 4.매도 5.부도
6.인도 7.도산 8.도치 9.압도 10.졸도
11.타도 12.도화 13.호도 14.도원결 15.무릉도원
16.동결 17.동사 18.동상 19.동파 20.냉동
21.교량 22.상량 23.양상군자 24.연화 25.연근
26.목련 27.열상 28.결렬 29.분열 30.파열
31.멸렬 32.녹읍 33.관록 34.국록 35.복록
36.뇌관 37.낙뢰 38.피뢰침 39.부화뇌동 40.누계
41.누대 42.누적 43.누진 44.누란지세 45.누락
46.누수 47.누전 48.누출 49.탈루 50.마의
51.채마 52.대마초 53.쾌도난마 54.마멸 55.연마
56.만년 57.만당 58.만추 59.대기만성 60.매체
61.촉매 62.매개체 63.맥주 64.소맥 65.면세
66.면제 67.면죄 68.면직 69.면화 70.묵객
71.묵수 72.묵향 73.수묵화 74.미행 75.말미
76.후미 77.어두육미 78.반석 79.기반 80.소반
81.암반 82.음반 83.발군 84.기발

▶ 328쪽

1.선발 2.해발 3.발본색원 4.방년 5.방명록
6.유방백세 7.녹음방초 8.계보 9.연보 10.악보
11.음보 12.족보 13.복개 14.복계 15.복면
16.반복 17.봉선화 18.용미봉탕 19.부과 20.부여
21.부역 22.천부적 23.부패 24.두부 25.부엽토
26.절치부심 27.불입 28.불하 29.완불 30.지불
31.환불 32.사면 33.사선 34.사시 35.사양
36.경사 37.사족 38.독사 39.장사진 40.용두사미
41.삭감 42.삭발 43.삭제 44.삭탈관직 45.상환
46.보상 47.유상 48.부상 49.상전벽해 50.요새
51.궁색 52.어색 53.발본색원 54.선방 55.선사
56.선종 57.좌선 58.참선 59.소사 60.소주
61.소실 62.전소 63.송사 64.소송 65.쟁송
66.쇄국 67.봉쇄 68.연쇄 69.폐쇄 70.산상수훈
71.수직 72.솔선수범 73.습기 74.습도 75.습식
76.습지 77.아성 78.치아 79.상아탑 80.맥아

81.발아 82.초아 83.검역 84.면역

▶ 329쪽

1.방역 2.홍역 3.연미복 4.염분 5.염소
6.염전 7.식염수 8.염증 9.간염 10.뇌염
11.폐렴 12.폭염 13.와가 14.와옥 15.와당
16.와해 17.청와대 18.완급 19.완충 20.완행
21.완화 22.우모 23.우서 24.우조 25.우화등선
26.위벽 27.위염 28.위장 29.위선 30.위조
31.위증 32.진위 33.허위 34.음란 35.음담
36.임금 37.임대 38.임차 39.무임 40.운임
41.자객 42.자상 43.난자 44.수라 45.자색
46.자주 47.자외선 48.산자수명 49.전각 50.전당
51.전하 52.불전 53.조세 54.조차 55.준조세
56.주물 57.주조 58.주화 59.주전 60.주철
61.주악 62.주청 63.연주 64.취주 65.전주곡
66.주산 67.주옥 68.진주 69.백팔염주 70.주가
71.주식 72.중재 73.중개 74.중추절 75.백중지세
76.지엽 77.금지옥엽 78.진국 79.진단 80.진도
81.내진 82.지진 83.차입 84.차명

▶ 330쪽

1.차용 2.가차 3.착각 4.착란 5.착시
6.착오 7.교착 8.채권 9.채권 10.채무
11.부채 12.사채 13.천도 14.개과천선 15.변천
16.맹모삼천 17.체납 18.체류 19.체불 20.체증
21.정체 22.침체 23.축사 24.가축 25.목축
26.축산업 27.칠기 28.칠판 29.칠흑 30.침수
31.침투 32.탈취 33.탈환 34.강탈 35.수탈
36.생살여탈 37.탕약 38.탕재 39.냉탕 40.열탕
41.온탕 42.토로 43.토사 44.토출 45.토혈
46.실토 47.투명 48.투시 49.투철 50.투과
51.편견 52.편식 53.편애 54.편중 55.편곡
56.편대 57.편성 58.편제 59.개편 60.폐지
61.폐차 62.폐품 63.존폐 64.포수 65.포졸
66.포획 67.생포 68.포도청 69.하물 70.하역
71.하중 72.부하 73.한증막 74.불한당 75.혈거
76.경혈 77.묘혈 78.호혈 79.형평 80.균형
81.연횡 82.도량형 83.황량 84.황야

▶ 331쪽

1.황폐 2.황당 3.파천황 4.흉부 5.흉상
6.흉중 7.심흉

【정답】- 한자어 쓰기

▶ 332쪽

1.佳:人 2.佳:作 3.百年佳約 4.仲秋佳節 5.脚光 6.脚本 7.健:脚 8.馬:脚 9.失脚 10.閣議 11.改:閣 12.內:閣 13.閣下 14.奎章閣 15.刊行 16.近:刊 17.發刊 18.新刊 19.創:刊 20.幹部 21.幹線 22.根幹

▶ 333쪽

1.語:幹 2.主幹 3.懇:曲 4.懇:求 5.懇:切 6.懇:請 7.懇:談會 8.肝:膽 9.肝膽相照 10.九曲肝腸 11.鑑別 12.鑑賞 13.鑑識 14.鑑定 15.明心寶鑑 16.剛健 17.剛斷 18.剛直 9.金剛山 20.外:柔內剛 21.綱領 22.紀綱

▶ 334쪽

1.大:綱 2.要綱 3.三綱五倫 4.介:意 5.介:入 6.仲介人 7.媒介體 8.槪:念 9.槪:論 10.槪:要 11.氣:槪 12.節:槪 13.相距 14.距:離感 15.遠:距離 16.射程距離 17.乾杯 18.乾燥 19.乾草 20.乾魚物 21.劍道

▶ 335쪽

1.帶:劍 2.寶:劍 3.刻舟求劍 4.兼備 5.兼任 6.兼職 7.兼人之勇 8.謙辭 9.謙虛 10.謙讓之德 11.耕作 12.農耕地 13.晝耕夜讀 14.耕地整理 15.頃刻 16.食頃 17.萬頃蒼波 18.契機 19.契約 20.契員 21.默契

▶ 336쪽

1.契丹 2.啓:導 3.啓:蒙 4.啓:發 5.啓:示 6.狀:啓 7.溪谷 8.淸溪川 9.碧溪水 10.機械 11.姑婦 12.姑從 13.姑母夫 14.姑息之計 15.寄稿 16.原稿 17.遺稿 18.脫稿 19.投稿 20.鼓動 21.鼓舞 22.鼓吹

▶ 337쪽

1.勝戰鼓 2.申聞鼓 3.哭聲 4.痛:哭 5.大:聲痛哭 6.深山幽谷 7.谷無虎先生兔 8.供:給 9.佛供 10.提供 11.供:養米 12.供:託金 13.恐:龍 14.可恐 15.恐:水病 16.恐:妻家 17.恭敬 18.恭待 19.恭順 20.貢:納 21.貢:物 22.貢:憲 23.朝貢

▶ 338쪽

1.寡:默 2.寡:少 3.獨寡占 4.衆:寡不敵 5.誇:示 6.誇:張 7.誇:大妄想 8.冠禮 9.金冠 10.弱冠 11.衣冠 12.冠婚喪祭 13.寬大 14.寬容 15.慣例 16.慣習 17.慣用 18.慣行 19.習慣 20.貫通 21.本貫 22.始:終一貫 23.初志一貫

▶ 339쪽

1.開館 2.旅館 3.會:館 4.圖書館 5.博物館 6.壞:滅 7.破:壞 8.怪:奇 9.怪:談 10.怪:力 16.巧言令色 17.較差 18.比:較 19.日較差 20.持久力 21.永:久不變

▶ 340쪽

1.日久月深 2.拘禁 3.拘留 4.拘束 5.拘引 6.拘置所 7.菊花 8.菊版 9.水菊 10.黃菊 11.梅蘭菊竹 12.弓術 13.名弓 14.國弓 15.洋弓 16.拳:銃 17.鐵拳 18.赤手空拳 19.鬼:神 20.鬼:才 21.吸血鬼 22.神出鬼沒

▶ 341쪽

1.克明 2.克己復禮 3.國難克服 4.禽獸 5.家禽 6.猛:禽類 7.心琴 8.彈:琴 9.玄琴 10.錦:江 11.錦上添花 12.錦衣夜行 13.錦衣還鄕 14.及第 15.普:及 16.言及 17.波及 18.及其也 19.企待 20.企圖 21.企劃 22.企業

▶ 342쪽

1.其他 2.其實 3.各其 4.不知其數 5.畿湖學派 6.京畿道 7.祈願 8.祈雨祭 9.祈福信仰 10.緊密 11.緊要 12.緊張 13.緊縮 14.緊急 15.承諾 16.應:諾 17.內:諾 18.受諾 19.許諾 20.乃:至 21.終乃 22.人乃天 23.耐:火 24.忍耐

▶ 343쪽

1.耐:久性 2.耐:熱材 3.康寧 4.安寧 5.奴婢 6.賣:國奴 7.守錢奴 8.腦死 9.頭腦 10.洗:腦 11.首腦 12.腦辛中 13.茶道 14.茶禮 15.綠茶 16.紅茶 17.茶飯事 18.牧丹 19.五色丹靑 20.一片丹心 21.七寶丹粧 22.但:書

423

▶ 344쪽

1.但:只 2.非:但 3.元旦 4.一旦 5.淡:淡
6.淡:白 7.冷:淡 8.淡:水魚 9.踏步 10.踏査
11.踏襲 12.前人未踏 13.唐突 14.唐詩 15.唐四柱
16.臺本 17.燈臺 18.舞:臺 19.寢:臺 20.展:望臺
21.刀劍 22.果:刀

▶ 345쪽

1.短刀 2.寶:刀 3.單刀直入 4.別途 5.開途國
6.途:中下車 7.多用途室 8.陶工 9.陶器 10.陶醉
11.陶藝 12.陶山書院 13.突擊 14.突發 15.突變
16.激突 17.衝突 18.脈絡 19.連絡 20.空欄
21.欄干

▶ 346쪽

1.備:考欄 2.蘭草 3.蘭香 4.佛蘭西 5.金蘭之契
6.廊下 7.行廊 8.畫:廊 9.回廊 10.舍廊房
11.浪:費 12.浪:說 13.激:浪 14.放:浪 15.風浪
16.郞君 17.新郞 18.花郞徒 19.納涼 20.淸凉飮料
21.激:勵 22.督勵 23.奬:勵

▶ 347쪽

1.勉:勵 2.西曆 3.陰曆 4.陽曆 5.冊曆
6.曆法 7.戀:歌 8.戀:慕 9.戀:愛 10.失戀
11.悲:戀 12.聯盟 13.聯想 14.聯合 15.關聯
16.聯立 17.敎鍊 18.精鍊 19.訓:練 20.修鍊
21.鍊金術 22.嶺東

▶ 348쪽

1.嶺南 2.分水嶺 3.大:關嶺 4.靈感 5.靈物
6.靈前 7.靈魂 8.神靈 9.香爐 10.火爐
11.爐邊談話 12.露宿 13.露天 14.露出 15.發露
16.暴露 17.弄:談 18.才弄 19.戱弄 20.信:賴
21.依賴 22.無賴漢

▶ 349쪽

1.樓上 2.樓臺 3.望:樓 4.樓閣 5.城樓
6.倫理 7.不倫 8.五:倫 9.天倫 10.人倫
11.絶倫 12.栗谷 13.生栗 14.率直 15.輕率
16.統率 17.能率 18.比:率 19.隆起 20.隆盛
21.隆崇 22.陵園 23.王陵

▶ 350쪽

1.陵辱 2.陵墓 3.吏:讀 4.吏:房 5.官吏
6.淸白吏 7.履:修 8.履:行 9.履:歷書 10.不履行
11.裏:面 12.裏:書 13.腦裏 14.表裏不同 15.臨迫
16.降臨 17.臨時變通 18.臨戰無退 19.幕舍 20.字幕
21.閉幕 22.天幕

▶ 351쪽

1.黑幕 2.漠漠 3.沙漠 4.漠然 5.莫重
6.莫强 7.莫上莫下 8.莫逆之友 9.妄:覺 10.妄:發
11.妄:想 12.妄:言 13.虛妄 14.梅實 15.梅花
16.寒梅 17.雪中梅 18.孟:子 19.孟:春 20.孔:孟
21.虛無孟浪 22.猛:犬 23.猛:烈

▶ 352쪽

1.猛:獸 2.猛:威 3.勇:猛 4.盲點 5.盲從
6.文盲 7.盲信 8.盲目的 9.盟約 10.盟主
11.同盟 12.血盟 13.加盟店 14.冬:眠 15.永:眠
16.休眠 17.不眠 18.綿絲 19.純綿 20.綿織物
21.周到綿密 22.滅亡 23.滅族

▶ 353쪽

1.破:滅 2.滅私奉公 3.銘心 4.感:銘 5.碑銘
6.座:右銘 7.慕:情 8.思慕 9.崇慕 10.愛:慕
11.追慕 12.謀略 13.謀反 14.謀事 15.圖謀
16.陰謀 17.貌樣 18.面:貌 19.外:貌 20.容貌
21.風貌 22.親睦 23.和睦

▶ 354쪽

1.沒頭 2.沒落 3.沒殺 4.出沒 5.沒知覺
6.夢:想 7.解:夢 8.同床異夢 9.一場春夢 10.蒙古
11.蒙恩 12.童蒙先 13.訓蒙字會習 14.茂:林 15.茂:盛
16.貿:易 17.密貿易 18.默念 19.默禮 20.默想
21.默認 22.沈默

▶ 355쪽

1.勿論 2.勿忘草 3.勿失好機 4.微動 5.微量
6.微細 7.微笑 8.輕微 9.機微 10.刻薄
11.輕薄 12.薄利多賣 13.佳人薄命 14.迫頭 15.迫害
16.急迫 17.壓迫 18.切迫 19.萬:般 20.全:般
21.般若心經 22.彼此一般 23.飯店

▶ 356쪽

1.飯酒 2.朝飯 3.飯床器 4.培:養 5.水耕栽培
6.排球 7.排除 8.排氣 9.排出 10.排他的
11.輩:出 12.年輩 13.後輩 14.不良輩 15.暴力輩
16.伯父 17.伯氏 18.道伯 19.畫:伯 20.伯仲之勢
21.繁盛

▶ 357쪽

1.繁榮 2.繁雜 3.繁華 4.農繁期 5.凡:例
6.凡:常 7.凡失 8.非:凡 9.平凡 10.碧眼
11.碧空 12.碧昌牛 13.丙:科 14.丙:亂 15.丙子胡亂
16.補:修 17.補:藥 18.補:完 19.補:助 20.補:充
21.腹案 22.空腹 23.面:從腹背

▶ 358쪽

1.封書 2.封合 3.開封 4.同封 5.密封
6.主峯 7.連峰 8.靈峰 9.最:高峰 10.逢變
11.逢:着 12.相逢 13.交付 14.納付 15.發付
16.配付 17.反:對給付 18.浮刻 19.浮力 20.浮上
21.浮沈 22.浮動票

▶ 359쪽

1.扶助 2.相扶相助 3.扶養家族 4.符:合 5.符:號
6.符節 7.名實相符 8.名簿 9.帳簿 10.家計簿
11.學籍簿 12.附:加 13.附:近 14.寄附 15.阿附
16.時限附 17.奔走 18.東奔西走 19.自由奔放 20.奮起
21.奮:發 22.興奮 23.孤軍奮鬪

▶ 360쪽

1.紛亂 2.紛紛 3.紛失 4.紛爭 5.內紛
6.卑:屈 7.卑:近 8.男尊女卑 9.登高自卑 10.王妃
11.貴妃 12.大:妃 13.太子妃 14.侍:婢 15.肥:大
16.肥:料 17.肥:滿 18.天高馬肥 19.司徒 20.司法
21.司會

▶ 361쪽

1.司令塔 2.沙果 3.沙器 4.黃沙 5.沙上樓閣
6.告祀 7.祭:祀 8.邪惡 9.邪心 10.邪道
11.奸邪 12.思無邪 13.歌詞 14.動:詞 15.品:詞
16.代:名詞 17.森嚴 18.森林谷 19.森羅萬象 20.群像

▶ 362쪽

1.銅像 2.佛像 3.想像 4.假:想 5.喪失
6.喪事 7.喪:妻 8.問:喪 9.初喪 10.尙:武
11.高尙 12.崇尙 13.時機尙早 14.衣裳 15.綠衣紅裳
16.同價紅裳 17.詳細 18.詳述 19.未詳 20.霜降
21.星霜

▶ 363쪽

1.秋霜 2.風霜 3.雪上加霜 4.索引 5.索出
6.檢索 7.思索 8.探索 9.徐:行 10.徐氏
11.徐羅伐 12.容:恕 13.忠恕 14.緖:論 15.端緖
16.頭緖 17.情緖 18.署:名 19.署:長 20.部署
21.官公署

▶ 364쪽

1.惜別 2.惜敗 3.哀惜 4.買:占賣惜 5.釋放
6.解:釋 7.稀釋 8.手不釋卷 9.旋律 10.旋回
11.周旋 12.扇風機 13.蘇復 14.蘇生 15.告:訴
16.上:訴 17.被:訴 18.抗:訴 19.呼訴 20.刷:新

▶ 365쪽

1.印刷 2.衰弱 3.衰退 4.老:衰 5.興:亡盛衰
6.將:帥 7.總:帥 8.大:元帥 9.統:帥權 10.壽宴
11.壽命 12.長壽 13.天壽 14.祝壽 15.愁心
16.哀愁 17.鄕愁 18.百獸 19.野獸 20.鳥獸
21.人面獸心 22.殊常

▶ 366쪽

1.特殊 2.輸送 3.輸血 4.輸出 5.密輸
6.運:輸 7.隨時 8.隨筆 9.隨行 10.夫唱婦隨
11.需給 12.需要 13.特需 14.婚需 15.內:需
16.淑女 17.私淑 18.貞淑 19.熟達 20.熟讀
21.熟語

▶ 367쪽

1.成熟 2.熟考 3.巡訪 4.巡視 5.巡察
6.巡禮者 7.上旬 8.初旬 9.中旬 10.下旬
11.六旬 12.瞬間 13.一瞬 14.瞬息間 15.口:述
16.代:名詞 17.論述 18.著:述 19.陳:述 20.拾得
21.拾萬 22.收拾

425

► 368쪽

1.襲擊 2.急襲 3.世:襲 4.逆襲 5.因襲
6.僧舞 7.僧服 8.高僧 9.女僧 10.老:僧
11.乘降 12.乘客 13.乘馬 14.便乘 15.加減乘除
16.昇格 17.昇級 18.昇段 19.昇華 20.昇降機
21.侍:女 22.侍:從

► 369쪽

1.內:侍 2.假:飾 3.服飾 4.裝飾 5.修飾
6.虛禮虛飾 7.愼:獨 8.愼:重 9.審:理 10.審査
11.審:議 12.審:判 13.豫:審 14.甚:難 15.極甚
16.甚至於 17.雙方 18.雙曲線 19.變化無雙 20.首尾雙關

► 370쪽

1.亞:流 2.亞聖 3.亞細亞 4.亞:熱帶 5.我:國
6.我:執 7.物我一體 8.我:田引水 9.雅:量 10.雅:趣
11.雅號 12.端雅 13.優雅 14.阿片 15.阿房宮
16.曲學阿世 17.西岸 18.江岸 19.彼:岸 20.海:岸線

► 371쪽

1.顔色 2.顔:面 3.童:顔 4.破:顔大笑 5.巖壁
6.巖石 7.巖刻畫 8.奇巖怪石 9.崇仰 10.信:仰
11.推仰 12.仰:天大笑 13.中央 14.哀願 15.哀歡
16.悲:哀 17.喜怒哀樂 18.若干 19.萬:若 20.明若觀火
21.泰然自若

► 372쪽

1.土壤 2.擊:壤歌 3.鼓腹擊壤 4.天壤之差 5.抑揚
6.止揚 7.揚水機 8.立身揚名 9.讓:步 10.讓:位
11.辭讓 12.御:命 13.御:使 14.御:醫 15.御:前
16.制:御 17.記憶 18.追憶 19.抑留 20.抑壓
21.抑制

► 373쪽

1.抑止 2.亦是 3.役軍 4.役事 5.役割
6.兵役 7.服役 8.譯者 9.國譯 10.誤:譯
11.完譯 12.直譯 13.驛舍 14.驛長 15.驛前
16.終着驛 17.宴:會 18.酒宴 19.送:別宴 20.回甲宴
21.沿道 22.沿邊

► 374쪽

1.沿岸 2.沿海 3.沿:革 4.軟:性 5.軟:弱
6.柔軟性 7.軟:體動物 8.悅樂 9.喜悅 10.染:料
11.感:染 12.染:色體 13.傳染病 14.影:像 15.影:印
16.影:響 17.近:影 18.投影 19.榮譽 20.名譽
21.覺:悟

► 375쪽

1.大:悟 2.烏竹 3.三足烏 4.烏合之卒 5.獄死
6.監獄 7.地獄 8.投獄 9.下獄 10.欲求
11.慾望 12.欲情 13.欲速不達 14.慾心 15.過慾
16.禁慾 17.食慾 18.野慾 19.辱說 20.困:辱
21.屈辱 22.雪辱

► 376쪽

1.榮辱 2.偶:發 3.偶:像 4.偶:然 5.配:偶者
6.宇:宙 7.愚弄 8.愚直 9.愚公移山 10.愚問賢答
11.憂慮 12.憂愁 13.內:憂外患 14.識字憂患 15.韻:律
16.韻:文 17.韻:致 18.餘韻 19.音韻 20.越冬
21.越等

► 377쪽

1.優越 2.卓越 3.所:謂 4.幼年 5.幼兒
6.幼蟲 7.長:幼有序 8.幽靈 9.幽明 10.幽閉
11.深山幽谷 12.柔道 13.柔順 14.柔弱 15.優柔不斷
16.悠久 17.悠悠自適 18.猶豫 19.裕:福 20.餘裕
21.維新 22.維持

► 378쪽

1.維歲次 2.進:退維谷 3.誘發 4.誘引 5.誘惑
6.誘導 7.勸:誘 8.潤:氣 9.潤:色 10.潤:澤
11.利:潤 12.甲男乙女 13.乙巳條約 14.已往 15.不得已
16.已:往之事 17.左:翼 18.右:翼 19.鶴翼陣 20.忍苦
21.忍耐 22.忍辱

► 379쪽

1.殘忍 2.逸脫 3.逸品 4.逸話 5.安逸
6.壬:方 7.慈堂 8.慈悲 9.慈善 10.慈愛
11.仁慈 12.暫間 13.暫:時 14.暫:定的 15.潛伏
16.潛水 17.潛入 18.潛在 19.潛行 20.丈:母
21.丈:夫 22.春府丈

▶ 380쪽

1.氣高萬丈 2.管掌 3.合掌 4.如反掌 5.拍掌大笑
6.治粧 7.化粧 8.銀粧刀 9.七寶丹粧 10.莊嚴
11.莊重 12.別莊 13.山莊 14.葬:禮 15.葬:儀
16.葬:事 17.國葬 18.暗:葬 19.藏:書 20.秘:藏
21.所:藏

▶ 381쪽

1.收藏 2.貯藏 3.臟:器 4.內:臟 5.心臟
6.五:臟 7.栽:培 8.裁可 9.裁斷 10.裁量
11.裁定 12.決裁 13.記載 14.登載 15.連載
16.積載 17.千載一遇 18.抵:當 19.抵:觸 20.抵抗
21.大:抵

▶ 382쪽

1.著:名 2.著:書 3.著:者 4.共著 5.著作
6.寂寞 7.入寂 8.靜寂 9.閑寂 10.摘發
11.摘示 12.摘出 13.指摘 14.警:笛 15.汽笛
16.胡笛 17.鼓笛隊 18.遺跡 19.人跡 20.足跡
21.追跡 22.筆跡 23.古:蹟

▶ 383쪽

1.奇蹟 2.史:蹟 3.漸:漸 4.漸:次 5.漸:進的
6.漸:入佳境 7.油井 8.井邑詞 9.市:井間 10.亭子
11.八角亭 12.征伐 13.征服 14.出征 15.長征
16.遠征隊 17.法廷 18.朝廷 19.休廷 20.精潔
21.淨化

▶ 384쪽

1.西方淨土 2.貞潔 3.貞節 4.貞操 5.不貞
6.忠貞 7.頂上 8.頂點 9.登頂 10.山頂
11.絶頂 12.諸君 13.諸般 14.諸子百家 15.日居月諸
16.齊唱 17.一齊 18.修身齊家 19.吉兆 20.亡:兆
21.前兆 22.凶兆

▶ 385쪽

1.照:明 2.照:準 3.對:照 4.落照 5.參照
6.縱斷 7.放:縱 8.縱橫無盡 9.坐:視 10.對:坐
11.坐:不安席 12.坐:井觀天 13.宇宙船 14.美洲 15.三角洲
16.六大洲 17.石柱 18.電:柱 19.四柱八字 20.卽刻
21.卽決

▶ 386쪽

1.卽死 2.卽席 3.卽時 4.曾孫子 5.曾祖父
6.未:曾有 7.憎惡 8.可:憎 9.愛:憎 10.症:狀
11.症勢 12.痛症 13.不感症 14.蒸氣 15.蒸發
16.易地思之 17.人之常情 18.左:之右:之 19.電池 20.天池
21.乾電池

▶ 387쪽

1.貯:水池 2.振:動 3.振:作 4.振:興 5.辰韓
6.日辰 7.生辰 8.北辰 9.星辰 10.陳:列
11.陳:設 12.陳:情書 13.新陳代謝 14.鎭:壓 15.鎭:重
16.鎭:火 17.重:鎭 18.鎭:痛 19.秩序 20.疾病
21.疾視

▶ 388쪽

1.疾走 2.疾風 3.疾患 4.執權 5.執念
6.執刀 7.執務 8.執着 9.徵收 10.徵表
11.徵候 12.象徵 13.特徵 14.此際 15.此後
16.如此 17.此日彼日 18.贊:同 19.贊:反 20.贊:成
21.贊:助 22.倉:庫

▶ 389쪽

1.穀倉 2.彈:倉 3.倉:辛間 4.昌:盛 5.昌原
6.昌寧 7.昌:德宮 8.蒼空 9.蒼白 10.古色蒼然
11.億兆蒼生 12.彩色 13.彩:雲 14.光彩 15.文彩
16.水彩畵 17.菜:食 18.山菜 19.野:菜 20.計策
21.對:策 22.妙:策

▶ 390쪽

1.方策 2.秘:策 3.妻家 4.妻男 5.妻弟
6.夫妻 7.惡妻 8.開拓 9.拓本 10.干拓地
11.外:戚 12.親戚 13.尺度 14.越尺 15.三尺童子
16.淺:薄 17.淺:學 18.日淺 19.深:淺 20.賤:待
21.賤:民 22.賤:視

▶ 391쪽

1.貴:賤 2.貧賤 3.實踐 4.哲人 5.明哲保身
6.徹夜 7.徹底 8.貫徹 9.徹天之恨 10.礎石
11.基礎 12.定:礎 13.肖像 14.不肖 15.肖像畵
16.超過 17.超然 18.超越 19.超人 20.超脫
21.促求 22.促迫

427

▶ 392쪽

1.促成 2.促進 3.督促 4.觸覺 5.觸角
6.觸手 7.感:觸 8.接觸 9.催:告 10.催:眠
11.開催 12.主催 13.追加 14.追擊 15.追念
16.追求 17.追窮 18.衝擊 19.折衝 20.要衝
21.左:衝右突 22.吹:入

▶ 393쪽

1.吹:打 2.吹:笛 3.醉:客 4.醉:氣 5.滿醉
6.醉:生夢死 7.側近 8.側面 9.兩:側 10.右:側
11.價:値 12.數:値 13.恥部 14.恥事 15.恥辱
16.厚:顏無恥 17.稚魚 18.稚氣 19.幼稚園 20.沈降
21.沈沒 22.沈潛

▶ 394쪽

1.沈着 2.沈氏 3.佛塔 4.金字塔 5.多寶塔
6.泰斗 7.泰然 8.泰山北斗 9.國泰民安 10.殆半
11.危殆 12.光澤 13.德澤 14.恩澤 15.平澤
16.惠:澤 17.兎先生 18.版木 19.原版 20.再:版
21.初版

▶ 395쪽

1.出版 2.片:紙 3.斷片 4.破:片 5.一葉片舟
6.弊端 7.弊習 8.弊害 9.語:弊 10.病:弊
11.肺:炎 12.肺活量 13.浦口 14.南浦 15.楓林
16.丹楓 17.霜楓 18.彼:此 19.彼:我間 20.知彼知己

▶ 396쪽

1.皮革 2.毛皮 3.脫皮 4.草根木皮 5.被:擊
6.被:告 7.被:服 8.被:殺 9.被:害 10.畢竟
11.畢生 12.未:畢 13.兵役畢 14.何等 15.何必
16.何如歌 17.抑何心情 18.賀客 19.賀禮 20.祝賀
21.致:賀

▶ 397쪽

1.年賀狀 2.鶴舞 3.白鶴 4.鶴首苦待 5.群鷄一鶴
6.割據 7.割當 8.割引 9.割增 10.役割
11.含量 12.含蓄 13.包含 14.含憤蓄怨 15.陷落
16.陷:沒 17.缺陷 18.謀陷 19.恒常 20.恒星
21.恒時

▶ 398쪽

1.恒久的 2.項:目 3.各項 4.事:項 5.條項
6.反:響 7.音響 8.交響樂 9.惡影響 10.獻:金
11.獻:納 12.獻:身 13.獻:血 14.奉:獻 15.懸:案
16.懸:板 17.懸:賞金 18.懸可之辯 19.玄米 20.玄孫
21.玄武岩 22.天地玄黃

▶ 399쪽

1.威脅 2.脅迫 3.慧:眼 4.智慧 5.浩氣
6.浩:然之氣 7.胡角 8.胡桃 9.胡亂 10.虎:患
11.猛虎 12.虎死留皮 13.三人成虎 14.豪傑 15.豪族
16.豪快 17.强豪 18.豪言壯談 19.惑星 20.當惑
21.疑惑

▶ 400쪽

1.魂靈 2.怨:魂 3.鎭:魂 4.忠魂 5.忽待
6.忽然 7.洪水 8.洪範十四條 9.禍:根 10.戰:禍
11.災禍 12.轉禍爲福 13.換:氣 14.換:率 15.換算
16.交換 17.變:換 18.還甲 19.還國 20.還給
21.還生 22.歸:還

▶ 401쪽

1.皇帝 2.敎:皇 3.張皇 4.玉皇上帝 5.悔:改
6.悔:恨 7.後:悔莫及 8.懷古 9.懷柔 10.懷疑
11.感:懷 12.述懷 13.劃策 14.計:劃 15.區劃
16.劃一的 17.獲得 18.漁獲 19.橫斷 20.橫暴
21.橫材 22.專橫

▶ 402쪽

1.戲曲 2.戲劇 3.戲畫 4.遊戲 5.稀貴
6.稀微 7.稀薄 8.稀少 9.古:稀 10.架空
11.架橋 12.架設 13.書架 14.十字架 15.鋼材
16.鋼鐵 17.鋼板 18.製:鋼 19.鐵鋼 20.蓋:然性
21.蓋:馬高原 22.口:蓋音化

▶ 403쪽

1.口:徑 2.半:徑 3.直徑 4.硬度 5.硬質
6.硬化 7.硬直 8.强硬 9.桂:冠 10.桂:皮
11.月桂冠 12.丘陵 13.丘陵地 14.滅菌 15.無菌
16.病:菌 17.殺菌 18.細:菌 19.百八念珠 20.鑄貨
21.地震 22.滯留

▶ 404쪽

1.騎手 2.騎士 3.騎馬 4.騎兵 5.單騎
6.泥田 7.糖分 8.糖度 9.果:糖 10.乳糖
11.雪糖 12.貸:金 13.貸:付 14.貸:與 15.貸:借
16.貸:出 17.倒:産 18.倒:置 19.壓倒 20.卒倒
21.打:倒 22.渡江 23.渡來 24.賣:渡

▶ 405쪽

1.不渡 2.引渡 3.桃園結義 4.桃花 5.胡桃
6.武陵桃源 7.凍:結 8.凍:死 9.凍:傷 10.凍:破
11.冷:凍 12.橋梁 13.上:梁 14.梁上君子 15.蓮花
16.蓮根 17.木蓮 18.裂傷 19.決裂 20.分裂
21.破裂 22.滅裂

▶ 406쪽

1.祿邑 2.官祿 3.國祿 4.福祿 5.雷管
6.落雷 7.避:雷針 8.附:和雷同 9.漏:落 10.漏:水
11.漏:電 12.漏:出 13.脫漏 14.累:計 15.累:代
16.累:積 17.累:進 18.累:卵之勢 19.麻衣 20.菜:麻
21.大:麻草 22.快刀亂麻

▶ 407쪽

1.磨滅 2.鍊:磨 3.晚:年 4.晚:唐 5.晚:秋
6.大:器晚成 7.媒體 8.觸媒 9.媒介體 10.麥酒
11.小麥 12.免:稅 13.免:除 14.免:罪 15.免:職
16.免:禍 17.墨客 18.墨守 19.墨香 20.水墨畫
21.尾行 22.末尾

▶ 408쪽

1.後:尾 2.魚頭肉尾 3.盤石 4.基盤 5.小:盤
6.巖盤 7.音盤 8.拔群 9.奇拔 10.選:拔
11.海拔 12.芳年 13.芳名錄 14.流芳百世 15.綠陰芳草
16.系:譜 17.年譜 18.樂譜 19.音譜 20.族譜
21.鳳:仙花 22.龍味鳳湯

▶ 409쪽

1.腐:敗 2.豆腐 3.腐:葉土 4.切齒腐心 5.斜面
6.斜線 7.斜視 8.斜陽 9.傾斜 10.蛇足
11.毒蛇 12.長蛇陣 13.龍頭蛇尾 14.削減 15.削髮
16.削除 17.反覆 18.削奪官職 19.償還 20.報:償
21.有:償 22.扶桑

▶ 410쪽

1.桑田碧海 2.要塞 3.窮塞 4.語:塞 5.禪房
6.禪師 7.禪宗 8.坐:禪 9.參禪 10.燒死
11.燒酒 12.燒失 13.全燒 14.訟:事 15.訴訟
16.爭訟 17.鎖:國 18.封鎖 19.連鎖 20.閉:鎖
21.濕氣 22.濕度 23.濕式

▶ 411쪽

1.濕地 2.牙城 3.齒牙 4.象牙塔 5.麥芽
6.發芽 7.草芽 8.檢:疫 9.免:疫 10.防疫
11.紅疫 12.燕:尾服 13.炎症 14.肝:炎 15.腦炎
16.肺:炎 17.暴炎 18.鹽分 19.鹽素 20.鹽田
21.食鹽水

▶ 412쪽

1.瓦:家 2.瓦:屋 3.瓦:當 4.瓦:解 5.靑瓦臺
6.緩:急 7.緩衝 8.緩:行 9.緩:和 10.羽:毛
11.羽:書 12.羽:調 13.羽:化登仙 14.僞善 15.僞造
16.僞證 17.眞僞 18.虛僞 19.胃壁 20.胃炎
21.胃腸 22.淫亂 23.淫談 24.賃:金

▶ 413쪽

1.賃:貸 2.賃:借 3.無賃 4.運:賃 5.刺:客
6.刺:傷 7.亂:刺 8.水刺 9.紫:色 10.紫:朱
11.紫外線 12.山紫水明 13.租稅 14.租借 15.株價
16.株式 17.仲:裁 18.仲:介 19.仲:秋節 20.伯仲之勢
21.枝葉 22.金枝玉葉 23.借:入

▶ 414쪽

1.借:名 2.借:用 3.假:借 4.錯覺 5.錯視
6.錯誤 7.交錯 8.債:券 9.債:權 10.債:務
11.負:債 12.私債 13.遷:都 14.變:遷 15.改:過遷善
16.孟:母三遷 17.畜舍 18.家畜 19.牧畜 20.畜産業
21.漆器 22.漆板 23.漆黑

▶ 415쪽

1.浸:水 2.浸:透 3.奪取 4.奪還 5.强:奪
6.收奪 7.生殺與奪 8.湯:藥 9.冷湯 10.熱湯
11.溫湯 12.吐:露 13.吐:血 14.實吐 15.透明
16.透視 17.透徹 18.透過 19.編曲 20.編隊
21.編成 22.編制

▶ 416쪽

1.改:編 2.廢:止 3.廢:車 4.廢:品 5.存廢
6.捕:手 7.捕:卒 8.捕:獲 9.生捕 10.捕盜廳
11.荷:物 12.荷:役 13.荷:重 14.負:荷 15.汗:蒸幕
16.不汗黨 17.穴居 18.墓:穴 19.虎:穴 20.荒涼
21.荒野 22.荒廢 23.荒唐

▶ 417쪽

1.破:天荒 2.胸部 3.胸像 4.胸中 5.心胸

429

♣ 다음 반의어(反義語 = 뜻이 서로 반대되거나 상대인 한자)를 써 보시오.

• 강유(剛柔) : 굳셈과 부드러움.	剛 柔			
	굳셀 **강** / 부드러울 **유**			
• 건습(乾濕) : 마름과 젖음.	乾 濕			
	마를 **건** / 젖을 **습**			
• 고부(姑婦) : 시어머니와 며느리.	姑 婦			
	시어미 **고** / 며느리 **부**			
• 귀천(貴:賤) : 귀함과 천함.	貴 賤			
	귀할 **귀** / 천할 **천**			
• 단석(旦夕) : 아침과 저녁.	旦 夕			
	아침 **단** / 저녁 **석**			
• 대차(貸:借) : 꾸어 줌과 꾸어 옴.	貸 借			
	빌릴 **대** / 빌릴 **차**			
• 복배(腹背) : 앞면과 뒷면.	腹 背			
	배 **복** / 등 **배**			
• 부처(夫妻) : 남편과 아내.	夫 妻			
	지아비 **부** / 아내 **처**			

♣ 다음 반의어(反義語 = 뜻이 서로 반대되거나 상대인 한자)를 써 보시오.

• 부침(浮沈) : 성함과 쇠함.	浮沈 뜰 부 / 잠길 침			
• 성쇠(盛衰) : 성함과 쇠퇴함.	盛衰 성할 성 / 쇠할 쇠			
• 수급(需給) : 수요와 공급.	需給 쓰일 수 / 줄 급			
• 수미(首尾) : 사물의 머리와 꼬리.	首尾 머리 수 / 꼬리 미			
• 승강(昇降) : 오르고 내림.	昇降 오를 승 / 내릴 강			
• 심천(深淺) : 깊음과 얕음.	深淺 깊을 심 / 얕을 천			
• 애증(愛憎) : 사랑과 미움.	愛憎 사랑 애 / 미울 증			
• 애환(哀歡) : 슬픔과 기쁨.	哀歡 슬플 애 / 기쁠 환			

♣ 다음 반의어(反義語 = 뜻이 서로 반대되거나 상대인 한자)를 써 보시오.

• 억양(抑揚) : 억누르기도 하고 칭찬하기도 함. 누를 **억** / 날릴 **양**	抑 揚		
• 영욕(榮辱) : 영예와 치욕. 영화 **영** / 욕될 **욕**	榮 辱		
• 완급(緩:急) : 느림과 빠름. 느릴 **완** / 급할 **급**	緩 急		
• 유명(幽明) : 저승과 이승. 저승 **유** / 이승 **명**	幽 明		
• 임면(任:免) : 임명과 해임. 맡길 **임** / 면할 **면**	任 免		
• 장유(長:幼) : 어른과 어린이. 어른 **장** / 어릴 **유**	長 幼		
• 조만(早:晚) : 이름과 늦음. 이를 **조** / 늦을 **만**	早 晚		
• 존비(尊卑) : 신분·지위 따위의 높음과 낮음. 높을 **존** / 낮을 **비**	尊 卑		

♣ 다음 반의어(反義語 = 뜻이 서로 반대되거나 상대인 한자)를 써 보시오.

• 존폐(存廢) : 보존과 폐지.	存 廢 있을 존 / 폐할 폐		
• 종횡(縱橫) : 세로와 가로.	縱 橫 세로 종 / 가로 횡		
• 중과(衆:寡) : 수효의 많음과 적음.	衆 寡 무리 중 / 적을 과		
• 진위(眞僞) : 참과 거짓.	眞 僞 참 진 / 거짓 위		
• 찬반(贊反) : 찬성과 반대.	贊 反 도울 찬 / 반대할 반		
• 출몰(出沒) : 나타났다가 없어졌다가 함.	出 沒 날 출 / 빠질 몰		
• 표리(表裏) : 겉과 속.	表 裏 겉 표 / 속 리		
• 피골(皮骨) : 살가죽과 뼈	皮 骨 가죽 피 / 뼈 골		

♣ 다음 반의어(反義語 = 뜻이 서로 반대되거나 상대인 한자)를 써 보시오.

• 피아(彼:我) : 그와 나. 또는, 저편과 이편.	彼 我 저 **피** 나 **아**			
• 피차(彼:此) : 이것과 저것. 이편과 저편의 양편.	彼 此 저 **피** 이 **차**			
• 현우(賢愚) : 현명함과 어리 석음.	賢 愚 어질 **현** 어리석을 **우**			
• 화복(禍:福) : 재화와 복록.	禍 福 재앙 **화** 복 **복**			
• 후박(厚:薄) : 후함과 박함.	厚 薄 두터울 **후** 엷을 **박**			

♣ 다음 반의한자어(反義漢字語)를 써 보시오.

• 가공(架空) : 근거 없음.	架空 시렁 가 / 빌 공			
• 실재(實在) : 현실에 존재함.	實在 참될 실 / 있을 재			
• 가해(加害) : 남의 생명·신체·명예·재산 등에 해를 끼침.	加害 더할 가 / 해할 해			
• 피해(被:害) : 생명·신체·명예·재산따위에 손해를 입음.	被害 입을 피 / 해할 해			
• 강건(剛健) : 의지나 기상이 굳세고 건전함.	剛健 굳셀 강 / 굳셀 건			
• 유약(柔弱) : 부드럽고 약함.	柔弱 부드러울 유 / 약할 약			
• 강경(强硬) : 굳세게 버티어 굽히지 아니함.	强硬 강할 강 / 굳을 경			
• 유화(柔和) : 부드럽고 온화함.	柔和 부드러울 유 / 화할 화			

♣ 다음 반의한자어(反義漢字語)를 써 보시오.

• **개방**(開放) : 열어 놓음.	開 放 열 개 / 놓을 방		
• **폐쇄**(閉:鎖) : 외부와 문화적·정신적 교류를 끊음.	閉 鎖 닫을 폐 / 쇠사슬 쇄		
• **거대**(巨:大) : 엄청나게 큼.	巨 大 클 거 / 큰 대		
• **미소**(微小) : 아주 작음.	微 小 작을 미 / 작을 소		
• **거절**(拒:絶) : 요구 등을 받아들이지 아니하고 물리침.	拒 絶 막을 거 / 끊을 절		
• **승낙**(承諾) : 청하는 바를 들어 줌.	承 諾 이을 승 / 허락할 낙		
• **건설**(建:設) : 건물이나 시설 등을 새로 세움.	建 設 세울 건 / 베풀 설		
• **파괴**(破:壞) : 깨뜨리어 헐어 버림.	破 壞 깨뜨릴 파 / 무너질 괴		

♣ 다음 반의한자어(反義漢字語)를 써 보시오.

• 검약(儉:約) : 낭비하지 아니하고 아끼어 씀.	儉 約 검소할 검 / 맺을 약			
• 낭비(浪:費) : 재물·시간 따위를 헛되이 해프게 씀.	浪 費 물결 랑 / 쓸 비			
• 경솔(輕率) : 말이나 행동이 조심성이 없이 가벼움.	輕 率 가벼울 경 / 거느릴 솔			
• 신중(愼:重) : 매우 조심스러움.	愼 重 삼갈 신 / 무거울 중			
• 공급(供:給) : 물건을 제공하여 줌.	供 給 이바지할 공 / 줄 급			
• 수요(需要) : 필요하여 얻고자 함.	需 要 쓰일 수 / 구할 요			
• 구금(拘禁) : 어떤 장소에 가두어 신체를 구속하는 일.	拘 禁 잡을 구 / 금할 금			
• 석방(釋放) : 법에 의해 구속된 사람을 자유롭게 함.	釋 放 풀 석 / 놓을 방			

♣ 다음 반의한자어(反義漢字語)를 써 보시오.

• 구속(拘束) : 행동이나 의사의 자유를 제한함.	拘 束 잡을 구 / 묶을 속		
• 방면(放:免) : 용서하여 놓아줌.	放 免 놓을 방 / 면할 면		
• 굴복(屈服) : 힘이 모자라서 굽히어 복종함.	屈 服 굽힐 굴 / 좇을 복		
• 저항(抵:抗) : 권위·구도덕 따위에 따르지 아니하고 버팀.	抵 抗 막을 저 / 겨룰 항		
• 급행(急行) : 급히 감.	急 行 급할 급 / 다닐 행		
• 완행(緩行) : 느리게 감.	緩 行 느릴 완 / 다닐 행		
• 기발(奇拔) : 유달리 재치 있게 뛰어남.	奇 拔 기특할 기 / 뽑을 발		
• 평범(平凡) : 뛰어나거나 색다른 점이 없어 보통임.	平 凡 보통 평 / 평범할 범		

438

♣ 다음 반의한자어(反義漢字語)를 써 보시오.

• 냉동(冷凍) : 냉각시켜서 얼림.	冷 凍 찰 랭　얼 동		
• 해동(解凍) : 얼었던 것이 녹아서 풀림.	解 凍 풀 해　얼 동		
• 노련(老:練) : 오랫동안 경험을 쌓아 익숙하고 능란함.	老 練 익숙할 로　익힐 련		
• 미숙(未:熟) : 일에 익지 못하여 서투름.	未 熟 아닐 미　익을 숙		
• 멸망(滅亡) : 망하여 없어짐.	滅 亡 멸할 멸　망할 망		
• 융흥(隆興) : 형세가 세차게 일어남.	隆 興 높을 륭　일 흥		
• 명예(名譽) : 뛰어남을 인정받는 어엿한 이름이나 자랑.	名 譽 이름 명　기릴 예		
• 치욕(恥辱) : 부끄러움과 욕됨.	恥 辱 부끄러울 치　욕될 욕		

♣ 다음 반의한자어(反義漢字語)를 써 보시오.

• 백발(白髮) : 하얗게 센 머리털.	白髮 흰 백 / 터럭 발			
• 홍안(紅顏) : 젊고 혈색이 좋은 얼굴.	紅顏 붉을 홍 / 얼굴 안			
• 부귀(富:貴) : 재산이 많고 지위가 높음.	富貴 부자 부 / 귀할 귀			
• 빈천(貧賤) : 가난하고 천함.	貧賤 가난할 빈 / 천할 천			
• 부유(富:裕) : 재물이 넉넉함.	富裕 부자 부 / 넉넉할 유			
• 빈궁(貧窮) : 가난하고 군색함.	貧窮 가난할 빈 / 궁할 궁			
• 분쟁(紛爭) : 말썽을 일으키어 시끄럽게 다툼.	紛爭 어지러울 분 / 다툴 쟁			
• 화해(和解) : 다툼질을 그치고 서로 감정을 풂.	和解 화할 화 / 풀 해			

♣ 다음 반의한자어(反義漢字語)를 써 보시오.

• 비범(非凡) : 보통 수준보다 훨씬 뛰어남.	非 凡 아닐 비 / 평범할 범		
• 평범(平凡) : 뛰어나거나 색다른 점이 없어 보통임.	平 凡 보통 평 / 평범할 범		
• 비애(悲哀) : 슬픔과 설움.	悲 哀 슬플 비 / 슬플 애		
• 환희(歡喜) : 즐겁고 기쁨.	歡 喜 기쁠 환 / 기쁠 희		
• 상실(喪失) : 잃어버림.	喪 失 잃을 상 / 잃을 실		
• 획득(獲得) : 얻어서 가짐.	獲 得 얻을 획 / 얻을 득		
• 영혼(靈魂) : 넋.	靈 魂 신령 령 / 넋 혼		
• 육체(肉體) : 몸뚱이.	肉 體 고기 육 / 몸 체		

♣ 다음 반의한자어(反義漢字語)를 써 보시오.

• 저속(低:俗) : 품위가 낮고 속됨.	低俗 낮을 저 / 속될 속			
• 고상(高尙) : 품은 뜻과 몸가짐이 조촐하고 높아 속되지 아니함.	高尙 높을 고 / 높일 상			
• 진실(眞實) : 거짓이 없이 바르고 참됨.	眞實 참 진 / 열매 실			
• 허위(虛僞) : 거짓.	虛僞 빌 허 / 거짓 위			
• 흥분(興奮) : 안정하지 못함.	興奮 일 흥 / 떨칠 분			
• 안정(安靜) : 마음과 정신이 편안하고 고요함.	安靜 편안 안 / 고요할 정			
• 흥분(興奮) : 감정이 북받치거나 활동상태가 고조됨.	興奮 일 흥 / 떨칠 분			
• 진정(鎭:靜) : 격앙된 마음이나 아픔 따위가 가라앉음.	鎭靜 진압할 진 / 고요할 정			

♣ **다음 동의어**(同義語 = 뜻이 같거나 비슷한 한자)**를 써 보시오.**

• 각오(覺悟) : 앞으로 닥칠 일에 대비하여 마음의 준비를 함.	覺悟 깨달을 각 / 깨달을 오			
• 공경(恭敬) : 공손히 섬김.	恭敬 공손할 공 / 공경 경			
• 공헌(貢:獻) : 힘을 써 이바지함.	貢獻 바칠 공 / 드릴 헌			
• 관철(貫:徹) : 어려움을 뚫고 나아가 기어이 목적을 이룸.	貫徹 꿸 관 / 통할 철			
• 관통(貫:通) : 꿰뚫어 통함.	貫通 꿸 관 / 통할 통			
• 말미(末尾) : 어떤 것의 끝 부분.	末尾 끝 말 / 꼬리 미			
• 면려(勉:勵) : 남을 힘쓰게 함.	勉勵 힘쓸 면 / 힘쓸 려			
• 무성(茂:盛) : 초목이 많이 나서 우거짐.	茂盛 무성할 무 / 성할 성			

♣ 다음 동의어(同義語 = 뜻이 같거나 비슷한 한자)를 써 보시오.

• 부속(附:屬) : 주되는 사물에 딸려서 붙음.	附 屬 붙을 부 / 붙일 속		
• 부조(扶助) : 도와 줌.	扶 助 도울 부 / 도울 조		
• 연락(連絡) : 서로 이어 댐.	連 絡 이을 련 / 이을 락		
• 우수(憂愁) : 근심걱정.	憂 愁 근심 우 / 근심 수		
• 융성(隆盛) : 기운차게 높이 일어남.	隆 盛 높을 륭 / 성할 성		
• 융창(隆昌) : 기운차게 높이 일어남.	隆 昌 높을 륭 / 창성할 창		
• 인자(仁慈) : 마음이 어질고 자애스러움.	仁 慈 어질 인 / 사랑 자		
• 자애(慈愛) : 아랫사람에게 베푸는 도타운 사랑.	慈 愛 사랑 자 / 사랑 애		

♣ **다음 동의어(同義語 = 뜻이 같거나 비슷한 한자)를 써 보시오.**

• 정결(淨潔) : 맑고 깨끗함.	淨 潔 깨끗할 정 / 깨끗할 결		
• 중앙(中央) : 사방의 한가운데.	中 央 가운데 중 / 가운데 앙		
• 창고(倉庫) : 물건을 저장하거나 보관하는 건물.	倉 庫 곳집 창 / 곳집 고		
• 척도(尺度) : 자로 재는 길이의 표준.	尺 度 자 척 / 법도 도		
• 청정(淸淨) : 깨끗하여 더러움이 없음.	淸 淨 맑을 청 / 깨끗할 정		
• 항상(恒常) : 늘.	恒 常 항상 항 / 떳떳할 상		
• 화목(和睦) : 서로 뜻이 맞고 정다움.	和 睦 화할 화 / 화목할 목		
• 황제(皇帝) : 제국 군주의 존칭.	皇 帝 임금 황 / 임금 제		

♣ 다음 동의한자어(同義漢字語)를 써 보시오.

• 영토(領土) : 한 나라의 통치권이 미치는 지역.	領 土			
	거느릴 령 / 흙 토			
• 판도(版圖) : 한 나라의 영토.	版 圖			
	판목 판 / 그림 도			
• 위협(威脅) : 으르고 협박함.	威 脅			
	위엄 위 / 위협할 협			
• 협박(脅迫) : 어떤 목적을 위해 으르고 위협함.	脅 迫			
	위협할 협 / 핍박할 박			
• 창공(蒼空) : 푸른 하늘.	蒼 空			
	푸를 창 / 빌 공			
• 벽공(碧空) : 푸른 하늘.	碧 空			
	푸를 벽 / 빌 공			
• 촌토(寸:土) : 퍽 좁은 논밭.	寸 土			
	마디 촌 / 흙 토			
• 척토(尺土) : 퍽 좁은 논밭.	尺 土			
	자 척 / 흙 토			

♣ **다음 동음이의어**(同音異義語 = 소리는 같으나 뜻이 다른 한자어)**를 써 보시오.**

• **가정**(家庭) : 가족들이 살림하는 집안.	家 庭 집 가 뜰 정		
• **가정**(假:定) : 임시로 정함.	假 定 거짓 가 정할 정		
• **고가**(古:家) : 지은 지 퍽 오래 된 집.	古 家 예 고 집 가		
• **고가**(高價) : 비싼 값.	高 價 높을 고 값 가		
• **공기**(工期) : 예정된 공사의 기간.	工 期 장인 공 기약할 기		
• **공기**(空氣) : 지구 대기의 하층 부분을 이루고 있는 기체.	空 氣 빌 공 기운 기		
• **기지**(基地) : 어떠한 활동의 근거지.	基 地 터 기 따 지		
• **기지**(機智) : 경우에 따라 그때그때 재치 있게 대응하는 슬기.	機 智 기회 기 지혜 지		

♣ 다음 동음이의어(同音異義語 = 소리는 같으나 뜻이 다른 한자어)를 써 보시오.

• 동시(同時) : 같은 때나 시기.	同 時 한가지 동 / 때 시		
• 동시(童:詩) : 어린이의 정서를 읊은 시.	童 詩 아이 동 / 시 시		
• 동향(動:向) : 마음 등이 움직이는 방향.	動 向 움직일 동 / 향할 향		
• 동향(同鄕) : 같은 고향.	同 鄕 한가지 동 / 시골 향		
• 방한(訪:韓) : 한국을 방문함.	訪 韓 막을 방 / 끊을 한		
• 방한(防寒) : 추위를 막음.	防 寒 막을 방 / 찰 한		
• 보고(報:告) : 주어진 임무에 대하여 그 결과나 내용을 말이나 글로 알림.	報 告 알릴 보 / 고할 고		
• 보고(寶:庫) : 재화가 많이 나는 곳.	寶 庫 보배 보 / 곳집 고		

♣ 다음 동음이의어(同音異義語 = 소리는 같으나 뜻이 다른 한자어)를 써 보시오.

• 사기(史記) : 역사적인 사실을 적어 놓은 책.	史 記 사기 **사** / 기록할 **기**		
• 사기(士氣) : 씩씩한 기세.	士 氣 선비 **사** / 기운 **기**		
• 사기(沙器) : 사기 그릇.	沙 器 모래 **사** / 그릇 **기**		
• 사기(詐欺) : 못된 꾀로 남을 속임.	詐 欺 속일 **사** / 속일 **기**		
• 상가(商街) : 상점이 많이 늘어서 있는 거리.	商 街 장사 **상** / 거리 **가**		
• 상가(喪家) : 초상집.	喪 家 잃을 **상** / 집 **가**		
• 수입(收入) : 돈·물품 따위를 거두어 들임.	收 入 세울 **수** / 들 **입**		
• 수입(輸入) : 외국의 물품을 사들임.	輸 入 보낼 **수** / 들 **입**		

♣ 다음 동음이의어(同音異義語 = 소리는 같으나 뜻이 다른 한자어)를 써 보시오.

• 수재(水災) : 홍수로 인한 해.	水 災 물 수 / 재앙 재		
• 수재(秀才) : 머리가 좋고 재주가 뛰어난 사람.	秀 才 빼어날 수 / 재주 재		
• 의지(意:志) : 어떠한 목적을 실현하려는 마음.	意 志 뜻 의 / 뜻 지		
• 의지(依支) : 딴 것에 몸을 기댐.	依 支 의지할 의 / 지탱할 지		
• 인도(人道) : 사람이 지켜야 할 도리. 차가 다니는 길옆의 사람이 다니는 길	人 道 사람 인 / 길 도		
• 인도(引:導) : 이끌어 지도함.	引 導 끌 인 / 인도할 도		
• 전원(全員) : 전체의 인원.	全 員 온전 전 / 인원 원		
• 전원(電:源) : 전력을 공급하는 근원.	電 源 번개 전 / 근원 원		

♣ 다음 동음이의어(同音異義語 = 소리는 같으나 뜻이 다른 한자어)를 써 보시오.

• 정당(正:當) : 옳고 바름.	正 當		
	바를 정 / 마땅 당		
• 정당(政黨) : 자기들이 주장하는 정치 이상을 실현하기 위하여 조직하는 단체.	政 黨		
	정사 정 / 무리 당		
• 향수(香水) : 향료를 알코올 따위에 풀어 만든 액체.	香 水		
	향기 향 / 물 수		
• 향수(鄕愁) : 타향에서 고향을 그리워하는 생각이나 시름.	鄕 愁		
	시골 향 / 근심 수		

♣ 다음 한자성어(漢字成語)의 독음(讀音)을 쓰시오. ▶정답은 462쪽

1. 加減乘除 (　　　　)
'더하기·빼기·곱하기·나누기'를 아울러 이르는 말.

2. 家貧思賢妻 (　　　　)
가난할 때 어진 아내 생각을 한다는 뜻으로, 비상시에야 비로소 참됨을 안다는 말.

3. 佳人薄命 (　　　　)
아름다운 여자는 수명이 짧음.

4. 角者無齒 (　　　　)
뿔이 있는 자는 이가 없다는 뜻에서, '한 사람이 모든 재주나 복을 다 가질 수 없음'을 이르는 말.

5. 刻舟求劍 (　　　　)
융통성 없이 현실에 맞지 않는 낡은 생각을 고집하는 어리석음을 이르는 말.

6. 肝膽相照 (　　　　)
서로 속마음을 터놓고 가까이 사귐.

7. 幹線道路 (　　　　)
원줄기가 되는 주요한 도로.

8. 甲男乙女 (　　　　)
'평범한 보통 사람들'을 이르는 말.

9. 剛柔兼全 (　　　　)
굳세고 부드러운 성품을 아울러 가짐.

10. 江湖煙波 (　　　　)
자연의 풍경.

11. 謙讓之德 (　　　　)
겸손하게 사양하는 미덕.

12. 兼人之勇 (　　　　)
혼자서 능히 몇 사람을 당해 낼 만한 용기.

13. 耕地整理 (　　　　)
토지의 이용가치를 높이기 위하여, 경지의 구획 정리나 배수시설·관개시설·객토작업·농로개설 등을 공동으로 시행하는 일.

14. 孤軍奮鬪 (　　　　)
수가 적고 후원이 없는 외로운 군대가, 힘에 겨운 적과 용감하게 싸움.

15. 鼓腹擊壤 (　　　　)
배를 두드리고 발을 구르며 흥겨워한다는 뜻으로, 태평성대를 일컫는 말.

16. 古色蒼然 (　　　　)
퍽 오래 되어 예스러운 정치(情致)가 그윽함.

17. 姑息之計 (　　　　)
우선 당장 편한 것만을 택하는 꾀나 방법.

18. 古稀 (　　　　)
사람의 나이 '일흔 살'이 된 때를 말함.

19. 谷無虎先生兎 (　　　　)
범 없는 골짜기에 토끼가 선생 노릇함.

20. 曲學阿世 (　　　　)
바른 길에서 벗어난 학문으로 세상 사람에게 아첨함.

21. 骨肉相殘 (　　　　)
같은 피를 나눈 사이나 민족끼리 해치며 싸우는 일. 골육상쟁(骨肉相爭).

22. 過恭非禮 (　　　　)
지나친 공손은 오히려 예의에 벗어난다는 말.

23. 誇大妄想 (　　　　)
자기의 능력·용모·지위 등을 과대하게 평가하여 사실인 것처럼 믿는 일이나 생각.

♣ 다음 한자성어(漢字成語)의 독음(讀音)을 쓰시오.　　　▶정답은 462쪽

1. 寡聞淺識　（　　　　　　）
   보고 들은 것이 적고 배움이 얕음.

2. 冠婚喪祭　（　　　　　　）
   관례, 혼례, 상례, 제례를 아울러 이르는 말.

3. 巧言令色　（　　　　　　）
   남의 환심을 사려고 번지르르하게 발라 맞추는 말과 알랑거리는 낯빛.

4. 九曲肝腸　（　　　　　　）
   굽이굽이 깊이 서린 마음속.

5. 國難克服　（　　　　　　）
   나라의 재난을 이겨냄.

6. 國泰民安　（　　　　　　）
   나라가 태평하고 백성이 편안함.

7. 群鷄一鶴　（　　　　　　）
   '닭 무리 속의 한 마리 학'이라는 말로, 평범한 사람 속의 뛰어난 한 사람을 이르는 말.

8. 群雄割據　（　　　　　　）
   여러 영웅이 각기 한 지방씩 차지하고 위세를 부림.

9. 權謀術數　（　　　　　　）
   목적 달성을 위하여 수단과 방법을 가리지 아니하는 온갖 모략과 술책.

10. 克己復禮　（　　　　　　）
    자기의 욕심을 누르고 예의범절을 따름.

11. 金蘭之交　（　　　　　　）
    친구 사이의 매우 두터운 정을 이르는 말 금란지계(金蘭之契).

12. 錦上添花　（　　　　　　）
    '비단 위에 꽃을 보탠다'는 뜻으로, 좋은 일에 또 좋은 일이 더함.

13. 金石之契　（　　　　　　）
    쇠나 돌처럼 굳고 변함없는 사귐.

14. 錦衣夜行　（　　　　　　）
    '비단옷을 입고 밤에 돌아다닌다' 뜻으로, 아무도 알아주지 않는 소용없는 일을 함.

15. 錦衣玉食　（　　　　　　）
    '비단옷과 흰쌀밥'이라는 뜻으로, 호화스럽고 사치스러운 생활을 이르는 말.

16. 錦衣還鄕　（　　　　　　）
    '비단옷을 입고 고향에 돌아온다'는 뜻으로, 출세하여 고향을 돌아옴을 비유하는 말.

17. 氣高萬丈　（　　　　　　）
    일이 뜻대로 잘 되어 기세가 대단함.

18. 祈福信仰　（　　　　　　）
    복을 기원함을 목적으로 믿는 미신적인 신앙.

19. 奇巖怪石　（　　　　　　）
    기이하게 생긴 바위와 괴상하게 생긴 돌.

20. 奇巖絶壁　（　　　　　　）
    기이하게 생긴 바위와 깎아지른 듯한 낭떠러지.

21. 畿湖學派　（　　　　　　）
    경기·황해·충청 지방을 중심으로 활동했던 학파.

22. 男尊女卑　（　　　　　　）
    사회적 지위나 권리에 있어 남자를 여자보다 우대하고 존중하는 일

23. 內憂外患　（　　　　　　）
    나라 안팎의 여러 가지 어려움.

24. 爐邊談話　（　　　　　　）
    난롯가에서 서로 허물없이 주고받는 세상 이야기.

25. 綠衣紅裳　（　　　　　　）
    '젊은 여인의 고운 옷차림'을 뜻함.

♣ **다음 한자성어(漢字成語)의 독음(讀音)을 쓰시오.** ▶정답은 462쪽

1. 多用途室 (   )
   쓰임이 많은 방.

2. 斷金之交 (   )
   매우 친밀한 우정이나 교제.

3. 單刀直入 (   )
   군말이나 허두를 빼고 곧장 요지를 말함.

4. 大:聲痛哭 (   )
   큰소리로 목놓아 슬피 욺.

5. 陶山書院 (   )
   경북 안동에 이황 선생이 세운 서원.

6. 途中下車 (   )
   어떤 일을 계획하여 하다가 끝까지 하지 않고 중도에서 그만둠.

7. 同價紅裳 (   )
   '같은 값이면 다홍 치마'라는 뜻으로, 같은 값이면 좋은 물건을 가짐을 이르는 말.

8. 童蒙先習 (   )
   조선 중종 때, 박세무가 엮은 서당의 초급 교재.

9. 東奔西走 (   )
   여기저기 분주하게 다님.

10. 同床異夢 (   )
    '같은 잠자리에서 다른 꿈을 꾼다'는 말로, 겉으로는 같은 행동을 하면서도 속으로는 각각 딴 생각을 함.

11. 登高自卑 (   )
    높은 곳을 오르려면 낮은 곳으로부터 차례를 밟아가야 함을 이름.

12. 莫上莫下 (   )
    더 낫고 더 못함의 차이가 거의 없음.

13. 莫逆之友 (   )
    허물이 없이 아주 친한 친구.

14. 莫重大事 (   )
    더없이 중대한 일.

15. 萬頃蒼波 (   )
    한없이 넓고 큰 바다.

16. 梅蘭菊竹 (   )
    동양의 그림에서 말하는 사군자(四君子) 곧, 매화·난초·국화·대를 이름.

17. 買占賣惜 (   )
    값이 오르거나 달릴 것을 예상하여, 어떤 상품을 한꺼번에 많이 사 두고 되도록 팔지 않으려 하는 일.

18. 孟母斷機 (   )
    맹자가 학업을 중도에서 폐지하고 돌아왔을 때, 그 어머니가 짜던 베를 칼로 끊어 학업의 중단을 훈계하였다는 고사(故事).

19. 面從腹背 (   )
    겉으로는 복종하는 체하면서 속으로는 배반함.

20. 滅私奉公 (   )
    사심을 버리고 나라나 공공을 위하여 힘써 일함.

21. 名實相符 (   )
    이름과 실상이 서로 부합되지 않음.

22. 明心寶鑑 (   )
    어린이들의 인격 수양을 위한 한문 교양서.

23. 明若觀火 (   )
    불을 보듯 분명하고 뻔함.

24. 明哲保身 (   )
    총명하고 사리에 밝아서, 이치에 맞게 일을 처리하며 자신을 잘 보전함.

25. 目不忍見 (   )
    차마 눈뜨고 볼 수 없음.

♣ 다음 한자성어(漢字成語)의 독음(讀音)을 쓰시오. ▶정답은 462쪽

1. 武陵桃源　(　　　　　)
신선이 살았다는 전설적인 곳으로, 세상과 따로 떨어진 별천지를 비유적으로 이르는 말.

2. 無味乾燥　(　　　　　)
재미나 맛이 없이 매마름.

3. 文房四友　(　　　　　)
서재에 갖추어야 할 네 벗 곧, 화선지·붓·먹·벼루를 말함. 지필묵연(紙筆墨硯).

4. 勿失好機　(　　　　　)
좋은 기회를 놓치지 아니함.

5. 物我一體　(　　　　　)
객관과 주관, 또는 물질계와 정신계가 어울려 하나가 됨.

6. 微官末職　(　　　　　)
지위가 아주 낮은 벼슬, 또는 그런 위치에 있는 사람.

7. 薄利多賣　(　　　　　)
이익을 적게 보고 많이 파는 것.

8. 拍掌大笑　(　　　　　)
손뼉을 치며 한바탕 크게 웃음.

9. 反對給付　(　　　　　)
어떤 일에 대응하여 얻게 되는 이익.

10. 半身不隨　(　　　　　)
어떤 이유로 몸의 절반이 마비되는 일, 또는 그런 사람.

11. 般若心經　(　　　　　)
〈반야바라밀다심경〉의 준말.

12. 百計無策　(　　　　　)
온갖 계책이 다 소용없음.

13. 百年佳約　(　　　　　)
젊은 남녀가 부부가 되어 평생을 같이 지낼 것을 굳게 다짐하는 아름다운 언약.

14. 伯仲之勢　(　　　　　)
서로 어금지금하여 우열을 가리기 어려운 형세.

15. 變化無雙　(　　　　　)
변화가 더할 수 없이 많거나 심함.

16. 丙子胡亂　(　　　　　)
조선 인조 14년(1636. 병자년)에 청나라가 침입해 온 난리.

17. 封建國家　(　　　　　)
봉건 제도를 지배 원리로 하여 세워진 국가.

18. 封建思想　(　　　　　)
봉건 제도에 젖어 개방적 또는 개인 중심적인 현대 사조를 무시하고 옛날의 폐쇄적·가족적·인습적인 태도를 고집하는 사상.

19. 扶養家族　(　　　　　)
처자나 노부모 등 자기가 생활을 돌보고 있는 가족.

20. 不知其數　(　　　　　)
그 수를 알지 못함.

21. 夫唱婦隨　(　　　　　)
남편이 주장하고 아내가 이에 따름.

22. 北窓三友　(　　　　　)
'거문고·시·술'을 아울러 이름.

23. 非命橫死　(　　　　　)
뜻밖의 사고를 당하여 제명대로 살지 못하고 죽음.

24. 思無邪　(　　　　　)
마음이 올바름. 마음에 조금도 그릇됨이 없음.

25. 沙上樓閣　(　　　　　)
'모래 위에 세운 높은 건물'이라는 뜻으로, 겉모습은 번듯하나 기초가 약하여 오래 가지 못함을 비유.

26. 射程距離　(　　　　　)
총 등을 쏘는 데 탄환이 나가는 최대의 거리.

♣ 다음 한자성어(漢字成語)의 독음(讀音)을 쓰시오. ▶정답은 462쪽

1. 四柱八字 (   )
   타고난 운수. 생년월일시(年月日時)의 네 기둥.

2. 三綱五倫 (   )
   유교의 도덕에서 기본이 되는 세 가지의 강령과 다섯 가지의 도리.

3. 森羅萬象 (   )
   우주에 있는 온갖 사물과 현상.

4. 三旬九食 (   )
   '서른 날에 아홉 끼니 밖에 못 먹는다'는 뜻으로, 가난하여 끼니를 많이 거름을 이름.

5. 三人成虎 (   )
   세 사람이 짜면 거리에 범이 나왔다는 거짓말도 꾸밀 수 있다는 뜻으로, 근거 없는 말이라도 여러 사람이 말하면 곧이듣게 됨을 이르는 말.

6. 三尺童子 (   )
   '키가 석 자 정도 밖에 되지 않는 어린아이'로, 철이 없음을 이름.

7. 相扶相助 (   )
   서로서로 도움.

8. 相乘作用 (   )
   여러 요인이 함께 겹쳐 작용하여 하나씩 작용할 때 보다 더 크게 효과를 나타내는 현상.

9. 西方淨土 (   )
   불교에서, 서쪽 십만억토(十萬億土)의 저쪽에 있다고 하는 극락세계.

10. 雪上加霜 (   )
    '눈 위에 서리가 덮인다'는 말로, 난처한 일이나 불행한 일이 잇따라 일어남을 이르는 말.

11. 水耕栽培 (   )
    식물이 자라는 데 필요한 무기물을 녹인 수용액을 배지(培地)로 하여 식물을 가꾸는 일.

12. 修己治人 (   )
    자기를 수양하고 남을 다스림.

13. 隨問隨答 (   )
    묻는 대로 거침없이 대답함.

14. 首尾雙關 (   )
    시가(詩歌) 따위의 구성법에서, 첫 연을 끝 연에 다시 반복하는 구성함.

15. 壽福康寧 (   )
    오래 살고 복을 누리며 건강하고 평안함.

16. 手不釋卷 (   )
    '손에서 책을 놓지 않는다'는 말로, 늘 글을 읽음.

17. 修身齊家 (   )
    몸을 닦고 나서 집안을 다스려 가지런히 함.

18. 水魚之交 (   )
    '물과 물고기의 사귐'이라는 말로, 매우 친밀하여 서로 떨어질 수 없는 사이를 비유.

19. 宿虎衝鼻 (   )
    '자는 범의 코를 찌른다'는 말로, 화를 스스로 불러들임을 비유.

20. 時機尚早 (   )
    때가 아직 이름.

21. 始終一貫 (   )
    처음부터 끝까지 똑같은 방침이나 태도로 나감.

22. 識字憂患 (   )
    글자를 아는 것이 도리어 근심을 사게 된다는 말.

23. 新陳代謝 (   )
    묵은 것이 없어지고 새것이 대신 생김.

24. 神出鬼沒 (   )
    귀신같이 나타났다가 사라진다는 말로, 그 움직임을 쉽게 알 수 없을 만큼 자유자재로 나타나고 사라짐을 비유.

♣ 다음 한자성어(漢字成語)의 독음(讀音)을 쓰시오.　　　▶정답은 462쪽

1. 深謀遠慮　（　　　　　）
   깊은 꾀와 먼 장래를 내다보는 생각.

2. 深山幽谷　（　　　　　）
   깊은 산 속의 으슥한 골짜기.

3. 我歌査唱　（　　　　　）
   '내가 부를 노래를 사돈이 부른다'는 뜻으로, 꾸짖음이나 나무람을 들어야 할 사람이 도리어 큰소리를 침.

4. 我:田引水　（　　　　　）
   '자기 논에 물 대기'라는 말로, 자기에게만 이롭게 되도록 생각하거나 행동함을 이름.

5. 安居危思　（　　　　　）
   편안하고 무사한 때 일수록 어려운 일이 닥칠 때를 생각하여 미리 대비함.

6. 仰:望不及　（　　　　　）
   우러러 바라보아도 미치지 못함.

7. 仰:天大笑　（　　　　　）
   터져 나오는 웃음을 참을 수 없거나 어이가 없어서 하늘을 쳐다보고 크게 웃음.

8. 抑强扶弱　（　　　　　）
   강한 자를 누르고 약한 자를 도움.

9. 億兆蒼生　（　　　　　）
   수많은 백성.

10. 抑何心情　（　　　　　）
    '도대체 무슨 심정이냐'는 말로, 무슨 생각으로 그러는지 마음을 알 수 없음을 이름.

11. 軟體動物　（　　　　　）
    문어 조개 등으로, 몸은 좌우 상칭으로 뼈가 없고 피부가 부드러움.

12. 永久不變　（　　　　　）
    영원토록 변치 않음.

13. 烏飛梨落　（　　　　　）
    '까마귀 날자 배 떨어진다'는 말로, 아무 관계도 없이 한 일이 공교롭게도 때가 같아 억울하게 의심받거나 난처한 위치에 서게 됨을 이름.

14. 五色丹靑　（　　　　　）
    오색으로 칠한 단청.

15. 烏合之卒　（　　　　　）
    '까마귀가 모인 것처럼 질서가 없이 모인 병졸'이라는 말로, 임시로 모여들어서 규율이 없고 무질서한 병졸 또는 군중을 이르는 말.

16. 玉皇上帝　（　　　　　）
    도가(道家)에서, 하느님을 이르는 말.

17. 溫故知新　（　　　　　）
    옛 것을 연구하여 거기서 새로운 지식이나 도리를 찾아내는 일.

18. 外:柔內剛　（　　　　　）
    겉으로 보기에는 부드러워 보이나 속은 강함.

19. 欲速不達　（　　　　　）
    일을 빨리 하려고 하면 도리어 이루지 못함.

20. 愚公移山　（　　　　　）
    '우공이 산을 옮긴다'는 말로, 어떤 어렵고 큰 일이라도 잔꾀를 쓰지 않고 끊임없이 노력하면 결국에는 이루어진다는 것을 비유함.

21. 憂國之士　（　　　　　）
    나랏일을 근심하고 염려하는 사람.

22. 愚問賢答　（　　　　　）
    어리석은 질문에 대한 현명한 대답.

23. 偶像崇拜　（　　　　　）
    신 이외의 사람이나 물체를 신앙의 대상으로 숭배하는 일.

24. 優柔不斷　（　　　　　）
    어물어물 망설이기만 하고 결단성이 없음.

♣ 다음 한자성어(漢字成語)의 독음(讀音)을 쓰시오. ▶정답은 462쪽

1. 悠悠自適 (　　　　)
   속세를 떠나 아무 속박 없이 조용하고 편안하게 삶.

2. 隱忍自重 (　　　　)
   마음속으로 참으며, 몸가짐을 신중하게 함.

3. 乙巳條約 (　　　　)
   1905년 11월에, 일본이 한국의 외교권을 빼앗기 위하여 강제로 맺은 다섯 조문으로 된 조약.

4. 已往之事 (　　　　)
   이미 지나간 일.

5. 人面獸心 (　　　　)
   '사람의 얼굴을 하고 있으나 마음은 짐승과 같다'는 말로, 마음이나 행동이 몹시 흉악함을 이르는 말.

6. 人之常情 (　　　　)
   사람이면 누구나 가지는 보통의 마음.

7. 日居月諸 (　　　　)
   쉼 없이 가는 세월.

8. 日久月深 (　　　　)
   '날이 오래고 달이 깊어 간다'는 말로, 세월이 흐를수록 바라는 마음이 더욱 간절해짐을 이르는 말.

9. 一葉片舟 (　　　　)
   한 척의 조각배.

10. 一場春夢 (　　　　)
    '한바탕의 봄꿈'이라는 말로, 헛된 영화나 덧없는 일을 비유함.

11. 一片丹心 (　　　　)
    '한 조각의 붉은 마음'이라는 말로, 변치않는 참된 마음을 이르는 말.

12. 臨機應變 (　　　　)
    그때그때 처한 사태에 맞추어 즉각 그 자리에서 결정하거나 처리함.

13. 臨時變通 (　　　　)
    갑자기 터진 일을 우선 간단하게 둘러맞추어 처리함.

14. 臨戰無退 (　　　　)
    세속오계의 하나로, 전쟁에 나아가서 물러서지 않음을 이름.

15. 立身揚名 (　　　　)
    사회적으로 인정을 받고 높이 되어 이름을 세상에 드날림.

16. 自由奔放 (　　　　)
    규율이나 어떤 틀에서 벗어나 제멋대로 나아감.

17. 長幼有序 (　　　　)
    어른과 어린이 사이에는 엄격한 차례가 있고 복종해야 할 질서가 있음을 이름.

18. 掌中寶玉 (　　　　)
    손안에 있는 보배로운 구슬이란 말로, 귀하고 보배롭게 여기는 존재를 이름.

19. 赤手空拳 (　　　　)
    '맨손과 맨주먹'이란 말로, 아무 것도 가진 것이 없음.

20. 積土成山 (　　　　)
    미세한 흙이 쌓여서 산이 됨.

21. 前途有望 (　　　　)
    앞으로 잘될 희망이 있음.

22. 前人未踏 (　　　　)
    이제까지 아무도 가보거나 해보지 못함.

23. 轉禍爲福 (　　　　)
    화가 바뀌어 오히려 복이 됨.

24. 漸入佳境 (　　　　)
    들어갈수록 점점 재미가 있음.

25. 頂門一針 (　　　　)
    '정수리에 침을 놓는다'는 뜻으로, 따끔한 비판이나 타이름을 이름.

♣ 다음 한자성어(漢字成語)의 독음(讀音)을 쓰시오. ▶정답은 462쪽

1. 諸子百家 (　　　　)
중국 춘추 전국 시대에 일가의 학설을 이룬 사상가들.

2. 縱橫無盡 (　　　　)
자유자재로 행동하여 거침이 없는 상태.

3. 坐:見千里 (　　　　)
자리에 앉아 천 리를 본다는 말로, 보이지 않는 먼 곳이나 앞일을 내다봄을 이르는 말.

4. 坐:不安席 (　　　　)
앉아도 자리가 편하지 않다는 말로, 마음이 불안하거나 걱정스러워서 한 군데에 가만히 앉아 있지 못하고 안절부절못하는 모양을 이름.

5. 坐:食山空 (　　　　)
일을 하지 않고 놀고 먹기만 한다면 산더미 같은 재산도 결국 다 없어지게 됨.

6. 座:右銘 (　　　　)
늘 가까이 적어 두고, 일상의 경계로 삼는 말이나 글.

7. 坐:井觀天 (　　　　)
우물 속에 앉아서 하늘을 본다는 말로, 사람의 견문이 매우 좁음을 이르는 말.

8. 左:之右之 (　　　　)
제 마음대로 다루거나 휘두름.

9. 左:衝右突 (　　　　)
닥치는 대로 마구 치고 받고 함.

10. 晝耕夜讀 (　　　　)
낮에는 농사짓고 밤에는 글을 읽는다는 말로, 어려운 여건 속에서도 꿋꿋이 공부함을 이름.

11. 周到綿密 (　　　　)
주의가 두루 미쳐 자세하고 빈틈이 없음.

12. 酒池肉林 (　　　　)
'술은 못을 이루고 고기는 숲을 이룬다'는 말로, 술과 고기가 푸짐하게 차려진 술잔치를 이름.

13. 衆寡不敵 (　　　　)
적은 수효로 많은 수효를 맞겨루지 못함.

14. 仲秋佳節 (　　　　)
한창의 가을인 좋은 때.

15. 之東之西 (　　　　)
동쪽으로도 가고 서쪽으로도 간다는 말로, 뚜렷한 목적 없이 이리저리 갈팡질팡함을 이르는 말.

16. 支離滅裂 (　　　　)
갈가리 흩어지고 찢기어 갈피를 잡을 수 없이 됨.

17. 知彼知己 (　　　　)
적의 형편과 나의 힘을 자세히 앎.

18. 進:退維谷 (　　　　)
이러지도 저러지도 못하고 꼼짝할 수 없는 궁지.

19. 此日彼日 (　　　　)
이날저날 하고 자꾸 기한을 미루는 모양.

20. 天高馬肥 (　　　　)
'하늘이 높고 말이 살찐다'는 말로, 하늘이 맑고 모든 것이 풍성함을 이름.

21. 天壤之差 (　　　　)
하늘과 땅 사이와 같이 엄청난 차이.

22. 天地玄黃 (　　　　)
하늘은 위에 있어서 그 빛이 검고 땅은 아래에 있어서 그 빛이 누름.

23. 徹頭徹尾 (　　　　)
처음부터 끝까지 철저함을 이름.

24. 徹天之恨 (　　　　)
하늘에 사무치는 크나큰 원한.

25. 淸凉飮料 (　　　　)
맛이 산뜻하면서 시원한 음료수.

♣ 다음 한자성어(漢字成語)의 독음(讀音)을 쓰시오.　　▶정답은 462쪽

1. 草根木皮　（　　　）
풀뿌리와 나무껍질이라는 말로, 맛이나 영양 가치가 없는 거친 음식을 비유함.

2. 初志一貫　（　　　）
처음에 세운 뜻을 끝까지 밀고 나감.

3. 寸鐵殺人　（　　　）
짧은 경구(警句)로 사람의 마음을 찔러 감동시킴을 이름.

4. 醉生夢死　（　　　）
술에 취하여 자는 동안에 꾸는 꿈 속에서 살고 죽는다는 말로, 한평생을 아무 하는 일 없이 흐리멍덩하게 살아감을 비유함.

5. 七寶丹粧　（　　　）
여러 가지 패물로 몸을 꾸밈.

6. 泰山北斗　（　　　）
세상 사람들로부터 가장 존경을 받는 사람을 비유함.

7. 泰然自若　（　　　）
마음에 어떠한 충동을 받아도 움직임이 없이 천연스러움.

8. 破顔大笑　（　　　）
매우 즐거운 표정으로 활짝 웃음.

9. 表裏不同　（　　　）
마음이 음흉하고 불량하여 겉과 속이 다름.

10. 皮骨相接　（　　　）
살가죽과 뼈가 맞붙을 정도로 몹시 마름.

11. 彼此一般　（　　　）
서로가 마찬가지임.

12. 鶴首苦待　（　　　）
학의 목처럼 목을 길게 빼고 간절히 기다림.

13. 含憤祝願　（　　　）
분한 마음을 품고 원한을 쌓음.

14. 恒茶飯事　（　　　）
항상 있어서 이상하거나 신통할 것이 없는 일.

15. 虛禮虛飾　（　　　）
정성이 없이 겉으로만 번드르르하게 꾸밈.

16. 虛無孟浪　（　　　）
거짓되어 터무니 없음.

17. 賢母良妻　（　　　）
자식에겐 어진 어머니이고, 남편에게는 착한 아내임.

18. 懸河之辯　（　　　）
물이 거침없이 흐르듯 잘하는 말.

19. 虎死留皮　（　　　）
범은 죽어 가죽을 남김.

20. 豪言壯談　（　　　）
분수에 맞지 않은 말을 희떱게 지껄임.

21. 浩然之氣　（　　　）
거침없이 넓고 큰 기개.

22. 洪範十四條　（　　　）
1894(고종 31년)에 제정 공포된 정치혁신을 위한 14개 조목의 강령.

23. 禍不單行　（　　　）
재앙은 번번이 겹쳐 옴.

24. 花朝月夕　（　　　）
'꽃 피는 아침과 달 뜨는 저녁'이라는 말로, 경치가 좋은 시절을 이름.

25. 換金作物　（　　　）
팔아서 돈을 벌기 위하여 재배하는 농작물.

26. 橫斷步道　（　　　）
사람이 가로로 건너다닐 수 있도록 안전표지나 도로표지를 설치하여 차도 위에 마련한 길.

♣ 다음 한자성어(漢字成語)의 독음(讀音)을 쓰시오. ▶정답은 462쪽

1. 厚:顔無恥 (   )
   뻔뻔스러워 부끄러움이 없음.

2. 後:悔莫及 (   )
   일이 잘못된 뒤라 아무리 뉘우쳐도 어찌할 수 없음.

3. 訓:蒙字會 (   )
   조선 중종 때, 최세진이 지은 한자학습서.

4. 興:亡盛衰 (   )
   흥하고 망함과 성하고 쇠함.

5. 興:盡悲來 (   )
   '즐거운 일이 다하면 슬픈 일이 온다'는 말로, 세상 일이 돌고 돎을 이름.

6. 喜怒哀樂 (   )
   기쁨과 노여움과 슬픔과 즐거움.

7. 四分五裂 (   )
   이리저리 아무렇게나 나눠지고 찢어짐.

【정답】 - 한자성어 독음 쓰기

► 452쪽
1.가감승제 2.가빈사현처 3.가인박명 4.각자무치 5.각주구검
6.간담상조 7.간선도로 8.갑남을녀 9.강유겸전 10.강호연파
11.겸양지덕 12.겸인지용 13.경지정리 14.고군분투 15.고복격양
16.고색창연 17.고식지계 18.고희 19.곡무호선생토 20.곡학아세
21.골육상잔 22.과공비례 23.과대망상

► 453쪽
1.과문천식 2.관혼상제 3.교언영색 4.구곡간장 5.국난극복
6.국태민안 7.군계일학 8.군웅할거 9.권모술수 10.극기복례
11.금란지교 12.금상첨화 13.금석지계 14.금의야행 15.금의옥식
16.금의환향 17.기고만장 18.기복신앙 19.기암괴석 20.기암절벽
21.기호학파 22.남존여비 23.내우외환 24.노변담화 25.녹의홍상

► 454쪽
1.다용도실 2.단금지교 3.단도직입 4.대성통곡 5.도산서원
6.도중하차 7.동가홍상 8.동몽선습 9.동분서주 10.동상이몽
11.등고자비 12.막상막하 13.막역지우 14.막중대사 15.만경창파
16.매란국죽 17.매점매석 18.맹모단기 19.면종복배 20.멸사봉공
21.명실상부 22.명심보감 23.명약관화 24.명철보신 25.목불인견

► 455쪽
1.무릉도원 2.무미건조 3.문방사우 4.물실호기 5.물아일체
6.미관말직 7.박리다매 8.박장대소 9.반대급부 10.반신불수
11.반야심경 12.백계무책 13.백년가약 14.백중지세 15.변화무쌍
16.병자호란 17.봉건국가 18.봉건사상 19.부양가족 20.부지기수
21.부창부수 22.북창삼우 23.비명횡사 24.사무사 25.사상누각
26.사정거리

► 456쪽
1.사주팔자 2.삼강오륜 3.삼라만상 4.삼순구식 5.삼인성호
6.삼척동자 7.상부상조 8.상승작용 9.서방정토 10.설상가상
11.수경재배 12.수기치인 13.수문수답 14.수미쌍관 15.수복강녕
16.수불석권 17.수신제가 18.수어지교 19.숙호충비 20.시기상조
21.시종일관 22.식자우환 23.신진대사 24.신출귀몰

► 457쪽
1.심모원려 2.심산유곡 3.아가사창 4.아전인수 5.안거위사
6.앙망불급 7.앙천대소 8.억강부약 9.억조창생 10.억하심정
11.연체동물 12.영구불변 13.오비이락 14.오색단청 15.오합지졸
16.옥황상제 17.온고지신 18.외유내강 19.욕속부달 20.우공이산
21.우국지사 22.우문현답 23.우상숭배 24.우유부단

► 458쪽
1.유유자적 2.은인자중 3.을사조약 4.이왕지사 5.인면수심
6.인지상정 7.일거월저 8.일구월심 9.일엽편주 10.일장춘몽
11.일편단심 12.임기응변 13.임시변통 14.임전무퇴 15.입신양명
16.자유분방 17.장유유서 18.장중보옥 19.적수공권 20.적토성산
21.전도유망 22.전인미답 23.전화위복 24.점입가경 25.정문일침

► 459쪽
1.제자백가 2.종횡무진 3.좌견천리 4.좌불안석 5.좌식산공
6.좌우명 7.좌정관천 8.좌지우지 9.좌충우돌 10.주경야독
11.주도면밀 12.주지육림 13.중과부적 14.중추가절 15.지동지서
16.지리멸렬 17.지피지기 18.진퇴유곡 19.차일피일 20.천고마비
21.천양지차 22.천지현황 23.철두철미 24.철천지한 25.청량음료

► 460쪽
1.초근목피 2.초지일관 3.촌철살인 4.취생몽사 5.칠보단장
6.태산북두 7.태연자약 8.파안대소 9.표리부동 10.피골상접
11.피차일반 12.학수고대 13.함분축원 14.항다반사 15.허례허식
16.허무맹랑 17.현모양처 18.현하지변 19.호사유피 20.호언장담
21.호연지기 22.홍범십사조 23.화불단행 24.화조월석 25.환금작물
26.횡단보도

► 461쪽
1.후안무치 2.후회막급 3.훈몽자회 4.흥망성쇠 5.흥진비래
6.희로애락 7.사분오열

462

활용(活用)학습

● 3급Ⅱ 예상문제(10회분)

제1회 한자능력검정시험 3급Ⅱ 예상문제
(시험시간 : 60분. 시험문항 : 150문제. 합격문항 : 105문제이상) 성명 _____

1. 다음 漢字語의 讀音을 쓰시오.(1~45)

(1) 忍耐 (2) 飯店
(3) 亭子 (4) 肅淸
(5) 陳述 (6) 畫伯
(7) 南浦 (8) 隨時
(9) 永訣 (10) 抑壓
(11) 皮革 (12) 裁量
(13) 放縱 (14) 罪狀
(15) 幹部 (16) 慣用
(17) 虎患 (18) 凶兆
(19) 紀綱 (20) 疏通
(21) 重鎭 (22) 軟性
(23) 雅號 (24) 心臟
(25) 原稿 (26) 蘭香
(27) 因襲 (28) 對照
(29) 六旬 (30) 豊凶
(31) 優勝 (32) 乘降
(33) 郎君 (34) 礎石
(35) 愛憎 (36) 奮起
(37) 讓位 (38) 報道
(39) 鳥獸 (40) 戀慕
(41) 文彩 (42) 戲弄
(43) 疾風 (44) 脚本
(45) 振興

2. 다음 漢字의 訓과 音을 쓰시오.(46~72)
(46) 價 (47) 鷄
(48) 辰 (49) 逃
(50) 勞 (51) 昌
(52) 精 (53) 券
(54) 赤 (55) 識
(56) 脅 (57) 鬪
(58) 吸 (59) 念
(60) 池 (61) 廣
(62) 冷 (63) 需
(64) 應 (65) 特
(66) 移 (67) 略
(68) 値 (69) 緣
(70) 勤 (71) 懸
(72) 錦

3. 다음 설명에 맞는 漢字語를 漢字로 쓰시오.(73~102)
(73) 전수(차례차례로 전하여 줌)
(74) 시찰(돌아다니면서 실지 사정을 살펴봄)
(75) 소제(먼지나 더러운 것 따위를 쓸고 닦아서 깨끗이 함)
(76) 인도(이끌어 가르침)
(77) 단식(먹는 일을 끊음)
(78) 무한(한도가 없음)
(79) 안대(눈을 가리게 만든 물건)
(80) 인화(사진의 음화에 인화지를 겹쳐서 감광시켜 사진 나타나게 하는 일)
(81) 진가(진짜와 가짜)
(82) 연설(여러 사람 앞에서 자기의 주의, 주장이나 의견 진술함)
(83) 비준(둘을 맞대어 같고 다름을 비추어 봄)

(84) 소질(본디부터 가지고 있는 성질)

(85) 박식(보고 들은 것이 넓어 아는 것이 많음)

(86) 제품(원료를 써서 만들어 낸 물품)

(87) 급구(급히 구함)

(88) 고난(괴로움과 어려움)

(89) 퇴직(현직에서 물러남)

(90) 파국(일이나 사태가 결딴이 남)

(91) 여념(생각하고 있는 대상 이외의 다른 생각)

(92) 인출(저축을 찾음)

(93) 회수(도로 거두어들임)

(94) 관세(외국으로부터 수입하거나 가지고 들어오는 물품에 대하여 세관에서 징수하는 세금)

(95) 성업(사업이 썩 잘 됨)

(96) 풍성(넉넉하고 많음)

(97) 변성(목소리가 변함)

(98) 속물(속된 물건. 속된 사람)

(99) 수위(회사, 관청, 아파트 등의 경비를 맡아 봄)

(100) 가정(임시로 정함)

(101) 착안(어떤 일을 눈여겨보아 그 일을 성취할 기틀을 잡음)

(102) 암흑(캄캄함)

4. 다음 漢字와 뜻이 反對 또는 相對되는 漢字를 쓰시오.(103~112)

(103) ( ) - 衰   (104) ( ) - 怒

(105) 贊 - ( )   (106) 開 - ( )

(107) ( ) - 禍   (108) ( ) - 逆

(109) ( ) - 亡   (110) 死 - ( )

(111) ( ) - 鄕   (112) ( ) - 實

5. 다음 漢字語의 ( )속에 알맞은 漢字를 쓰시오.(113~122)

(113) 宿( )事業   (114) ( )家亡身

(115) 畿( )學派   (116) 日( )月諸

(117) 烏合之( )   (118) 類( )不同

(119) 大書特( )   (120) 佳人薄( )

(121) 自( )奔放   (122) 百年大( )

6. 다음 漢字의 部首를 쓰시오.(123~127)

(123) 刊 ( )   (124) 啓 ( )

(125) 奔 ( )   (126) 岸 ( )

(127) 靈 ( )

7. 다음 漢字와 같은 뜻의 漢字를 ( )속에 넣어 漢字語를 만드시오.(128~132)

(128) 堅( )   (129) ( )化

(130) ( )次   (131) 鬪( )

(132) 知( )

8. 다음 漢字와 소리는 같으나, 뜻이 다른 漢字語를 쓰시오.(133~137)

(133) 婦德. ( ) - 덕이 없음

(134) 劇團. ( ) - 한 쪽으로 치우치는 일

(135) 人道. ( ) - 가르쳐 일깨움

(136) 感謝. ( ) - 감독하고 검사함

(137) 機智. ( ) - 의기와 슬기

9. 다음 漢字語의 뜻을 쓰시오.(138~142)

(138) 彼此 :

(139) 隆盛 :

(140) 暴露 :

(141) 振動 :

(142) 錄音 :

10. 다음 漢字語 중 첫 音節이 長音인 것을 고르시오.(143~147)

(143) ①創刊 ②脚光 ③耕作 ④農謠

(144) ①許諾 ②應諾 ③貧富 ④鑑別

(145) ①蟲齒 ②將軍 ③品詞 ④職業

(146) ①宗親 ②香料 ③發聲 ④贊助

(147) ①受信 ②議題 ③豆油 ④妄想

11. 다음 漢字의 略字를 쓰시오.(148~150)

(148) 彈   (149) 國

(150) 舊

▷ 정답은 494쪽

제2회 한자능력검정시험 3급Ⅱ 예상문제

(시험시간 : 60분. 시험문항 : 150문제. 합격문항 : 105문제이상) 성명 _____

1. 다음 漢字語의 讀音을 쓰시오.(1~45)

(1) 依賴　　　　(2) 幼蟲

(3) 基礎　　　　(4) 慣例

(5) 戀歌　　　　(6) 滅亡

(7) 訓練　　　　(8) 拘束

(9) 綱領　　　　(10) 屈辱

(11) 卽席　　　　(12) 登壇

(13) 勸學　　　　(14) 奮發

(15) 食頃　　　　(16) 殺到

(17) 勸告　　　　(18) 確認

(19) 電池　　　　(20) 開封

(21) 貫通　　　　(22) 古蹟

(23) 換算　　　　(24) 內需

(25) 孔孟　　　　(26) 緊張

(27) 配付　　　　(28) 禽獸

(29) 沈沒　　　　(30) 浮刻

(31) 優勝　　　　(32) 乘降

(33) 徐行　　　　(34) 礎石

(35) 愛憎　　　　(36) 監獄

(37) 供給　　　　(38) 斷片

(39) 戀愛　　　　(40) 黑幕

(41) 丙科　　　　(42) 主幹

(43) 衰弱　　　　(44) 陵辱

(45) 機種

2. 다음 漢字의 訓과 音을 쓰시오.(46~72)

(46) 價　　　　(47) 默

(48) 禮　　　　(49) 獲

(50) 促　　　　(51) 容

(52) 暗　　　　(53) 韻

(54) 刻　　　　(55) 策

(56) 慧　　　　(57) 潤

(58) 遇　　　　(59) 楓

(60) 案　　　　(61) 憂

(62) 徵　　　　(63) 確

(64) 畢　　　　(65) 片

(66) 被　　　　(67) 模

(68) 婢　　　　(69) 豊

(70) 普　　　　(71) 觸

(72) 朗

3. 다음 설명에 맞는 漢字語를 漢字로 쓰시오.(73~102)

(73) 고시(학력을 알아보고 자격을 주는 시험)

(74) 상가(가게로 이루어진 거리)

(75) 심야(깊은 밤)

(76) 노색(성이 난 얼굴 빛)

(77) 처리(일을 다스려 치러 감)

(78) 확정(꽉 결단하여서 틀림없이 정함)

(79) 통금(통행금지)

(80) 강의(글이나 학설의 뜻을 설명하여 가르침)

(81) 혜존(자기의 저서나 작품을 남에게 드릴 때 '받아 간직해 주십시오.' 라는 뜻으로 쓰는 말)

(82) 감찰(감시하고 살피는 것)

(83) 건강(병이 없이 좋은 기능을 가진 상태에 있는 것)

467

(84) 단오(우리나라 명절의 하나. 음력 5월 5일)

(85) 부강(나라의 재정이 부하고 군사력이 강함)

(86) 사죄(저지른 죄나 잘못에 대하여 상대편에게 용서를 빔)

(87) 비관(일이 잘 안될 것으로 봄)

(88) 설문(문제나 물음을 냄)

(89) 연대(한 덩어리로 서로 결속되어 있는 것)

(90) 부흥(쇠퇴하던 것이 다시 일어나거나 일어나게 함)

(91) 비축(미리 장만하여 모아둠)

(92) 설치(달거나 매거나 붙이거나 하여 놓아두는 것)

(93) 호의(친절한 마음씨)

(94) 기상(잠자리에서 일어남)

(95) 의사(병을 진찰, 치료하는 사람)

(96) 허영(필요 이상의 겉치레)

(97) 권세(권력과 세력)

(98) 절교(서로 사귐을 끊음)

(99) 난항(일이 순조롭게 되어 가지 않음의 비유)

(100) 한도(일정하게 정한 정도)

(101) 암산(연필이나 주판을 쓰지 않고 마음속으로 하는 셈)

(102) 포악(사납고 악함)

4. 다음 漢字와 뜻이 反對 또는 相對되는 漢字를 쓰시오.(103~112)

(103) 禍 - (　　) 　(104) 送 - (　　)

(105) 好 - (　　) 　(106) 寢 - (　　)

(107) 賞 - (　　) 　(108) 勝 - (　　)

(109) 官 - (　　) 　(110) (　　) - 陸

(111) (　　) - 缺 　(112) (　　) - 落

5. 다음 漢字語의 (　)속에 알맞은 漢字를 쓰시오.(113~122)

(113) 孤掌(　)鳴 　(114) 生(　)不知

(115) 九(　)肝腸 　(116) 間接(　)擧

(117) 臨(　)無退 　(118) (　)化無雙

(119) 有名無(　) 　(120) 千萬多(　)

(121) 大(　)民國 　(122) 숨憤蓄(　)

6. 다음 漢字의 部首를 쓰시오.(123~127)

(123) 幹 (　　) 　(124) 丙 (　　)

(125) 忽 (　　) 　(126) 乾 (　　)

(127) 耕 (　　)

7. 다음 漢字와 같은 뜻의 漢字를 (　)속에 넣어 漢字語를 만드시오.(128~132)

(128) (　　)慮 　(129) 音(　　)

(130) (　　)絡 　(131) 施(　　)

(132) 停(　　)

8. 다음 漢字와 소리는 같으나, 뜻이 다른 漢字語를 쓰시오.(133~137)

(133) 戰時. (　　　) - 여러 가지 물건을 벌여 보임

(134) 毒酒. (　　　) - 단독으로 달림

(135) 警備. (　　　) - 일을 경영하는데 쓰는 비용

(136) 寶庫. (　　　) - 알리거나 바치거나 베어 알림

(137) 理解. (　　　) - 이로움과 해로움

9. 다음 漢字語의 뜻을 쓰시오.(138~142)

(138) 龍顔 :

(139) 合流 :

(140) 相殺 :

(141) 手續 :

(142) 端緒 :

10. 다음 漢字語 중 첫 音節이 長音인 것을 고르시오.(143~147)

(143) 　①端正 ②新興 ③非凡 ④賢人

(144) 　①我國 ②俗物 ③曲藝 ④監督

(145) 　①努力 ②槪念 ③滿足 ④列擧

(146) 　①貧血 ②答狀 ③得票 ④鎭壓

(147) 　①發聲 ②深夜 ③栽培 ④引受

11. 다음 漢字의 略字를 쓰시오.(148~150)
(148) 禮　　　　　　(149) 數

(150) 假

▶ 정답은 494쪽

제3회 한자능력검정시험 3급Ⅱ 예상문제
(시험시간 : 60분.   시험문항 : 150문제.   합격문항 : 105문제이상)   성명 _____

1. 다음 漢字語의 讀音을 쓰시오.(1~45)

(1) 强豪　　　　(2) 隨行

(3) 追擊　　　　(4) 幼年

(5) 感懷　　　　(6) 處女

(7) 沿岸　　　　(8) 曆法

(9) 災禍　　　　(10) 論爭

(11) 姑婦　　　 (12) 初版

(13) 森嚴　　　 (14) 突發

(15) 煙氣　　　 (16) 拾得

(17) 貯藏　　　 (18) 慾心

(19) 登載　　　 (20) 疾走

(21) 貢納　　　 (22) 情緖

(23) 懷柔　　　 (24) 潛伏

(25) 餘暇　　　 (26) 猛虎

(27) 超人　　　 (28) 哀惜

(29) 歸還　　　 (30) 役割

(31) 人倫　　　 (32) 照準

(33) 城樓　　　 (34) 貞淑

(35) 彩色　　　 (36) 遺跡

(37) 貞節　　　 (38) 壓印

(39) 名譽　　　 (40) 食慾

(41) 特徵　　　 (42) 槪論

(43) 提議　　　 (44) 數値

(45) 開拓

2. 다음 漢字의 訓과 音을 쓰시오.(46~72)

(46) 蘭　　　　 (47) 閉

(48) 肝　　　　 (49) 恥

(50) 委　　　　 (51) 錢

(52) 畢　　　　 (53) 僅

(54) 謠　　　　 (55) 劇

(56) 缺　　　　 (57) 懷

(58) 諾　　　　 (59) 檢

(60) 染　　　　 (61) 域

(62) 備　　　　 (63) 禍

(64) 倉　　　　 (65) 皮

(66) 審　　　　 (67) 寂

(68) 熱　　　　 (69) 煙

(70) 寬　　　　 (71) 莊

(72) 厚

3. 다음 설명에 맞는 漢字語를 漢字로 쓰시오.(73~102)

(73) 호송(보호하여 보내는 것)

(74) 양호(기르고 보호함)

(75) 가로(도시의 넓은 길)

(76) 경사(축하할 만한 즐겁고 기쁜 일)

(77) 업무(직장에서 의무나 직분에 따라 맡아서 하는

(78) 방문(남을 찾아가 봄)

(79) 고향(자기가 태어나고 자란 고장)

(80) 폭행(난폭한 행동)

(81) 해법(수학 등에서 문제를 푸는 방법)

(82) 향기(향기로운 냄새)

(83) 확고(확실하고 단단함)

(84) 신흥(새로 일어남)

(85) 논리(사물의 이치나 법칙성)

(86) 성좌(별자리)

(87) 통계(한데 몰아쳐서 셈함)

(88) 허례(정성이 없이 겉만 꾸미는 예절)

(89) 대원(무리를 구성하고 있는 사람)

(90) 공연(여러 사람 앞에서 연극, 음악 따위를 연출하여 공개함)

(91) 용량(용기 안에 들어 갈 수 있는 분량)

(92) 매표(표를 팖)

(93) 세밀(자세하고 빈틈없이 꼼꼼함)

(94) 열심(골똘히 힘씀)

(95) 만족(마음에 모자람이 없어 흐뭇함)

(96) 조림(나무를 심어 숲을 만듦)

(97) 수난(어려운 일을 당함)

(98) 결석(출석하여야 할 경우에 출석하지 아니함)

(99) 지극(더없이 극진함)

(100) 청순(맑고 순박함)

(101) 검문(수상한 사람을 검사하고 심문함)

(102) 고소(어이가 없거나 하찮아서 웃는 웃음)

4. 다음 漢字와 뜻이 反對 또는 相對되는 漢字를 쓰시오.(103~112)

(103) (   ) - 續   (104) 姉 - (   )

(105) (   ) - 滿   (106) (   ) - 弱

(107) 苦 - (   )   (108) 伏 - (   )

(109) 隱 - (   )   (110) 冷 - (   )

(111) 吉 - (   )   (112) 恩 - (   )

5. 다음 漢字語의 (   )속에 알맞은 漢字를 쓰시오.(113~122)

(113) 冠(   )喪祭   (114) 立(   )出世

(115) 明心(   )鑑   (116) 無死通(   )

(117) 安(   )知足   (118) 三人(   )虎

(119) 愚公(   )山   (120) 公(   )正大

(121) 過失(   )死   (122) 徹天之(   )

6. 다음 漢字의 部首를 쓰시오.(123~127)

(123) 幼 (   )   (124) 逢 (   )

(125) 兼 (   )   (126) 哭 (   )

(127) 鼓 (   )

7. 다음 漢字와 같은 뜻의 漢字를 (   )속에 넣어 漢字語를 만드시오.(128~132)

(128) (   )加   (129) 保(   )

(130) 釋(   )   (131) 空(   )

(132) (   )誠

8. 다음 漢字와 소리는 같으나, 뜻이 다른 漢字語를 쓰시오.(133~137)

(133) 早期. (   ) - 일찍 일어남

(134) 儒學. (   ) - 외국에 가서 공부함

(135) 養親. (   ) - 아버지와 어머니

(136) 絶世. (   ) - 적법하게 세금 부담을 줄이는 일

(137) 正副. (   ) - 국가를 다스리는 기관

9. 다음 漢字語의 뜻을 쓰시오.(138~142)

   (138) 遺失 :

   (139) 啓蒙 :

   (140) 懇請 :

   (141) 轉換 :

   (142) 好感 :

10. 다음 漢字語 중 첫 音節이 長音인 것을 고르시오.(143~147)

   (143)   ①尊重 ②懇切 ③政黨 ④職業

   (144)   ①耐火 ②除外 ③希望 ④虛空

   (145)   ①接合 ②基準 ③錦江 ④請求

   (146)   ①豊年 ②緖論 ③傳授 ④許容

   (147)   ①認可 ②牧場 ③戀歌 ④設立

11. 다음 漢字의 略字를 쓰시오.(148~150)

   (148) 滿   (149) 黨

   (150) 兩

   ▶ 정답은 495쪽

제4회 한자능력검정시험 3급Ⅱ 예상문제
(시험시간 : 60분. 시험문항 : 150문제. 합격문항 : 105문제이상) 성명 _____

1. 다음 漢字語의 讀音을 쓰시오.(1~45)

(1) 顔面 　　　　(2) 假飾

(3) 平澤 　　　　(4) 烏竹

(5) 縱斷 　　　　(6) 收藏

(7) 歌謠 　　　　(8) 徵表

(9) 空欄 　　　　(10) 登頂

(11) 當惑 　　　　(12) 解釋

(13) 蒸氣 　　　　(14) 滿潮

(15) 玄孫 　　　　(16) 猛犬

(17) 卓越 　　　　(18) 亞流

(19) 汽笛 　　　　(20) 突擊

(21) 總帥 　　　　(22) 紛失

(23) 增産 　　　　(24) 哀愁

(25) 欲情 　　　　(26) 奇蹟

(27) 激浪 　　　　(28) 忠魂

(29) 摘出 　　　　(30) 疾患

(31) 履修 　　　　(32) 符合

(33) 害蟲 　　　　(34) 陵園

(35) 憂慮 　　　　(36) 副署

(37) 黃菊 　　　　(38) 戱畫

(39) 紛紛 　　　　(40) 決裁

(41) 積載 　　　　(42) 洋藥

(43) 勸誘 　　　　(44) 樣相

(45) 遊牧

2. 다음 漢字의 訓과 音을 쓰시오.(46~72)

(46) 陶 　　　　(47) 龍

(48) 誤 　　　　(49) 銘

(50) 索 　　　　(51) 齒

(52) 儉 　　　　(53) 讓

(54) 拓 　　　　(55) 摘

(56) 踐 　　　　(57) 滅

(58) 更 　　　　(59) 揚

(60) 凉 　　　　(61) 裕

(62) 遊 　　　　(63) 諸

(64) 肅 　　　　(65) 宴

(66) 宙 　　　　(67) 此

(68) 巨 　　　　(69) 軟

(70) 僧 　　　　(71) 履

(72) 鍾

3. 다음 설명에 맞는 漢字語를 漢字로 쓰시오.(73~102)

(73) 요원(중요한 지위에 있는 임원)

(74) 존경(존중히 여겨 공경함)

(75) 구조(구원하고 도와줌)

(76) 조심(실수가 없도록 마음을 삼가서 경계함)

(77) 군중(한 곳에 무리지어 모여 있는 사람들)

(78) 난대(열대와 온대 사이에 걸쳐있는 기후대)

(79) 급소(사물의 가장 중요한 곳)

(80) 논쟁(말이나 글로 논하여 다툼)

(81) 나열(평면 위에 죽 벌이여 놓은 것)

(82) 미개(백성의 생활 정도가 낮고 문명이 발달하지 않은 상태)

(83) 진리(참된 도리)

(84) 담소(웃으면서 이야기함)

(85) 육안(안경을 쓰지 않은 맨눈)

(86) 수혜(은혜를 받음)

(87) 접전(서로 어울려 싸움)

(88) 쾌감(상쾌하고 즐거운 느낌)

(89) 퇴치(물리쳐서 아주 없애버림)

(90) 충해(벌레로 인해 입은 농사의 손해)

(91) 청구(상대방에 대하여 일정한 행위를 요구하는 일)

(92) 거처(간 곳이나 갈 곳)

(93) 쾌활(마음씨나 성질 또는 행동이 씩씩하고 활발함)

(94) 응답(물음이나 부름에 응하여 대답함)

(95) 명맥(목숨과 맥)

(96) 기구(세간 기구 연장 따위의 총칭)

(97) 응시(시험에 응함)

(98) 보화(보물. 귀중한 재화)

(99) 법칙(법규를 어긴 행위에 대한 처벌을 규정한 규칙)

(100) 검산(셈이 맞고 안 맞고를 검사함)

(101) 성행(매우 왕성하게 유행함)

(102) 허용(허락하여 받아들임)

4. 다음 漢字와 뜻이 反對 또는 相對되는 漢字를 쓰시오. (103~112)

(103) (　　) - 辱　　(104) (　　) - 落

(105) 起 - (　　)　　(106) 勞 - (　　)

(107) 姑 - (　　)　　(108) (　　) - 凶

(109) 善 - (　　)　　(110) 祖 - (　　)

(111) 鄕 - (　　)　　(112) (　　) - 弟

5. 다음 漢字語의 (　)속에 알맞은 漢字를 쓰시오. (113~122)

(113) 錦上添(　　)　　(114) 萬(　　)通治

(115) 一石二(　　)　　(116) 謙讓之(　　)

(117) 人事不(　　)　　(118) (　　)高萬丈

(119) 抑何心(　　)　　(120) 爐邊談(　　)

(121) 極(　　)無道　　(122) 意味深(　　)

6. 다음 漢字의 部首를 쓰시오. (123~127)

(123) 恭(　　)　　(124) 剛(　　)

(125) 久(　　)　　(126) 兎(　　)

(127) 之(　　)

7. 다음 漢字와 같은 뜻의 漢字를 (　)속에 넣어 漢字語를 만드시오. (128~132)

(128) (　　)濟　　(129) 監(　　)

(130) (　　)算　　(131) (　　)本

(132) (　　)就

8. 다음 漢字와 소리는 같으나, 뜻이 다른 漢字語를 쓰시오. (133~137)

(133) 單元. (　　) - 어떤 단체의 회원

(134) 家老. (　　) - 도시의 넓은 길

(135) 收養. (　　) - 심신을 단련하여 품성이나 지식이나 도덕을 닦

(136) 調和. (　　) - 종이나 헝겊 따위로 든 꽃

(137) 地極. (　　) - 더없이 극진함

9. 다음 漢字語의 뜻을 쓰시오.(138~142)

(138) 繁昌 :

(139) 革新 :

(140) 獨占 :

(141) 距離 :

(142) 報道 :

10. 다음 漢字語 중 첫 音節이 長音이 것을 고르시오.(143~147)

(143)　①經過 ②怪奇 ③絶壁 ④密林

(144)　①語幹 ②密集 ③設定 ④休息

(145)　①民俗 ②承服 ③勉勵 ④煙草

(146)　①收入 ②平素 ③榮光 ④永眠

(147)　①懇請 ②深夜 ③容量 ④守則

11. 다음 漢字의 略字를 쓰시오.(148~150)

(148) 與　　　　　　(149) 覺

(150) 廣

➡ 정답은 495쪽

제5회 한자능력검정시험 3급Ⅱ 예상문제
(시험시간 : 60분. 시험문항 : 150문제. 합격문항 : 105문제이상)   성명 _____

1. 다음 漢字語의 讀音을 쓰시오.(1~45)

(1) 辭讓   (2) 正誤
(3) 贊反   (4) 獎勵
(5) 壓迫   (6) 葬禮
(7) 害惡   (8) 計劃
(9) 交付   (10) 促成
(11) 中旬   (12) 妄發
(13) 還國   (14) 果刀
(15) 偉大   (16) 戀慕
(17) 童顔   (18) 促求
(19) 內侍   (20) 陷沒
(21) 幽靈   (22) 御醫
(23) 誠心   (24) 需要
(25) 卽決   (26) 隆起
(27) 管掌   (28) 承諾
(29) 卽時   (30) 慣習
(31) 胡桃   (32) 偶然
(33) 疾病   (34) 新興
(35) 早飯   (36) 潛水
(37) 減量   (38) 著者
(39) 亦是   (40) 過慾
(41) 著述   (42) 已往
(43) 僧服   (44) 文盲
(45) 履修

2. 다음 漢字의 訓과 音을 쓰시오.(46~72)

(46) 突   (47) 冠
(48) 岸   (49) 努
(50) 抑   (51) 猶
(52) 慣   (53) 策
(54) 擊   (55) 佳
(56) 漸   (57) 訴
(58) 染   (59) 賴
(60) 沿   (61) 娘
(62) 履   (63) 憲
(64) 灰   (65) 額
(66) 較   (67) 隱
(68) 辭   (69) 契
(70) 距   (71) 掃
(72) 壞

3. 다음 설명에 맞는 漢字語를 漢字로 쓰시오.(73~102)

(73) 시인(옳다고 인정함)
(74) 연승(잇달아 이김)
(75) 회복(나빠진 상태에서 다시 좋은 상태로 되돌리는 것
(76) 상태(사물이나 형상이 현재 처하여 있는 형태나 모양
(77) 흉악(성질이 거칠고 사나움)
(78) 총무(그 사무를 취급하는 사람)
(79) 관직(관리의 직제)
(80) 호감(좋은 감정)
(81) 경고(주의하라고 경계하여 알림)
(82) 협상(여러 사람이 모여 서로 의논함)
(83) 흑연(시꺼먼 연기)

(84) 감사(고맙게 여김)

(85) 수억(여러 억)

(86) 웅비(힘차고 씩씩하게 뻗어나감)

(87) 방목(가축을 놓아기름)

(88) 경로(지나가는 길)

(89) 서열(순서)

(90) 건축(집·성·다리 등을 세워 지음)

(91) 청결(맑고 깨끗함)

(92) 결격(필요한 자격을 갖추고 있지 아니함)

(93) 악사(음악을 연주하는 사람)

(94) 점원(상점에 근무하는 사람)

(95) 창조(처음으로 만듦)

(96) 벽화(건물이나 무덤 따위의 벽에 그린 그림)

(97) 직책(직무상의 책임)

(98) 유념(마음에 기억하여 두고 생각함)

(99) 영장(법원·관청이 발부하는 명령서)

(100) 기립(일어나서 섬)

(101) 진전(일이 진행되어 발전함)

(102) 태도(속의 뜻이 드러나 보이는 겉모양)

4. 다음 漢字와 뜻이 反對 또는 相對되는 漢字를 쓰시오.(103~112)

(103) 尊 - ( )　(104) ( ) - 負

(105) 動 - ( )　(106) ( ) - 逆

(107) 攻 - ( )　(108) ( ) - 樂

(109) ( ) - 果　(110) ( ) - 易

(111) 可 - ( )　(112) 始 - ( )

5. 다음 漢字語의 ( )속에 알맞은 漢字를 쓰시오.(113~122)

(113) ( )上加霜　(114) ( )耳東風

(115) 言行一( )　(116) 國( )克服

(117) 一葉( )舟　(118) 百年佳( )

(119) 晝( )長川　(120) 決死反( )

(121) 易地( )之　(122) 金( )玉條

6. 다음 漢字의 部首를 쓰시오.(123~127)

(123) 照 ( )　(124) 乘 ( )

(125) 巧 ( )　(126) 此 ( )

(127) 拳 ( )

7. 다음 漢字와 같은 뜻의 漢字를 ( )속에 넣어 漢字語를 만드시오.(128~132)

(128) ( )界　(129) ( )福

(130) ( )重　(131) 繼( )

(132) 至( )

8. 다음 漢字와 소리는 같으나, 뜻이 다른 漢字語를 쓰시오.(133~137)

(133) 告示. ( ) - 학력을 알아보고 자격을 주는 시험

(134) 提起. ( ) - 제사 때에 쓰이는 그릇

(135) 多重. ( ) - 많은 사람

(136) 賢相. ( ) - 현재의 상태

(137) 敬老. ( ) - 지나가는 길

477

9. 다음 漢字語의 뜻을 쓰시오.(138~142)

(138) 獻納 :

(139) 面貌 :

(140) 抑留 :

(141) 屈折 :

(142) 鄕愁 :

10. 다음 漢字語 中 첫 音節이 長音인 것을 고르시오.(143~147)

(143)　①增産　②提起　③增强　④槪論

(144)　①宗親　②次男　③潤澤　④職員

(145)　①普及　②走力　③除去　④爭取

(146)　①勝勢　②戀愛　③深海　④行星

(147)　①逆境　②軟弱　③國益　④認識

11. 다음 漢字의 略字를 쓰시오.(148~150)

(148) 繼　　　　　　(149) 藝

(150) 價

▶ 정답은 496쪽

제6회 한자능력검정시험 3급Ⅱ 예상문제

(시험시간 : 60분. 시험문항 : 150문제. 합격문항 : 105문제이상) 성명 _____

1. 다음 漢字語의 讀音을 쓰시오.(1~45)

(1) 侍女　　　　(2) 片紙

(3) 危殆　　　　(4) 上旬

(5) 契丹　　　　(6) 啓蒙

(7) 豫審　　　　(8) 染色

(9) 曲直　　　　(10) 獎勵

(11) 感觸　　　　(12) 愚弄

(13) 亡兆　　　　(14) 微量

(15) 事項　　　　(16) 繼走

(17) 逸脫　　　　(18) 白鶴

(19) 御用　　　　(20) 賤職

(21) 提供　　　　(22) 餘念

(23) 沿海　　　　(24) 影印

(25) 淺薄　　　　(26) 熟達

(27) 風琴　　　　(28) 何必

(29) 振動　　　　(30) 貞淑

(31) 追擊　　　　(32) 哀願

(33) 寬容　　　　(34) 整齊

(35) 彼岸　　　　(36) 指摘

(37) 消滅　　　　(38) 齊唱

(39) 契約　　　　(40) 彈倉

(41) 出征　　　　(42) 怪談

(43) 審査　　　　(44) 突變

(45) 反響

2. 다음 漢字의 訓과 音을 쓰시오.(46~72)

(46) 綱　　　　(47) 贊

(48) 隆　　　　(49) 慈

(50) 雙　　　　(51) 瞬

(52) 壽　　　　(53) 誘

(54) 御　　　　(55) 刷

(56) 彩　　　　(57) 笛

(58) 繁　　　　(59) 縱

(60) 派　　　　(61) 抗

(62) 核　　　　(63) 誇

(64) 譽　　　　(65) 綿

(66) 輩　　　　(67) 曾

(68) 著　　　　(69) 仰

(70) 徹　　　　(71) 槪

(72) 險

3. 다음 설명에 맞는 漢字語를 漢字로 쓰시오.(73~102)

(73) 이식(식물 따위를 옮겨 심음)

(74) 노력(힘을 씀. 힘을 다함)

(75) 강구(좋은 방법을 조사하고 궁리함)

(76) 벌금(죄를 지은 사람에게서 벌로써 받는 돈)

(77) 구직(직업을 구함)

(78) 폭풍(몹시 세게 부는 바람)

(79) 제명(명부에서 이름을 빼어 버림)

(80) 취득(어떤 자격을 취하여 얻음)

(81) 율동(가락에 맞추어 추는 춤)

(82) 가상(사실에 관계없이 가정적으로 생각함)

(83) 승인(일정한 사실을 인정하는 행위)

(84) 파고(물결의 높이)

(85) 유념(마음에 기억하여 두고 생각함)

(86) 폭거(난폭한 행동)

(87) 시상(상을 주는 일)

(88) 감찰(감시하고 살피는 것)

(89) 연발(총 등을 잇달아 쏨)

(90) 무용(쓸모나 쓸데가 없음)

(91) 증감(많아지는 일과 적어지는 일)

(92) 논제(토론, 논의, 논문 등의 제목이나 주제)

(93) 감방(형무소에서 죄수를 가두어 두는 방)

(94) 수양(남의 자식을 맡아 기름)

(95) 증축(집 따위를 더 늘려 지음)

(96) 충절(충성스러운 절의)

(97) 목양(양을 침)

(98) 경쾌(기분이 가볍고 유쾌함)

(99) 공연(여러 사람 앞에서 연극, 음악 따위를 연출하여 공개함)

(100) 문예(문학과 예술)

(101) 전달(전하여 이르게 함)

(102) 저축(절약하여 모아둠)

4. 다음 漢字와 뜻이 反對 또는 相對되는 漢字를 쓰시오.(103~112)

(103) 憎 - (   )   (104) (   ) - 誤

(105) (   ) - 遠   (106) 喜 - (   )

(107) (   ) - 暗   (108) 當 - (   )

(109) 己 - (   )   (110) 眞 - (   )

(111) 新 - (   )   (112) (   ) - 衆

5. 다음 漢字語의 (   )속에 알맞은 漢字를 쓰시오.(113~122)

(113) 射程距(   )   (114) (   )尊女卑

(115) 知行一(   )   (116) 非一非(   )

(117) (   )風落葉   (118) 美風(   )俗

(119) (   )此一般   (120) 面從腹(   )

(121) 確(   )不動   (122) 億(   )蒼生

6. 다음 漢字의 部首를 쓰시오.(123~127)

(123) 鬼 (   )   (124) 及 (   )

(125) 夢 (   )   (126) 司 (   )

(127) 率 (   )

7. 다음 漢字와 같은 뜻의 漢字를 (   )속에 넣어 漢字語를 만드시오.(128~132)

(128) 境(   )   (129) (   )潔

(130) 扶(   )   (131) 土(   )

(132) 始(   )

8. 다음 漢字와 소리는 같으나, 뜻이 다른 漢字語를 쓰시오.(133~137)

(133) 劍士. (   ) - 실제의 상황을 잘 살피고 조사함

(134) 牙軍. (   ) - 우리 편 군대

(135) 審査. (   ) - 깊이 생각함

(136) 聖座. (   ) - 별자리

(137) 驛舍. (   ) - 인류의 변천, 흥망의 기록

9. 다음 漢字語의 뜻을 쓰시오.(138~142)

(138) 否認 :

(139) 忍耐 :

(140) 厚意 :

(141) 敵意 :

(142) 需要 :

10. 다음 漢字語 중 첫 音節이 長音인 것을 고르시오.(143~147)

(143) ①如意 ②純度 ③雅量 ④淸掃

(144) ①孟春 ②申告 ③關稅 ④受講

(145) ①授業 ②宗家 ③肝膽 ④自請

(146) ①增加 ②支給 ③接合 ④佳人

(147) ①築造 ②祭祀 ③指向 ④不治

11. 다음 漢字의 略字를 쓰시오.(148~150)

(148) 體   (149) 證

(150) 醫

▶ 정답은 496쪽

481

제7회 한자능력검정시험 3급Ⅱ 예상문제
(시험시간 : 60분. 시험문항 : 150문제. 합격문항 : 105문제이상) 성명 _____

1. 다음 漢字語의 讀音을 쓰시오.(1~45)

(1) 萬般   (2) 染料
(3) 技巧   (4) 榮辱
(5) 輸血   (6) 憂慮
(7) 突破   (8) 催告
(9) 質朴   (10) 冊曆
(11) 相距   (12) 可恐
(13) 至尊   (14) 丙亂
(15) 軟弱   (16) 兩側
(17) 精巧   (18) 帳幕
(19) 主峰   (20) 著作
(21) 索出   (22) 懇曲
(23) 懸板   (24) 評點
(25) 陶器   (26) 霜降
(27) 沒落   (28) 大抵
(29) 上訴   (30) 菜食
(31) 菊花   (32) 不貞
(33) 泰然   (34) 發露
(35) 完譯   (36) 許諾
(37) 丹楓   (38) 驚歎
(39) 繁盛   (40) 史蹟
(41) 徹底   (42) 師範
(43) 愼重   (44) 封合
(45) 城閣

2. 다음 漢字의 訓과 音을 쓰시오.(46~72)
(46) 幽   (47) 照
(48) 排   (49) 漠
(50) 釋   (51) 提
(52) 寡   (53) 佳
(54) 孟   (55) 革
(56) 但   (57) 偶
(58) 腹   (59) 尺
(60) 憶   (61) 跡
(62) 井   (63) 菜
(64) 審   (65) 頂
(66) 祈   (67) 憲
(68) 潤   (69) 暫
(70) 候   (71) 標
(72) 臺

3. 다음 설명에 맞는 漢字語를 漢字로 쓰시오.(73~102)

(73) 당수(한 당의 우두머리)
(74) 감시(주의하여 지킴)
(75) 빈한(가난하고 쓸쓸함)
(76) 개인(한사람 한사람)
(77) 속담(옛날부터 민간에 전하여 오는 쉬운 격언이나 잠언)
(78) 단정(바르고 얌전함)
(79) 확인(어떠한 상태인지 알아보는 것)
(80) 달성(목적한 바를 이룸)
(81) 연구(깊이 조사하여 밝힘)
(82) 기록(사실을 적은 서류)
(83) 단식(먹는 일을 끊음)

(84) 역광(물체와 마주 대했을 때, 그 물체의 뒤쪽에서 비치는 햇살)

(85) 입대(군대에 들어가 군인이 됨)

(86) 통제(전체적인 목적을 달성하기 위하여 여러 부분을 한 원리로 제약하는 일)

(87) 심도(겉에서 속까지의 길이)

(88) 과정(일이 되어가는 경로)

(89) 정밀(아주 잘고 자세함)

(90) 제설(쌓인 눈을 치움)

(91) 과객(지나가는 나그네)

(92) 특권(특별한 권능, 권리)

(93) 입법(법률 또는 법규를 제정함)

(94) 해변(바다와 땅이 서로 잇닿은 곳이나 그 근처)

(95) 보행(사람이 두 다리로 걸어가거나 걸어오는 것)

(96) 세포(생물체를 구성하는 가장 기본적인 단위)

(97) 현모(어진 어머니)

(98) 녹음(음향·음성·음악 등을 필름, 레코드 등에 기계로 기록해 넣음)

(99) 직접(중간에서 매개나 거리 간격이 없이 바로 접함)

(100) 고장(기계가 부서져 운전이 정지함)

(101) 제보(정보를 제공함)

(102) 퇴출(물러나서 나감)

4. 다음 漢字와 뜻이 反對 또는 相對되는 漢字를 쓰시오.(103~112)

(103) (　) - 惡　　(104) 愚 - (　)
(105) 怨 - (　)　　(106) (　) - 否
(107) (　) - 活　　(108) (　) - 合
(109) (　) - 就寢　(110) 將 - (　)
(111) (　) - 今　　(112) (　) - 敗

5. 다음 漢字語의 (　)속에 알맞은 漢字를 쓰시오.(113~122)

(113) 梅蘭菊(　)　　(114) 沙上(　)閣
(115) 三位一(　)　　(116) 天災(　)變
(117) 巧言(　)色　　(118) 大量生(　)
(119) (　)男乙女　　(120) 父傳(　)傳
(121) 燈下不(　)　　(122) 薄(　)多賣

6. 다음 漢字의 部首를 쓰시오.(123~127)

(123) 壽 (　)　　(124) 勿 (　)
(125) 曆 (　)　　(126) 冠 (　)
(127) 弓 (　)

7. 다음 漢字와 같은 뜻의 漢字를 (　)속에 넣어 漢字語를 만드시오.(128~132)

(128) (　)爭　　(129) (　)加
(130) (　)慮　　(131) 文(　)
(132) (　)目

8. 다음 漢字와 소리는 같으나, 뜻이 다른 漢字語를 쓰시오.(133~137)

(133) 歌舞. (　) - 집안의 일, 가사
(134) 養護. (　) - 좋음
(135) 義士. (　) - 마음먹은 생각
(136) 耕起. (　) - 기술의 낫고 못함을 서로 겨루는 일
(137) 初代. (　) - 사람을 불러서 대접함

9. 다음 漢字語의 뜻을 쓰시오.(138~142)

(138) 吸煙 :

(139) 退色 :

(140) 陷落 :

(141) 積載 :

(142) 緣故 :

10. 다음 漢字語 중 첫 音節이 長音인 것을 고르시오.(143~147)

(143) ①痛哭 ②修養 ③得勢 ④相續

(144) ①純潔 ②賣國 ③恩德 ④玉色

(145) ①設置 ②守備 ③貢物 ④榮光

(146) ①尊敬 ②接見 ③將軍 ④懇曲

(147) ①至當 ②次善 ③破壞 ④支店

11. 다음 漢字의 略字를 쓰시오.(148~150)

(148) 榮   (149) 關

(150) 號

▶ 정답은 497쪽

제8회 한자능력검정시험 3급Ⅱ 예상문제
(시험시간 : 60분. 시험문항 : 150문제. 합격문항 : 105문제이상) 성명 _____

1. 다음 漢字語의 讀音을 쓰시오.(1~45)

(1) 警笛   (2) 監察
(3) 超過   (4) 冠禮
(5) 幽明   (6) 怪狀
(7) 一齊   (8) 康寧
(9) 敎鍊   (10) 越尺
(11) 謙虛   (12) 役割
(13) 音律   (14) 卑近
(15) 突破   (16) 含量
(17) 阿附   (18) 吹打
(19) 衰退   (20) 莊嚴
(21) 豪族   (22) 企圖
(23) 逆流   (24) 紛亂
(25) 稀貴   (26) 假想
(27) 緊縮   (28) 蟲害
(29) 旋律   (30) 蘭草
(31) 誘惑   (32) 獲得
(33) 貢物   (34) 張皇
(35) 慈堂   (36) 風浪
(37) 利潤   (38) 信賴
(39) 巧辯   (40) 著書
(41) 抗訴   (42) 親疎
(43) 剛直   (44) 閣議
(45) 背後

2. 다음 漢字의 訓과 音을 쓰시오.(46~72)

(46) 柔   (47) 鑑
(48) 丹   (49) 軟
(50) 므   (51) 刑
(52) 貫   (53) 寡
(54) 擇   (55) 崇
(56) 整   (57) 笛
(58) 輪   (59) 轉
(60) 奴   (61) 趣
(62) 菊   (63) 獻
(64) 儀   (65) 乳
(66) 漸   (67) 克
(68) 靈   (69) 爆
(70) 負   (71) 秩
(72) 載

3. 다음 설명에 맞는 漢字語를 漢字로 쓰시오.(73~102)

(73) 음성(목소리)
(74) 벽지(벽에 바르는 종이)
(75) 운집(구름처럼 많이 모임)
(76) 휴식(하던 일을 멈추고 잠깐 동안 쉼)
(77) 시식(요리하는 솜씨와 맛을 시험하기 위하여 먹어봄)
(78) 결여(갖추지 않아 모자람)
(79) 의무(맡은 직분)
(80) 이동(움직여서 옮김)
(81) 장벽(칸막이로 된 벽)
(82) 접착(달라붙음)

(83) 배반(신의를 등지고 버림)

(84) 세배(섣달그믐이나 정초에 웃어른께 인사로 하는 절)

(85) 복구(그 전의 상태로 회복함)

(86) 혈압(심장의 수축력, 혈관벽의 탄력성 및 저항성에 따라 생기는 혈액의 압력)

(87) 독살(독약을 먹여 죽임)

(88) 호흡(사람이나 동물이 코나 입으로 공기를 들어 마시고 내쉬는 기운)

(89) 축재(돈이나 재물을 모아 쌓음)

(90) 정치(국가의 주권자가 그 영토 및 국민을 통치함)

(91) 연속(끊어지지 않고 죽 이음)

(92) 부덕(덕이 없음)

(93) 보은(은혜를 갚음)

(94) 고난(괴로움과 어려움)

(95) 민요(민중의 생활 감정을 소박하게 반영시킨 노래의 총칭)

(96) 대접(음식을 차려 손님을 대우함)

(97) 복고(옛것대로 돌아감)

(98) 전시(여러 가지 물건을 벌여서 보임)

(99) 침공(침입하여 공격함)

(100) 경제(인간 생활의 유지 발전에 필요한 재화를 획득, 이용하는 과정의 일체 활동)

(101) 소득(수입이 되는 이익)

(102) 경계(일이나 물건이 어떤 표준아래 맞닿은 자리)

4. 다음 漢字와 뜻이 反對 또는 相對되는 漢字를 쓰시오.(103~112)

(103) 送 - (　　)　　(104) 干 - (　　)

(105) (　　) - 寢　　(106) (　　) - 衰

(107) (　　) - 夜　　(108) 始 - (　　)

(109) (　　) - 着　　(110) (　　) - 暖

(111) 前 - (　　)　　(112) 骨 - (　　)

5. 다음 漢字語의 (　)속에 알맞은 漢字를 쓰시오.(113~122)

(113) 衆寡不(　　)　　(114) (　　)土不二

(115) 草家三(　　)　　(116) 臨時變(　　)

(117) 速(　　)速決　　(118) 途中下(　　)

(119) 不可(　　)力　　(120) 百(　　)百中

(121) 森羅萬(　　)　　(122) 我(　　)引水

6. 다음 漢字의 部首를 쓰시오.(123~127)

(123) 畿(　　)　　(124) 緊(　　)

(125) 丹(　　)　　(126) 其(　　)

(127) 唐(　　)

7. 다음 漢字와 같은 뜻의 漢字를 (　)속에 넣어 漢字語를 만드시오.(128~132)

(128) (　　)謠　　(129) 家(　　)

(130) (　　)惠　　(131) 道(　　)

(132) (　　)擊

8. 다음 漢字와 소리는 같으나, 뜻이 다른 漢字語를 쓰시오.(133~137)

(133) 詩想. (　　) - 상을 주는 일

(134) 白放. (　　) - 여러 가지 방법

(135) 全通. (　　) - 이어 받은 계통

(136) 課程. (　　) - 일이 되어 가는 경로

(137) 端正. (　　) - 딱 잘라서 결정함

9. 다음 漢字語의 뜻을 쓰시오.(138~142)
(138) 固執 :

(139) 提議 :

(140) 貯藏 :

(141) 口傳 :

(142) 輕視 :

10. 다음 漢字語 중 첫 音節이 長音인 것을 고르시오.(143~147)
(143) ①除外 ②宗族 ③將來 ④鬼才

(144) ①志士 ②內包 ③愛慕 ④時限

(145) ①請願 ②寡默 ③波動 ④蟲齒

(146) ①近刊 ②吉鳥 ③職務 ④絶交

(147) ①回答 ②恐龍 ③故鄕 ④農協

11. 다음 漢字의 略字를 쓰시오.(148~150)
(148) 勸   (149) 擧

(150) 擔

▶ 정답은 497쪽

제 9회 한자능력검정시험 3급Ⅱ 예상문제
(시험시간 : 60분. 시험문항 : 150문제. 합격문항 : 105문제이상) 성명 _____

1. 다음 漢字語의 讀音을 쓰시오.(1~45)

(1) 字幕 (2) 此後
(3) 貿易 (4) 反抗
(5) 禁食 (6) 周旋
(7) 交換 (8) 貴賤
(9) 餘裕 (10) 妻男
(11) 變聲 (12) 迫頭
(13) 沿革 (14) 星霜
(15) 內臟 (16) 紋章
(17) 署長 (18) 猛威
(19) 陵墓 (20) 妄想
(21) 沒落 (22) 影像
(23) 陶醉 (24) 陰曆
(25) 疾病 (26) 假裝
(27) 不肖 (28) 胡角
(29) 寶刀 (30) 徵候
(31) 觸手 (32) 妄言
(33) 神靈 (34) 橫暴
(35) 秀麗 (36) 懷疑
(37) 絶倫 (38) 受領
(39) 可憎 (40) 驛舍
(41) 禁慾 (42) 親戚
(43) 被訴 (44) 告祀
(45) 諸般

2. 다음 漢字의 訓과 音을 쓰시오.(46~72)

(46) 腦 (47) 閑
(48) 閣 (49) 戚
(50) 航 (51) 援
(52) 供 (53) 廊
(54) 哭 (55) 況
(56) 蒸 (57) 樓
(58) 倫 (59) 塔
(60) 準 (61) 悠
(62) 橫 (63) 兆
(64) 超 (65) 點
(66) 振 (67) 哀
(68) 條 (69) 殘
(70) 裁 (71) 管
(72) 較

3. 다음 설명에 맞는 漢字語를 漢字로 쓰시오.(73~102)

(73) 배급(분배하여 공급함)
(74) 단원(어떤 단체의 회원)
(75) 감산(뺄셈)
(76) 독약(사람이나 동물의 생명을 해치는 독성의 약제)
(77) 조기(아침에 일찍 일어남)
(78) 제약(사물의 성립에 필요한 조건이나 규정)
(79) 공정(기술적 작업의 과정이나 정도)
(80) 절대(상대하여 견줄만한 다른 것이 없음)
(81) 관직(벼슬)
(82) 보고(알리어 바치거나 베풀어 알림)
(83) 착상(일의 실마리가 될만한 생각)

(84) 담임(학급이나 학과목을 책임지고 맡아 봄)

(85) 독성(독기가 있는 성분)

(86) 단어(기능을 가지는 언어의 최소 단위)

(87) 양친(아버지와 어머니)

(88) 연결(서로 이어 맺음)

(89) 배경(뒤의 경치)

(90) 창의(새로운 의견을 생각하여 냄)

(91) 양면(두 가지 방법)

(92) 달관(사물에 대한 통달한 관찰)

(93) 검사(실제 상황을 잘 살피고 조사함)

(94) 밀접(빈틈없이 가깝게 맞닿음)

(95) 청구(상대방에 대하여 일정한 행위를 요구하는 일)

(96) 지령(단체 등에서, 상부로부터 내려지는 활동 방침에 대한 명령)

(97) 향배(좇음과 등짐)

(98) 포악(사납고 악함)

(99) 감금(몸을 가두어 자유를 구속함)

(100) 가령(예를 들면, 이를테면)

(101) 미달(어떤 한도나 표준에 아직 이르지 못함)

(102) 실정(실지로 정함)

4. 다음 漢字와 뜻이 反對 또는 相對되는 漢字를 쓰시오.(103~112)

(103) (   ) - 陸   (104) (   ) - 散
(105) 與 - (   )   (106) 本 - (   )
(107) 單 - (   )   (108) 輕 - (   )
(109) 發 - (   )   (110) 氷 - (   )
(111) 手 - (   )   (112) 表 - (   )

5. 다음 漢字語의 ( )속에 알맞은 漢字를 쓰시오.(113~122)

(113) 前人(   )踏   (114) 懇(   )會
(115) 識(   )憂患   (116) (   )刀直入
(117) (   )學多識   (118) 務(   )力行
(119) 難攻不(   )   (120) 因(   )應報
(121) 一脈相(   )   (122) 坐(   )觀天

6. 다음 漢字의 部首를 쓰시오.(123~127)

(123) 肯 (   )   (124) 獄 (   )
(125) 昇 (   )   (126) 臺 (   )
(127) 突 (   )

7. 다음 漢字와 같은 뜻의 漢字를 ( )속에 넣어 漢字語를 만드시오.(128~132)

(128) (   )畵   (129) (   )所
(130) (   )驗   (131) 極(   )
(132) 論(   )

8. 다음 漢字와 소리는 같으나, 뜻이 다른 漢字語를 쓰시오.(133~137)

(133) 邪理. (   ) - 개인의 사사로운 이익
(134) 稅收. (   ) - 얼굴을 씻음
(135) 錄音. (   ) - 푸른 나뭇잎의 그늘
(136) 無事. (   ) - 무예를 익히고 무도를 닦아 전쟁에 종사하는 사람
(137) 地名. (   ) - 이름을 누구라고 말하거나, 지적하거나, 가리키는 것

9. 다음 漢字語의 뜻을 쓰시오.(138~142)

(138) 召集 :

(139) 臨終 :

(140) 認知 :

(141) 嚴肅 :

(142) 開催 :

10. 다음 漢字語 중 첫 音節이 長音인 것을 고르시오.(143~147)

(143) ①興亡 ②虛弱 ③訓練 ④血氣

(144) ①京鄕 ②彼岸 ③協定 ④確保

(145) ①放縱 ②精力 ③眞假 ④省察

(146) ①收金 ②着眼 ③血壓 ④丈夫

(147) ①索引 ②鑑別 ③懸板 ④收給

11. 다음 漢字의 略字를 쓰시오.(148~150)

(148) 觀   (149) 廳

(150) 圖

▶ 정답은 498쪽

제10회 한자능력검정시험 3급Ⅱ 예상문제
(시험시간 : 60분. 시험문항 : 150문제. 합격문항 : 105문제이상) 성명 _____

1. 다음 漢字語의 讀音을 쓰시오.(1~45)

(1) 憂愁 (2) 思慕

(3) 勢道 (4) 初喪

(5) 夢想 (6) 服役

(7) 惑星 (8) 繁雜

(9) 印刷 (10) 彩雲

(11) 熱帶 (12) 右側

(13) 沒殺 (14) 才弄

(15) 凡常 (16) 聯想

(17) 受講 (18) 扶助

(19) 潛行 (20) 索引

(21) 疑惑 (22) 築臺

(23) 秘策 (24) 靈魂

(25) 獻身 (26) 兼任

(27) 猶豫 (28) 機微

(29) 幽閉 (30) 權益

(31) 國葬 (32) 年輩

(33) 和睦 (34) 廊下

(35) 恥事 (36) 要衝地

(37) 入寂 (38) 頃刻

(39) 殊常 (40) 執念

(41) 危殆 (42) 碑銘

(43) 賀禮 (44) 著名

(45) 頂點

2. 다음 漢字의 訓과 音을 쓰시오.(46~72)

(46) 模 (47) 潮

(48) 隊 (49) 郞

(50) 秘 (51) 唐

(52) 禽 (53) 廳

(54) 覽 (55) 賴

(56) 辱 (57) 疑

(58) 譯 (59) 髮

(60) 誘 (61) 姿

(62) 央 (63) 哲

(64) 暇 (65) 戀

(66) 範 (67) 抵

(68) 裝 (69) 韻

(70) 臟 (71) 淺

(72) 賊

3. 다음 설명에 맞는 漢字語를 漢字로 쓰시오.(73~102)

(73) 단순(복잡하지 않고 간단함)

(74) 경애(공경하고 사랑함)

(75) 진실(거짓이 아닌 사실)

(76) 의결(의논하여 결정함)

(77) 경찰(경찰관의 준말)

(78) 유학(외국에 가서 공부함)

(79) 이해(깨달아 알아들음)

(80) 보고(귀중한 물건을 간수하여 두는 곳)

(81) 금지(금하여 못하게 함)

(82) 결항(정기적으로 운항하는 배나 비행기가 출항을 거름)

(83) 상벌(상과 벌)

(84) 현상(현재의 상태)

(85) 제시(어떠한 뜻을 글이나 말로 드러내어 보이거나 가리킴)

(86) 경주(일정한 거리를 정하고 달려 빠름을 다툼)

(87) 일상(날마다)

(88) 양호(좋음)

(89) 단독(혼자)

(90) 기압(대기의 압력)

(91) 담보(맡아서 보관함)

(92) 은혜(자연이나 남에게서 받은 고마운 혜택)

(93) 호응(부름에 따라 대답함)

(94) 권리(권세와 이익)

(95) 용량(용기 안에 들어 갈 수 있는 분량)

(96) 달필(글씨를 잘 쓰는 사람)

(97) 곡예(줄타기·곡마 따위로 보통 사람이 할 수 없는 여러가지 재주를 부림)

(98) 개성(개인의 천품으로 타고난 특유한 성격)

(99) 역경(불운한 처지)

(100) 득세(세력을 얻음)

(101) 시력(물체의 형상을 인식하는 눈의 능력)

(102) 배합(알맞게 한데 섞음)

4. 다음 漢字와 뜻이 反對 또는 相對되는 漢字를 쓰시오.(103~112)

(103) (　　)-妹　　(104) 安-(　　)

(105) (　　)-他　　(106) 正-(　　)

(107) 損-(　　)　　(108) 放心-(　　)

(109) (　　)-圓　　(110) 賣-(　　)

(111) (　　)-卒　　(112) 寡-(　　)

5. 다음 漢字語의 (　)속에 알맞은 漢字를 쓰시오.(113~122)

(113) 大(　)痛哭　　(114) 富國(　)兵

(115) 多(　)途室　　(116) 自手成(　)

(117) 有備(　)患　　(118) 愚問賢(　)

(119) 知(　)知己　　(120) (　)風明月

(121) 公衆道(　)　　(122) 表裏不(　)

6. 다음 漢字의 部首를 쓰시오.(123~127)

(123) 敲(　　)　　(124) 乙(　　)

(125) 賴(　　)　　(126) 弄(　　)

(127) 貌(　　)

7. 다음 漢字와 같은 뜻의 漢字를 (　)속에 넣어 漢字語를 만드시오.(128~132)

(128) 言(　　)　　(129) 崇(　　)

(130) (　　)窮　　(131) 生(　　)

(132) 極(　　)

8. 다음 漢字와 소리는 같으나, 뜻이 다른 漢字語를 쓰시오.(133~137)

(133) 古代. (　　) - 매우 기다림

(134) 政道. (　　) - 알맞은 한도

(135) 假定. (　　) - 한 가족으로서의 집안

(136) 丹精. (　　) - 바르고 얌전함

(137) 淡素. (　　) - 웃으면서 이야기함

9. 다음 漢字語의 뜻을 쓰시오.(138~142)

(138) 脅迫:

(139) 屈折:

(140) 追越:

(141) 社告:

(142) 祈願:

10. 다음 漢字語 중 첫 音節이 長音인 것을 고르시오.(143~147)

(143) ①綱領 ②解夢 ③輸送 ④高尙

(144) ①獎勵 ②紛失 ③端雅 ④蒼空

(145) ①美洲 ②獻身 ③石柱 ④能率

(146) ①乾草 ②洋弓 ③計劃 ④姑婦

(147) ①心琴 ②巡訪 ③摘示 ④寢臺

11. 다음 漢字의 略字를 쓰시오.(148~150)

(148) 學   (149) 擇

(150) 處

▶ 정답은 498쪽

【3급 Ⅱ 예상문제 정답】

〈제1회〉

(1) 인내 (2) 반점 (3) 정자
(4) 숙청 (5) 진술 (6) 화백
(7) 남포 (8) 수시 (9) 영결
(10) 억압 (11) 피혁 (12) 재량
(13) 방종 (14) 죄상 (15) 간부
(16) 관용 (17) 호환 (18) 흉조
(19) 기강 (20) 소통 (21) 중진
(22) 연성 (23) 아호 (24) 심장
(25) 원고 (26) 난향 (27) 인습
(28) 대조 (29) 육순 (30) 풍흉
(31) 우승 (32) 승강 (33) 낭군
(34) 초석 (35) 애증 (36) 분기
(37) 양위 (38) 보도 (39) 조수
(40) 연모 (41) 문채 (42) 희롱
(43) 질풍 (44) 각본 (45) 진흥

(46) 값 가 (47) 닭 계
(48) 별 진/때 신 (49) 달아날 도
(50) 일할 로 (51) 창성할 창
(52) 정할 정 (53) 문서 권
(54) 붉을 적 (55) 알 식/기록할 지
(56) 위협할 협 (57) 싸움 투
(58) 마실 흡 (59) 생각 념
(60) 못 지 (61) 넓을 광
(62) 찰 랭 (63) 쓰일 수
(64) 응할 응 (65) 특별할 특
(66) 옮길 이 (67) 간략할 략
(68) 값 치 (69) 인연 연
(70) 부지런할 근 (71) 달 현
(72) 비단 금

(73) 傳授 (74) 視察 (75) 掃除
(76) 引導 (77) 斷食 (78) 無限
(79) 眼帶 (80) 印畵 (81) 眞假
(82) 演說 (83) 比準 (84) 素質
(85) 博識 (86) 製品 (87) 急求
(88) 苦難 (89) 退職 (90) 破局
(91) 餘念 (92) 引出 (93) 回收
(94) 關稅 (95) 盛業 (96) 豊盛
(97) 變聲 (98) 俗物 (99) 守衛
(100) 假定 (101) 着眼 (102) 暗黑

(103) 盛 (104) 喜 (105) 反
(106) 閉 (107) 功 (108) 順
(109) 興, 存 (110) 活, 生 (111) 京
(112) 虛

(113) 願 (114) 敗 (115) 湖
(116) 居 (117) 辛 (118) 萬
(119) 筆 (120) 命 (121) 由
(122) 計

(123) 刂 刀 (124) 口 (125) 大 (126) 山 (127) 雨

(128) 固 (129) 變 (130) 副 (131) 爭 (132) 識

(133) 不德 (134) 極端 (135) 引導 (136) 監査 (137) 氣志

(138) 저것과 이것
(139) 대단히 번성함
(140) 부정이나 음모, 비밀 따위를 드러냄
(141) 흔들려 움직임
(142) 소리를 재생할 수 있도록 기계로 기록하는 일

(143) ① (144) ② (145) ③ (146) ④ (147) ④

(148) 弾 (149) 国 (150) 旧

〈제2회〉

(1) 의뢰 (2) 유충 (3) 기초
(4) 관례 (5) 연가 (6) 멸망
(7) 훈련 (8) 구속 (9) 강령
(10) 굴욕 (11) 즉석 (12) 등단
(13) 권학 (14) 분발 (15) 식경
(16) 쇄도 (17) 권고 (18) 확인
(19) 전지 (20) 개봉 (21) 관통
(22) 고적 (23) 환산 (24) 내수
(25) 공맹 (26) 긴장 (27) 배부
(28) 금수 (29) 침몰 (30) 부각
(31) 우승 (32) 승강 (33) 서행
(34) 초석 (35) 애증 (36) 감옥
(37) 공급 (38) 단편 (39) 연애
(40) 흑막 (41) 병과 (42) 주간
(43) 쇠약 (44) 능욕 (45) 기종

(46) 값 가 (47) 잠잠할 묵
(48) 예도 례 (49) 얻을 획
(50) 재촉할 촉 (51) 얼굴 용
(52) 어두울 암 (53) 운 운
(54) 새길 각 (55) 꾀 책
(56) 슬기로울 혜 (57) 불을 윤/윤택할 윤
(58) 만날 우 (59) 단풍 풍
(60) 책상 안 (61) 근심 우
(62) 부를 징/음률이름 치 (63) 굳을 확
(64) 마칠 필 (65) 조각 편
(66) 입을 피 (67) 본뜰 모/법 모
(68) 계집종 비 (69) 풍성할 풍
(70) 넓을 보 (71) 닿을 촉
(72) 밝을 랑

(73) 考試 (74) 商街 (75) 深夜
(76) 怒色 (77) 處理 (78) 確定
(79) 通禁 (80) 講義 (81) 惠存
(82) 監察 (83) 健康 (84) 端午
(85) 富强 (86) 謝罪 (87) 悲觀
(88) 設問 (89) 連帶 (90) 復興
(91) 備蓄 (92) 設置 (93) 好意
(94) 起床 (95) 醫師 (96) 虛榮
(97) 權勢 (98) 絶交 (99) 難航
(100) 限度 (101) 暗算 (102) 暴惡

(103) 福 (104) 迎 (105) 惡
(106) 起 (107) 罰 (108) 敗, 負
(109) 民 (110) 海 (111) 出
(112) 當

(113) 難 (114) 面 (115) 曲
(116) 選 (117) 戰 (118) 變
(119) 實 (120) 幸 (121) 韓
(122) 怨

(123) 干 (124) 一 (125) 心 (126) 乙 (127) 未

(128) 思 (129) 聲 (130) 連 (131) 設 (132) 留

(133) 展示 (134) 獨走 (135) 經費 (136) 報告 (137) 利害

(138) 임금의 얼굴을 이르는 말
(139) 한데 합쳐서 흐름
(140) 셈을 서로 비김
(141) 일을 치르는데 밟아야 하는 차례와 방법
(142) 실마리, 끄트머리

(143) ③ (144) ① (145) ② (146) ④ (147) ③

(148) 礼 (149) 数 (150) 仮

〈제3회〉

(1) 강호　　(2) 수행　　(3) 추격
(4) 유년　　(5) 감회　　(6) 처녀
(7) 연안　　(8) 역법　　(9) 재화
(10) 논쟁　(11) 고부　　(12) 초판
(13) 삼엄　(14) 돌발　　(15) 연기
(16) 습득　(17) 저장　　(18) 욕심
(19) 등재　(20) 질주　　(21) 공납
(22) 정서　(23) 회유　　(24) 잠복
(25) 여가　(26) 맹호　　(27) 초인
(28) 애석　(29) 귀환　　(30) 역할
(31) 인륜　(32) 조준　　(33) 성루
(34) 정숙　(35) 채색　　(36) 유적
(37) 정절　(38) 압인　　(39) 명예
(40) 식욕　(41) 특징　　(42) 개론
(43) 제의　(44) 수치　　(45) 개척

(46) 난초 란　　(47) 닫을 폐
(48) 간 간　　　(49) 부끄러울 치
(50) 맡길 위　　(51) 돈 전
(52) 마칠 필　　(53) 겨우 근
(54) 노래 요　　(55) 심할 극
(56) 이지러질 결　(57) 품을 회
(58) 허락할 낙　　(59) 검사할 검
(60) 물들일 염　　(61) 지경 역
(62) 갖출 비　　　(63) 재앙 화
(64) 곳집 창　　　(65) 가죽 피
(66) 살필 심　　　(67) 고요할 적
(68) 더울 열　　　(69) 연기 연
(70) 너그러울 관　(71) 씩씩할 장
(72) 두터울 후

(73) 護送　(74) 養護　(75) 街路
(76) 慶事　(77) 業務　(78) 訪問
(79) 故鄕　(80) 暴行　(81) 解法
(82) 香氣　(83) 確固　(84) 新興
(85) 論理　(86) 星座　(87) 統計
(88) 虛禮　(89) 隊員　(90) 公演
(91) 容量　(92) 賣票　(93) 細密
(94) 熱心　(95) 滿足　(96) 造林
(97) 受難　(98) 缺席　(99) 至極
(100) 淸純　(101) 檢問　(102) 苦笑

(103) 斷　(104) 妹　(105) 干
(106) 强　(107) 樂　(108) 起
(109) 現, 顯　(110) 溫, 暖　(111) 行
(112) 怨

(113) 婚　(114) 身　(115) 寶
(116) 過　(117) 分　(118) 成
(119) 移　(120) 明　(121) 致
(122) 恨

(123) 幺　(124) 辶 辵　(125) 八
(126) 口　(127) 鼓

(128) 增　(129) 守　(130) 放
(131) 虛　(132) 精

(133) 早起　(134) 留學　(135) 兩親
(136) 節稅　(137) 政府

(138) 가지고 있던 것을 잃어버림
(139) 새롭고 바른 지식을 가지도록 함
(140) 간곡히 청함
(141) 이제까지의 방침이나 경향 등이 바뀜
(142) 좋게 여기는 감정

(143) ②　(144) ①　(145) ③
(146) ②　(147) ③

(148) 満　(149) 党　(150) 両

〈제4회〉

(1) 안면　　(2) 가식　　(3) 평택
(4) 오죽　　(5) 종단　　(6) 수장
(7) 가요　　(8) 징표　　(9) 공란
(10) 등정　(11) 당혹　　(12) 해석
(13) 증기　(14) 만조　　(15) 현손
(16) 맹견　(17) 탁월　　(18) 아류
(19) 기적　(20) 돌격　　(21) 총수
(22) 분실　(23) 증산　　(24) 애수
(25) 욕정　(26) 기적　　(27) 격랑
(28) 충혼　(29) 적출　　(30) 질환
(31) 이수　(32) 부합　　(33) 해충
(34) 능원　(35) 우려　　(36) 부서
(37) 황국　(38) 희화　　(39) 분분
(40) 결재　(41) 적재　　(42) 양약
(43) 권유　(44) 양상　　(45) 유목

(46) 질그릇 도　　(47) 용 룡
(48) 그르칠 오　　(49) 새길 명
(50) 찾을 색/노 삭　(51) 이 치
(52) 검소할 검　　(53) 사양할 양
(54) 넓힐 척/박을 탁　(55) 딸 적
(56) 밟을 천　　　(57) 멸할 멸/꺼질 멸
(58) 다시 갱/고칠 경　(59) 날릴 양
(60) 서늘할 량　　(61) 넉넉할 유
(62) 놀 유　　　　(63) 모든 제
(64) 엄숙할 숙　　(65) 잔치 연
(66) 집 주　　　　(67) 이 차
(68) 클 거　　　　(69) 연할 연
(70) 중 승　　　　(71) 밟을 리
(72) 쇠북 종

(73) 要員　(74) 尊敬　(75) 救助
(76) 操心　(77) 群衆　(78) 暖帶
(79) 急所　(80) 論爭　(81) 羅列
(82) 未開　(83) 眞理　(84) 談笑
(85) 肉眼　(86) 受惠　(87) 接戰
(88) 快感　(89) 退治　(90) 蟲害
(91) 請求　(92) 去處　(93) 快活
(94) 應答　(95) 命脈　(96) 器具
(97) 應試　(98) 寶貨　(99) 法則
(100) 檢算　(101) 盛行　(102) 許容

(103) 榮　(104) 當　(105) 伏, 寢
(106) 使　(107) 婦　(108) 吉
(109) 惡　(110) 孫　(111) 京
(112) 兄, 師

(113) 花　(114) 病　(115) 鳥
(116) 德　(117) 省　(118) 氣
(119) 情　(120) 話　(121) 惡
(122) 長

(123) 小 心　(124) 刀　(125) ノ
(126) 儿　(127) ノ

(128) 救　(129) 視　(130) 計
(131) 根　(132) 進

(133) 團員　(134) 街路　(135) 修養
(136) 造化　(137) 至極

(138) 일이 한참 잘 되어 번창함
(139) 묵은 제도나 방식을 고쳐서 새롭게 함
(140) 혼자서 모두 누리거나 가지는 것
(141) 서로 떨어져 있는 두 곳 사이의 길이
(142) 새 소식을 널리 알림

(143) ②　(144) ①　(145) ③
(146) ④　(147) ①

(148) 与　(149) 覚　(150) 広

〈제5회〉

(1) 사양 (2) 정오 (3) 찬반
(4) 장려 (5) 압박 (6) 장례
(7) 해악 (8) 계획 (9) 교부
(10) 촉성 (11) 중순 (12) 망발
(13) 환국 (14) 과도 (15) 위대
(16) 연모 (17) 동안 (18) 촉구
(19) 내시 (20) 함몰 (21) 유령
(22) 어의 (23) 성심 (24) 수요
(25) 즉결 (26) 융기 (27) 관장
(28) 승낙 (29) 즉시 (30) 관습
(31) 호도 (32) 우연 (33) 질병
(34) 신흥 (35) 조반 (36) 잠수
(37) 감량 (38) 저자 (39) 역시
(40) 과욕 (41) 저술 (42) 이왕
(43) 승복 (44) 문맹 (45) 이수

(46) 갑자기 돌 (47) 갓 관
(48) 언덕 안 (49) 힘쓸 노
(50) 누를 억 (51) 오히려 유
(52) 익숙할 관 (53) 꾀 책
(54) 칠 격 (55) 아름다울 가
(56) 점점 점 (57) 호소할 소
(58) 물들일 염 (59) 의뢰할 뢰
(60) 따를 연 (61) 계집 낭
(62) 밟을 리 (63) 법 헌
(64) 재 회 (65) 이마 액
(66) 비교 교/견줄 교 (67) 숨을 은
(68) 말씀 사 (69) 맺을 계
(70) 상거할 거 (71) 쓸 소
(72) 무너질 괴

(73) 是認 (74) 連勝 (75) 回復
(76) 狀態 (77) 凶惡 (78) 總務
(79) 官職 (80) 好感 (81) 警告
(82) 協商 (83) 黑煙 (84) 感謝
(85) 數億 (86) 雄飛 (87) 放牧
(88) 經路 (89) 序列 (90) 建築
(91) 淸潔 (92) 缺格 (93) 樂士
(94) 店員 (95) 創造 (96) 壁畵
(97) 職責 (98) 留念 (99) 令狀
(100) 起立 (101) 進展 (102) 態度

(103) 卑 (104) 勝 (105) 靜
(106) 順 (107) 防 (108) 苦
(109) 因 (110) 難 (111) 否
(112) 末

(113) 雪 (114) 馬 (115) 致
(116) 難 (117) 片 (118) 約
(119) 夜 (120) 對 (121) 思
(122) 科

(123) 灬 火 (124) 丿 (125) 工
(126) 止 (127) 手

(128) 境 (129) 幸 (130) 尊
(131) 承, 繼 (132) 極

(133) 考試 (134) 祭器 (135) 多衆
(136) 現狀 (137) 經路

(138) 금품 등을 바침
(139) 얼굴의 모양. 사물의 겉모습
(140) 강제로 붙잡아 둠
(141) 휘어서 꺾임
(142) 고향을 그리워하는 마음이나 시름

(143) ④ (144) ③ (145) ①
(146) ② (147) ②

(148) 継 (149) 芸 (150) 価

〈제6회〉

(1) 시녀 (2) 편지 (3) 위태
(4) 상순 (5) 거란 (6) 계몽
(7) 예심 (8) 염색 (9) 곡직
(10) 장려 (11) 감촉 (12) 우롱
(13) 망조 (14) 미량 (15) 사항
(16) 계주 (17) 일탈 (18) 백학
(19) 어용 (20) 천직 (21) 제공
(22) 여념 (23) 연해 (24) 영인
(25) 천박 (26) 숙달 (27) 풍금
(28) 하필 (29) 진동 (30) 정숙
(31) 추격 (32) 애원 (33) 관용
(34) 정제 (35) 피안 (36) 지적
(37) 소멸 (38) 제창 (39) 계약
(40) 탄창 (41) 출정 (42) 괴담
(43) 심사 (44) 돌변 (45) 반향

(46) 벼리 강 (47) 도울 찬
(48) 높을 륭 (49) 사랑 자
(50) 쌍 쌍/두 쌍 (51) 눈깜짝일 순
(52) 목숨 수 (53) 꾈 유
(54) 거느릴 어 (55) 인쇄할 쇄
(56) 채색 채 (57) 피리 적
(58) 번성할 번 (59) 세로 종
(60) 갈래 파 (61) 겨룰 항
(62) 씨 핵 (63) 자랑할 과
(64) 기릴 예 (65) 솜 면
(66) 무리 배 (67) 일찍 증
(68) 나타날 저 (69) 우러를 앙
(70) 통할 철 (71) 대개 개
(72) 험할 험

(73) 移植 (74) 努力 (75) 講究
(76) 罰金 (77) 求職 (78) 暴風
(79) 除名 (80) 取得 (81) 律動
(82) 假想 (83) 承認 (84) 波高
(85) 留念 (86) 暴擧 (87) 施賞
(88) 監察 (89) 連發 (90) 無用
(91) 增減 (92) 論題 (93) 監房
(94) 收養 (95) 增築 (96) 忠節
(97) 牧羊 (98) 輕快 (99) 公演
(100) 文藝 (101) 傳達 (102) 貯蓄

(103) 愛 (104) 正 (105) 近
(106) 怒 (107) 明 (108) 落
(109) 夕 (110) 假 (111) 舊
(112) 寡

(113) 離 (114) 男 (115) 致
(116) 再 (117) 秋 (118) 良
(119) 彼 (120) 背 (121) 固
(122) 兆

(123) 鬼 (124) 又 (125) 夕
(126) 口 (127) 玄

(128) 界 (129) 淸 (130) 助
(131) 地, 壤 (132) 初

(133) 檢査 (134) 我軍 (135) 深思
(136) 星座 (137) 歷史

(138) 시인하지 않음
(139) 참고 견딤
(140) 남을 위해 베푸는 두터운 마음씨
(141) 적대하는 마음
(142) 구매력이 있는 상품의 구매 욕구

(143) ③ (144) ① (145) ③
(146) ④ (147) ②

(148) 体 (149) 証 (150) 医

〈제7회〉

(1) 만반 (2) 염료 (3) 기교
(4) 영욕 (5) 수혈 (6) 우려
(7) 돌파 (8) 최고 (9) 질박
(10) 책력 (11) 상거 (12) 가공
(13) 지존 (14) 병란 (15) 연약
(16) 양측 (17) 정교 (18) 장막
(19) 주봉 (20) 저작 (21) 색출
(22) 간곡 (23) 현판 (24) 평점
(25) 도기 (26) 상강 (27) 몰락
(28) 대저 (29) 상소 (30) 채식
(31) 국화 (32) 부정 (33) 태연
(34) 발로 (35) 완역 (36) 허락
(37) 단풍 (38) 경탄 (39) 번성
(40) 사적 (41) 철저 (42) 사범
(43) 신중 (44) 봉합 (45) 성각

(46) 그윽할 유 (47) 비칠 조
(48) 밀칠 배 (49) 넓을 막
(50) 풀 석 (51) 끌 제
(52) 적을 과 (53) 아름다울 가
(54) 맏 맹 (55) 가죽 혁
(56) 다만 단 (57) 짝 우
(58) 배 복 (59) 자 척
(60) 생각할 억 (61) 발자취 적
(62) 우물 정 (63) 나물 채
(64) 살필 심 (65) 정수리 정
(66) 빌 기 (67) 법 헌
(68) 불을 윤 (69) 잠깐 잠
(70) 기후 후 (71) 표할 표
(72) 대 대

(73) 黨首 (74) 監視 (75) 貧寒
(76) 個人 (77) 俗談 (78) 端正
(79) 確認 (80) 達成 (81) 研究
(82) 記錄 (83) 斷食 (84) 逆光
(85) 入隊 (86) 統制 (87) 深度
(88) 過程 (89) 精密 (90) 除雪
(91) 過客 (92) 特權 (93) 立法
(94) 海邊 (95) 步行 (96) 細胞
(97) 賢母 (98) 錄音 (99) 直接
(100) 故障 (101) 提報 (102) 退出

(103) 善 (104) 賢 (105) 惠
(106) 可 (107) 死 (108) 離
(109) 起床 (110) 卒 (111) 昨, 古
(112) 成, 勝

(113) 竹 (114) 樓 (115) 體
(116) 地 (117) 令 (118) 産
(119) 甲 (120) 子 (121) 明
(122) 利

(123) 士 (124) 勹 (125) 日
(126) 一 (127) 弓

(128) 競, 戰 (129) 增 (130) 念
(131) 章 (132) 眼

(133) 家務 (134) 良好 (135) 意思
(136) 競技 (137) 招待

(138) 담배를 피움
(139) 빛이 바램
(140) 꺼져서 내려앉음
(141) 짐을 실음
(142) 까닭. 사유

(143) ① (144) ② (145) ③
(146) ④ (147) ③

(148) 栄 (149) 関 (150) 号

〈제8회〉

(1) 경적 (2) 감찰 (3) 초과
(4) 관례 (5) 유명 (6) 괴상
(7) 일제 (8) 강녕 (9) 교련
(10) 월척 (11) 겸허 (12) 역할
(13) 음률 (14) 비근 (15) 돌파
(16) 함량 (17) 아부 (18) 취타
(19) 쇠퇴 (20) 장엄 (21) 호족
(22) 기도 (23) 역류 (24) 분란
(25) 희귀 (26) 가상 (27) 긴축
(28) 충해 (29) 선율 (30) 난초
(31) 유혹 (32) 획득 (33) 공물
(34) 장황 (35) 자당 (36) 풍랑
(37) 이윤 (38) 신뢰 (39) 교변
(40) 저서 (41) 항소 (42) 친소
(43) 강직 (44) 각의 (45) 배후

(46) 부드러울 유 (47) 거울 감
(48) 붉을 단 (49) 연할 연
(50) 아침 단 (51) 형벌 형
(52) 펠 관 (53) 적을 과
(54) 가릴 택 (55) 높을 숭
(56) 가지런할 정 (57) 피리 적
(58) 바퀴 륜 (59) 구를 전
(60) 종 노 (61) 뜻 취
(62) 국화 국 (63) 바칠 헌
(64) 거동 의 (65) 젖 유
(66) 점점 점 (67) 이길 극
(68) 신령 령 (69) 불터질 폭
(70) 질 부 (71) 차례 질
(72) 실을 재

(73) 音聲 (74) 壁紙 (75) 雲集
(76) 休息 (77) 施食 (78) 缺如
(79) 義務 (80) 移動 (81) 障壁
(82) 接着 (83) 背反 (84) 歲拜
(85) 復舊 (86) 血壓 (87) 毒殺
(88) 呼吸 (89) 蓄財 (90) 政治
(91) 連續 (92) 不德 (93) 報恩
(94) 苦難 (95) 民謠 (96) 待接
(97) 復古 (98) 展示 (99) 侵攻
(100) 經濟 (101) 所得 (102) 境界

(103) 迎 (104) 滿, 支 (105) 起
(106) 盛 (107) 晝 (108) 終
(109) 脫, 發 (110) 寒, 冷 (111) 後
(112) 肉

(113) 敵 (114) 身 (115) 間
(116) 通 (117) 戰 (118) 車
(119) 抗 (120) 發 (121) 象
(122) 田

(123) 田 (124) 糸 (125) 丶
(126) 八 (127) 口

(128) 歌 (129) 屋 (130) 恩
(131) 路 (132) 打

(133) 施賞 (134) 百方 (135) 傳統
(136) 過程 (137) 斷定

(138) 자신이 생각이나 의견만을 내세워 굽히지 아니함
(139) 의논이나 의안을 냄
(140) 물건을 모아서 간수함
(141) 말로 전해옴
(142) 대수롭지 않게 여김

(143) ④ (144) ③ (145) ②
(146) ① (147) ②

(148) 劝, 勧 (149) 挙 (150) 担

〈제9회〉

(1) 자막 (2) 차후 (3) 무역
(4) 반항 (5) 금식 (6) 주선
(7) 교환 (8) 귀천 (9) 여유
(10) 처남 (11) 변성 (12) 박두
(13) 연혁 (14) 성상 (15) 내장
(16) 문장 (17) 서장 (18) 맹위
(19) 능묘 (20) 망상 (21) 몰락
(22) 영상 (23) 도취 (24) 음력
(25) 질병 (26) 가장 (27) 불초
(28) 호각 (29) 보도 (30) 징후
(31) 촉수 (32) 망언 (33) 신령
(34) 횡포 (35) 수려 (36) 회의
(37) 절륜 (38) 수령 (39) 가증
(40) 역사 (41) 금욕 (42) 친척
(43) 피소 (44) 고사 (45) 제반

(46) 골 뇌/뇌수 뇌 (47) 한가할 한
(48) 집 각 (49) 친척 척
(50) 배 항 (51) 도울 원
(52) 이바지할 공 (53) 사랑채 랑
(54) 울 곡 (55) 상황 황
(56) 질 증 (57) 다락 루
(58) 인륜 륜 (59) 탑 탑
(60) 준할 준 (61) 멀 유
(62) 가로 횡 (63) 억조 조
(64) 뛰어넘을 초 (65) 점 점
(66) 떨칠 진 (67) 슬플 애
(68) 가지 조 (69) 남을 잔
(70) 옷마를 재 (71) 대롱 관
(72) 비교 교

(73) 配給 (74) 團員 (75) 減算
(76) 毒藥 (77) 早起 (78) 制約
(79) 工程 (80) 絶對 (81) 官職
(82) 報告 (83) 着想 (84) 擔任
(85) 毒性 (86) 單語 (87) 兩親
(88) 連結 (89) 背景 (90) 創意
(91) 兩面 (92) 達觀 (93) 檢査
(94) 密接 (95) 請求 (96) 指令
(97) 向背 (98) 暴惡 (99) 監禁
(100) 假令 (101) 未達 (102) 實定

(103) 海 (104) 集 (105) 野
(106) 末 (107) 複 (108) 重
(109) 着 (110) 炭 (111) 足
(112) 裏

(113) 未 (114) 談 (115) 字
(116) 單 (117) 博 (118) 實
(119) 落 (120) 果 (121) 通
(122) 井

(123) 月 肉 (124) 犬 (125) 日
(126) 至 (127) 穴

(128) 圖 (129) 處 (130) 試
(131) 端 (132) 議

(133) 私利 (134) 洗手 (135) 綠陰
(136) 武士 (137) 指名

(138) 불러 모음
(139) 죽음에 다다름
(140) 어떠한 사실을 분명히 인정함
(141) 장엄하고 정숙함
(142) 어떤 모임이나 행사 따위를 엶

(143) ③ (144) ② (145) ①
(146) ④ (147) ③

(148) 观, 観 (149) 厅 (150) 図

〈제10회〉

(1) 우수 (2) 사모 (3) 세도
(4) 초상 (5) 몽상 (6) 복역
(7) 혹성 (8) 번잡 (9) 인쇄
(10) 채운 (11) 열대 (12) 우측
(13) 몰살 (14) 재롱 (15) 범상
(16) 연상 (17) 수강 (18) 부조
(19) 잠행 (20) 색인 (21) 의혹
(22) 축대 (23) 비책 (24) 영혼
(25) 헌신 (26) 겸임 (27) 유예
(28) 기미 (29) 유폐 (30) 권익
(31) 국장 (32) 연배 (33) 화목
(34) 낭하 (35) 치사 (36) 요충지
(37) 입적 (38) 경각 (39) 수명
(40) 집념 (41) 위태 (42) 비명
(43) 하례 (44) 저명 (45) 정점

(46) 본뜰 모 (47) 조수 조
(48) 무리 대 (49) 사내 랑
(50) 숨길 비 (51) 당나라 당
(52) 새 금 (53) 관청 청
(54) 볼 람 (55) 의뢰할 뢰
(56) 욕될 욕 (57) 의심할 의
(58) 번역할 역 (59) 터럭 발
(60) 꾈 유 (61) 모양 자
(62) 가운데 앙 (63) 밝을 철
(64) 겨룰 가 (65) 그리워할 련
(66) 법 범 (67) 막을 저
(68) 꾸밀 장 (69) 운 운
(70) 오장 장 (71) 얕을 천
(72) 도둑 적

(73) 單純 (74) 敬愛 (75) 眞實
(76) 議決 (77) 警察 (78) 留學
(79) 理解 (80) 寶庫 (81) 禁止
(82) 缺航 (83) 賞罰 (84) 現狀
(85) 提示 (86) 競走 (87) 日常
(88) 良好 (89) 單獨 (90) 氣壓
(91) 擔保 (92) 恩惠 (93) 呼應
(94) 權利 (95) 容量 (96) 達筆
(97) 曲藝 (98) 個性 (99) 逆境
(100) 得勢 (101) 視力 (102) 配合

(103) 姊(=姉) (104) 危 (105) 自
(106) 誤 (107) 益 (108) 操心
(109) 方 (110) 買 (111) 將
(112) 衆

(113) 聲 (114) 强 (115) 用
(116) 家 (117) 無 (118) 答
(119) 彼 (120) 淸 (121) 德
(122) 同

(123) 支 (124) 乙 (125) 貝
(126) 廾 (127) 夂

(128) 語 (129) 高 (130) 貧
(131) 産, 活 (132) 端

(133) 苦待 (134) 程度 (135) 家庭
(136) 端正 (137) 談笑

(138) 을러메서 핍박함
(139) 휘어서 꺾이는 것
(140) 뒤따라가서 앞지름
(141) 회사에서 내는 광고
(142) 소원이 이루어지기를 빎

(143) ② (144) ① (145) ②
(146) ③ (147) ④

(148) 学 (149) 択 (150) 処

부록(附錄) 학습

- 읽기장
- 부수자 일람표

♣ 한자(漢字)의 훈음(訓音)을 가리고, 소리내어 읽어보시오.

3급Ⅱ-1

佳	架	脚	閣	刊	幹	懇	肝	鑑
아름다울 가	시렁 가	다리 각	집 각	새길 간	줄기 간	간절할 간	간 간	거울 감
剛	綱	鋼	介	蓋	槪	距	乾	劍
굳셀 강	벼리 강	강철 강	낄 개	덮을 개	대개 개	상거할 거	하늘 건	칼 검
隔	訣	兼	謙	徑	耕	頃	硬	契
사이뜰 격	이별할 결	겸할 겸	겸손할 겸	지름길 경	밭갈 경	이랑 경	굳을 경	맺을 계
桂	啓	溪	械	姑	稿	鼓	哭	谷
계수나무 계	열 계	시내 계	기계 계	시어미 고	원고 고	북 고	울 곡	골 곡
供	恐	恭	貢	寡	誇	冠	寬	慣
이바지할 공	두려울 공	공손할 공	바칠 공	적을 과	자랑할 과	갓 관	너그러울 관	익숙할 관
貫	館	狂	壞	怪	巧	較	久	丘
꿸 관	집 관	미칠 광	무너질 괴	괴이할 괴	공교할 교	비교 교	오랠 구	언덕 구
拘	菊	弓	拳	鬼	菌	克	禽	琴
잡을 구	국화 국	활 궁	주먹 권	귀신 귀	버섯 균	이길 극	새 금	거문고 금
錦	及	企	其	畿	祈	騎	緊	諾
비단 금	미칠 급	꾀할 기	그 기	경기 기	빌 기	말탈 기	긴할 긴	허락할 낙
娘	耐	寧	奴	腦	泥	茶	丹	但
계집 낭	견딜 내	편안 녕	종 노	골 뇌	진흙 니	차 다	붉을 단	다만 단

♣ 한자(漢字)의 훈음(訓音)을 가리고, 소리내어 읽어보시오.

3급Ⅱ-2

旦	淡	踏	唐	糖	臺	貸	刀	倒
아침 단	맑을 담	밟을 답	당나라 당	엿 당	대 대	빌릴 대	칼 도	넘어질 도
渡	陶	桃	途	突	凍	絡	欄	蘭
건널 도	질그릇 도	복숭아 도	길 도	갑자기 돌	얼 동	얽을 락	난간 란	난초 란
廊	浪	郎	涼	梁	勵	曆	蓮	戀
사랑채 랑	물결 랑	사내 랑	서늘할 량	들보 량	힘쓸 려	책력 력	연꽃 련	그리워할 련
聯	鍊	裂	嶺	靈	爐	露	祿	弄
연이을 련	쇠불릴 련	찢어질 렬	고개 령	신령 령	화로 로	이슬 로	녹 록	희롱할 롱
雷	賴	漏	累	樓	倫	栗	率	隆
우레 뢰	의뢰할 뢰	샐 루	여러 루	다락 루	인륜 륜	밤 률	비율 률	높을 륭
陵	吏	履	裏	臨	麻	磨	幕	漠
언덕 릉	관리 리	밟을 리	속 리	임할 림	삼 마	갈 마	장막 막	넓을 막
莫	晚	妄	梅	媒	麥	孟	猛	盲
없을 막	늦을 만	망령될 망	매화 매	중매 매	보리 맥	맏 맹	사나울 맹	소경 맹
盟	免	眠	綿	滅	銘	慕	謀	貌
맹세 맹	면할 면	잘 면	솜 면	멸할 멸	새길 명	그릴 모	꾀 모	모양 모
睦	沒	夢	蒙	茂	貿	墨	默	紋
화목할 목	빠질 몰	꿈 몽	어두울 몽	무성할 무	무역할 무	먹 묵	잠잠할 묵	무늬 문

♣ 한자(漢字)의 훈음(訓音)을 가리고, 소리내어 읽어보시오.

3급Ⅱ-3

勿	尾	微	薄	迫	般	盤	飯	拔
말 물	꼬리 미	작을 미	엷을 박	핍박할 박	가지 반	소반 반	밥 반	뽑을 발
芳	培	排	輩	伯	繁	凡	碧	丙
꽃다울 방	북돋울 배	밀칠 배	무리 배	맏 백	번성할 번	무릇 범	푸를 벽	남녘 병
補	譜	腹	覆	封	峯	逢	鳳	付
기울 보	족보 보	배 복	엎어질 복	봉할 봉	봉우리 봉	만날 봉	새 봉	부칠 부
浮	腐	賦	扶	符	簿	附	奔	奮
뜰 부	썩을 부	부세 부	도울 부	부호 부	문서 부	붙을 부	달릴 분	떨칠 분
紛	拂	卑	妃	婢	肥	司	沙	祀
어지러울 분	떨칠 불	낮을 비	왕비 비	계집종 비	살찔 사	맡을 사	모래 사	제사 사
邪	斜	蛇	詞	削	森	像	償	桑
간사할 사	비낄 사	긴뱀 사	말 사	깎을 삭	수풀 삼	모양 상	갚을 상	뽕나무 상
喪	尚	裳	詳	霜	索	塞	徐	恕
잃을 상	오히려 상	치마 상	자세할 상	서리 상	찾을 색	막힐 색	천천할 서	용서할 서
緖	署	惜	釋	旋	禪	疏	燒	蘇
실마리 서	마을 서	아낄 석	풀 석	돌 선	선 선	소통할 소	사를 소	되살아날 소
訴	訟	刷	鎖	衰	垂	帥	壽	愁
호소할 소	송사할 송	인쇄할 쇄	쇠사슬 쇄	쇠할 쇠	드리울 수	장수 수	목숨 수	근심 수

♣ 한자(漢字)의 훈음(訓音)을 가리고, 소리내어 읽어보시오.

3급Ⅱ-4

獸	殊	輸	隨	需	淑	熟	巡	旬
짐승 수	다를 수	보낼 수	따를 수	쓰일 수	맑을 숙	익을 숙	돌 순	열흘 순
瞬	述	拾	濕	襲	僧	乘	昇	侍
눈깜짝일 순	펼 술	주울 습	젖을 습	엄습할 습	중 승	탈 승	오를 승	모실 시
飾	愼	審	甚	雙	亞	牙	芽	我
꾸밀 식	삼갈 신	살필 심	심할 심	두 쌍	버금 아	어금니 아	싹 아	나 아
雅	阿	岸	顔	巖	仰	央	哀	若
맑을 아	언덕 아	언덕 안	낯 안	바위 암	우러를 앙	가운데 앙	슬플 애	같을 약
壤	揚	讓	御	憶	抑	亦	役	疫
흙덩이 양	날릴 양	사양할 양	거느릴 어	생각할 억	누를 억	또 역	부릴 역	전염병 역
譯	驛	宴	沿	軟	燕	悅	炎	染
번역할 역	역 역	잔치 연	물따라갈 연	연할 연	제비 연	기쁠 열	불꽃 염	물들 염
鹽	影	譽	悟	烏	瓦	緩	獄	欲
소금 염	그림자 영	기릴 예	깨달을 오	까마귀 오	기와 와	느릴 완	옥 옥	하고자할 욕
慾	辱	偶	宇	羽	愚	憂	韻	越
욕심 욕	욕될 욕	짝 우	집 우	깃 우	어리석을 우	근심할 우	운 운	넘을 월
僞	胃	謂	幼	幽	柔	悠	猶	裕
거짓 위	밥통 위	이를 위	어릴 유	그윽할 유	부드러울 유	멀 유	오히려 유	넉넉할 유

♣ 한자(漢字)의 훈음(訓音)을 가리고, 소리내어 읽어보시오.

3급 II -5

維	誘	潤	乙	淫	已	翼	忍	逸
벼리 유	꾈 유	불을 윤	새 을	음란할 음	이미 이	날개 익	참을 인	편안할 일
壬	賃	刺	紫	慈	暫	潛	丈	掌
북방 임	품삯 임	찌를 자	자주빛 자	사랑 자	잠깐 잠	잠길 잠	어른 장	손바닥 장
粧	莊	葬	藏	臟	栽	裁	載	抵
단장할 장	씩씩할 장	장사지낼 장	감출 장	오장 장	심을 재	옷마를 재	실을 재	막을 저
著	寂	摘	笛	跡	蹟	殿	漸	井
나타날 저	고요할 적	딸 적	피리 적	발자취 적	자취 적	전각 전	점점 점	우물 정
亭	征	廷	淨	貞	頂	諸	齊	兆
정자 정	칠 정	조정 정	깨끗할 정	곧을 정	정수리 정	모두 제	가지런할 제	억조 조
租	照	縱	坐	宙	洲	奏	柱	株
조세 조	비칠 조	세로 종	앉을 좌	집 주	물가 주	아뢸 주	기둥 주	그루 주
珠	鑄	仲	卽	曾	憎	症	蒸	之
구슬 주	쇠불릴 주	버금 중	곧 즉	일찍 증	미울 증	증세 증	찔 증	갈 지
枝	池	振	辰	陳	震	鎭	秩	疾
가지 지	못 지	떨칠 진	별 진	베풀 진	우레 진	진압할 진	차례 질	병 질
執	徵	此	借	錯	贊	倉	昌	蒼
잡을 집	부를 징	이 차	빌 차	어긋날 착	도울 찬	곳집 창	창성할 창	푸를 창

♣ 한자(漢字)의 훈음(訓音)을 가리고, 소리내어 읽어보시오.

3급 Ⅱ-6

彩	菜	債	策	妻	拓	戚	尺	淺
채색 채	나물 채	빚 채	꾀 책	아내 처	넓힐 척	친척 척	자 척	얕을 천
賤	踐	遷	哲	徹	滯	礎	肖	超
천할 천	밟을 천	옮길 천	밝을 철	통할 철	막힐 체	주춧돌 초	닮을 초	뛰어넘을 초
促	觸	催	追	畜	衝	吹	醉	側
재촉할 촉	닿을 촉	재촉할 최	쫓을 추	짐승 축	찌를 충	불 취	취할 취	곁 측
値	恥	稚	漆	沈	浸	奪	塔	湯
값 치	부끄러울 치	어릴 치	옻 칠	잠길 침	잠길 침	빼앗을 탈	탑 탑	끓을 탕
泰	殆	澤	吐	兎	透	版	片	偏
클 태	거의 태	못 택	토할 토	토끼 토	사무칠 투	판목 판	조각 편	치우칠 편
編	廢	弊	肺	浦	捕	楓	彼	皮
엮을 편	폐할 폐	폐단 폐	허파 폐	개 포	잡을 포	단풍 풍	저 피	가죽 피
被	畢	何	荷	賀	鶴	汗	割	含
입을 피	마칠 필	어찌 하	멜 하	하례할 하	학 학	땀 한	벨 할	머금을 함
陷	恒	項	響	獻	懸	玄	穴	脅
빠질 함	항상 항	항목 항	울릴 향	드릴 헌	달 현	검을 현	굴 혈	위협할 협
衡	慧	浩	胡	虎	豪	惑	魂	忽
저울대 형	슬기로울 혜	넓을 호	되 호	범 호	호걸 호	미혹할 혹	넋 혼	갑자기 홀

♣ 한자(漢字)의 훈음(訓音)을 가리고, 소리내어 읽어보시오.

3급Ⅱ-7

洪	禍	換	還	皇	荒	悔	懷	劃
넓을 홍	재앙 화	바꿀 환	돌아올 환	임금 황	거칠 황	뉘우칠 회	품을 회	그을 획
獲	橫	胸	戱	稀				
얻을 획	가로 횡	가슴 흉	놀이 희	드물 희				

부수자(部首字: 214자) 일람표(一覽表)

1획
- 一 한 일
- 丨 뚫을 곤
- 丶 점 주
- 丿 삐칠 별
- 乙 새 을
- 亅 갈고리 궐

2획
- 二 두 이
- 亠 돼지머리해
- 人亻 사람 인
- 儿 어진사람인발
- 入 들 입
- 八 여덟 팔
- 冂 멀경몸
- 冖 민갓머리
- 冫 이수변
- 几 안석 궤
- 凵 위튼입구몸
- 刀 칼 도
- 力 힘 력
- 勹 쌀포몸
- 匕 숟가락 비
- 匚 튼입구몸
- 匸 감출혜몸
- 十 열 십
- 卜 점 복
- 卩㔾 병부절방
- 厂 민엄호
- 厶 마늘모
- 又 또 우

3획
- 口 입 구
- 囗 큰입구몸
- 土 흙 토
- 士 선비 사
- 夂 뒤처져올 치
- 夊 천천히걸을쇠발
- 夕 저녁 석
- 大 큰 대
- 女 계집 녀
- 子 아들 자
- 宀 갓머리
- 寸 마디 촌
- 小 작을 소
- 尢 절름발이 왕
- 尸 주검시엄

- 屮 왼손 좌
- 山 메 산
- 巛 개미허리
- 工 장인 공
- 己 몸 기
- 巾 수건 건
- 干 방패 간
- 幺 작을 요
- 广 엄호
- 廴 민책받침
- 廾 스물입발
- 弋 주살 익
- 弓 활 궁
- 彐彑 튼가로왈
- 彡 터럭 삼
- 彳 두인변

4획
- 心 마음 심
- 戈 창 과
- 戶 지게 호
- 手扌 손 수
- 支 지탱할 지
- 攴攵 칠 복
- 文 글월 문
- 斗 말 두
- 斤 근 근
- 方 모 방
- 无 없을 무
- 日 해 일
- 曰 가로 왈
- 月 달 월
- 木 나무 목
- 欠 하품 흠
- 止 그칠 지
- 歹 죽을사변
- 殳 갖은등글월문
- 毋 말 무
- 比 견줄 비
- 毛 털 모
- 氏 뿌리 씨
- 气 기운기엄
- 水氵 물 수
- 火灬 불 화
- 爪 손톱 조
- 父 아비 부
- 爻 효 효
- 爿 장수장변

- 片 조각 편
- 牙 어금니 아
- 牛牜 소 우
- 犬犭 개 견

5획
- 玄 검을 현
- 玉王 구슬 옥
- 瓜 오이 과
- 瓦 기와 와
- 甘 달 감
- 生 날 생
- 用 쓸 용
- 田 밭 전
- 疋 필 필
- 疒 병질엄
- 癶 필발머리
- 白 흰 백
- 皮 가죽 피
- 皿 그릇 명
- 目 눈 목
- 矛 창 모
- 矢 화살 시
- 石 돌 석
- 示 보일 시
- 内 짐승발자국 유
- 禾 벼 화
- 穴 구멍 혈
- 立 설 립

6획
- 竹 대 죽
- 米 쌀 미
- 糸 실사변
- 缶 장군 부
- 网㓁罒 그물 망
- 羊 양 양
- 羽 깃 우
- 老耂 늙을 로
- 而 말이을 이
- 耒 쟁기 뢰
- 耳 귀 이
- 聿 오직 율
- 肉月 고기 육
- 臣 신하 신
- 自 스스로 자
- 至 이를 지
- 臼 절구 구
- 舌 혀 설

- 舛 어그러질 천
- 舟 배 주
- 艮 괘이름 간
- 色 빛 색
- 艸艹 풀 초
- 虍 범호엄
- 虫 벌레 충
- 血 피 혈
- 行 다닐 행
- 衣衤 옷 의
- 襾 덮을 아

7획
- 見 볼 견
- 角 뿔 각
- 言 말씀 언
- 谷 골 곡
- 豆 콩 두
- 豕 돼지 시
- 豸 발없는벌레 치
- 貝 조개 패
- 赤 붉을 적
- 走 달릴 주
- 足 발 족
- 身 몸 신
- 車 수레 거
- 辛 매울 신
- 辰 별 진
- 辵辶 쉬엄쉬엄갈 착
- 邑阝 고을 읍
- 酉 닭 유
- 釆 분변할 변
- 里 마을 리

8획
- 金 쇠 금
- 長 긴 장
- 門 문 문
- 阜阝 언덕 부
- 隶 미칠 이
- 隹 새 추
- 雨 비 우
- 靑 푸를 청
- 非 아닐 비

9획
- 面 낯 면
- 革 가죽 혁
- 韋 다룸가죽 위
- 韭 부추 구

- 音 소리 음
- 頁 머리 혈
- 風 바람 풍
- 飛 날 비
- 食 밥 식
- 首 머리 수
- 香 향기 향

10획
- 馬 말 마
- 骨 뼈 골
- 高 높을 고
- 髟 긴털드리울 표
- 鬥 싸울 투
- 鬯 울창주 창
- 鬲 솥 력
- 鬼 귀신 귀

11획
- 魚 물고기 어
- 鳥 새 조
- 鹵 짠땅 로
- 鹿 사슴 록
- 麥 보리 맥
- 麻 삼 마

12획
- 黃 누를 황
- 黍 기장 서
- 黑 검을 흑
- 黹 바느질할 치

13획
- 黽 맹꽁이 맹
- 鼎 솥 정
- 鼓 북 고
- 鼠 쥐 서

14획
- 鼻 코 비
- 齊 가지런할 제

15획
- 齒 이 치

16획
- 龍 용 룡
- 龜 거북 귀

17획
- 龠 피리 약